가정교회

침투적 교회 개척론

볼프강 짐존 지음 | 황진기 옮김

국제제자훈련원

국제제자훈련원은 건강한 교회를 꿈꾸는 목회의 동반자로서 제자 삼는 사역을 중심으로 성경적 목회 모델을 제시함으로 세계 교회를 섬기는 전문 사역 기관입니다.

가정교회 : 침투적 교회 개척론

초판 1쇄 발행 2004년 2월 12일
초판 11쇄 발행 2017년 6월 8일

지은이 볼프강 짐존
옮긴이 황진기

펴낸이 박주성
펴낸곳 국제제자훈련원
등록번호 제2013-000170호(2013년 9월 25일)
주소 서울시 서초구 효령로68길 98(서초동)
전화 02)3489-4300 **팩스** 02)3489-4329
이메일 dmipress@sarang.org

ISBN 89-5731-026-6 03230

가정교회

침투적 교회 개척론

목차

 ## 저자에 대해

볼프강 짐존(Wolfgang Simson)은 DAWN International Network의 전략 컨설턴트이자 연구원 및 저널리스트로 사역하고 있다. 독일 슈투트가르트(Stuttgart)에서 사회사업가와 택시 기사로 일한 바 있으며, 나중에 스위스, 벨기에, 미국에서 신학과 선교를 공부했다. 그리고 세계 곳곳을 누비며, 성장하는 교회와 교회 개척 운동에 대해 연구했다. 그는 현재 영국과 독일 양국의 교회성장협의회(the British and the German Church Growth Association)의 이사이자 DAWN Fridayfax의 편집자다. 그는 헝가리-독일계 유태인이고 그의 아내 머시(Mercy)는 인도인이다. 이들 부부에게는 세 명의 아들이 있으며, 최근에 남 인도의 마드라스에서 독일로 거처를 옮겼다.

DAWN International Network

DAWN International Network(이하 '네트워크')는 비전과 우정에 기

반을 둔, 전 세계적 전략 네트워크로서 본부나 멤버, 스태프를 가진 조직이 아니다. 이 네트워크는 각 나라, 민족 혹은 지역 내에서 하나님이 특별한 목적을 위해 부르시고 은사를 주신 개인이나 그룹 혹은 운동에 의해 침투적 교회 개척을 위한 국가적, 지역적 운동을 돕고, 많은 이들에게 알리고 장려하는 것을 그 목적으로 삼는다.

1. 네트워크는 침투적 교회 개척에 대한 비전과 실제적인 확신을 공유하는 개인, 운동, 단체, 교회, 교단의 참여를 언제든지 환영한다. 네트워크는 세계복음주의협의회(World Evangelical Fellowship)나 AD2000, 로잔운동(Lausanne Movement) 등과 같은 다른 유사한 네트워크들을 인정하며, 이러한 운동들과 조화를 이룬다.

2. 네트워크 안에서 참가자들은 서로 형식적인 동지가 아닌 친구로서의 관계를 맺는다. 네트워크의 주된 비전은 개인적, 단체적, 교단적인 목적을 이루는 데 있다기보다 모든 족속을 제자로 삼는(마 8 : 18~20) 신약적인 교회의 배가를 통해 하나님 나라를 확장하는 데 있다. 회원제가 아닌 대신 모든 그룹이나 개인이 자신이 주고받기를 원하는 관계의 양이나 질을 결정하는 역동적인 링크 시스템으로 움직인다.

3. 모든 멤버들은 침투적 교회 개척을 국가적 혹은 지역적 차원에서 수행할 수 있는 핵심적인 능력을 가지고 있다. 이 능력은 도덕적 지지나 연구, 저술, 중보기도, 재정적 능력, 행정 능력, 혹은 다섯 가지 사역(사도, 선지자, 목사, 복음 전도자, 교사-편집자 주) 중 하나일 수 있다. 그러므로 모든 사람은 한 나라의 영적인 변화를 위한 하나의 비공식적인 전략적 파트너십을 형성하기 위해 하나님이 주신 은사와 자질의 범위 내에서 역할을 감당하게 된다.

추천의 글

이 책은 생각보다 훨씬 더 중요한 책이다. 이 책은 많은 교회들이 감히 바꾸려 하지 못하는 부분들에 대해 도전하고, 주목할 만한 성경적, 신학적, 전략적 통찰들을 제공한다. 온 교회가 볼프강 짐존이 이 책에서 하는 말을 귀담아 들어야 할 것이다.

케네스 멀홀랜드(Prof. Kenneth B. Mulholland)
컬럼비아성경신학교 학장

나는 이 책의 처음 몇 페이지를 읽고 심장이 어찌나 빨리 뛰던지 심계항진(tachycardia)에 걸렸나 착각할 정도였다.

댄 트로터(Dan Trotter)
<New Reformation Review>의 편집자
기업 행정학 교수

이 책은 정말 정금과 같은 책이다!

로버트 핏츠(Robert Fitts)
『The Church in the House』의 저자

기념비적인 대작이다! 이 책은 교회가 처한 현 상황에 아주 중요한 공헌을 하게 될 것이다.

랄프 네이버(Ralph Neighbour)
『셀목회 지침서』의 저자

나는 정말이지 이 책을 앞표지부터 뒤표지까지 하나도 빼놓지 않고 전부 읽었다. 최근 몇 년 동안 나는 필립 얀시의 『놀라운 하나님의 은혜』 말고는 어떤 기독교 서적도 이런 식으로 읽어본 적이 없다.

크리스 슈나이더(Chris Schneider)
Servants/Onesimus

우리의 교회에 대한 이해 중에서도 구조의 문제의 핵심을 다룬 아주 훌륭한 책이다. 나는 이 책이 제시하는 분석에 전적으로 동의하며, 이 책이 정말 가치 있는 책이라고 확신한다.

패트릭 존스턴(Patrick Johnston)
WEC

이 책은 전 세계 교회의 폭발적인 성장을 위해 매우 중요한 주제를 다루고 있다. 또한 이 책은 중요한 자료를 엄청나게 담고 있다. 이 책의 비전과 학문은 분명히 미래의 파도를 일으키기에 충분하다. 이 책은 장차 다가올 일들을 예견하고 있다. 만일 우리가 수백만 개의 새로운 교회들을 통해 주의 영광을 아는 지식으로 온 땅을 채우고자 한다면 여기서 제안한 대로 신약적인 모델로 돌아가야 할 것이라는 점은 의심의 여지가 없다.

제임스 몽고메리(James Montgomery)
DAWN Ministries의 창립자, 총재

이 책은 정말 흥미롭고, 혁명적이며, 읽을 만한 가치가 큰 책이다.

매그디 바우즈(Magde S. Bowes)
『The Believer』의 편집자

이 책은 신약적인 교회 개척 모델들을 면밀히 연구한 독보적인 책이다.

웨스 윌슨(Wes Wilson)
Every Home for Christ의 부총재

그야말로 신천지를 개척하는 그런 책이다. 그 내용이 너무 새롭고 신선해서 일반적인 독자들에게는 상당히 혁명적으로 들릴 것이다.

클라이브 클레이튼(Clive W. Clayton)
Belgian Evangelical Mission

아주 흥미롭게 읽었다. 하나님은 전 세계에 걸쳐 믿을 수 없을 만큼 중요한 일을 하고 계신다. 이것이 바로 어떤 의미에서는 이 책이 내게 큰 충격으로 다가오지 않는 이유일 것이다.

앤드루 파햄
Ichthus Christian Fellowship의 리더십 팀

정말 재미있게 읽었다. 솔직하고 열정적이면서도 다른 입장에 있는 사람들을 무시하지 않는다. 셀교회와 가정교회 사이의 차이점들에 대한 분석은 이 책에서 가장 돋보이는 부분이었다.

로버트 뱅크스(Robert Banks)
풀러신학교

이 책은 우리의 교회에 대한 이해에 대해 도전하고 그 이해가 어떻게 잘못되었는지를 분명하게 보여준다. 나는 이 책을 모든 목회자들과 교회 지도자들에게 강력히 추천한다.

에디 스미스(Eddie Smith)
US Prayer Track의 코디네이터
AD2000 & Beyond Movement

이 책은 내가 지금까지 읽었던 책들 가운데 가장 중요한 책 중 하나다.

피터 브라이얼리(Peter Brierley)
크리스천 리서치(Christian Research)

이 책은 선지자적이어서 많은 사람들이 읽기에는 때가 너무 이른지도 모르겠다. 그러나 교회의 리더라면 누구나 필수적으로 읽어야 할 책이다. 개척 선교에 관련된 사람들에게도 이 책을 강력하게 추천한다.

마르텐 브라인즈(Maarten Bruynes)
FMC의 리더
YWAM Holland

이 책을 읽는 것은 내게 축복과 도전과 흥분을 가져다 주었다. 이 책은 정말 신약적 기독교의 과격한 본질을 정통으로 꿰뚫는다.

배리 커크(Barry Kirk) 목사
Tilehurst Free Church [Baptist]

서문 : 너무 좋아서 실현될 수 없는 비전?

메시지를 가지고 있을 뿐 아니라
그 자체가 메시지가 되는 교회

나는 어느 곳에서나 교회를 찾아볼 수 있는 '기독교 국가' 독일에서 성장했기 때문에 예수님이 시작하신 이 공동체를 보면서 또 신약 성경이 교회에 대해 말씀하는 것을 읽으면서 교회에는 분명 사람들을 흥분시키는 뭔가 특별한 것이 있다고 느꼈다. 그러나 나는 그게 무엇인지 정확하게 짚어낼 수가 없었다. 많은 친구들, 동료들과 더불어 나는 '하나-둘-셋' 처럼 단순한, 그러나 역동적인 공동체, 온 세상과 이웃을 뒤집어놓을 수 있는 폭발력을 가진 그런 공동체를 꿈꾸었다. 하나님이 고안하신 공동체로서 영생이라는 하나님의 선물을 가진 교회, 서로 제자가 되게 하고 예수님의 삶이 서로의 삶 속에 깊이 스며들게 하는 교회, 은혜를 경험하고 주의 만찬을 함께 나누는 교회, 사랑과 웃음이 넘치는 교회, 죄 용서의 감격과 재미가 있는 교회, 성령의 능력과 배움을 위한 자료들이 있는 그런 교회 말이다. 안 될 것도 없지 않은가?

막대한 돈과 능수능란한 말솜씨, 통제와 조종이 필요 없는 교회, 능력 있고 은사 충만한 영웅들이 없어도 살아 역사하는 교회, 그 본질에 있어 종교적이지 않은 교회, 사람들을 복음의 핵심으로 인도하여 전율케 하고 엄청난 기쁨과 경이감에 할 말을 잃게 만드는 교회, 우리에게 삶의 도(The Way to live)를 단순 명료하게 가르쳐 주는 교회, 이런 교회는 메시지를 가지고 있을 뿐 아니라 그 자체가 메시지가 된다. 이런 교회는 아무도 막을 수 없는 바이러스처럼 번져서 그것이 닿는 모든 것을 전염시키고, 궁극적으로는 하나님의 영광과 하나님을 아는 지식으로 온 땅을 뒤덮는다. 교회를 창조하신 하나님에게서 능력을 얻는 교회는 하나님이 주시는 가장 정교한 영적인 유전자 코드, 이를테면 천국의 DNA를 가지게 된다. 이 DNA는 교회가 왕국의 가치들을 천상에서 지상으로 전이시키고 재생산할 수 있게 만든다. 이러한 과정을 통해 교회는 물을 포도주로 변화시킬 뿐 아니라 무신론자를 사도로, 여자 경찰관을 여 선지자로, 테러분자를 교사로, 배관공을 목자로 변화시키며, 마을 유지를 영광스러운 복음 전도자로 놀랍게 변화시킨다.

내가 꿈꾸는 교회는 조직적이기보다는 유기적이고, 형식적이기보다는 관계적인 영적 확대가족과 같은 것이다. 이 교회는 그 어떤 환난과 핍박에도 무너지지 않는 구조를 가지고 있다. 이 교회는 눈물을 통해 성숙하고, 핍박 가운데서도 성장하고, 물속에 잠긴 것 같은 때도 숨을 쉬고, 카펫 아래서도 성장한다. 이 교회는 사막에서도 무성한 숲을 이루고, 어둠 속에서도 밝히 보고, 무질서 가운데서도 번성한다. 이 교회는 예수님의 손에 들려진 오병이어처럼 배가되는 교회다. 이 교회에서는 아버지는 그 마음을 자녀에게로 향하고 자녀는 그 마음을 아버지에게로 향한다. 이 교회는 사람들이 그 자원이 된다. 이 교회는 오직 한 이름, 곧 하나님의 어린양의 이름만을 자랑한다.

하나님은 교회를 변화시키고 계신다. 그리고 이 변화된 교회는 다시금 세상을 변화시키게 될 것이다. 전 세계 수백만의 그리스도인들이 전 세계적인 차원에서의 교회 개혁이 임박해 왔음을 인식하고 있다. 그들은 이렇게 말한다. "교회가 하나님이 원하시는 모습이 되지 못하게 막는 것은 다름 아닌 우리가 현재 만들어 가고 있는 교회다." 놀랍게도 수많은 사람들이 하나님으로부터 이러한 말씀을 받고 있다. 아주 오래 전에 계시된 말씀에 대한 새로운 자각의 물결이, 많은 그리스도인들 사이에 영적인 메아리로 울려 퍼지고 있다. 다음 15가지 강령에서 나는 이러한 자각의 일부를 요약하고자 한다. 나는 이 강령이 하나님의 성령이 오늘날 교회에게 말씀하시는 메시지의 일부를 반영한다고 확신한다. 어떤 이들에게는 이것이 엘리야의 사환이 발견했던 손바닥만한 구름 정도로만 여겨질지도 모른다. 하지만 또 어떤 이들에게는 이 강령이 쏟아지는 장대비처럼 느껴질지도 모른다.

교회의 재성육신(Re-Incarnation)에 이르는 열다섯 가지 강령

1. 기독교는 종교적인 모임이 아니라 삶의 방식이다

예수님의 제자들은 그리스도인이라고 불리기 전에 '도 (The Way)라고 불렸다. 그 한 가지 이유는 그들이 문자 그대로 삶의 방식(way)을 발견했기 때문이다. 예수님을 체험하기 위해 특별히 마련된 거룩한 장소에서 전문적인 성직자의 인도로 이루어지는 종교적인 모임에는 교회의 본질이 빠져 있다. 오히려 교회의 본질은 그리스도의 제자들이 사회가던지는 질문에 대한 생생한 대답의 하나로 영적인 확대가족 안에서, 그리고 가장 중요한 가정 안에서 일상을 살아가는 예언자적인 도에 있다.

2. 지금은 '성당-회당 시스템'을 변화시킬 때다

역사적인 정통 로마 가톨릭은 4세기에 콘스탄티누스 대제 이후로 두가지 요소에 바탕을 둔 종교적 시스템을 개발하고 채택했다. 그 두 가지 요소 중 하나는 구약 시대의 성전을 기독교적으로 변형시킨 '성당'이고, 또 하나는 유대교 회당 예배를 따라 만들어진 예배 유형이다.

로마 가톨릭은 기독교 모임과 예배를 위해 한 청사진을 채택했다. 이는 신약 시대에 하나님이 명시적으로 계시하시거나 지지하신 적이 없는 것으로, '하나님의 집'에 대한 사고방식과 회당을 연결시키는 '성당-회당'(cathegogue : cathedral과 synagogue를 합한 말 – 역자 주)이었다.

헬라의 이교 철학을 끌어들이고 성(聖)과 속(俗)을 구별함으로써 성당-회당 시스템은 교회의 사회 개혁적인 능력을 삼켜버렸고, 이후 수세기 동안 교회를 빨아들이는 기독교의 블랙홀로 발전되었다. 급기야 로마 가톨릭은 이 시스템에 정경적인 권위를 부여하기에 이르렀고, 루터는 복음의 내용은 새롭게 천명했지만(reform) 놀랍게도 '교회'의 외적인 형태는 별로 손을 대지 않았다. 자유교회(The Free Churches)는 성당-회당 시스템을 국가의 속박에서 자유롭게 했고, 침례교는 이 시스템에 침례를 베풀었으며, 퀘이커교는 이 시스템을 드라이클리닝했고, 구세군은 이 시스템에 유니폼을 입혔으며, 오순절교회는 이 시스템에 기름을 부었고, 은사주의 운동은 이 시스템을 갱신했다. 그러나 오늘날에 이르기까지 이 시스템을 실제로 바꾼 사람은 아무도 없었다. 이제 근본부터 바꿀 때가 왔다.

3. 제3의 종교개혁

이신칭의(salvation by faith)의 복음을 재발견하고서 루터는 신학의 개혁을 통해 교회를 개혁하기 시작했다. 18세기에는 경건주의 갱신 운동을 통해 하나님과의 새로운 친밀성을 회복하게 되었고 이는 영성의 개혁, 곧 제2의 종교개혁으로 이어졌다. 이제 하나님은 포도주를 담는 가죽부대를 손보심으로써 제3의 종교개혁, 곧 구조의 개혁을 시작하신다.

4. 교회 건물(church houses)에서 가정교회(house churches)로

신약 시대 이후로 '하나님의 집' 같은 것은 없었다. 스데반은 순교를 각오하고, 하나님은 사람의 손으로 만든 성전에 거하지 않으신다는 사실을 상기시켰다. 하나님의 백성이 교회다. 그러므로 교회는 사람들이 거하는 가정, 곧 보통의 집 안에 있었으며, 이것은 오늘날도 마찬가지다. 이곳에서 하나님의 백성은 성령의 능력 안에서 삶을 나누고, 모여서 함께 떡을 뗀다(meating : meet+eating – 역자 주).

그들은 종종 사유재산을 팔고 영적, 물질적 축복을 함께 나누기를 주저하지 않는다. 그들은 실제 삶의 현장에서 어떻게 하나님 말씀에 순종할 것인지를 피차 가르치되, 전문적인 강의가 아니라 대화와 질문과 대답을 통해 역동적으로 가르친다. 이곳에서 그들은 서로를 위해 기도하고, 예언하고, 세례를 베푼다. 이곳에서 그들은 가면을 벗고 죄를 고백할 수 있으며, 사랑과 수용과 용서를 통해 새로운 공동체적 정체성을 회복하게 된다.

5. 교회는 크게 성장하기 위해 오히려 작아져야 한다

오늘날 대부분의 교회는 깊은 교제를 나누기에는 너무 커졌다. 교회는 '교제가 없는 교제 공동체'가 되어 왔다. 신약의 교회는 보통 10~15명 규모의 소그룹들로 이루어졌다. 300명이 교회당을 가득 메우지만 교제가 없는 그런 큰 교회로 발전되지는 않았다. 그 대신 신약의 교회는 그 수가 15~20명 정도에 이르면 유기체 세포처럼 세포 분열을 통해 '옆으로'(sideways) 배가했다. 이것은 모든 그리스도인들이 예루살렘에 있는 솔로몬의 성전 뜰과 같은 곳에 함께 모여 대집회(celebration)를 가지는 것을 가능하게 했다.

우리가 아는 전통적인 회중교회는 신약의 교회와 비교해 볼 때 일종의 서글픈 타협이라 할 수 있다. 회중교회는 크지도 않고, 아름답지도 않다. 가정교회라고 하기에는 너무 크고 대집회이기에는 너무 작다. 결과적으로 회중교회는 종종 가정교회와 대집회가 가진 역동성을 잃어버린다.

6. 교회는 목사 혼자 이끌 수 없다

지역 교회는 목사의 지도를 받기보다 지혜가 충만하고 세상 현실에 깊이 관여하고 있는 장로의 양육을 받는다. 지역의 가정교회들은, 혈액이 순환하듯 장로들과 '이 가정에서 저 가정을 오가는' 다섯 가지 사역을 맡은 구성원(사도, 선지자, 목사, 복음 전도자, 교사)의 연합에 의해 하나의 운동으로 네트워크화 된다. 사도와 선지자의 사역은 기초를 놓는 역할을 감당하게 된다(엡 2 : 20; 4 : 11, 12). 목사(목자)는 전체 팀에서 중요한 구성원이다. 그러나 그는 '사역을 위해 성도들을 준비시키는' 전체 과업의 일부분을 감당할 뿐이다. 그가 제대로 역할하기 위해서는 다른 네 가지 사역에 의해 보완되어야 한다.

7. 제대로 된 퍼즐 조각을 가지고도 퍼즐을 잘못 맞출 수 있다

퍼즐을 제대로 맞추려면 원래의 모양을 따라 조각을 맞추어야 한다. 그렇지 않으면 조각들 사이에 연관성이 없는 잘못된 그림을 드러내게 된다. 우리는 모두 퍼즐 조각을 가지고 있다. 그러나 이제까지 우리는 두려움 때문에, 혹은 전통 때문에, 혹은 종교적 질투심으로 인해, 혹은 권력-통제의 사고방식 때문에 그 조각들을 잘못 맞추어 왔다. 물이 상황에 따라 얼음과 물, 수증기라는 세 가지 다른 형태로 존재할 수 있는 것처럼, 에베소서 4장 11, 12절에 언급되어 있는 사도와 선지자, 목사, 교사, 복음 전도자, 이 다섯 가지 사역 역시 언제나 제 위치에 있는 것만은 아니다. 이 사역들은 제도화된 기독교의 경직된 시스템 속에서는 마치 얼음처럼 꽁꽁 얼어버린다. 또 어떤 경우에는 맑은 물처럼 존재한다. 또 어떤 때는 수증기처럼 자유롭게 날아다니며 아무에게도 책임관계로 매이지 않는 '독립'(in dependent) 교회들의 희박한 공기 속으로 사라져버린다. 물이 액체 형태로 존재할 때 꽃에 물을 주기가 가장 적절하듯이, 사역을 위해 성도들을 준비시키는 이 다섯 가지 사역은 모든 영적인 유기체가 활성화될 수 있도록, 그리고 '사역자' 개개인이 전체 속에서 각자 적절한 역할과 위치를 발견할 수 있도록 새로운 동시에 가장 본래적인 형태로 변화되어야 한다. 이것이 바로 우리가 교회를 창조하신 하나님의 원래의 청사진으로 돌아가야 하는 또 한 가지 이유이다.

8. 관료적인 성직자의 손을 벗어나 만인제사장직으로

하나님과 직접 교통한 후에 그것을 수동적인 종교적 소비자들에게 전달하고 가르치는 모세 스타일의 '거룩한' 한 사람에 의해 신약 교회가 이끌어졌다는 기록은 신약 성경 그 어디에서도 찾아볼 수 없다. 기독교는 이와 같은 방법을 이방 종교들이나 구약 성경으로부터 따 왔다.

콘스탄티누스 대제 이후로 시작되어 점점 심화된 교회의 전문화는 하나님의 백성을 유아적인 평신도와 전문적인 성직자로 나누고 교회 안에 권력지향적인 사고방식을 심고 피라미드 구조를 고착화시키는 등 오랫동안 교회에 지대한 영향을 미쳤다. 신약 성경(딤전 2 : 5)에 의하면 "하나님은 한 분이시요 또 하나님과 사람 사이에 중보도 한 분이시니 곧 사람이신 그리스도 예수라." 간단히 말해 하나님은 종교적인 전문가들을 하나님과 백성 사이의 중보자로 특별히 세우신 적이 없다. 휘장은 찢어졌다. 하나님은 자기 백성이 유일한 길이신 예수 그리스도를 통해 직접 자기에게로 나아오는 것을 허락하신다.

만인제사장직을 가능하게 하기 위해서는 현재의 시스템이 완전히 바뀌어야 한다. 관료주의는 모든 행정 시스템 중 가장 비효율적인 시스템이다. 왜냐하면 관료주의는 기본적으로 예냐 아니냐의 두 가지 질문만을 던지기 때문이다. 자발성이나 인간성에 대한 여지가 전혀 없다. 실제적인 삶에 대한 여지도 없다. 관료주의는 정치나 기업의 분야에서는 괜찮을지 몰라도 교회에서는 그렇지 않다. 하나님은 '종교적인 관료들과 군림하려는 사고방식'이라는 바벨론의 포로가 된 교회를 구해내어 하나님이 특별하게 만드신 보통 사람들의 손에, 초대 교회 당시처럼 아직도 고기 비린내나 창녀의 향유 냄새, 혁명가의 냄새가 날지 모르는 그런 사람들의 손에 그 교회를 두신다.

9. 조직화된 형태에서 유기적 형태의 기독교로

'그리스도의 몸'이라는 말은 교회가 조직화된 기계 장치가 아니라 유기체임을 아주 생생하게 잘 표현해 준다. 한 지역을 놓고 볼 때, 교회는 네트워크처럼 유기적으로 연결되어 있는 다수의 영적인 확대가족으로 이루어진다. 이 공동체들이 기능하는 방식은 본질적이다. 유기적인 면을 최소화하고 조직적인 면을 극대화시킨 현재의 교회 구조는 조직적인 면은 극소화하면서 유기적인 면을 극대화하는 구조로 바뀌어야 한다. 조직체는 뭔가 잘못될지도 모른다는 두려움 때문에 미친 사람에게 입히는 구속복(straitjacket)처럼 유기체를 질식시켰다. 두려움은 믿음과는 상반되는 것으로 전혀 기독교적인 가치가 아니다. 두려움은 통제하기를 원하지만 믿음은 신뢰하고 내맡길 수 있다. 통제하는 것도 좋을 수 있지만, 신뢰하는 것은 더 좋다. 하나님은, 자신들은 통제할 능력이 없지만 하나님이 여전히 통제하실 수 있다는 것을 믿는 특별한 은사를 받은 청지기들의 손에 그리스도의 몸을 위탁하셨다. 오늘날 우리는 기독교의 유기적인 측면들이 다시금 드러나도록, 정치적인 에큐메니즘보다는 신뢰에 근거한 지역적이고 범국가적인 네트워크를 발전시킬 필요가 있다.

10. 우리의 예배를 예배하는 데서 하나님을 예배하는 데로

거룩한 사람들이 거룩한 날, 거룩한 시간에, 거룩한 장소에서, 거룩한 옷을 입은 성직자가 인도하는 거룩한 예식에 참여하기 위해 정기적으로 모이는 것이 바로 대부분의 현대 교회의 모습이다. 이와 같이 정기적으로 행해지는 의식 행위(performance) 중심의 '예배'(worship service)는 조직화된 달란트와 행정적인 관료들, 경직되고 전통적인 형식을 요한다. 한두 시간 정도 드려지는 전통적인 '예배'는 늘 새로워지기 위해 무진 애를 썼지만, 정작 사람들을 훈련시키는 면에 있어서는, 다시 말해 사람들의 삶을 변화시키는 면에 있어서는 그다지 많은 열매를 맺지 못했다. 경제적인 면에서 볼 때, 이러한 예배는 '투자는 많이 하는데 그 수익은 미미한' 구조다. '올바른 방식으로' 예배를 드리고자 하는 바람은 전통적으로 교단주의(denominationalism)와 고백주의(confessionalism), 명목주의(nominalism)를 낳았다. 이것은 그리스도인들이 거룩한 성전에서 찬송가를 손에 드는 것이 아니라 '신령과 진정으로' 예배하도록 부름을 받았다는 사실을 무시한다. 뿐만 아니라 이것은 또한 우리 삶의 대부분이 비공식적이며, 바로 이런 점에서 기독교는 '삶의 도'(the Way of Life)라는 사실을 무시한다. 이제 우리는 '유능한 연기자'이기보다는 '강력한 행동가'여야 하지 않을까?

II. 사람들을 교회로 데리고 오는 대신 교회를 사람들에게로

교회는 사람들이 모여드는 구조에서 사람들에게로 나아가는 구조로 바뀌고 있다. 따라서 교회는 사람들을 '교회로' 데려오려고 시도하지 말고 교회를 사람들에게 가져가기 시작해야 한다. 교회의 사명은 기존의 구조에 무엇을 첨가한다고 해서 성취될 수 있는 것이 아니다. 교회가 자발적인 배가를 통해 아직 그리스도를 알지 못하는 영역들 속으로 번져 갈 때 그 사명을 이룰 수 있다.

I2. 진짜 만찬으로서의 주의 만찬을 회복하라

전통적으로 교회는 주의 만찬을 종교적인 동종요법(homeopathic)의 한 형태로, 특별히 슬픈 얼굴을 한 채 몇 방울의 포도주와 별 맛이 없는 과자를 나눔으로써 그 만찬을 기념해 왔다. 그러나 사실을 말하자면 주의 만찬은 심오한 의미를 지닌 상징적인 만찬이었다기보다는 상징적인 의미를 가진 실제적인 만찬이었다. 하나님은 우리의 모임(meeting) 안에 함께 음식을 나누는(eating) 사랑을 회복시키고 계신다.

I3. 교단에서 도시 차원의 대집회로

예수님은 우리를 보편적인 운동으로 부르셨다. 그러나 오늘날 교회들은 각기 자기 브랜드의 기독교를 판매하고 서로 경쟁을 하는, 전 세계적인 체인망을 가진 종교 기업들이 되어버렸다. 이와 같이 기독교를 브랜드로 만듦으로써 대부분의 개신 교회들은 세상에서 그 목소리를 잃어버렸다. 어떻게 교회의 이름으로 세상 앞에 집단적으로 증거할 것인가를 고민하기보다 자기 전통의 우월성을 주장하고 종교적인 분쟁을 일삼는 데 더 많은 관심을 쏟았으며, 정치적으로 의미 없는 집단이 되어버렸다. 예수님은 결코 사람들에게 파당이나 교단을 만들라고 명령하신 적이 없다. 그리고 바울 역시 분쟁을 '세상적인 일' 곧 갓난아기 그리스도인들의 징표로 간주했다.

초대 교회 그리스도인들은 두 가지 정체성을 가지고 있었다. 그들은 수직적으로 하나님께 회심한 '하나님의' 교회였다. 동시에 그들은 지상에서 서로를 향해 수평적인 차원에서 회심하고 지역을 따라 공동체를 만들었다. 이것은 그리스도인들이 지역 사회 안의 이웃과 삶을 나누는 가정교회들을 이루게 되었다는 것을 의미한다. 뿐만 아니라 이것은 그리스도인들이 공동체적 정체성을 가지고 도시 차원의 혹은 지역 차원의 대집회를 위해 가능한 자주 모였다는 것을 의미한다. 지역 혹은 도시 차원의 공동체적 정체성을 가지고 메시지에 합당한 삶을 살 때 교회는 다시금 지역의 이웃들에게 정치적으로 중요하고 영적으로 설득력 있는 존재가 된다. 그리고 한 도시나 한 지역에 있는 모든 중생한 그리스도인들의 총 공동체로서 도시 교회의 성경적 모델로 돌아가게 된다.

14. 박해에도 요동치 않는 영성을 개발하라

사람들은 모든 그리스도인들의 리더이신 예수를 십자가에 못 박았다. 오늘날 그의 제자들은 종종 직함이나 훈장, 혹은 사회적 책임에 열중한다. 더욱 심각하게는 그들은 그저 침묵하는, 전혀 주목할 필요 없는 존재로 전락해버렸다. 예수님은 의를 위해 핍박을 받으면 복이 있다고 말씀하신다. 성경적인 기독교는 세상의 불경건과 죄악에 대해, 즉 욕심과 물질주의와 질투에 의해, 윤리와 성, 돈과 권력에 대한 사탄적 기준들에 의해 지배당하고 있는 세상에 대해 건강한 위협이 된다. 많은 나라들에서 기독교는 세상에 대해 너무 위협적이지 않고 정중하기 때문에 박해의 대상으로 간주되지 않는다. 그러나 그리스도인들이 다시금 신약 성경의 삶의 표준대로 산다면, 예를 들어 죄를 죄라고 말한다면, 언제나 그러했듯이 세상은 회개하고 돌이키든지 교회를 박해하든지 둘 중 하나의 반응을 할 것이다. 그리스도인들은 종교적 자유가 인정되는 지대에서 안주하는 대신 다시금 이 세상에 만연한 인본주의에 대해, 쾌락의 노

예가 되어 자기를 예배하는 데 미쳐 있는 이 세상 풍조에 대해 반기를
드는 중죄인이 될 준비를 해야 할 것이다. 이것이 바로 절대적인 진리
를 잃어버리고 창조주 하나님을 인정하거나 그의 절대적인 표준들에 순
종하기를 거부하는 세상을 관용하려는 마음을 억눌러야 하는 이유이다.
정치와 경제가 점점 더 이데올로기화되고, 사유화되고, 영적인 것으로
바뀜에 따라 그리스도인들은 대부분의 사람들이 생각하는 것보다 훨씬
빨리 예수님과 함께 정죄당하는 그 자리에 서는 영광스러운 기회를 얻
게 될 것이다. 그리스도인들은 이제 박해에 요동치 않는 영성을 개발함
으로써 그리고 박해에도 끄떡 않는 구조를 개발함으로써 미래를 준비해
야 한다.

15. 교회는 가정으로 돌아가야 한다

우리가 가장 영적인 장소는 어디인가? 거룩한 옷을 입고 서서 무표
정한 청중들 앞에 거룩한 말들을 선포하다가 떠나가면 그만인 강대상
뒤인가? 어떤 곳이 가장 영적이기에 힘든, 그래서 가장 의미 있는 장소
인가? 그것은 바로 배우자와 자녀들이 지켜보는 가운데 말하고 행동하
는 모든 것이 자동적으로 영적인 리트머스 테스트를 받게 되는, 위선이
제거된 가정이다. 기독교는 종종 자신의 영적인 패배의 장소일 수 있는
가정을 도외시했다. 그리고 현실의 삶과 동떨어진 거룩한 성전 안에 인
위적인 예배 의식을 갖추어 놓았다. 하나님이 가정을 다시 회복시키실
때 교회는 그 뿌리로, 다시 말해 교회가 생겨난 곳으로 돌아가게 된다.
교회는 말 그대로 가정으로 돌아감으로써(comes home) 세상 역사의 마
지막 때에 교회사의 순환을 완성할 것이다.

교단과 배경을 막론하고 모든 그리스도인들이 그 영으로 하나님의 성령이 교회에 하시는 말씀에 대해 분명하게 반응하고, 각 지역에서 가정교회를 세우기 위해 전 세계에서 일어나고 있는 일들에 대해 귀를 기울이기 시작할 때, 다시금 한 몸으로 기능하기 시작할 것이다. 그들은 하나님이 자신들이 하는 일에 복 주시기를 구하는 대신 하나님이 복 주시는 일을 시작하게 될 것이다. 그들은 이웃에 가정교회를 세우고, 지역이나 도시 차원에서 대집회로 모일 것이다. 하나님은 당신이 이 운동의 한 부분이 되도록 당신을 초청하고 계신다. 당신의 가정 역시 세상을 변화시키는 가정교회가 될 것이다.

서론

왜 그리고 누구를 위해 이 책이 씌어졌나?

이 책은 사실 여러 나라의 많은 사람들이 만들어낸 작품이라고 할 수 있다. 왜냐하면 각양각색의 다양한 하나님의 종들이 그들의 경험을 통해 배운 바들에 대한 이야기이기 때문이다. 나는 지난 수년 동안 콜롬비아와 미국, 독일, 스위스, 영국, 수단, 이집트, 키프로스, 사우디아라비아, 두바이, 인도, 스리랑카, 방글라데시, 한국, 중국, 몽골 등지에서 이 책을 위해 기록해 왔다. 그리고 나는 많은 목회자들과 선교사들과 기독교 지도자들과 이 주제에 대해 많은 이야기를 나누었다. 그러나 무엇보다 중요한 것은, 내가 '평범한 그리스도인들'의 말을 하나라도 놓치지 않고 듣고 또 그들의 꿈과 경험에 대해 알기를 원했다는 것이다. 나를 일부러 찾아와서 차를 마시며 내 말을 들어 주고 의견을 주고받으며 내게 영감을 불어넣어 준 많은 이들에게 감사의 마음을 전한다. 나는 일일이 언급할 수 없을 만큼 많은 귀중한 책들과 많은 자료들에서 영감을 얻었다.

예수님은 가서 모든 족속으로 제자를 삼으라는 사명을 주셨다. 교회가 하나님을 보여 주는 쇼윈도로서 지상에 있는 모든 사람들이 걸어서 갈 수 있는 가까운 거리에 서게 될 때에야 비로소 이 사명이 성취될 것이다. 구원받은 자들의 은밀하고도 강력한 사회인 교회는 그리스도의 영광이 실제적으로 나타나서 아무도 그것을 간과하거나 무시할 수 없는, 매일 우리 가운데 계신 그리스도의 몸을 볼 수 있는 곳이 될 것이다.

그리스도의 임재의 광범위한 확장을 통해 모든 족속, 곧 모든 나라들과 모든 민족들과 모든 지역을 제자화하는 방향으로 나아가는 과정은 '침투적 교회 개척'(saturation church-planting)이라는 말로 알려져 있다. 이것은 하나님이 당신의 모든 백성을 이 궁극적인 목적을 위해 함께 일하도록 동원하기 위해 이 나라를, 또 다음에는 저 나라를 택하시는 과정을 말한다. 침투(saturation)라는 말은 '항아리 아귀까지 채우다', '충만하게 하다', '임계질량(critical mass)에 도달하다' 등의 뜻을 가지고 있다. 우리는 이곳저곳에 교회 몇 개를 세우는 것만 가지고는 충분치 못하다는 사실을 금방 알 수 있다. 수백만 명의 주민들과 수만 개의 마을들이 있고 오랫동안 존재해 온 비기독교적인 혹은 더 심하게는 거짓된 유사 기독교적 전통이나 관습들과 수많은 영적 세력들이 있는, 이루 헤아릴 수 없이 많은 의견과 피부색과 계급과 부족과 언어 그룹들이 존재하는 이 모든 족속들을 제자화하기 위해서는 무엇이 필요할까?

많은 이들은 눈에 눈물이 그렁그렁해진 채 내게 말했다. 자신들의 조국은 일시적인 이벤트나 전도용 소책자들에 담긴 간추린 복음만으로는, 5년, 50년, 또는 500년 동안 존재해 온 그 교회 형태를 가지고는 결코 제자화되지 않을 것이라고…. 우리 이웃에, 그리고 나라 안의 모든 외진 동네에 그리스도께서 살아 계신 모습 그대로 임재하시지 않고는 불가능하리라는 것이다. 그러나 예수 그리스도는 우리 가운데 사시기 위해 오셨고 지금도 우리 가운데 계신다. 그러므로 우리는 예수님이 이 땅 위에서 취하기로 선택하신 형태의 임재, 곧 지역 교회를 어느 한 사람이라도 오해하거나 무시하거나 심지어 회피할 여지가 남아 있지 않을 때까지, 교회 개척을 시작하고 지원할 필요가 있다.

이 책은 다음 질문들에 초점을 맞춘다. 이와 같은 일을 하기 위해서는 어떤 형태의 교회가 필요할 것인가? 그리고 어떻게 우리가 이런 형태의 교회들을 세울 것인가?

이 책은 다음과 같은 세 가지 목적을 가지고 있다.

1. 이 책은 사명 선언문(vision statement)이다. 이 책은 단순히 교회 안을 모든 족속들로 가득 채우기보다 진정으로 그들을 제자로 삼게 될 신약 교회에 대한 많은 그리스도인들의 비전과 희망과 기대들을 명확히 표현하는 데 그 목적이 있다. 때문에 이 책은 '큰 그림'에 대해 말하는, 다시 말해 좀 거창한 용어들을 사용하는 경향을 가지고 있다. 나는 또한 이 책이 삶을 너무 단순화시키는 위험성이 다분하다는 점 역시 뼈저리게 인식하고 있다. 그러나 내가 메우지 못하는 공백들은 하나님이 나보다 더 은사가 많은 사람들을 사용하여 메우실 것이라 확신한다.

2. 이 책은 선언(manifesto)이다. 이 책은 삼중적인 확신을 천명한다. 신약의 가정교회가 지녔던 단순성으로 돌아가지 않고는, 다섯 가지 사역을 통해 온 세상을 뒤집어엎을 양질의 가정교회들을 세우지 않고는, 그리스도의 한 몸으로 서로 연합하여 침투적 교회 개척이라는 전략적 과정을 위해 힘쓰지 않고는 우리가 지상명령에 결코 순종할 수 없으리라는 것이다. 오늘날 전 세계 인구는 60억이 넘는데, 이는 지금까지 살았던 모든 사람들의 총합보다 많다.

우리가 모든 족속을 제자로 삼는 신약 교회를 회복하는 것이 정말 필요하다면, 지금이 바로 그 역사를 행동에 옮기기에 더없이 좋은 때일 것이다.

3. 이 책은 교회 개척 안내서(church-planting manual)이다. 이 책은 어떻게 가정교회를 세울 것인지에 대해 다룬다. 모든 기업에서 그러하듯이, 어떤 제품을 생산하려고 할 때는 먼저 원하는 제품의 견본(prototype)을 개발한 후에 양산 체제로 들어가는 것이 가장 좋다. 어떤 형태의 교회를 우리가 원하는지를 안다면, 또한 어떻게 그 교회를 세우고 배가시킬 것인지도 알게 될 것이다.

모델들을 제시하지 않은 이유

나는 가정교회 개척의 청사진이 될 만한 모델들을 제시하지 않으려고 애썼다. 또한 '가정교회 운동을 시작하는 여섯 가지 쉬운 단계'와 같은 식의 공식을 제시하지 않으려고 애썼다. 왜냐하면 어떤 공식이나 이미 존재하는 모델을 취하여 그대로 모방하는 것은 쉽지도 않을뿐더러 바람직하지도 않기 때문이다. 나는 남들이 좋다 하면 무조건 모방하려는 사고방식을 부정적으로 생각한다. 그 한 가지 이유는 여섯 가지 단계의 윤곽을 취하여 그대로 모방하는 것보다 중요한 영적 원리들을 충분히 이해하고 적용하는 것이 더 중요하다고 보기 때문이다. 나는 우리가 다른 사람들의 영적인 성공담을 그대로 도입하기보다 하나님이 우리 시대, 우리가 사는 곳에서 그것을 적용할 수 있도록 계시하신 방법들을 찾아보는 것이 훨씬 더 자연스러운 일이라고 생각한다. 나는 우리 중 어느 누구도 이 창조적인 긴장(creative tension)을 놓치지 않기 원한다.

두 번째 이유는 많은 사람들이 '믿음의 도약'을 시도해 보기도 전에 이미 증명된 진리, 확실한 방법, 모델, 또는 다른 많은 이들이 이미 시도해보고 검증한 개념들을 찾으려고 하기 때문이다. 내 생각에는 이와 같은 안전주의 사고방식은 아주 그럴듯하게 들릴지 모르지만 두려움을 숨기는 한 방법에 불과하다. 이러한 방법으로 우리가 혹 도약할 수 있을지 모르지만, 그것은 사실 믿음에서 나온 것이 아니다. 남녀를 불문하고 그리스도의 제자 된 자들이 예수님이 명령하신 사역들을 감당하는 핵심적인 비결은 행동하기 전에 충분한 학문적, 통계적 증거를 가지는 것보다는 이전에 누가, 언제, 무엇을 어떻게 했든 상관없이 그리스도의 말씀에 순종하고 그의 명령을 준행하고자 하는 의지를 가지는 데 있다.

서구의 가정교회들

'가정교회'(house church)라는 용어를 들을 때 어떤 이들은 중국의 처소 교회를 떠올린다. 그래서 나는 서구의 독자들에게 가정교회가 결코 이국적인(exotic) 낯선 교회 모델이 아니며, 이상하고 낯선 것을 새롭게 도입하는 것 역시 아니라는 점을 분명히 하고 싶다. 서구 세계의 첫 교회는 다름 아닌 마게도냐 지방의 빌립보 성의 루디아의 가정에서 시작되었다.

1. 가정교회는 그 역사가 아주 오랜 서구적인 전통이다. 1, 2세기의 헬라와 로마의 가정교회들과 콘스탄티누스 대제 이후로 간헐적으로 일어났던 많은 '평신도 중심의' 운동들 이후로, 패트릭(Patrick)이나 콜룸반(Columban), 갈(Gall), 보니파스(Boniface) 등이 활동

하기 훨씬 이전에 유럽에 가장 먼저 복음을 전했던 것은 켈트 족이었다. 켈트 족(혹은 라틴 세계에 알려진 대로 갈리 족[Galli])은 주전 280년경 로마를 침공했던 민족으로 그들 중 상당수가 소아시아 지방에, 혹은 바울이 서신을 보냈던 '갈라디아' 지방에 정착을 했다. 초기의 켈트 기독교의 전인적 개념(holistic concept)은 내가 이 책에서 기술하는 것처럼 신약의(갈라디아의) 가정교회와 매우 흡사하다. 그러므로 유기적 가정교회는 유럽의 초기 역사의 한 부분을 이루고 있었으며, 전혀 낯설거나 새로운 것이 아니었다. 6세기에서 9세기에 이르는 동안 켈트 족의 기독교 운동이, 심지어 그 교회의 구조까지도 로마 가톨릭으로 완전히 동화되었다는 사실은 유럽 기독교 역사의 가장 큰 비극 중 하나다.

2. 서구의 현대 교회 개척 운동은 초기에는 유기적 가정교회 단계를 거친다. 많은 서구의 그리스도인들은 교회 개척 초창기, 다시 말해 '교회가 아직까지는 가정 안에 있던 왕년의 그 시절'에 대한 향수를 가지고 있다. 문제는 오늘날 서구에 가정교회가 없다는 것이 아니다. 그보다는 이러한 형태의 교회가 서구에서 결코 의식적으로 인정되거나 적극적으로 추구된 적이 없다는 데 문제가 있다.

3. 알파코스(Alpha Courses)와 프라미스 키퍼(Promise Keepers)와 같은 복음주의적인 운동들과 더불어 몇몇 형제단들(Brethren groups)과 포컬레어 운동(Foculare movement) 등 많은 교회 운동들은, 비록 가정교회적 요소들을 전부는 아니더라도 상당히 많이 가지고 있다. 나는 가정교회적 요소들이야말로 이러한 운동들이 제한적으로나마 성공을 거둘 수 있었던 원동력이라고 믿는다. 나는 이 운동들이 가정교회의 신학과 실천을 더욱 온전히 개발하는 방향으로 진일보함으로써 센세이션을 일으키는 데까지 이를 수 있기를 기대

한다.

4. 최근 서구에서는 놀라우리만치 많은 가정교회 운동들이 발흥했다. 가정교회들은 보통 그 자신의 존재를 떠벌리고 자랑하지 않는다. 이것이 바로 극소수의 가정교회들을 제외하고는 대부분의 가정교회들이 주목조차 받지 못하는 이유다.

5. 그러나 나는 서구에 가정교회들이 세워지고 있다는 소식을 단 하루도 거르지 않고 매일 듣고 있다. 가정교회들이 머잖아 서구의 국가들을 제자화하는 과정에서 주된 역할을 할 것을 나는 믿어 의심치 않는다.

기존의 교회 구조는 어떻게 될 것인가?

진공상태 속에서 살아가는 사람은 아무도 없다. 우리 중 많은 이들은 교단의 구조 안에서 성장했거나 기존의 교회 역사의 범위 내에서 사역하고 있다. 우리는 역사의 수레바퀴를 거꾸로 돌릴 수는 없다. 그러나 성경은 그 어디에서도 우리에게 스토아주의자들처럼 현상유지(status quo)를 추구하라고 말씀하지 않는다. 오히려 성경은 하나님이 온전하시듯 우리 역시 온전해야 한다고 말씀한다. 이 책의 목적은 가정교회를 유일한 교회 형태로 제시하는 데 있지 않다. 각각의 다양한 교회 형태들은 나름대로 특별한 역할과 사명을 감당할 수 있기 때문에 가정교회뿐 아니라 교단적이고 전통적인 교회의 울창한 숲 역시 항상 존재할 것이다.

다만, 이 책의 목적은 우리가 성경에서 예수님이 명령하신 대로 모든 족속을 제자로 삼기를 진실로 원한다면, 신약의 원리들과 신약 교회의 역동성으로 급진적으로 돌아가거나 다른 사람들이 그렇게 할 수 있도록 도와야 한다는 점을 제안하는 것이다. 모든 족속을 제자로 삼는다는 초점과 관점은 교회 전통을 유지한다거나 신학적 성찰이라는 상아탑 안에 안주하는 것과는 매우 다르다. 만일 내가 이 책에서 주장하는 것처럼 가정교회가 당위적인 교회의 한 형태라고 한다면, 우리는 가정교회를 적어도 여러 가지 교회 형태들 중 하나로 받아들이고 모든 족속을 제자로 삼는 사명에 대한 가정교회의 잠재력을 충분히 인정할 필요가 있다.

나는 하나님이 기존의 교회 구조들을 통해 세상을 축복하셨으며, 이러한 교회 구조들이 여전히 사람들의 삶을 바꾸는 수많은 기적들을 행하고 있고, 이루 말할 수 없을 만큼 많은 유익들을 끼치고 있다고 믿는다. 그러나 교회는 하나님이 원래 의도하신 것보다 낮은 수준에 머물러서는 안 된다. 나는 우리가 이 지상에 살고 있는 한, 가정교회를 비롯한 모든 교회들이 하나님의 일과 인간의 일이 한데 어우러져 나타나는, 변화를 거듭하는 영과 육의 결합체로 존재한다고 믿는다. 하나님은 육체의 일을 근절하고 성령의 역사를 의지하도록 요구하신다. 그러나 육체의 일을 끊는 것은 우리 인간이 할 수 있는 일이 아니다. 따라서 하나님의 교회는 하나님이 고안하신 것이지 결코 인간이 '고안하거나' 만들어낼 수 있는 그런 것이 아니라는 점을 우리는 분명히 인정해야 한다. 교회는 결코 인간이 임의적으로 조립하거나 제조할 수 있는 것이 아니다. 교회는 우리가 하나님께 복종하여, 자기 교회를 통해 피조물을 자기 자신에게로 돌아오라고 부르고 계시는 하나님의 일을 돕는 파트너와 종이 될 때에만 세워질 것이다. 희망은 있다. 인간이 할 수 없는 일을 하나님은 그 주권적인 방법으로 하시기 때문이다. 하나님은 물로 포도주를 만드시며, 나귀가 말을 하게 만드신다. 바위에서 물이 나게 하시며 바다를 가르실 수도 있다. 그리고 가장 놀랍게는 평범한 우리들을 자기 영광을 위해 사용하실 수 있다.

이 책은 우리가 하나의 완전한, 낭만적인 교회 상을 꿈꾸며 그것을 마치 박물관에 두고 보는 것처럼 멀리서 경탄만 하고 있어야 한다고 주장하지 않는다. 오히려 우리 각자가 하나님이 우리를 부르신 그 소명에 대해 반응해야 한다고 말한다. 이 책에서 나는 하나님이 부르시는 교회의 모습이라고 느끼는 바를 명확히 제시했다. 그리고 나는 하나님이 부르시는 이 사명을 지역적으로 그리고 전 세계적으로 감당하는 일에 개인적으로 동참하고자 한다. 고백하건대 나는 종종 나 자신이 아직도 많은 부분에 있어서 이전에 경험한 교회 전통과 편견들에 사로잡혀 있어서 이 일을 하기에 매우 적절치 못한 사람이라고 느낀다. 나는 이 책이 하나의 서론적인, 아직은 미완성인 진술에 불과하다는 점을 기쁘게 인정한다. 그러나 이 책이 아직 미완성이라는 사실조차도 내가 전달하고자 하는 메시지의 하나가 된다. "데우스 셈페르 마조르"(deus semper major). 하나님은 항상 우리가 생각하는 것보다 크신 분이시다. 그렇다. 우리는 분명 뭔가를 보았다. 그러나 그것 역시도 전체의 작은 부분일 뿐이다.

목회자들만을 염두에 두고 쓴 책이 아니다!

이 책이 단지 목회자들만을 염두에 두고 쓴 책이 절대 아니라는 점을 이해해 주기 바란다. 이에 대해서는 몇 가지 중요한 전략적, 역사적 이유들이 있다. 나의 동료인 목회자들이 이 책을 읽고 분명 이 이유들을 이해해 주리라 믿는다. 이 책은 무엇보다 내가 확신하건대 장차 교회의 미래를 빚어갈 네 그룹의 사람들을 위해 씌어졌다.

1. **여성**. 여성은 전 세계적으로 교회의 50% 이상을 차지한다. 전통적인 기독교에서 여성들은 영적으로 꽃을 피우거나 사역에 의미 있게 참여할 수 있는 기회들을 별로 가지지 못했다. 여성들은 종종 남성지배적인 그리고 지나치게 구조화된 교회들에서 할당된 인원을 채우는, 혹은 아이들을 돌보고 '교회를 어지럽히지 않는' 정도의 방관자적 역할을 하도록 요구받았다. 그러나 나는 여성들이 교회의 중심에 있어야 한다고 확신한다. 전통적인 교회 시스템이 이를 허용하지 않는다면, 우리는 여성들을 바꿀 것이 아니라 그 시스템을 바꾸어야 한다.

2. **가장**(family fathers). 통계적으로 볼 때, 지난 1,600년 동안 어린아이를 둔 가정들과 이 가정의 아버지들은 조직화된 교회에서 소수에 불과했다. 나는 일과 가족과 교회라는 세 영역을 다 감당하지 못하는 이런 가장들이 교회에 헌신하지 못함으로써 우리가 장로의 자격이 있는 자들을 많이 잃어버리고 있다고 확신한다. 그러나 교회의 중심이 가정으로 되돌아간다면 어떻게 될까? 이렇게 되면 신학교에서 훈련받은 전문가들 대신 가족에서 삶을 통해 훈련된 아버지들이 활동의 중심으로 옮겨가게 될 것이다. 아버지로서의 그들의 잠재력으로 인해, 교회는 다시금 일상의 부분이 될 것이고, 주일 아침에만 예배 드리는 기독교를 탈피하게 될 것이다.

3. **5가지 사역**. 하나님이 자신을 목사로, 사도로, 선지자로, 교사로, 혹은 전도자로 부르셨다고 느끼는 이들 중 많은 수가 교회 시스템에 적응하지 못한다. 그들은 외로움을 느끼고 있으며, 그들의 잠재력은 지금 맡고 있는 사역들과 잘 맞지 않는다. 그들은 교회 지체들의 기대에서 오는 압박감 때문에, 혹은 그들에게 오해받고 있다는 느낌 때문에 무척 괴로워한다. 사실 그들은 더 나은 청사진, 곧

자신의 은사와 소명을 다른 사람들과의 건강하고 보완적인 관계 속에서 실현할 수 있는 시스템을 찾고 있다. 당신도 알게 되겠지만 가정교회는 바로 이러한 청사진을 제공해 줄 것이다.

4. **목회자.** 그러나 이 책은 또한 자기 교회에 적용할 한두 가지 아이디어를 찾는 것보다 하나님 나라를 확장시키는 것에 더 관심이 있는 목회자를 위한 책이다. 당신이 목회자라면, 수많은 갈림길들 앞에 서 있는 자신을 발견하게 될지도 모른다. 당신은 자신이 목회자로서 사역하고 있다고 생각할지 모르지만, 사실 당신은 목회자가 아닐지도 모른다. 아니면 당신은 하나님이 당신을 목회 사역으로 부르셨다고 확신하지만, 같은 시간에 많은 것을 거둘 수 있는 구조, 당신의 목회 마인드가 '우리가 아는 대로의 교회'의 구조에 의해 질식을 당하지 않고 자유롭게 날 수 있는 구조를 여전히 찾고 있는지도 모른다. 그렇다면 가정교회는 당신이 찾고 있던 바로 그것일지도 모른다.

무엇보다 이 책은 마지막 때에 추수를 위한 하나님의 도구가 될 그리스도인들에게 영감을 불어넣고, 도전하고, 고무하기 위해 씌어졌다. 많은 선지자들이 얼굴도 명함도 직책도 없는 세대로 하나님의 운동이 이 땅에 이루어지게 하는 데 앞장설 것이다. 그들은 박해 가운데서든 아니면 토크쇼에서 박수갈채를 받든 간에(무엇이 더 나쁜 일일까?), 말할 수 없는 어려움 중에 있든 아니면 붉은 융단 위를 걷든 간에, 경멸을 당하든 아니면 칭찬을 받든 간에, 조롱을 당하든 아니면 상담을 받든 간에, 비난을 받든 아니면 찬사를 받든 간에, 고문을 당하든 아니면 만사가 형통한 상황 가운데 있든 간에, 무명으로 묻혀 있든 아니면 유명인사가 되든 간에, 그 어떤 상황에서라도 그들은 이 일을 할 것이다. 다시 말해 하나님의 운동은 그리스도의 평범한 제자들을 위한 구호가 될 것이다. 이들은 하나님에게서 특별한 목적과 능력을 받고, 겸손과 자기 부인, 순종의 삶을 통해 이 지구를 가정교회들로 채우고 또한 이 교회들을 통해 물이 바다를 덮음같이 온 땅이 그리스도를 아는 지식과 그의 영광으로 가득 차게 만들 것이다.

〉〉〉제1장 교회의 재창조

많은 그리스도인들이 교회에 대한 자신들의 깊은 좌절감을 얼마나 잘 숨기거나 덧칠할 수 있

는지 참 놀라울 따름이다. 그들은 말한다. "교회가 아니라 예수님을 보라." 우리는 이 말이 뭔

가 크게 잘못되어 있다는 것을 깊이 느끼고 있다.

제장 교회의 재창조

교회 간격 연결하기

　기독교 역사상 우리 시대만큼 교회가 전 세계적으로 두드러지게 성장한 적은 없었다. 최근에 행해진 한 통계 조사에 의하면 매주 전 세계적으로 2천~3천 개의 교회가 새롭게 세워지고 있다고 한다. 피터 와그너와 랄프 윈터에 의하면, 전 세계 복음주의 교회들은 그 교인수가 1974년에 1억 5천만 명에서 1998년에는 6억 5천만 명으로 성장했으며, 이는 오늘날 이 지구상에서 가장 빨리 성장하는 소수 그룹이라고 한다.

　그러나 승리의 찬가를 부르는 이와 같은 흥분의 시대에 어떤 그룹들은 '우리가 아는 대로의 교회'에 대한 불만족과 좌절을 겪어 이 역시 어떤 한 지역의 문제가 아닌 전 세계적인 문제가 되고 있다. 우리는 날마다 많은 사람들이 그리스도께로 돌아오는 것에 대해 듣고 또 기뻐한다. 그러나 그들 중 몇 명이 지역 교회의 일원이 되고 있는지에 대한 이야기는 잘 듣지 못한다. 더군다나 사람들이 소리 없이 아무런 주목도 받지 못한 채 교회 뒷문으로 빠져나간다는 사실에 대해서는 듣지 않으려

한다. 그들은 그리스도께로 인도되었지만 교회에 소속되지는 못했다. 그들은 복음에 대해 관심을 보였지만 교제(fellowship) 속에 적응하지 못했다. 그들은 농부의 손에 익은 곡식으로 거두어졌지만 창고 안으로 들여지지는 못했다. 그들은 분명 복음 전도를 듣고 감화를 받았지만 삶의 변화에 이르지는 못했다. 그들은 눈을 돌려 길(The Way) 되신 예수님을 잠깐 쳐다보기는 했지만 그들이 본 교회의 모습에 실망하여 곧 고개를 돌려버렸다.

하나님은 좋지만 교회는 싫다

1990년대 초 암스테르담에서 행해진 한 연구 과제에서 젊은이들에게 하나님에 대해 관심이 있는지를 물었다. 100%가 관심이 있다고 대답했다. 이 프로젝트는 또 교회에 관심이 있는지를 물었다. 그런데 1%만이 관심이 있다고 답했고 99%는 전혀 관심이 없다고 답했다. 이 이야기를 들은 목사들 대부분은 암스테르담의 젊은이들이 정말 심각하게 타락했다고 입을 모았다. 왜냐하면 그들이 보기에는 교회가 전혀 잘못된 것이 없기 때문이었다. 똑같은 교회를 두고 어떻게 이토록 관점이 다를 수 있을까? 오늘 나는 별로 내키지는 않지만 이 문제를 조금 다른 관점에서 생각해 보고자 한다. 아마도 암스테르담의 젊은이들은 나름대로 우리가 이제까지 배우고 싶어 하지 않았던 교훈들을 교회에 가르쳐 줄지 모른다. 아마도 우리는 우리의 전통을 너무나 사랑한 나머지 세상에서 멀찌감치 떨어진 안전하고 '거룩한' 곳에 안주하면서 세상을 제대로 듣고 느낄 수 없게 되었는지도 모르겠다.

세례 받지 않는 신자들

십여 년 전에 인도의 마드라스에 있는 구루쿨 신학교(Gurukul Theological College)의 허버트 회퍼(Herbert E. Hoefer) 박사는 한 연구 조사에서 인구 8백만의 이 도시에 "세례는 안 받았지만 그리스도를 믿는다"고 말하는 사람들이 20만 명이 넘는다는 사실을 밝혔다. 많은 사람들은 이와 같이 자신을 그리스도인이라고 부르지만 여러 가지 이유로 교회에는 나가지 않는다. 그 한 가지 이유로 자신들은 예수님께 이끌렸지, 교회에 이끌린 것이 아니라고 말한다.

예수님은 믿지만 아직 세례는 받지 않은 사람들에게 '복음주의 교회'(evangelical church)라는 단어가 어떤 느낌을 주는지 물어보라. 대체로 별로 듣고 싶지 않은 대답을 듣게 될 것이다. 많은 그리스도인들이 교회에 대한 자신들의 깊은 좌절감을 얼마나 잘 숨기거나 덧칠할 수 있는지 참 놀라울 따름이다. 그들은 말한다. "교회가 아니라 예수님을 보라." 우리는 이 말이 뭔가 크게 잘못되어 있다는 것을 깊이 느끼고 있다.

오늘날 교회 활동과 선교 사역은 과거 그 어느 때와 비교할 수 없을 만큼 활발하게 진행되고 있다. 그러나 과거 그 어느 때보다 활발하게 목회자들이 교회를 옮기거나 사고 팔고 있으며, 목회를 포기하거나 안식년을 신청하고 있다는 것 또한 사실이다. 많은 선교사들이 탈진한다. 많은 평신도들이 교회를 떠나서 다시는 돌아오지 않는다. 수많은 그리스도인들이 여러 가지 모델 교회와 부흥 방법론을 시도해 보고, 이런저런 흐름을 타고 다양한 방식으로 그 정신을 붙들어 보거나, 소위 '삶의 변화를 위한 세미나'와 '성령의 기름 부음을 위한 집회'에 참석해 보았지만, 그 이후로도 그들의 개인적인 삶이나 교회는 정말이지 변화되지 않았다고 고백한다. 어떤 이들은 모든 것을 다 포기할 마음을 먹고 있는

가 하면, 또 어떤 이들은 더 좋은 대안이 없기 때문에 여전히 고통스럽게 분투하고 있다.

선교의 위기는 교회의 위기다

'잉글랜드 웨일즈 침례교 연합'(the Baptist Union of England and Wales)의 총재인 스티븐 가우크로거(Stephen Gaukroger)는 패트릭 존스톤(Patrick Johnston)의 『교회는 당신의 생각보다 큽니다』(*The Church Is Bigger than You Think*, WEC 출판부 역간)의 서문에서 이렇게 말한다. "나는 선교에 대한 책들을 별로 좋아하지 않는다. 이 책들은 보통 내가 이미 알고 있는 것만을 말하고 있으며 내가 그것을 더 많이 행하지 않는 것에 대해 죄책감을 느끼게 만든다." 선교에 대한 전통적인 이해는 교회들이나 개인들에게 "헌금을 하든지, 아니면 선교지로 직접 나가든지, 대신 누군가를 보내라"고 권한다. 그러나 많은 경우 이러한 이해는 뒷맛이 씁쓸하다. 왜냐하면 우리는 헌금을 하거나, 선교지로 나가거나, 누군가를 보내는 일을 '충분히 많이' 하지 못하기 때문이다. 패트릭은 이렇게 말한다.

> 교회의 구조에 대한 우리의 이해는 수세기 동안 전해내려 온 잘못된 신학과 왜곡된 시각에 의해 빚어졌다. 그럼에도 이러한 왜곡이 회중의 삶에 어떤 영향을 미치는지를 인식하는 사람은 별로 없다. 우리는 회중들에게 선교에 대해 도전하거나 공적인 모임 때 그들의 양심을 찔러보아도 그 열매를 얻기 힘들다는 것을 곧 알게 된다. 우리는 선교를 완전히 배제시킨 사고방식과 세계관을 교회가 그대로 물

려받았다는 사실을 발견하게 된다.

사도들과 선지자들의 터 위에(엡 2 : 20) 세워지지 않은 교회들이 사도적, 선지자적 사고방식을 가지고 있지 않다는 사실은 그다지 놀랄 일이 아니다. 선교의 위기는 곧 교회의 위기다. 선교가 사도적 교회의 자연스러운 핵심이라면, 선교는 선교 할당량을 수행하는 교회가 아니라 사도적인 사람들 안에서 분명하게 드러나는 하나님의 은혜의 한 표현이어야 할 것이다. 우리는 선교에서 율법주의적 채찍을 제거할 필요가 있다. 이 일은 선교의 심장부에서 교회에 대한 우리의 이해와 더불어 출발해야 한다. 왜냐하면 그 채찍이 선교에서 분명히 드러날 뿐 아니라, 은혜의 결핍과 지나친 율법주의의 결과로 교회 안에서도 자연스럽게 자리를 차지하고 있기 때문이다. 이 율법주의는 사도적, 선지자적 사역들이 충성된 교사들과 세련된 목회자들, 담대한 복음 전도자들로 대체된 곳에 슬며시 기어든다.

나중에 다시 자세히 언급하겠지만 교회가 재창조될 때 선교 역시 새로운 부흥의 전기를 맞게 될 것이다(revived). 도널드 밀러(Donald Miller)는 "교회는 그 사명(mission)을 거부할 때, 더 이상 교회가 아니다"라고 말했다. 그러나 교회가 다시금 교회가 되고 그 사도적, 선지자적 성격을 회복할 때 이웃과 민족들을 변화시키고 그들을 제자로 삼는 하나님의 도구가 될 수 있다. 개 교회는 전 세계적인 파트너십을 가지고 다른 사람들의 불에 기름을 부음으로써 더욱 밝고 힘 있게 타오르게 만들고, 세상으로 하여금 그들이 너무 오랫동안 무시했던 분, 예수 그리스도를 보게 하는 일에 쓰임받을 수 있다.

교회와 사회의 간격(church gap)

많은 목회자들은 심지어 이렇게 말한다. "우리가 성도들에게 보여 주는 교회는 우리의 설교 속에 등장하는 교회와 다르다. 바로 이러한 이유 때문에 우리가 설교하는 것이다." 목회자들조차 이 사실을 인정한다면, 새로 그리스도인이 된 초신자들이야 오죽하겠는가? 영국의 교회 개척 운동가 테리 버고(Terry Virgo)는 이렇게 말했다.

분식집에서 전도하던 때에는 어떻게 분식집과 교회 간의 간격을 메울 것인지에 대한 회의들이 많이 열렸다. 이러한 회의들은 새로운 그리스도인들이 시대적 적실성을 잃어버린, 형식적인 교회 예배에 잘 적응하도록 돕는 데 그 목적이 있었다. 사람들은 한때 이와 같이 차갑고 변화 없는 단조로움이 하나님의 백성이 누리는 풍성한 삶이라는 말을 들었다. 그래서 어떤 이들은 사람들이 교회 생활에 적응할 수 있도록 중간 단계에 해당하는 과정(half-way house)을 마련할 것을 제안하기도 했다.

시카고에 있는 윌로크릭 커뮤니티 교회는 구도자 중심의 예배를 마련하고 있다. 구도자 중심의 예배란 하나님을 찾는 구도자들을 위해 고안된 예배다. 아직 신자가 되지 못한 사람들은 이러한 예배를 통해 특별히 환영을 받고, 편안하고 당혹스럽지 않은, '위협적인 메시지를 들을 위험이 없는 안전한 장소'를 제공받는다. 이 교회는 초창기에 '교회와 사회의 간격', 곧 사람들이 예수님의 인격에는 이끌리지만 지역 교회에는 많은 불만을 가지고 있다는 사실을 깨달았다. 그들은 조금 유머러스하게 표현하기는 했지만, 전도의 일곱 단계 전략을 제안했다.

1. 불신자들과 함께 충실한 시간을 보내라.
2. 그들을 교회로부터 보호하라.
3. 예수 그리스도를 소개하라.
4. 그들을 교회로부터 보호하라.
5. 그들을 그리스도께로 인도하라.
6. 그들을 교회로부터 보호하라.
7. 그들이 좀더 성숙하여 문화 충격에 대해 준비가 될 때 비로소 교회로 인도하라.

누가 누구에게 후속 조치를 취하는가?

나는 전에 어떤 한 선교사로부터 불신자들을 '특별 예배'에 초대하려 했던, 교인 수 200명의 유럽의 어떤 교회 이야기를 들은 적이 있다. 광고를 많이 한 덕에 50명이나 되는 새로운 사람들이 이 특별 행사에 참석했다. 그는 말했다. "물론 그들 중에 실제로 교회로 돌아온 사람은 몇 안 됩니다. 그러나 우리는 그들에 대해 계속 후속 조치를 취하고 있습니다."

나는 무척 충격을 받았다. 50명의 불신자들이 교회 예배에 참석하고 그 경험으로 인해 전기 충격과 같은 감화를 받지 못한 채 떠나가는데도 왜 그 교회는 책임을 통감하지 않는가? 무릎을 꿇고 기도하면서 도대체 뭐가 어떻게 심각하게 잘못되었기에 많은 사람들이 교회에 와서 예배를 경험하고도 감화받지 못한 채 떠나가는지 알려고 애쓰지 않는가?

그 교회는 한번 방문했다가 감화를 받지 못한 채 떠나간 방문자들을 영적인 판매 기술들을 동원해 성가시게 굴기보다는 자기 자신에 대한 후속 조치를 취해야 마땅하지 않겠는가? 콘스탄티누스 대제가 기독교를 공인한 지 1,700년이 흘렀다. 그러나 우리 스스로가 변화받을 준비가 안 되어 있으면서 어떻게 세상을 변화시키는 방법에 대해 여전히 논할 수 있겠는가? 아마도 우리 모두는 릭 워렌이 『새들백교회 이야기』(*The Purpose-Driven Church*, 도서출판 디모데 역간)에서 제시한 충고를 받아들일 필요가 있다. "하나님께서 우리가 하고 있는 일에 복 주시기를 구하지 말고, 하나님이 복 주시는 일을 하기 시작하라."

제3의 종교개혁

독일의 교회 성장 연구가인 크리스티안 슈바르츠(Christian A. Schwarz)는 우리가 제3의 종교개혁의 시대에 있다고 주장한다. 첫 번째 종교개혁은 16세기에 마르틴 루터가 복음의 핵심, 곧 이신칭의의 원리와 은혜와 성경의 중요성을 재발견하면서 시작되었다. 이런 의미에서 제1의 종교개혁은 '신학의 개혁'이었다.

두 번째 종교개혁은 18세기에 성도들이 그리스도와의 개인적이고 친밀한 관계를 재발견하면서 시작되었다. 슈바르츠에 의하면, 이 제2의 종교개혁은 '영성의 개혁'이었다. 이 개혁은 사랑하는 주님 앞에 개인적으로 뜨거운 무릎을 꿇는 데서 태동하여 선교와 전도에 대한 열정으로 불타오르는 새 시대를 열었다.

그러나 이 두 가지 종교개혁 모두 여전히 새 술을 헌 가죽부대에다 부어 넣으려는, 새 천을 낡은 옷에다 오려 붙이려는 시도들이었다. 로마 가톨릭의 교회 시스템은 제단을 갖추고, 유향을 태우고, 일반 백성과 제사장들의 영역을 구분 짓는 구약적인 성전 중심의 예배 유형들과 매우 비슷했다. 루터는 복음의 내용은 개혁했지만 '예배'의 기본 구조는 바꾸지 않았다. 이후에 이 종교개혁적-로마 가톨릭적-유대교적 예배 유형 위에 침례교는 침례를 베풀었고, 오순절교회는 성령의 기름을 부었으며, 이단들은 이것을 왜곡시켰고, 은사주의 운동은 갱신했으며, 구세군은 제복을 입혔고, 퀘이커교도들은 드라이클리닝을 했다. 그러나 이 모든 시도에도 불구하고 급진적으로 달라진 것은 전혀 없었다. '예배'는 여전히 본질적으로는 보이기 위한 공연(performances)이요, 청중 지향의 미사였으며, 많은 경우 형식적이고 의식적인 종교 행사였는데, 여기서 다수의 구경꾼과 소비자들은 소수의 종교 전문가들이 자신들을 위해 그리고 자신들과 함께 공연하는 것을 구경할 뿐이었다.

따라서 제3의 종교개혁은 '구조의 개혁'이라 할 수 있다. 이 개혁은 단순히 이곳저곳에 눈에 띄는 변화를 주기보다는 신약 성경에 나온 본원적인 유형을 따라 교회 세우기를 시도한다. 만일 이러한 개혁이 모든 것을 처음부터 새로 시작해야 함을 의미한다면 그렇게 해야 한다. 우리는 모든 것을 처음부터 새롭게 시작해야만 할 것이다. 이에 대해 몇 가지 예를 살펴보자.

석유파동 때의 대형차들

1970년대에 석유파동이 닥쳐왔을 때 대형차를 판매한다는 것은 무척 어려운 일이었다. 유가가 엄청나게 비쌌기 때문이었다. 자동차 제조업체들은 판매되지 못한 채 줄지어 세워져 있는 차들 때문에 골머리를 앓고 있었다. 종종 나는 많은 국가의 교회들 역시 이와 같은 상황에 있지 않나 생각해 본다. 우리가 제공하는 교회의 모델은 정말 석유파동 시절의 대형차들처럼 지나친 고비용에, 너무 큰 덩치를 가진 게 아닐까? 시장은 다른 제품을 요구하고 있는데 말이다.

움직임이 둔해진 조립 라인

비슷한 이야기지만, 많은 국가들에서 교회 개척의 진행 상황은 마치 움직임이 둔해진 조립 라인 같다. 제품(새로운 교회) 판매가 매우 부진해졌기 때문이다. 흥분해서 그 제품을 구매하려는 고객이 없는 탓에 많은 제품들이 작업 속도가 둔해진 조립 라인 위에 그대로 얹혀 있다. 그 결과 시스템은 마비가 되고, 작업은 거의 진전이 없다. 사람들은 점점 더 좌절감에 빠지게 된다. 우리는 조립 라인을 새로 만드는 데 있어서는 전문가가 되었지만 견본품(prototype product)을 검토하는 데는 충분한 주의를 쏟지 못한 것이 아닐까?

퍼즐 맞추기

한 아이가 새로 산 퍼즐을 맞추려 한다고 해보자. 아이는 퍼즐 박스에서 자기가 무척 좋아하는 빨간색 경주용 자동차 사진을 꺼내 들고는 무척 흥분해서 그 사진대로 퍼즐 조각들을 맞추려고 한다. 그러나 이상하게도 퍼즐 조각들은 제대로 맞추어지지 않는다. 퍼즐 조각들을 반으로 접기도 하고, 억지로라도 그 모양을 맞추려고 가장자리 부분을 찢어내 보기도 하지만 소용이 없었다. 뭔가 잘못된 것이 분명했다. 그래서 결국 아빠에게 도움을 청해야 했다. 아빠는 그 사진을 들고 이리저리 살펴보다가 그것을 뒤로 돌려보았다. 그랬더니 그 뒷면에 퍼즐의 '원본'인 아름다운 나무의 사진이 있었다. 알고 보니 그 경주용 자동차 사진은 다른 퍼즐을 광고하는 것이었다! 아이는 비로소 안도의 한숨을 쉬고는 그 원본 사진대로 조각들을 맞추기 시작했다. 퍼즐은 채 몇 분도 안 되어 완성되었다. 무엇이 문제였을까? 퍼즐 조각들은 제대로 다 있었지만 잘못된 원본이 문제였다. 나무랄 데 없이 정직한 동기를 가졌지만 청사진이 잘못되었던 것이다.

영적 복사기들

간단히 말해서 오늘날 기독교가 대체로 이런 상황에 처해 있는 것은 아닐까? 혹, 퍼즐 조각들은 제대로 다 있는데(하나님의 말씀과 사람들, 가정, 기도, 동기, 돈 등) 우리가 잘못된 원본을 가지고 이 조각들을 맞추려 하고 있는 것은 아닐까? 우리가 좋아하는 빨간 자동차를 원본이라고 착각하면서? 누군가 악의를 품고 제대로 된 청사진을 아무짝에도 소용없는 가짜 청사진으로 슬쩍 바꿔치기하는, 상상조차 하기 싫은 일이 발생한 것일까? 그래서 우리는 영적 복사기들(성경학교나 출판사, 신학교, 혹은 리더십 프로그램) 앞에 꼼짝없이 붙들려 우리가 성경적이라고, 틀림없는 원본이라고 확신하는, 성경과 역사에 의해 입증된 것이라고 믿는 그것을 복사하려고 초록색 복사 버튼을 연신 눌러대고 있는 것인가?

우리의 전도 혹은 선교 사역과 프로그램이 아무리 열광적이고 대단하다 해도 그것이 '빨간색 경주용 자동차', 곧 사탄이 인간에게 세력을 행사하는 데 심각한 위협이 되지 않는 전통적인 교회 유형의 복사본일 뿐이라면, 교회의 원수인 사탄은 그것을 전혀 문제 삼지 않을 것이다.

이제 우리가 인간의 표피만 긁어대기를 그만두고 하나님이 우리 모든 사람들 가운데 교회를 새롭게 창조하시도록 해야 할 때가 온 것 같다. 이와 같은 교회의 재창조는 우리가 가진 교회에 대한 청사진들을 반성하고 그것을 뒤집어 뒷면에 있는 원본을 바라보는 데서부터 시작될 것이다.

우리 식의 교회

우리 중 대부분은 어떤 한 교단에 속하여 성장했거나 나중에 한 교단에 소속하기로 결정했을 것이다. 결과적으로 우리는 대체로 기독교와 심지어는 성경까지도 우리가 익숙한 전통의 관점에서, '우리 식의 믿음과 실천'의 관점에서 보고 해석할 것이다. 그러나 어느 전통이 옳은가? 아르헨티나의 복음 전도자 후안 까를로스 오르띠즈는 한때 이런 말을 했다. "세상에는 2만 2천 개 이상의 교단들이 있다. 당신이 올바른 교단에 속해 있다면 얼마나 행복하겠는가!" 그가 이 말을 한 이후로 교단 수는 2만 4천 내지 3만 개로 늘어났다. 그러나 많은 그리스도인들이 오늘날 교회의 가장 큰 문제는 구조 바깥보다 내부에, 우리가 전수받고 배우고 소중하게 여기는 믿음과 실천의 유형, 곧 우리가 '교회를 하는'(do church) 방식에 있다는 점을 이해하기 시작했다.

누구의 책임인가?

콜로라도스프링스의 뉴 라이프 교회(New Life Church)의 테드 해거

드(Ted Haggard)는 그의 저서 『지역교회 최고의 사명』(*Primary Purpose - Making it Hard for People to go to Hell from your City*, 죠이선교회 출판부 역간)에서 이렇게 말한다. "우리의 책꽂이는 기독교 서적들과 기독교 비디오테이프들로 가득 차 있다. 모든 주요 거리마다 교회가 있고, 이전의 그 어느 때보다 더 많은 교회 일꾼들이 있다. 거대한 주일 학교 부서를 비롯하여 셀 조직들과 대형 교회와 초대형 교회 세미나들도 있다. 우리는 자동차 범퍼에 기독교를 상징하는 스티커를 붙이고 다니며, 정치적 압력단체와 거대한 선교단체들을 가지고 있다. 그럼에도 우리는 북미의 모든 주요 도시들을 잃어버렸다. 우리는 방법을 재고하고 효율성을 반성하기보다는 우리의 영적인 비효율을 다른 사람들 탓으로 돌림으로써 우리의 이웃들이 영원히 정죄받게 될 것에 대한 책임을 회피하려 한다."

온 세계를 위한 교회의 서구적 모델

전 세계 약 240개의 나라들 중에 지난 수세기 동안 나름대로 전 세계에 자신들의 교회 모델을 수출하는 데 큰 활동을 한 곳은 독일, 영국, 미국, 이탈리아 네 나라밖에 없다. 오늘날 대부분의 교회들과 단체들은 아직도 이 나라들 중 한 곳에 그 본부를 두고 있거나 아니면 적어도 깊은 연관이 있으며, 이들로부터 막대한 영향을 받은 것이 사실이다. 선교 시대의 축복들을 부정하는 것은 아니지만, 이 시대는 또한 전 세계 교회에 심각한 독점 현상을 야기했다. 그 결과 서구적 교회 모델이 거의 모든 곳에서 표준과 같이 되어버렸다. 미국의 저술가 진 에드워즈(Gene Edwards)는 자신의 책 제목을 『*The Americanization of the Church*』(교회의 미국화)라고 지음으로써 이 점을 꼬집고 있다. 그러나 우리는 예수님이 '서양인' 이 아니었다는 단순한 사실을 기억할 필요가 있다. 주요 선교국인 이 네 나라들이 두 차례 세계대전을 통해 세계의 다른 국가들 앞에서 서로를 죽이는 일에 연루되었던 과거 사실을 감안할 때, 우리는 이 나라들이 소위 '기독교 국가' 로서 전 세계 기독교인의 신뢰성에 엄청난 타격을 주었다는 점 역시 깨달을 필요가 있다. 서구 국가들이 돈과 물질과 언변과 심지어 기름이 잘 쳐진 선교 기계를 가지고 있을지는 모르지만 이런 것들이 하나님께로부터 발원하는 진정한 소명을 대신할 수는 없다.

나는 우리가 식민지적 선교 시대를 지나 '토착 선교'(national mission) 시대로 들어섰다고 믿는다. 이 토착 선교 시대에는 각 나라가 나름대로의 교회 모델들을 개발하도록 요청받는다. 이것은 각 나라 사람들이 자기 민족을 위해 스스로 기도하고, 눈물 흘리고, 살아 계신 그리스도께서 자신들의 시대와 문화 속에 새롭게 성육신하시도록 하는 것이다. 서구 교회가 제국주의와 교단주의가 아닌 '십자가에 못 박힌 식민주의' 정신으로 이러한 과정에 조심스럽게 기름을 조금 친다면 놀라운 일이 일어날 것이다.

전통적인 교회가 믿음의 가장 큰 방해물이다?

1994년에 스코틀랜드에서 「*Barriers to Belief*」(믿음의 장벽들)이라는 제목으로 나온 한 연구서에서 존 캠벨(John Campbell) 목사는 이렇게 말한다. "많은 이들이 하나님을 믿는 데 가장 방해가 되는 것들 중 하나가 바로 교회다." 만일 교회 시스템이 문제라면, 이건 정말 엄청난 문제다. 이 문제는 결국 가장 헌신되고, 비전에 불타오르고, 열정적이고, 생동감 넘치는 그리스도인들마저도 그들의 모든 에너지를 빨아들이고 결국 그들을 압도해버리는 시스템 속에 갇히게 만든다. 그러므로 '우리가 알고 있는 교회' 형태를 살짝 수정하거나 다듬는 것이 아니라 교회 자체의 특성을 급진적으로 회복할 때 비로소 돌파구를 발견할 수 있을 것이다. '교회 밖 사람들을 교회 안으로 들이는'(church the unchurched) 가장 빠른 길은 '우리가 알고 있는 교회를 원래 하나님이 의도하신 대로의 교회로 되돌리는'(unchurch the church) 것이다. 따라서 영국 성공회 교회 개척 이니셔티브(Anglican Church-Planting Initiative)의 주창자 중 하나인는 보브 홉킨스(Bob Hopkins)는 우리가 '교회에서부터 시작하기'(starting with the church), 다시 말해 오늘날의 교회들과 그 '예배 유형'을 당연한 것으로 여기지 않기를 제안했다. 어쨌든 하나님은 정답을 알려 주실 만반의 준비를 하고 사람들이 올바른 질문을 던지기를 오랫동안 기다려 오신 것 같다. 다시 말해 가정교회는 영성과 사회를 잇는, 예수님과 그의 몸 된 교회를 잇는, 천상과 지상을 잇는 잃어버린 연결고리다.

걸림돌이냐 아니면 보물이냐

예수님은 하나님 나라의 밭을 갈다가 보물을 발견하고는 집으로 가서 자기의 모든 재산을 팔아 그 밭(그 보물)을 산 사람에 비유하신다(마 13:44). 처음에는 걸림돌, 곧 일상의 여정이나 밭갈이 일에 방해가 되는 잘못 놓인 돌처럼 보이던 것이 한 사람의 생애에 있어 가장 위대한 발견이 될 수도 있다. 프로그램 지향적인 교회들 역시 이와 비슷한 경우가 아닐까? 하나님이 가정교회에 대해 하나님 자신의 방식대로 당신에게 말씀하실 때 이와 같은 일이 당신에게도 일어날 수 있다. 아마도 우리 중 많은 이들이 던지는 질문의 대답은 우리 눈에 안 보이게 감춰져 있을지 모른다. 그러나 다른 사람들이 그 존재조차 생각해 본 일이 없는 금지된 문에 부딪혀 넘어질 때 우리는 우리가 바로 그 대답 가까이에 있다는 것을 알 수 있다. 우리는 현상 유지(status quo)를 못 견디게 만드는, 그래서 나가서 그 대답을 찾도록 우리를 몰아붙이는 고뇌로 인해 결국 그 대답을 발견하게 될지도 모른다. 아니면 아주 우연히 그 대답을 발견할 수도 있다. 이 점에서 가정교회는 생각도 해 본 일도 없고, 말 그대로 들어 본 적도 없어서, 처음 들을 때는 이단적인 게 아닐까 하고 의심이 생길 수도 있을 것이다. 그러나 전통의 안개를 뚫고 성경을 다시 읽어 내려가다 보면 모든 것이 훨씬 더 분명해질 것이다. 다만, 감춰진 보물에 대한 예수님의 비유가 주는 몇 가지 교훈을 기억하기 바란다. 보물을 발견하면 마을로 가서 모든 사람들이 듣도록 크게 떠들고 다니면 안 된다. 그 보물을 다시 땅에 묻고 가서 당신이 가진 모든 것을 팔아 가지고 보물이 있는 그 밭을 사라. 그리고 하나님이 당신에게 명하시는 대로 모두 행하라.

교회의 재성육신

갱신을 위해, 아니면 적어도 변화를 위해 전심전력하는 많은 교회들은 구조를 변화시킨다고 해서 교회가 질적으로 새로워지지 않는다는 사실을 이미 알고 있다. 경영의 권위자 톰 피터스(Tom Peters)는 갱신과 개혁은 외적인 것이고 혁명은 내적인 것이라고 말한다. 그는 기업이 실제로 필요로 하는 것은 CEO(Chief Executive Officer)가 아니라 방해가 되는 전통들을 제거하는 CDO(Chief Destructive Officer)라고 말한다. 왜냐하면 낡은 유형을 고치고 새롭게 바꾸는 것보다 새로운 유형에 따라 다시 만드는 것이 훨씬 쉽기 때문이다. 외적인 형태들을 바꿈으로써 교회를 고치려는 것은 마음을 고치겠다고 옷을 바꿔 입는다거나 영화를 보지 않겠다고 하고서는 몇 걸음 뒤로 물러서는 것처럼 부질없는 일이다. 교회 자체를 급진적으로 개혁하지 않은 채 새로운 사명선언문을 첨가한다거나 외형적인 개조만을 하게 되면 결국은 좌절하게 될 것이다. 이것은 마치 새 천을 오려 낡은 옷에다 갖다 붙이는 것과 같다. 예수님은 이러한 시도를 어리석은 것이라고 말씀하신다.

부흥과 개혁은 교회의 본질, 곧 신약의 DNA, 내부로부터 나오는 초자연적 성장 잠재력을 부여받은 하나님의 유전자 코드(막 4 : 26)를 재발견하고, 이를 확립할 때만이 실제로 시작될 수 있다. 영적인 씨앗은, 마치 보리 알곡처럼 남이 시키지 않아도 내부로부터 적절한 구조들을 발현해 나갈 수 있게끔 모든 요소들을 갖추고 있다. 이 씨앗은 그 내부에 심겨진 창조의 청사진을 그대로 펼쳐 갈 뿐이다. 그 속에 있는 것을 모두 밖으로 표출하는 것이다. 나라와 민족은 이 씨앗이 자라는 토양이 된다. 이러한 교회의 재성육신(reincarnation)은, 적어도 신약 시대에는 가정교회 운동으로 나타났다. 그리고 이 가정교회 운동은 2년도 안 되는 짧은 기간 동안 밀가루 반죽 안에 넣은 누룩처럼 혹은 아무도 막을 수 없는 바이러스처럼 예루살렘 도시 전역을 휩쓸었다.

생명체들의 원리

대부분의 생명체들은 유기체 조직들의 배가(multiplication)에 기반을 두고 있다. 무제한적인 성장은 창조의 원리가 아니다. 그러나 배가는 창조의 원리다. 내 친구 크리스티안 슈바르츠(Christian Schwarz)는 '생명체' 원리, 곧 하나님의 창조 질서 속에서 유기체의 생명이 운행되는 유형들에 대해 연구했다. 이것이 그로 하여금 '자연적 교회 성장론'을 주창하게 만들었다. 인간이 고안한 기계적 생산과 성장의 인위적인 유형이 아니라 바로 하나님의 유형과 방법에 따라 성장이 이루어지는 농사나 생물학적 환경은 우리에게 많은 가르침을 준다. 이러한 생명체 원리는 기계들을 통제하는 '전문기술자'의 방법들과 첨예한 대조를 이룬다. 이 두 원리들은 로봇이 사람과 다른 것처럼 서로 다르다. 로봇은 기계이고 사람은 유기체다. '기계'나 '로봇' 모델은 기술의 세계에서는 아주 잘 먹혀든다. 그러나 생명체적, 유기적 성장의 세계에서는 제대로 먹혀들지 않는다.

교회가 하나님이 창조하신 '생명체적' 유기체임을 이해한다면, 교회가 어떻게 성장하는지를 이해하기 위해서는 하나님의 자연적, 유기체적 원리들을 살펴보아야만 한다. 생명체 원리들은 최대한의 결과를 낳기 위해 최소한의 에너지를 사용한다. 그리고 이러한 과정은 '저절로' 이루어진다. 생명체 원리들은 교회가 조립 라인 위의 기계처럼 제조되기보다 하나님의 성령으로 하나님의 창조 패턴을 따라 재창조될 수 있게 한다. 만일 우리가 사람들이 만든 패턴이나 공식만을 따른다면, 설령 그것들이 바람직하고 소중한 전통으로 우리에게 전수되었다 해도 헛된 것이 되고 만다.

생명체 원리에는 다음과 같은 것들이 있다.

- 상호 의존. 유기체의 부분들이 서로 연관되어 있는 방식은 각 부분들 자체보다 더 중요하다. 모든 유기적 세포들은 우연히 만들어지는 무질서에 의해서가 아니라 내재되어 있는 창조적 패턴을 따라 스스로를 조직한다. 각각의 세포나 유기체는 이 패턴에 따라 다른 유기체들이나 세포들과 연관이 된다. 이것은 교회 배가와 관련하여 어떠한 논제나 주제 혹은 어떤 측면도 다른 부분들과 분리해서 보거나 다루어져서는 안 된다는 것을 의미한다.
- 배가. 무제한적인 성장은 이상적인 것이 아니다. 그러나 배가는 이상적이라 할 수 있다. 사과나무의 열매는 사과가 아니라 또 다른 사과나무다. 교회의 열매는 한 사람의 회심자가 아니라 다른 교회를 개척하는 또 하나의 교회이다.
- 에너지 변환. 이것은 존재하는 힘들이(심지어 서로 상극을 이루는 힘들까지라도) 어떻게 원하는 목표를 위해 긍정적으로 사용될 수 있는지를 보여 주는 원리다. 이것은 유기체가 바이러스와 싸우는 방식이기도 한데, 유기체는 바이러스라는 침입자와 정면충돌을 하기보다 그 힘을 이용함으로써 그 바이러스를 물리친다. 이전에 건강을 해치던 에너지들이 백신 접종을 통해 건강을 북돋는 에너지로 변환된다. 그러나 많은 교회들은 에너지를 사용하여 외부의 '공격'을 무력화하고 두 번째 타격을 입고서야 그 메시지를 전달하는 접근법을 사용한다.

어떻게 '20명 장벽'을 깨뜨릴 것인가?

교회 성장 연구가인 빌 설리번(Bill M. Sullivan)의 『Ten Steps to Breaking

the 200-Barrier』(200명의 장벽을 허무는 10단계)는 1970년대와 1980년대의 교회 성장 운동의 큰 흐름에 맞춰 저술되었다. 이 책의 논지는 대략 이렇다. 좋은 교회들은 큰 교회로 성장하고, 정말 좋은 교회들은 초대형 교회로 성장한다. 그러나 '건강한' 교회가 성장하지 못하게 가로막는 장벽들이 있다. 이런 장벽들은 바람직하지 못한 것이며 허물어져야 한다.

'200명 장벽' 아이디어는 아주 단순하다. 통계적으로 대부분의 교회들은 100명에서 300명 사이, 평균 200명 수준에서 성장을 멈춰버린다. 이에 대한 문화적, 사회학적, 심지어 교회 건축학적인 이유들이 충분히 있다. 그 한 가지 이유는 구조에 대한 것이다. 이것은 한 명의 목회자를 가진 전통적인 교회가 본질적으로 떠안고 있는 문제라고 할 수 있다. 목사 한 사람이 효과적으로 돌볼 수 있는 사람의 수는 정해져 있다(미국의 경우 약 200명 정도). 목사가 시간적으로 여유롭다 하더라도, 그 마음에는 그렇지 않을 수 있다. 그리고 사람들은 이 점을 인정하고 있다. 결과적으로 성장은 언젠가 삐거덕거리다가 멈추게 된다. 교회는 '200명 장벽'이라는 보이지 않는 천정을 치게 된다는 것이다. 그러나 나는 이 '200명 장벽'보다 훨씬 더 중요한 장벽이 있다고 생각한다. '20명 장벽'이 그것이다. 어떻게 우리가 이 장벽을 허물 것인가?

보이지 않는 선 : 유기체에서 조직체로

가족 모임처럼 구조적이지 않은 자리를 통해서도 교제의 목적을 잘 성취할 수 있다. 가족들은 행사의 사회자나 인사말이나 특송, 아버지의 설교나 엄마의 감사 기도가 없이도 아주 재미있는 시간을 가질 수 있다.

결혼식을 비롯한 집안의 잔치 때 격식을 차려야 할 경우가 있기는 하지만 일상생활에서는 그렇지 않다. 교회는 인위적인 공연(artificial perfor-mance)이 아니다. 교회는 일상생활을 위한 것이다. 왜냐하면 삶의 방식(way of life)이기 때문이다.

각 문화 안에는 유기체와 조직체를 비공식적인 것과 공식적인 것, 즉 흥적인 것과 의식적인 것으로 나누는 아주 중요한 수적인 선(numerical line)이 있다. 나는 이것을 '20명 장벽'이라고 부른다. 20명은 공식적이거나 조직적일 필요가 없는, 유기적이고 비공식적인 '가족'이라고 느낄 수 있는 최대 인원이기 때문이다. 물론 유기체 역시 나름대로 조직을 가지고 있다. 내가 유기체에 대해 말할 때는 질서와 구조가 없는 그런 상태를 말하는 것이 결코 아니다. 그러나 외부로부터 조직이 부여되는 일련의 조직화된 모임들과 달리 유기체들은 보통 내부로부터 조직을 갖춘다. 모임의 성격은 그 모임의 크기를 규정하고, 그래서 제한하게 된다. 만일 유기체가 '20명 장벽'을 넘어선다면 더 이상 유기체로 남아 있을 수 없게 된다. 일이 공식화되기 시작하고, 심지어 준비된 일정을 따라야 할 필요를 느끼기도 한다. 관계와 의사소통의 효율성은 점점 떨어지고 모임을 이끌 누군가에 대한 필요성이 점점 커진다. 결과적으로 가정교회는 원래의 매력을 잃어버리고 그 가치는 변질되고 처음과는 완전히 다른 동력을 개발하기 시작한다. 이러한 교회는 저절로 기능하는 것이 불가능해진다. 그리고 즉흥성이나 생동감을 잃어버린다. 아버지와 어머니 역할이라는 가족적인 메커니즘을 통해 눈에 보이지 않게, 조심스럽게 모임을 이끌어 가는 것이 불가능해진다. 그 대신 사람들은 말 그대로 모임을 '운영'하고 가시적으로 조직화된 생명체(organized life form)를 새로 조직해야 할 필요를 느끼기 시작한다. 이때 원래의 유기체는 아직 살아 있기는 하지만, 공식적인 구조, 즉 조직화된 교제가 즉흥적인 교제를 방해하는 구조 안에 갇혀 사라지고 만다.

성경적인 '코이노니아'(*koinonia*)는 교제 혹은 나누는 것, 관대하게 주는 것, 어떤 것을 공유하는 것을 의미한다. '20명 장벽'이라는 선을 넘는 것이 치명적인 것은 보통 원래의 유기적 형태의 교제가 그 내재적 재생산의 잠재력을 잃어버리고 복제, 복사되거나 심지어 제조될 수도 있으며, 더 나아가 마침내 내재적인 폭발적 성장 잠재력을 무시하거나 말살하려는 외부의 압박으로 인해 대량생산될 수 있기 때문이다. 조직화된 종교는 언제나 제도주의나 화석화된 종교로 쉽게 변질되고 만다는 것은 교회사를 통해 드러난 진리이다.

스물한 번째 사람

따라서 교회의 구조와 미래에 대해 내려야 할 가장 중요한 결정들 중 하나는 스물한 번째 사람이 교회 문으로 걸어 들어올 때 어떻게 할 것인가 하는 문제이다. 구조적으로 볼 때, 그 스물한 번째 사람은 빨간 경고문을 들고 교회 안으로 들어오는 것이다. 당신의 가정교회는 이 사람을 받아들임으로써 계속 수직적으로 성장할 것이고, 조직화되기 시작할 것이다. 그리고 가정교회가 가진 역동성을 잃어버리게 될 것이고 궁극적으로는 200명 장벽도 뛰어넘게 될지 모른다. 아니면 가정교회를 두세 개의 단위(unit)로 나누고 배가함으로써 수평적으로 성장하게 될 수도 있다. 아마 이런 식으로라면 당신은 200명 장벽을 의식조차 못하게 될 것이다.

일주일에 한 번 결혼식?

어떤 문화에서든지 우리의 삶은 개인적인 측면과 공적인 측면이 있다. 다시 말해 일상생활이 있는가 하면 결혼과 잔치, 장례, 전통적인 행사 등의 특별 행사들이 있다. 삶의 이 두 가지 측면들은 각자의 표현 방식들을 가지고 있다. 일상생활은 보통 모든 사회와 문화의 기초적인 세포 단위인 가정 안에서 표현된다. 가족들은 보통 매우 유기적이고 비공식적이고 관계적이며, 삶을 함께하는 데 필요한 것들을 가지고 있다. 결혼과 여타 행사들은 누구나 당연히 준비해야 하는 특별한 행사들이다. 이와 같은 행사들은 보통 공식적인 성격을 띠며, 상당한 조직화를 필요로 하고, 고도로 구조화되어 있다.

당신이 주말마다 똑같은 결혼식에 참석해야 한다고 가정해 보라. 결혼식은 기본적으로 똑같은 패턴을 따라 이루어지며, 매번 똑같은 신랑, 신부가 그 주인공이 되고, 아마 피로연 음식도 똑같을지 모른다. 몇 주 후면 결혼식 때의 흥분은 다 닳아 없어지고 말 것이다. 당신은 곧 결혼식의 모든 순서와 절차를 외우게 될 것이다. 결혼식은 바람직하고 아름다운 전통이다. 그러나 이런 똑같은 유형의 결혼식을 매주 가진다면 그것은 정말 이상한 일이 아니겠는가?

우리는 교회가 이와 같이 되지 않도록 조심해야 한다. 예수님은 우리에게 축제하고 기념하는 방법뿐 아니라 어떻게 살아야 하는지에 대한 삶의 방식 또한 보여 주셨다. 우리에게는 개인적인 측면과 공적인 측면 둘 다 필요하다. 그러나 일상생활은 결혼과는 다르다. 결혼한 부부라면 누구나 이 말에 동의할 것이다. 교회가 '축제의 구조'만을 취한다면, 우리는 매주 결혼식을 올리게 될 것이다. 그리고 우리의 행동은 곧 실제 삶으로부터 괴리되고 보통 사람들이 보기에는 전혀 이해되지 않기 시작할 것이다. 교회는 인위적인, 매주 한 번씩 거행되는 행사가 되기 시작할 것이다. 교회가 하나님이 주신 공동체적 삶의 방식이라고 한다면, 그리고 삶이 가족들이 살아가는 기본적인 단위 안에서 이루어진다고 한다면, 교회가 가정교회, 곧 단순하고 일상적인 가정에 기반을 둔 교회가 되는 것보다 더 적절한 일이 어디 있겠는가? 가정교회는 우리 인간들이 공동체를 표현하는 한 가지 방법인 동시에 이와 같은 공동체를 얻기 위해 하나님이 사용하시는 수단들 중 하나다.

작은 교회들조차도 이미 너무 큰 것일 수 있다

하나님이 창조하신 세계는 우리에게 건강한 유기체는 결코 무제한 성장하지 않으며, 일정 시점이 되면 성장을 멈추고 배가하기 시작한다는 사실을 가르쳐 준다. 크다고 반드시 더 바람직하거나 더 아름다운 것은 아니다. 교회가 성장하기를 기대하는 것은 분명 잘못된 일이 아니다. 어쩌면 우리는 성장 방법을 찾겠다고 잘못된, 엉뚱한 곳을 헤매고 있는 것은 아닐까? 우리는 초대형 교회들에 대해 널리 알려지거나, 아주 예외적인 이야기들에 매료되어 그와 같은 이야기들이 특별한 지도자와 특별한 환경 때문에 가능하게 된 특별하고 예외적인 경우들이라는 사실을 간과한다. 아마도 200명 장벽을 돌파하여 위로 성장하는 것보다는 20명 장벽에서 그 규모를 줄이는 것이 더 어려울 것이다. 만일 실제의 교회 성장이 말 그대로 배가(multiplication)를 의미한다면, 그것은 수직적인 (upwards) 성장이라기보다는 수평적인 성장일 것이다. 우리는 "큰 것이 아름답다"는 말에 속고 있지는 않은가? 그렇다면, 우리는 우리의 사고 체계 속에서 '0' 자를 지워버려야 할지도 모른다. 그렇게 할 때 교회는 평균적으로 8~10명, 혹은 12명 정도, 대형 교회는 15명 정도, 그리고 '초대형 교회'는 수천 명의 출석인원을 자랑하는 대신 21, 22명 정도의 규모가 될 것이다.

이렇게 생각한다면, 건물 임대료를 내야 하고, 아마도 강대상을 이제 막 구입하고서 OHP를 사려고 돈을 모으고 있는, 25~45명이 출석하는 평범한 '작은 교회들'은 절대로 너무 작은 교회가 아니다. 오히려 이미 너무 커진 교회라고 해야 할 것이다. 이 교회들 역시 다른 모든 교회들과 마찬가지로 이미 너무 몸집이 무거워지고 유연성을 잃어버려 구조적인 기형이 되어버린 것이 아닐까? 그리고 바쁜 목회자나 리더가 동역자들과 함께 숨 돌릴 틈도 없이 활동하는 덕택에 계속 성장세를 유지하고 있는 것이 아닐까? 유기체로부터 조직체로의 경계선을 이미 오래 전에 훌쩍 넘어서버린 것이 아닐까?

세계적으로 교회의 평균 크기는 약 100명 정도다. 극소수의 교회들만이 200명 이상이고 많은 교회들이 40~60명 정도이다. 독일의 루터 교회의 주일 아침 평균 출석수는 1993년을 기준으로 할 때 23.5명이었다.

성장하기 위해 크기를 줄이라

교회가 성장하기 위해서는 진정한 사도적 은사를 가진 누군가가 필요하다. 그러나 이러한 특별한 은사를 가진 사람은 통계적으로 볼 때 극소수라고 할 수 있다. 실제 교회 크기와 목표하고 있는 교회의 청사진 사이에서 씨름하는, 가정교회보다 약간 비대해진 많은 교회들에게는 지금 이런 이야기가 해방감을 줄 수도 있을 것이다. 그러나 방향을 완전히 바꾸어 교회 크기를 더 작게 만드는 것, 즉 가정교회의 방향으로 옮겨가는 '하향 성장'이 '상향 성장'보다 훨씬 더 실제적이지 않을까?

엘튼 트루블러드(Elton Trueblood)는 한때 이런 말을 했다. "교회가 진짜로 강해지려면 더 작아져야 한다." 나는 이 말에 동의한다. 그러나 여기서 한 단계 더 나아간다면, 이 말은 또한 미래의 교회는 더 커지려면 먼저 더 작아져야 함을 의미한다고 볼 수 있다. 통계적으로 볼 때도, 교회는 성장하기 위해 그 크기를 줄여야 할 것이다.

선지자들의 목소리

스위스에 있는 한 친구가 최근 내게 하나님이 그에게 인터라켄(Interlaken) 인근의 툰 호(Lake Thun)에 있는 툰더제(Thundersee)에 대한 예언적 환상을 보여 주셨다고 말했다. 거기서 그는 많은 소그룹들이 사람들에게 세례 주는 것을 보았다고 말했다. 하나님은 그에게 이렇게 말씀하셨다. "툰더제(Thundersee)는 스위스에서 가장 큰 세례를 베푸는 호수가 될 것이다." 내 친구는 그때 하나님께 이렇게 물었다고 한다. "그런데 왜 이 그룹들이 이토록 작습니까?" 하나님은 그에게 말씀하셨다. "이 그룹들은 가정교회들이다." 오랫동안 선교사로 헌신하고 이제 70대가 된 또 한 친구는 내게 자기가 기도 중에 받은 환상에 대해 이야기해 주었다. 환상 중에 그는 새로운 형태의 교회, 곧 가정교회가 스위스 전역에 마치 산불처럼 번지는 것을 보았다. 그리고 이와 같은 하나님의 운동의 결과로 2001년에 루체른(Lucern) 시 인근에 약 20만 명 정도의 그리스도인들이 모여들 것이며, 이 모임에서 그들은 하나로 연합하여 한 목소리로 스위스에 대해 말할 것이라는 것이다.

캔자스 출신 마이크 비클(Mike Bickle) 목사는 자신이 1982년 카이로에서 "한 세대가 다 가기 전에 교회의 형태를 더 이상 알아볼 수 없을 정도로 바꾸겠다"라는 하나님의 계시를 들었다고 말했다. 그가 받은 계시가 정말 하나님의 계시였는지 아니면 하나의 꿈이었는지는 때가 되면 알게 될 것이다. 미국의 샬럿(Charlotte) 출신의 선지자적 교사인 릭 조이너(Rick Joyner) 역시 비슷한 말을 했다. "나는 세상이나 그리스도인들의 기독교에 대한 이해를 완전히 바꾸어놓게 될, 성경적인 기독교로의 혁명적인 대전환이 다가오는 것을 본다. 이것은 그리스도인이 되는 것의 의미와 관련한 교리적인 변화가 아니다. 오히려 우리로 하여금 우리가 선포하는 진리대로 살아갈 수 있게 만드는 그런 변화가 있을 것이라는 의미다. 이와 같은 변화는 우리가 서로를 사랑하는 것을 세상 사람들에 의해 인정받게 될 때 드러날 것이다."

나는 아모스 3장 7, 8절 말씀과 선지자라는 성경적인 사역을 존중한다. 그리고 나는 누군가를 부추겨 전통의 돌을 주워 선지자들에게 던지게 할 생각이 추호도 없다. 만일 오늘날 하나님의 사람들 사이에서 봇물처럼 터져 나오는 목소리들 중 이러한 환상들이 정말 하나님으로부터 온 것이라면 어떻게 할 것인가? 이것이 그리스도인으로서의 우리에게 무슨 의미가 있는가? 또한 우리 교회에게는 어떤 의미가 있는가? 우리는 저 좋은(그러나 분명 불합리한!) 생각에 그저 미소를 짓고, 정원에 물을 주고, 저녁에 외출을 하고, 마지막으로 OHP를 주문하고, '우리가 아는 대로의 교회'를 계속 유지할 수 있을까?

셀-회중-축제로 모이는 대집회

교회 성장 용어로 우리는 교회를 세 단계로 구분한다. '셀'(cell)과 '회중'(congregation)과 '축제로 모이는 대집회'(celebration)가 그것이다. 이 용어들의 의미에 대해 간략하게 설명하자면 다음과 같다.

1. 셀(cell)은 전형적으로 가정에 기반을 두고 있으며, 사회학적으로는 3~20명 정도의 소그룹이다. 셀은 관계적인 교제를 목적으로 하며, 대개가 유기적인 기능을 한다. 다시 말해 셀의 멤버들은 자주 직접적인 만남을 가지며 따라서 각자가 서로의 삶에 있어 자연스러운 일부가 된다.

2. 회중(congregation)은 사회학적으로 20~200명 정도의 중간 규모의 집단이다. 회중은 그 기능이 보다 공식적이고 조직적이다. 일반적으로 한 명의 목사와 여러 동역자들이 있고, 예배 유형과 다양한 프로그램들을 가지고 있다. 보통 한 교구를 섬기고자 노력하며, '성전', 곧 종교적인 목적으로 특별히 사용되는 건물 안에서 그 기능을 한다. 구성원들은 직접적이고 자연스러운 접촉을 가지지는 않는다. 왜냐하면 모임이 너무 크고 그럴 만한 구조를 가지고 있지 않기 때문이다.

3. 축제로 모이는 대집회(celebration)는 전형적으로 한 지역에 있는 200명 혹은 그 이상의 그리스도인들이 모이는 큰 모임이다. 이 모임에서 그들은 그리스도 안에 하나 됨을 표현하고, 하나님이 그들을 위해 행하신 일과 장차 행하실 일을 기념하며, 그리스도의 재림을 고대한다.

대집회는 보통 사도적, 선지자적 사역들을 위임받은 그리스도인들이 인도한다. 대집회는 옥외나 스타디움, 혹은 콘퍼런스 센터에서, 아니면 다른 넓은 장소에서 가질 수 있다. 사람들은 모든 참석자들과 직접적으로 접촉할 수 없다. 그들은 기쁘게 '군중 속으로 실종되어 버린다. 역사상 수많은 지역에서 성당은 이러한 도시 차원의 기능을 수행하려 애썼고 또 종종 그 일을 성공적으로 수행했다.

작은 교회와 큰 교회

성경에서 우리는 이러한 구조 혹은 단계 중 두 가지, 셀과 대집회를 찾아볼 수 있다. 신약 성경에서 우리는 가정에서 정기적으로 모이는, 셀 단위의 교회에 대해 읽는다. 그리고 솔로몬의 성전 뜰이나 옥외에서 많은 사람들이 모이는 그런 모임에 대해서도 읽는다. 이 두 가지 중에서 셀, 곧 가정에 기반을 둔 교회는 하나의 자연스러운 거주지로서 그리스도인들이 함께 모이는 가장 일반적이고 흔한 형태였다. 예루살렘 성전이 그 도를 따르는 제자들에게 접근 금지 구역으로 선언되자 그들은 이 가정 저 가정을 오가며 모임을 지속했다. 대집회가 불가능해졌을 때도, 셀은 계속 살아남았다.

부활하신 그리스도는 자기 자신을 가정 안에 있는 교회와 동일시하셨다. 예수님은 성경 그 어느 곳에서도 '기독교 회당'을 만들거나 종교적인 건물을 지으라고 말씀하지 않으셨다. 사울이 교회를 핍박하고 가정에 침입하여 그리스도인들을 끌어내고 있었을 때, 예수님은 다메섹 도상에서 그에게 물으셨다. "사울아, 사울아, 네가 어찌하여 나를 핍박하느냐?"

교회사 학자들에 따르면, 주후 첫 3세기 동안은 그리스도인들이 자신들의 새로운 삶을 함께 공유하는 보편적이고도 자연스러운 방식은 가정 교회였다. 교회 구조에 혁명적인 변화가 일어난 것은 4세기에 로마의 콘스탄티누스 대제가 기독교를 공인한 때를 그 기점으로 한다. 회중 교회 형태가 도입되었다. 교회는 청중이 되었고, 가정교회는 주변부로 밀려나면서 결국은 금지되었다. 국가의 공인 없이는 어느 누구도 국가가 인정하고 규정한 '정통' 교회에 소속되지 않은 채 개인적으로 그리스도인으로 살아갈 수 없었다(가정교회의 역사에 대한 좀더 자세한 설명은 2장을 참조하라).

생쥐와 코끼리의 결혼

이러한 발전은 결과적으로 구조적인 타협, 곧 생쥐(셀)와 코끼리(대집회)의 결혼을 야기했다. 가장 부자연스러운 피조물, 곧 회중 교회라는 형태를 낳은 것이다. 여러 가지 면에서 이 교회는 성직자가 왕으로 군림하기 딱 좋은, 고도로 전문화된 교회다. 이 교회는 종교적 목적을 위해 구별된 건물을 발전시켰다. 교회를 일상적인 삶에서 분리하고 성직자와 제단이 너무 심오하게 상징적이라 대부분의 사람들이 방관할 수밖에 없게 만드는 의식을 가진 구약적 종교의 유물로 전락시켰다. 이에 대한 몇 가지 예외 중 하나였던 동방정교회(Orthodox Church)는 가능한 확대가족의 구조를 지키려고 애썼다.

이러한 타협을 통해 교회는 가장 강력한 역동성 두 가지를 잃어버렸다. 회중 교회는 기본적으로 가정교회이기에는 너무 지나치게 커졌고 대집회가 되기에는 너무 작았다. 이 교회 형태는 셀과 대집회의 아주 중요한 측면 둘 다를 놓쳐버렸다. 셀은 가족적 역동성과 더불어 사적이고 안정된 가정, 그리고 그리스도인들이 서로 소속감을 느끼고 서로에 대한 책임을 느끼는 유기적인 장소를 제공해 주었다. 대집회는 다소 웅대하고, 보다 대중적인 분위기로 충만했다. 이곳에서 작은 가정교회들은 다시금 큰 그림 아래 서로 서로 연결되었고 사도적 가르침을 들으며 선지자적 비전과 맞닥뜨렸다. 이것은 공적인 차원에서 더 많은 사람들을 끌어들이는 흥분감을 자아냈고, 이런 모임들은 말 그대로 한 도시나 지역을, 아니면 한 마을이나 소도시를 뒤흔들어놓을 수 있었다.

교제가 없는 교제 공동체

회중 교회는 사적인 분위기가 덜하며, 성도들이 교제할 수 있는 가능성이 매우 제한되어 있고, 전문적인 성직자들을 가지고 있다. 이 교회는 국가의 요구에 부합하는, 그리고 동시에 세상의 종교적 패턴에 손쉽게 들어맞는 하나의 정치적 해법이었다. 이것은 여러 가지 면에서 종교적 충성심의 승리였으며, 구약의 율법과 종교적 패턴들, 심지어 예수님이 인류를 그로부터 해방시키기 원하셨던 이방 종교들로의 회귀였다. 강조해서 말하건대, 구약 성경에는 문제가 없다. 구약 성경은 여전히 하나님이 인간에게 주신 계시의 중요한 부분이다. 문제는 하나님과 인간 관계의 역동적 전개라는 측면을 무시한 채, 곧 하나님이 민족적 초점을 초월하여 이스라엘을 통해 하나님 나라를 세우셨음을 간과한 채 구약 성경의 원칙들을 신약 시대로 가져오는 데 있는 것이다.

이 새로운 회중적 구조는 국가와 교회법에 의해서 엄청나게 강화되었다. 그 결과, 교회 역시 새로운 구조에 맞게 바뀌도록 강요되었다. 신약 성경에서는 내용이 형식을, 말하자면 질(quality)이 구조를 규정했다. 그런데 이제 이 과정은 전도되어, 형식이 내용을 좌지우지하고 구조가 질을 규정하게 된 것이다. 그 한 가지 결과로 교회 안에 왕과 같은 주교나 교황을 상위에 두고, 그 아래로 교회 사찰과 피아노 반주자에 이르기까지 계급적인 권력 구조가 들어섰다.

또한 유기적이고 자연스러운 그리스도인의 교제가 새로운 껍데기인 외형적인 교회 건물에 맞도록 수정되어야 했으며, 결과적으로 더 커진 새로운 구조를 채우기 위해 계속해서 물을 들이부어야만 했다. 궁극적으로 교제는 점점 더 미미해졌고, 사회는 물론이고 그리스도인 자신들에게마저도 교제는 그 영향력을 잃어가기 시작했다. '교제가 없는 교제 공동체'가 생겨나게 된 것이다.

주의 만찬을 잃어버림

이러한 과정에서 잃어버리게 된 또 한 가지는 주의 만찬(Lord's Supper)이다. 성당을 가득 메운 사람들에게 실제로 음식을 먹인다는 것은 매우 힘든 일이었으므로, 주의 만찬은 극소량의 포도주와 작은 밀전병을 제공하는 하나의 상징적인 종교 의식으로 전락했다. 때로는 회중이 경건한 경이감에서 구경하는 동안 '성직자'만 성찬을 받기도 했다. 주의 만찬은 더 이상 만찬이 아니게 되었으며, 그것이 가졌던 강력한 의미 곧 구원받은 사람들이 계급과 신분에 관계없이 예언적 의미가 담긴 음식들을 함께 나누고, 하나님과 함께 식사하고, 주님께서 부활 이후 그러하셨던 것처럼 어느 때라도 육체적으로 임재하시기를 대망한다는 혁명적 실재성을 잃어버리게 되었다. 그 결과 주의 만찬은 '성찬'(the Eucharist) 곧 예수님이 제자들과 맛있는 양고기를 나누어 먹던 원래의 만찬의 거룩하고 상징적인 껍데기가 되고 말았다. 주후 150년경에 이르러는 성찬과 애찬이 주의 만찬의 두 가지 다른 부분이 되었다.

성경 주석가 윌리엄 바클레이(William Barclay)는 이렇게 말한다. "1세기 그리스도인 가정에서 기념했던 주의 만찬과 20세기의 교회당에서 행해지는 주의 만찬은 판이하게 다르다. 이 둘 사이에는 어떠한 연관성도 없다."

프로크루스테스가 교회를 가지고 장난을 쳤는가?

이것은 그리스의 유명한 거인 프로크루스테스(Procrustes)를 연상하게 한다. 그는 아테네와 코린트 사이를 오가는 여행자들을 잡아다가 자신의 커다란 침대에 눕혀놓고는 그들의 키가 침대 길이보다 작으면 그들을 침대 길이에 맞추기 위해 줄로 묶어 잔인하게 늘였다. 여행자들은 뼈가 탈골되고 살이 찢어졌다. 반대로 그들의 키가 침대 길이보다 크면 프로크루스테스는 침대 길이에 맞도록 그들의 신체 일부를 잘라냈다.

구조적인 허구

회중 교회 구조가 개발되기 시작한 지 1,700년이 지난 오늘날(이 모든 일이 4세기에 전부 일어난 것은 아니다) 우리는 회중적 형태의 교회에 너무 익숙해져 있다. 그래서 많은 이들이 '교회 생활'이나 '예배'의 다른 형태를 상상하는 것조차 힘들어한다. 일련의 역사적 사건들은 하나의 강력한 시스템, 곧 획일적인 패턴과 나중에는 신성시되기까지 했던 구조를 만들어냈다. 그리고 이러한 구조는 오랫동안 사람들의 경험과 사고방식을 조성해 왔으며, 원래의 그림과는 완전히 딴판인 왜곡된 교회의 그림을 만들어냈다. 이 모든 과정을 통해 파괴적인 평범함 곧 당대의 종교 지도자들과 정치 지도자들 모두를 만족시키는 중도적인 해결책이 성경적인 전통으로 둔갑하고 제도화되었다.

회중 교회는 하나의 '구조적인 허구'가 되었다. 올바른 메시지에 엉뚱한 색깔을 칠했고, 제대로 된 재료들을 가지고 잘못된 형태들을 만들었으며, 생명의 물을 오염된 병에다 들이부었고, 구원받은 죄인들을 데려다가 교회 잘 나오고 프로그램에 꼬박꼬박 참석하는, 말 잘 듣는 부류(harmless species)로 만들었기 때문이다.

회중 교회는 하늘의 것을 약속했지만 그것을 땅에 전달하지 않았다. 회중 교회는 기독교를 세우는 벽돌인 확대가족에 초점을 맞추는 것을 잊었으며, 화려하게 장식된 종교적 성전들 안에 입주하여 예배 문구를 읊조리는 것으로 만족했다. 당연히 사회도 전반적으로 교회를 따라 이러한 방향으로 발전하게 되었고, 가족에 대한 초점을 잃어버리기 시작했다.

간단하게 말하면, 회중 교회는 자멸적인 구조가 되어버렸다. 교회 스스로가 자신이 가는 길에 방해물이 되었고, 자신이 해결하고자 하는 바로 그 문제들을 만들어내는 장본인이 되었으며, 하나님을 만나기 바랐지만 결국 지상에 있는 하나님의 초자연적인 가족에 대한 서투른 모방으로 수백만의 사람들에게 좌절감과 마음의 고통을 안겨 주었다. 진정한 영적인 영웅들과 위인들만이 이러한 오염된 시스템에 반기를 들고 얼마 동안이라도 변화를 시도했다. 이에 대해서는 우리가 다음 장에서 살펴볼 것이다. 그러나 그들이 무슨 변화를 시도하고 어떤 호소를 했든 간에, 그들이 제안했던 갱신이나, 부흥이나, 개혁은 기독교계의 요지부동의 시스템으로 인해, 다시 말해 그들이 감히 손대지 못했던 교회의 구조로 인해 금세 좌초되고 말았다.

회중 교회의 다섯 가지 요소

『제2의 종교개혁』(*The Second Reformation*)이라는 책에서, 미국의 선교사이자 저술가인 빌 베컴(Bill Beckham)은 회중, 즉 그가 명명하듯 '성당 식의' 교회에 대해 다음과 같이 말한다.

4세기 콘스탄티누스 대제 이래로 교회는 무엇보다 '성당'으로서 기능을 해 왔다. 이러한 '성당' 식의 교회는 적어도 다음과 같은 다섯 가지 중요한 요소들을 가지고 있다.

1. 건물('성당' 혹은 '예배당')
2. 특별한 날(주일)
3. 전문적인 지도자(제사장, 성직자, 성인)
4. 사람들을 위해 시행되는 특별한 예배(의식, 예배, 교리 해석, 동기 부여)
5. 자기 유지 방법(십일조와 헌금)

교회의 치리 형태가 다르고, 건축 양식이 다르고, 리더들의 직위나 옷이 다르고, 예배 형식이 다르고, 신학이 달라도, 대부분의 교회들은 이러한 '성당' 형태를 통해 기능해 왔다. 가톨릭이든 아니면 침례교나 장로교나 오순절 교회든 간에, '고교회파'(High Church, 영국국교회에서 교회의 의식과 권위를 강조하는 한 분파 – 역자 주)든 '저교회파'(Low Church, 영국국교회에서 의식을 경시하며 복음을 강조하는 한 분파 – 역자 주)든 간에, 도시 교회든 농촌 교회든 간에, 큰 교회든 작은 교회든 간에, 부유한 교회든 가난한 교회든 간에, 서구 교회든 동양 교회든 간에, 모든 교회들은 '성당'의 속성을 가지고 있다. 이 '성당' 시스템은 정치적인 소용돌이에도, 세계 지도의 재편에도, 엄청난 사회 변화에도, 신학적인 이단들의 발흥에도, 개신교 종교개혁에도, 그리고 그 외 수많은 운동들에도 끄떡없이 살아남았다. 이 시스템의 적응 능력은 실로 놀랍기 그지없다. 콘스탄티누스 대제는 로마의 정부 행정 제도와 봉건 제도를 조합시켜 그 후 1,700년 동안 지속될 교회 구조를 개발했다. '성당' 구조는 자신의 기본적인 형태를 유지한 채로 모든 중요한 운동들을 흡수할 수 있는 능력을 가지고 있었다.

나는 많은 부분 이 분석에 대해 동의한다. 그러나 이 분석은 성당 형태의 교회와 회중적 교구 교회 사이의 차이점에 대해서는 제대로 설명해 주지 못하는 것 같다. 성당은 기본적으로 구약 성경의 성전을 반영한다. 하지만 회중 교회는 그보다는 유대교 회당의 패턴을 반영한다고 할 수 있다. 그러나 나중에 교회가 성당 형태의 교회의 요소들을 교구 교회 곧 회중 교회 모델 안으로 최대한 쑤셔넣으려고 했다는 것은 사실이다.

절차가 아니라 원리를 배우라

우리가 사도행전에 나오는 그대로 문화적인 형태들과 표현들까지도 충실히 모방함으로써 신약적 교회를 되살리고 재창조해야 한다는 말이 아니다. 왜냐하면 우리는 신약의 성도들과는 다른 시대, 다른 장소에 살고 있기 때문이다. 우리의 도시들은 예루살렘보다는 고린도에 훨씬 더 가깝다고 볼 수 있다. 많은 나라들은 이미 포스트모던 시대, 후기독교 시대에 들어서 있다. 그러나 우리는 신약 시대에만 해당되는 문화적인 절차들을 모방하지는 않더라도 그 원리는 배울 수 있다. 우리는 신약 성경이 말하는 교회의 질적 특성을 아주 중요하게 다루어야 한다. 그러나 구조나 방법론, 절차 등은 우리 시대와 문화, 사람들에 맞게 발전시켜야 할 것이다.

전통적인 형태에서 새로 등장하는 형태로

영국국교회 교회 개척 네트워크의 보브 홉킨스(Bob Hopkins) 목사는 "서구는 대집회를 회중으로 압축시켰고 가정교회에 대해서는 아예 잊어버렸다"고 말한다. 그는 계속해서 이렇게 질문한다. "회중이 교회에 대한 문화적 이해의 결론인가?" 만일 그렇다면, 우리는 덧붙여서 이렇게 질문할 수 있을 것이다. 회중 교회는 국가적 자존심과 교회의 문화에 포로로 잡혀 있는가? 유럽은 기독교 역사와 구조의 잔재가 아직도 강하게 남아 있음을 자랑하지만, 대부분의 교회는 텅텅 비어 있다. 이것이 바로 영국국교회의 로버트 워렌(Robert Warren)이 '전통적인 형태의 교회'와 '새로이 등장하고 있는 형태의 교회', 곧 신약 성경의 패턴을 따라 다시금 등장하고 있는 새로운(아니 어쩌면 아주 오래된) 교회 형태를 대조적으로 말하는 이유다.

회중 교회와 신약의 가정교회를 비교하기 위해, 아래에 몇 가지 주된 차이점을 정리해 보았다. 모든 차이점들을 일일이 열거하자면 이보다 훨씬 더 길어질 것이다.

	회중 교회	신약의 가정교회
모임 장소	성전에서 모임	이 가정 저 가정을 오가며 모임
주요 사역자	목사, 교사, 전도자	사도, 선지자, 장로
재정	십일조와 헌금	소유를 공유함
생활방식	개인적	공동체적
전도	아웃리치, 활동, 프로그램, 전문가	이웃을 자연스럽게 제자화, 스스로 배가
슬로건	더 많은 사람들을 교회 안으로!	교회를 사람들의 가정 속으로!
크기	개인적인 관계를 잃은 큰 그룹	작고 친밀한 그룹
가르치는 스타일	정적, 설교 중심	동적, 질문하고 답하는 스타일
목회자의 가장 중요한 과제	교회 프로그램을 인도, 좋은 설교를 선포, 심방 등	성도들로 하여금 스스로 사역할 수 있게 훈련
중심	종교적인 건물 안에서 드리는 예배	가정에서의 일상적인 삶
핵심단어	구성원이 되라!	가서 제자 삼아라!
사역	공연 중심	훈련 중심, 다른 사람들을 세움
선교	전문 선교사를 파송	교회가 그 자신을 배가할 수 있는 단위로 파송

셀교회, BEC, 가정교회

오늘날 셀 중심적이고, 가정 중심적인 교회로 돌아가야 한다고 주장하는 운동이 세 가지가 있다. 이 운동들은 가정 중심적인 교회로 돌아가는 데 있어서 저마다 다른 방식을 주장한다. 그러나 공통적으로는 이렇게 말할 것이다. "셀과 대집회는 중요하다. 그러나 회중은 없어도 무방하다." 세 가지 흐름은 다음과 같다.

1. 랄프 네이버(Ralph Neighbour)와 빌 베컴(Bill Beckham) 혹은 조용기 목사가 주창하는 고전적인 '셀교회'(Cell Church) 운동.
2. 로마 가톨릭 안에서 일어나고 있는 '기초 교회 공동체'(Base-Ecclesial Community) 운동.
3. 중국과 베트남에서 가장 활성화된 '가정교회' 운동.

셀교회 운동이 가정교회 운동과 별반 다르지 않은 것처럼 보이지만 사실은 그렇지 않다. 이 두 운동 사이에는 매우 중요한 차이점들이 있다. 이 차이점들에 대해서는 나중에 자세히 설명할 것이다. 기초 교회 공동체는 로마 가톨릭 내에서 비교적 오랫동안 유지되어 온 실험적인 소그룹으로 교회 내의 셀교회 구조로 발전될 수도 있을 것이다. 그러나 여기서는 이 운동에 대해 더 깊게 논의할 지면의 여유가 없다. 왜냐하면 일반적인 가정교회에 초점을 맞추는 것이 이 책의 우선적인 목적이기 때문이다.

가정교회가 전통적인 교회에 비해 가지는 장점들

셀 중심의 가정교회 운동은 전통적인 회중 교회 스타일에 비해 적어도 다음과 같은 열두 가지 장점들을 가지고 있다.

1. 제자화를 통한 배가

　가정교회는 배가와 엄청난 성장 잠재력을 가진 제자화에 중점을 두는 모델이다. 왜냐하면 '셀'은 그 자체가 배가가 가능한 단위이기 때문이다. 멘토링(mentoring)과 배가, 제자화는 가정교회의 핵심 개념을 이룬다. 회중은 그 정의상 제자화의 모델이 아니다. 그리고 구조적인 측면에서 회중은 도리어 멘토링과 제자화를 방해하는 경향이 있다. 제자화는 일대일의 개인적인 기능만을 의미하지 않는다. 제자화는 공동체의 한 기능이다. 또래집단의 영향력(peer pressure)은 이 지상에서 성령 다음으로 가장 강력한 교사일 수 있다. 이 점에 대해서는 청소년 자녀를 둔 부모라면 누구나 동의할 것이다. 가정교회는 또래집단을 건전하게 활용하여 서로에 대해 건강하고 사랑 넘치는 책임을 지고, 서로에게서 새로운 하나님 나라의 법도를 배우고, 서로에게 친구와 가족이 되고, 서로가 새로운 삶의 방식을 따라 살 수 있도록 돕는다. 어느 누구도 고립되거나 혼자서 끙끙거리며 영적 전쟁을 하도록 방치되지 않는다. 그리고 바로 이러한 이유 때문에 각 개인은 신속하게 성숙해 간다.

2. 박해에 굴하지 않는 구조

　가정교회는 '첨탑 위에 십자가가 있는' 전통적 교회와는 반대로, 작고 유연한 삶의 방식과 굴하지 않는 정신을 통해 박해를 이기는 구조, 아니면 적어도 박해에 저항하는 구조를 발전시킬 수 있다.

3. 교회 성장의 장벽들로부터 자유롭다

　일단 가정교회가 유기체에서 조직체로 바뀌지 않도록 각별한 주의를 기울이고 나면, 가정교회는 유사분열(mitosis), 곧 유기적 세포 복제 과정을 통해 배가될 수 있다. 그리고 가정교회 운동의 전체적인 성장은 교회 성장 장벽들로부터 사실상 자유롭다.

4. 보다 많은 사람들이 보다 효과적으로 참여할 수 있다

회중은 프로그램 중심적이다. 회중 교회에서는 대부분의 프로그램들이 회중 차원으로 만들어진다. 회중이 아주 비효율적이며 자료에 목숨을 건다는 사실은 이미 잘 알려져 있다. 회중 교회의 경우 전체 교인의 약 20%만이 다른 사람을 위해 사역하고 나머지 80%는 수동적으로 남아 있다. 가정교회에서는 거의 모든 사람들이 쉽고 자연스럽게 참여할 수 있으며, 죽은 나무는 잘려 나간다. 참여하는 사람들은 만족하고 행복한 사람들이기 때문에 교회의 전체적인 질과 효율성은 높아진다.

5. 목회적 양육의 딜레마를 깨뜨린다

가정교회 모델은 목회적 양육의 딜레마를 깨뜨린다. 이 딜레마는 회중 교회의 자멸적인 문제의 하나로 교인 수가 늘어날수록 목회적 양육의 질은 낮아지게 된다는 것이다. 목사 한 사람이 모든 양을 돌보는 것이 불가능해지기 때문이다.

6. 삶의 변화를 경험하고 서로에 대한 책임을 질 수 있다

가정교회는 가치관을 변화시키고, 우리의 삶을 다른 사람들에게 이전시키고, 결과적으로 우리의 생활방식을 변화시키는 이상적인 환경이다. 서구 교회에 대한 한 분석에 의하면, 회중 교회 모델은 기본 가치와 생활방식을 변화시키는 데는 매우 비효율적이다. 많은 그리스도인들이 주변의 세상 사람들과 똑같은 생활방식을 갖고 산다. 그래서 그들은 세상 사람들과 구별이 불가능하게 되며, 그들의 선지자적인 예리함을 잃어버리고 만다. 가정교회는 가치의 혁명적인 변화와 삶에 대한 주권의 이전이 일어나는 장을 제공한다. 그리고 서로에 대한 유기적인 책임을 감당할 수 있게 한다. 가정교회에서는 또래집단의 영향력(peer pressure)이 서로에게 유익한 방향으로 작용된다.

7. 가정은 새로운 그리스도인들을 위한 가장 효율적인 장소다

회중 교회의 내부 중심적 사고방식에 대해서는 많은 저술들이 쏟아져 나와 있다. 교회와 프로그램들이 중심을 이루고, 다른 모든 것들은 프로그램들을 중심 축으로 하여 회전한다. 전통적으로 이 같은 구조는 새로운 사람들이 그 구조 속으로 들어오는 것을 별로 탐탁지 않게 여긴다. 왜냐하면 이들의 유입은 '질서와 안정된 상황을 뒤죽박죽으로 만들어놓기' 때문이다. 통계학적으로 말하자면, 회중은 새 그리스도인들에 대해 가장 우호적이지 못한 영역이다. 소위 '전도-후속 양육 프로그램'에서 교회 안에 정착하지 못하고 떨어져나가는 비율이 99%에 육박한다는 사실이 이를 잘 말해 준다.

이와는 반대로 셀교회나 가정교회는 새로운 사람들이 들어와 그리스도인 공동체와 접촉을 유지하기에 가장 효율적이고, 자연스럽고, 우호적인 영역이다. 가정교회는 교사와 교재가 아니라 영적인 부모를 제공한다. 가정교회는 또한 그리스도인들이 일반적으로 가지고 있는 관점의 방향을 완전히 뒤집어놓는다. 다시 말해 사람들을 교회로 이끌어오는 대신, 교회를 사람들에게로 가져간다.

8. 리더십의 위기를 해결한다

가정교회는 장로들이 인도한다. 장로들은 대개 그룹 내의 대다수의 사람들보다 나이가 많지만, 반드시 '연장자'라야 하는 것은 아니다. 장로들은 의식을 집행하는 전문가나 정규 과정을 거친 교사일 필요가 없다. 순종하는 자녀들을 둔 겸손하고 진실한 믿음을 가진 아버지들과 어머니들이라면 장로가 될 충분한 자격이 있다. 이들은 종교적인 기능을 수행할 수 있도록 신학 교육을 받지는 못했지만 이미 수년 동안 성숙한 삶을 살아왔으며, 세월의 시험을 성공적으로 통과한 사람들이다. 이러한 리더십은 신학교가 아니더라도 어디서든지 쉽게 발굴되고 훈련될 수 있다. 이러한 리더십은 처음부터 그리고 줄곧 사도적, 선지자적 가르침과 지원에 의존한다. 사도적, 선지자적 사역은 자기 배가가 가능하고, 따라서 자기 배가적인 가정교회 운동에 잘 부합하며, 이 운동과 더불어 기하급수적으로 성장한다. 전통적인 주일 학교와 성경 학교, 신학교들은 대부분 정적이고, 증식 기반의(addition-based) 리더십 계발 시스템이다. 이러한 시스템은 기하급수적인 방식이 아니라 기껏해야 직선적 방식으로 성장한다.

이와 같은 기관들은, 빌 베컴이 적절하게 잘 지적하듯이, 정보를 제공하는 시스템이지 변화를 일으키는 시스템은 아니다. 그러므로 이러한 기관들은 장로들에 대한 필요가 기하급수적으로 증가하는 가정교회의 자기 배가적 운동과는 부합될 수 없다.

9. 성직자와 평신도 간의 구분을 극복한다

바니 쿰즈(Barney Coombes)는 "신약 성경 그 어디에서도 우리는 목사가 인도하는 회중에 대한 언급을 찾아볼 수 없다"고 말한다. 가정교회는 전통적인 의미의 목회자를 전혀 필요로 하지 않는다. 왜냐하면 장로들이 가정교회 안에서 공동체를 위해 주어진 은사를 가지고 함께 기능하면서 교회의 생명을 유지하고 배가시키기 때문이다. 그러므로 가정교회는 회중 시스템이 강화하는 성직자와 평신도 간의 구분이라는 저주를 깨뜨린다.

10. 보다 성경적이다

우리는 결코 성경의 계시를 무시하거나 그 계시 없이 지낼 수 없다. 전통이 아주 강력한 선생인 것은 맞지만 하나님의 말씀은 이 전통보다 훨씬 더 믿을 만하고 좋은 선생이다. 심지어 포스트모더니즘과 상대성의 시대에조차도 성경은 우리에게 여전히 절대적인 진리들을 가르쳐 준다. 성경은 우리에게 거룩한 날, 거룩한 시간에, 거룩한 성전에, 거룩한 무리가 모여, 거룩한 옷을 입은 성직자들이 행하는 거룩한 의식에, 거룩한 돈을 내고 참여하는 것이 신약적인 교회라고 가르치지 않는다. 하나님의 일을 하나님의 방식대로 행하면 하나님은 여전히 복을 주신다. 심지어 모세 때에도 하나님은 그에게 '보여 주신 양식대로' 성막을 만들라고 명하셨다. 성경적인 진리를 회복하기 위해서라면 우리는 심지어 우리가 신뢰하는 전통과 씨름하기를 피해서는 안 된다. 왜냐하면 결국 우리를 자유케 하는 것은 우리의 전통이 아니라 하나님 말씀의 진리이기 때문이다.

11. 비용이 적게 든다

회중 교회는 '기획+건물+성직자+사례+프로그램'으로 정의될 수 있다. 가정교회는 '사람들+평범한 가정+믿음+공유된 삶'이다. 가정교회가 보다 비용이 적게 든다는 것은 두말할 나위가 없다. 회중 교회는 교회를 개척하는 데 막대한 돈을 들이고, 그것을 유지하고 선전하기 위해 더 많은 돈을 쓰는 반면 셀과 가정교회는 말 그대로 돈을 번다. 왜냐하면 가정교회는 소비하는 것보다 더 많은 것을 생산하기 때문이다. '교회 사역'을 위해 끊임없이 더 많은 돈을 요구하는 시대에 우리는 이와 같은 대안을 간과해서는 안 된다. 우리는 하나님이 우리에게 주신 재정적인 달란트를 잘 관리하는 선한 청지기들이 되어야 한다.

12. 도시 교회를 부활시킨다

나는 오늘날의 교회가 다음과 같은 네 가지 수준으로 조직되는 것을 본다.

a. 가정(유기적인 교제가 가능한 곳, 우리가 그것을 무엇이라 부르든 간에)

b. 회중 교회(모임 중심의 전통적인 교단 교회)

c. 도시 혹은 지역

d. 교단(한 지역의 교단 교회들의 네트워크나 콘퍼런스, 또는 조직체)

전통적인 교회는 보통 b와 d 수준에 초점을 두는 반면, 셀교회는 a와 b 수준에 초점을 맞춘다. 그러나 가정교회는 a와 c 수준에 대한 초점을 회복하게 만든다. 신약 성경에서 교회가 명명된 것은 그 지역을 따라서였지, 교단을 따른 것이 아니었다. 가정교회라는 새로운 흐름을 타고 이것은 또한 '도시 교회' 곧 말 그대로 한 도시의 교회(한 도시나 지역의 모든 그리스도인들이 정기적, 비정기적으로 도시 규모의 대집회로 함께 모이는)로 되돌아가는 길을 연다. 그 도시에서 가장 많은 은사를 받은 그리스도인들과 겸손한 종들이 이러한 대집회에서 모든 직위와 정치를 잊어버리고 새로운 차원의 성숙함 가운데서 왕 되신 하나님의 어린양의 나라의 확장을 위해 자신들의 이름과 교단과 평판과 자기만의 성공을 포기한다. 이와 같이 공동체적이고 도시에 기반을 둔 진정한 리더십이 정기적으로 선지자적 비전을 제시하고 사도적 표준을 가르치며 하나 되어 서로를 축복하고 한 목소리로 세상에 대해 말할 때 사람들 사이에 어떤 소동이 일어날지 상상해 보라. 사탄이 수단 방법 안 가리고 기를 쓰고 방해하고자 했던 바로 그 일이 다시금 실현될 것이다. '로마에 있는 그리스도인들', '에베소에 있는 사람들', '고린도 사람들', '예루살렘교회', 비엔나, 싱가포르, 바그다드, 하르툼(Khartoum, 수단의 수도), 혹은 몬테비데오(Montevideo, 우루과이의 수도) 등이 다시금 서로서로 연결될 것이다. 각 지역 교회는 한 분 주님 안에서 하나의 초자연적인 집단 정체성과 운동을 형성하게 될 것이며, 각 교회가 속한 도시와 국가에 대해 한 목소리로 강하게 말할 수 있게 될 것이다.

가정교회의 작은 단위에서 이루어졌던 일이 결국에는 도시 규모로까지 번져 가게 될 것이다. 여기서 교회는 "작은 단위에서 탁월함을 보이고 결과적으로 큰 단위에서도 탁월함을 보일 것이다." 유명 인사들과 주제 중심의 작위적인 콘퍼런스를 통해, 외부에서 초빙해 온 동기 부여자들과 강사들을 통해 위로부터 아래로 흥분되기보다는, 건강하고 참되고 전염성이 강한 기쁨과 흥분이 가정교회 단계로부터 끓어올라 도시 차원으로까지 확대될 것이며 사람들이 예루살렘에서 처음 외쳤던 바로 그 말을 또 한 번 들려주게 될 것이다. "너희가 우리 도시를 너희 가르침으로 가득 채웠도다!"(행 5 : 28 참조) 그리고 하나님이 오순절 날 다락방에 모인 120명의 그리스도인들에게 하셨던 일을 오늘날 다시 행하신다 해도, 갑자기 회개하고 그리스도께로 돌아오는 사람들을 하루에 3천 명을 맞게 된다 해도 그들은 그에 대해 충분히 준비되어 있을 것이다. 왜냐하면 스스로 배가하는 가정교회의 유연한 구조가 이미 그들 안에 잘 정착되어 있을 것이기 때문이다.

세계의 많은 지역들에서 지역 목회자들이 교제하고 기도하는 네트워크가 그 모습을 드러내고 있다. 나는 이것이 지역적 과정, 즉 같은 마음을 가진 사람들이 성령의 인도함을 따라 직관적으로 모이는 과정의 시작일 수 있다고 믿는다. 이와 같은 과정은 무엇보다 건강한 관계들을 만들어내고, 공동체적인 영적 정체성을 형성해 일치의 도구가 될 것이다. 그럴 때 우리는 역사의 정점에 이르러 도시나 지역을 제자화하는 사명을 공동체적으로 감당할 수 있게 될 것이다!

>>>제2장 기독교 역사를 통해 본 가정교회

어떤 이들은 가정교회 역시 금세 한물 가버리는 또 하나의 유행으로 끝나지 않을까 염려한다.

그러나 가정교회는 그 자체로 살아 있는 유기체다. 가정교회는 쉽게 소멸되지 않는다. 이것은

그 오랜 세월 동안의 시험을 통과하고도 오늘날 우리 앞에 서 있다는 사실만으로도 충분히 입

증되었다.

제2장 기독교 역사를 통해 본 가정교회

암흑시대의 골짜기를 통한 재발견

앨런 크라이더(Alan Kreider) 박사는 신약의 교회는 성장하는 교회였으며, 역사를 통해 그 교회가 상당 기간 동안 지속적으로 성장했음을 볼 수 있다고 말한다. 2세기 후반에 디오그네투스(Diognetus)에게 보내진 한 서신에 의하면, "그리스도인들은 날마다 그 수가 크게 늘어났다."3세기 중반에 오리겐(Origen)은 "수많은 사람들이 그리스도를 믿는 믿음으로 나아오고 있다"고 외쳤다. 예일대학교의 고대사 교수인 람세이 맥멀른(Ramsay MacMullen)은 그리스도인이 로마제국 전체 인구의 5~8%를 차지하게 된 주후 312년에 콘스탄티누스 대제가 기독교로 개종하기까지 한 세대 당 약 50만 명의 사람들이 교회에 들어온 것으로 추산했다.

배가하는 가정교회들

신약 시대와 그 이후 수십 년 동안 그리스도인들은 말 그대로 가정교회에서, 일반적으로 교인들 중 가장 큰 방을 가진 사람의 집에서 모였다. 교회사 학자들은 이와 같은 가정교회가 15~20명을 넘는 일이 거의 드물었다는 데 의견을 같이한다. 일단 한 가정교회가 그보다 커지게되면, 그 교회는 보통 근처에 또 다른 가정교회를 시작함으로써 자기 배가를 했다. 그렇게 하지 않을 경우 이러한 성장은 곧바로 문제를 만들어냈다. 오리겐은 가이사랴의 한 가정교회에서 설교하면서 "세속적인 모습을 그대로 지닌 채 교회 깊숙한 곳에 숨어 있는 이들이 있다"고 불만을 토로했다.

순교자 후보가 돼라

그리스도인들이 계속해서 박해를 받았던 것은 아니다. 많은 경우 교활하고 잔인한 박해를 받았지만 때로는 상대적으로 자유를 누리기도 했다. 그러나 그리스도인들은 누구나 지역적인 문제나 황제의 칙령으로 인해, 혹은 밀고자 유다처럼 양들 사이에 들어와 그리스도의 제자들을 당대의 헤롯에게 넘기려는 '이리들'로 인해 언제든지 박해가 시작될 수있다는 것을 알고 있었다. 바울은 감옥에서 빌립보에 있는 성도들에게편지를 쓰면서 그리스도인들이 받는 이러한 박해를 '그리스도의 고난에동참하는 것'이라 표현했다(빌 3:10). 터툴리안은 이렇게 썼다. "우리는 사방으로 포위되어 공격받고 있다. 그들은 지하 교회에 있는 우리를죄수로 만들어버렸다." 그리스도인은 누구나 말 그대로 순교자 후보였다. 편안한 삶을 원한다거나 존경받는 부류에 들기를 원하는 사람은 그리스도인이 될 수 없었다. 위협이나 심문을 당하면서도 "나는 예수 그리스도를 믿습니다!"라고 당당하게 고백하는 것은 사람들에게 강한 인상을 심어 주었다. 많은 그리스도인들이 박해를 감당할 수 있었던 힘은 미래에 대한 생생한 비전 곧 메시아의 임박한 재림에 대한 대망에서부터 왔다. 모든 사람들이 그리스도인은 이와 같은 진술로 인해 기꺼이 죽을 준비가 되어 있다는 것을 알았다. 그리고 이것은 그들을 두려움에 떨게 했으며 대경실색하게 만들었다. 박해는 초대 교회 그리스도인들의 삶에 있어서 너무도 큰 부분을 차지했기 때문에 그것은 그들의 사고방식을 형성했다! 이에 대해서는 6장에서 자세히 살펴볼 것이다.

역사 : 승자에 의해 기록된 선전, 그 이상의 것

성경을 읽는 데는 두 가지 방법이 있다. 먼저 우리의 경험을 투영시켜 성경을 읽음으로써 성경에서 우리가 이미 '알고 있는' 것에 대한 '확증'을 발견할 수 있다. 두 번째 방법은 우리의 경험들과 상충될지라도 성경을 본문 그대로 이해하는 것이다. 이것은 분명 더 고통스러운 일일 수 있지만, 이를 통해 우리는 자유에 이르게 된다. 우리는 역사에 대해서도 똑같은 방식으로 접근할 수 있다. 유명한 공산주의 슬로건이 주장하는 것처럼 역사는 단순히 '승자에 의해 기록된 선전'일 수 있다. 즉, 현재의 규칙이나 상황에 짜 맞추려는, 혹은 그것을 정당화하기 위한 해석일 수 있다는 말이다. 아니면 역사는, 심지어 그것이 우리 자신의 역사에 대한 그림과 상충돼 보일 때조차도, 과거를 있는 그대로 발견하는 과학이 될 수 있다. 우리가 만약 신약 시대와 기독교 초기 수세기 동안의 가정교회 운동의 배가와 성장의 이유를 찾고자 한다면, 우리는 기대하는 것과는 상이한 몇몇 동력들을 발견하고 무척 놀라게 될 것이다.

복음 전도가 '없었다'

그 한 예로 전도를 들 수 있다. 만약 우리가 '전도'를 우리 모두가 해야 할 당위적인 것이라고 확신하면, 우리는 곧 성경의 모든 장에서, 심지어 전도라는 말이 전혀 언급되지 않는 곳에서조차 전도를 발견하기 시작할 것이다. 신약 성경에는 빌립(행 9장)과 다섯 가지 사역(엡 4 : 11)에 대한 부분 외에는 '전도자'나 '전도'에 대한 언급이 거의 없다. 앨런 크라이더는 신약 성경의 전도에 대한 이러한 침묵을 "전도하라"는 조용하지만 강력한 권면으로 해석한다. 신약 성경은 '설교하는 활동'으로서의 전도에 대해 말하지 않는다. 그리고 예수님은 수세기 동안 아주 일반적인 '전도 방법'으로 사용되었던 '축호방문 전도'에 대해 부정적이셨던 것 같다(눅 10장). 이와 상반되게 신약 성경은 '제자 삼는 것'에 대해서는 매우 강조하고 있다. 아서 다비 낙(Arthur Darby Nock)은 초대 교회 역사에서 "공적인 다수의 군중들에게 직접적으로 설교한 예는 거의 없었다"고 말한다. 왜냐하면 "그것은 너무 위험한 일이었기 때문이다." 교회는 전할 메시지를 가지고 있었다. 그러나 동시에 교회는 그 자체가 메시지였다. 교회 자체가 '복음'(good news)이었기 때문에 선포하는 식으로 전도하거나 이 집 저 집을 오갈 필요가 없었다. 구조적인 교회가 '나쁜 소식'(bad news)이 되었을 때, 곧 폭발적인 메시지에 부합되지 않는 구조가 되었을 때 비로소 특별한 '복음'을 제시하는 기술에 대한 필요가 대두되었다. 제 기능을 하는 교회 모델이 없이 전도해야 하는 것은 제대로 기능하는 교회 모델이 부재하기 때문이다. 그리고 이러한 전도는 문자 그대로 그리스도의 몸 된 교회 바깥에서 진행되며, 심지어는 몸 된 교회 바깥에 있는 회심자들을 양산한다.

그러므로 많은 역사가들은 영국의 저술가 마이클 그린(Michael Green) 이 『Evangelism in the Early Church』(초대 교회의 전도)에서 "처음 2세 기 동안 대중을 대상으로 한 전도가 계속되었다는 것은 의심의 여지가 없다"고 펼친 주장에 대해 별로 동의하지 않는다. 초대 교회 시대에 카 이킬리우스(Caecilius)라는 한 이교도는 그리스도인들에 대해 "대중 가 운데 있을 때는 침묵을 지켰지만 모퉁이만 돌아서면 대화를 나누었다" 고 기록했다. 이것은 또한 그리스도인들을 신뢰하게 된 이웃들이 질병 이나 위기를 만났을 때 망설임 없이 그들에게 도움을 청했다는 것을 의 미한다.

침례교단의 선교학 교수인 존 마크 테리(John Mark Terry)는 오늘날 우리가 가진 사고방식을 반영하는 『Evangelism, a Concise History』(전도 의 간략한 역사)라는 책에서 전도를 우리가 할 수 있는 하나의 행동으 로 본다. 그리고 성경과 역사를 그 관점에서 해석한다. 그는 이렇게 말 한다. "예수님은 어디로 가시든지 그곳에서 복음을 전하셨다." 테리가 진술하는 전도 세계관은 '접촉', '증거', '나눔', '목회', '설교', '복음 제시', '전도를 행함' 등과 같은 '전도의 핵심단어들'과 방법론으로 가 득 차 있다. 그는 심지어 "예수님이 여러 가지 전도 방법들을 사용하셨 다"고 주장하기도 한다. 우리는 오늘날의 '전도' 스타일과 방법의 안경 을 끼고 교회사를 재해석하지 않도록 조심할 필요가 있다. 예수님은 자 기의 몸 된 교회와 마찬가지로 단순히 메시지만 가지고 계셨던 것이 아 니다. 그 자신이 바로 메시지였다. 그는 단순히 복음을 가지고 계셨던 것이 아니다. 그 자신이 바로 복음이었다.

복음은 교리의 조합이 아니라 하나님의 속성을 반영하는 구원받은 자들의 생활방식이다. 초대 교회 그리스도인들이 했던 것은 전도 방법으로서의 '생활 전도'가 아니었다. 오히려 그들의 일상생활에 사랑과 은혜가 풍성하신 하나님의 이름에 딱 맞는 복음이 함축되어 있었다.

선교도 '없었다'

게오르그 크레츄마르(Georg Kretschmar)는 "어떤 사람을 믿음으로 초대하는 것은 결코 제도화된 적이 없었으며, 선교를 위해 회중을 조직하는 일도 없었다"고 지적한다. 하나의 실체(entity)로서의 교회의 영향력이 워낙 막강해서 대부분의 초기 그리스도인들은 이방인들의 개종을 위해 기도조차 하지 않았다. 도미니크 학자인 이브스 콩가르(Yves Congar)에 의하면, 그리스도인들은 오히려 사람들의 번영과 평화를 위해 기도했다. 노버트 브록스(Norbert Brox)는 "선교에 대한 견해나 언급을 전혀 찾아볼 수 없다는 것은 놀랍기 그지없다"고 말한다. 신약 성경에 전도에 대한 언급이 거의 없는 이유는 선교에 대해서도 동일하게 적용될 수 있다. 교회 자체가 선교였기 때문이다. 바울은 자신과 동역자들의 '선교 여행'을 우리가 아는 대로의 '선교'로 이해하지 않았다. '선교'라는 표현은 그로부터 수세기 후, 손으로 그린 지중해 지도가 성경의 부록으로 첨부될 때 그 표제로서 비로소 등장했다. 바울은 단지 사도적, 선지자적 사역을 하고 있었으며, 이러한 사역들을 통해 세워지게 된 교회들 역시 사도적, 선지자적 사역을 했다. 교회 그 자체가 선교(mission)였기 때문에 교회는 특별한 '선교사들'(missionaries)을 파송하지 않았다. 그 대신 교회는 세포 분열을 통해 말 그대로 그 자체를 증식 가능한 두세 개의 배아적인 셀(세포) 형태로 파송했다. 이러한 셀들은 교회의 비전과 바이러스를 갖고 있어서 접촉하는 모든 것들을 전염시킬 준비가 되어 있었다.

매력적인 예배도 '없었다'

고린도교회가 외부인들에 대해 문이 열려 있었던 것은 사실이다. 그러나 1세기 중반 이후부터는 이방인들은 일반적으로 기독교 모임에 초대받거나 참석하는 것이 허락되지 않았다. 1세기 중엽 네로의 박해 이후로 대부분의 교회들은 외부인들에 대해 문을 굳게 닫아버렸다. 집사들이 했던 역할들 중 하나는 '교회 경비원', 곧 오늘날로 말하자면 사교클럽이나 나이트클럽 문 앞에서 초대받지 않은 사람들을 필요하면 강제로라도 내쫓는 신체 건장한 사람과 같은 역할을 하는 것이었다. 4세기 중반의 문서인 『Testament of our Lord』(우리 주님의 언약)가 집사들의 역할에 대해 설명하고 있듯, 그들은 양들 가운데서 이리들을 가려내야 했다. 바울은 갈라디아인들에게 "거짓 형제들이 우리가 그리스도 예수 안에서 가진 자유를 엿보려고 우리 가운데 침입해 들어왔다"고 경고했다(갈 2 : 4). 그리스도인들의 교제 모임은 외인들에게는 전혀 매력적인 것이 못 되었다. 왜냐하면 이 모임들은 그들을 위해 디자인된 것이 아니기 때문이었다. 3세기 중반 카르타고(Carthage, 아프리카 북안의 고대 도시 국가)의 키프리안 주교는 교회를 "봉한 샘"(아 4 : 12)에 비유했다. 심지어 교사에게서 성경을 배우는 교리 학습자조차도 그리스도인들이 비밀 의식을 할 때나, 기도할 때, 거룩한 입맞춤을 할 때, 세례와 주의 만찬을 행할 때는 참석하지 못하게 했다. 그리스도인들은 초대 교회의 비판자 중 하나인 켈수스(Celsus)가 말한 것처럼 '비밀 집단'(secret society)에 아주 가까웠다.

신약 성경에서 그리스도인들이 예배를 드리기 위해 함께 모이는 모습을 묘사한 곳은 단 한 군데도 없다. 예배가 많은 찬양들로 이루어져 있지 않았다는 점 역시 분명한 사실이다. 예배는 순종하고 희생하는 생활방식으로 이루어져 있었다. 이 생활방식이 종종 찬양과 연결되는 것은 사실이지만, 이는 우리 삶의 모든 순간이 산 예배이기 때문에 그러할 따름이다. 아브라함은 이것을 잘 알고 있었다. 그리고 자기 독생자 이삭을 제물로 드리려고 모리아 산으로 올라갈 때 기다리는 종에게 말하기를 '예배하러' 올라간다고 했다(창 22장).

주류도 '아니었다'

첫 수세기 동안 그리스도인들은 종종 자신들을 '파로이코이'(paroikoi)(벧전 2 : 11), 곧 외국인 거주자, 혹은 '이웃에 사는 외인'이라 불렀다. 그들은 스스로를 특별한 종교적 확신을 가진 충성스러운 시민이자 이주자로 이해하기보다는 모든 곳을 집처럼 편안하게 느끼고, 어느 곳도 온전히 편안하게 느끼지 못하는 '외인 집단'으로 이해했다. 브라질의 에두아르도 에두아르도 호르나이트(Eduardo Eduardo Hoornaert)가 말했듯, 그리스도인이 된다는 것은 '변두리'(marginality)로 귀의하는 것이었다. 그들은 주류 사회의 한 부분이기보다는 반문화적이고 반사회적이며 많은 사람들이 보기에 신비에 휩싸인, '다른 왕'에게 충성을 다하는 영적으로 완전히 다른 부류의 일원이었다. 바울은 벨릭스 총독에게 자신을 "저희가 이단이라 하는 도를 좇"는 자로 소개했다(행 24 : 14). 그리고 그는 사람들에게 이단의 괴수요, 소요케 하는 자로 인식되고 있었다 (행 24 : 5).

그렇다면 사람들은 어떻게 그리고 왜 그리스도인들이 되었는가?

만일 복음 전도 프로그램들과 선교 아웃리치, 매력적인 예배로의 초청을 통해서가 아니었다면, 도대체 그들은 어떻게 그리스도인이 되었는가? 그리스도인이 되면 추방된 비밀 집단에 소속되어 자신의 사회적 지위와 성공이 위기에 놓이고 순교자 후보가 되는데도 불구하고, 왜 사람들은 여전히 그리스도인이 되기를 원했을까?

이제 우리는 왜 수많은 사람들이 교회의 일원이 되기로 결정하게 되었는지 그 몇 가지 역사적인 이유들을 살펴볼 것이다. 어쩌면 여기서 우리는 실마리들을 발견하게 될 수도 있을 것이다. 재차 강조하지만 우리는 다른 시대와 다른 장소에서 행해졌던 역사적 방법들과 절차들을 기계적으로 모방하는 덫에 빠져서는 안 된다. 우리는 배후의 원리들을 배워 오늘날의 문화 속에서 독창적으로, 유연하게 적용해야 한다.

앨런 크라이더(Alan Kreider)와 다른 학자들의 수많은 역사 연구에 따르면, 그리스도인들이 유기적이고 또 쉽게 증식이 가능한, 그리고 다섯 가지 사역을 통해 훈련받고 지도받는 가정교회 안에서 생활했다는 사실 외에도(엡 4 : 11), 기독교 초기에 사람들이 그리스도인이 된 주된 이유들 중 몇 가지는 다음과 같다.

1. 호기심

오늘날 많은 교회들은 세상에 대해 매력적이 되려고 애쓴다. 그리고 방문자들을 다과와 방문자 카드로 환영하고, 현관 입구에 '환영합니다'라는 간판을 걸어놓는다. 교회들마다 규모나 형태는 다를지라도 저마다 외부인들이 교회로 올 수 있게 하는 데 초점을 맞춘 아웃리치 프로그램들을 가동하고 있다. 그리고 많은 교회들이 구도자에게 민감하려 애쓰고 있으며, 심지어는 예배를 비롯한 교회 안의 모든 활동이 구도자 중심으로 돌아간다.

그러나 초대 교회에서는 이와는 아주 다른 동력이 작용했다. 이러한 동력 중 하나가 바로 사람들의 그칠 줄 모르는 호기심이었다. 사람들은 본성적으로 모험을 좋아하고 호기심이 많아서 '전에 아무도 가 본 적이 없는 곳에 가 보기'를 좋아한다. 왜 아직도 사람들이 사이비 종교나 프리메이슨과 같은 비밀 집단들에 빠져드는지 많은 이들이 의아해 한다. 대답은 간단하다. 이러한 집단들은 배타적인 가족이나 그룹, 종족의 일원이 되고자 하는 사람들의 기본적인 본능에 호소하기 때문이다. 이를 위해서 사람들은 어떤 형태의 가입 절차라도 받아들일 준비가 되어 있다.

예수님도 이 점을 아셨다. 그래서 예수님은 '안에 있는 사람'과 '밖에 있는 사람'에 대해 다른 의사소통 방식을 갖고 계셨다. "예수께서 이 모든 것을 무리에게 비유로 말씀하시고 비유가 아니면 아무것도 말씀하지 아니하셨으니"(마 13 : 34). 이러한 패턴은 교회에서도 마찬가지인 것 같다. 설교는 교회 바깥에 있는 사람들을 위한 것이었고, 가르침은 교회 안에 있는 사람들을 위한 것이었다. 예수님은 이러한 두 가지 패턴을 분명히 구분하셨다. "하나님 나라의 비밀을 아는 것이 너희에게는 허락되었으나 다른 사람에게는 비유로 하나니 이는 저희로 보아도 보지 못하고 들어도 깨닫지 못하게 하려 함이니라"(눅 8 : 10). 심지어 예수님의 '좁은 문'에 대한 말씀도 많은 사람들의 마음속에 이 비밀스러운 메시지와 예수 운동에 대해 알고 싶은 강한 호기심과 뜨거운 흥분을 불러일으켰다. '그들이 우리가 모르는 어떤 것을 알았을까?' 예수님은 '복음의 비밀'은 '돼지 앞에 던져진 진주'가 아니라, 발견하고 얻으려 할 때 비로소 계시를 통해 찾을 수 있는 것임을 아셨다.

사람들은 교회에 자유롭게 들어올 수 없었다. 그리고 이것이 그들의 관심을 촉발하고 강화했다. 만약 내가 네 살배기 아들에게 무슨 일이 있어도 내가 없을 때 방안에 있는 서랍을 열어보면 안 된다고 말한다면, 아이는 내가 집을 나가자마자 거의 마술에 걸린 듯 그 금지된 서랍장으로 이끌리게 되리라는 것을 나는 확신한다. 오늘날 우리는 올바른 질문을 던지지도 못하는 사람들에게 정답을 주입시킴으로써 그들이 호기심을 느끼지 못하게 만드는 위험에 빠진다. 예수님은 그 자신을 '생명의 물'로 표현하셨고 자기 제자들을 '세상의 소금'이라고 부르셨다. 만일 사람들이 소금을 먹는다면 그들은 이전에 갈증을 느껴 본 적이 없다 하더라도 갈증을 느끼게 될 것이다. 만일 사람들이 생명의 물에 대해 아직 갈증을 느끼지 않는다면 그들에게 소금을 먹여 보라. 그러면 그들은 갈증을 느끼게 되고 그 물을 마시게 될 것이다.

2. 박해와 순교에도 요동치 않는 믿음

기독교 초기에 많은 사람들이 실제의, 살아 있는 그리스도인에게 처음으로 눈을 고정시키게 되었던 것은 바로 그들이 순교할 때였다. 많은 그리스도인들이 십자가에 달렸으며, 경기장에서 야수들의 먹이가 되었고, 뜨거운 의자 위에서 죽어 갔으며, 화형을 당했다. 이와 같은 끔찍한 고통을 겸손하게, 인내로, 또 기쁨으로 참아내는 것은 의학적으로 도저히 설명이 불가능한 일이었다. 서로를 향한 그들의 사랑은, 명백한 비밀집단의 혁명적인 표식인 평안의 입맞춤을 나누는 모습으로 사람들의 눈에 분명하게 각인이 되었다. 그리스도인들의 사형을 집행했던 사람들은 종종 이렇게 말했다. "이들 안에는 뭔가 강력한 힘이 있다!" 그들이 자기 믿음을 위해 죽을 준비가 되어 있었다는 사실은 많은 이들로 하여금 자신들도 그러한 강한 믿음을 가지고 싶다는 은밀한 소원을 가지게 했다. 결과적으로 사람들의 호기심의 수위는 점점 더 높아졌으며, 결국 그들은 교회로 이끌리게 되었다. 그래서 많은 이들이 "순교자의 피는 교회의 씨앗이다"라고 말한다. 생명과도 맞바꿀 만한 뭔가를 가지고 있는 기독교는 산 자들을 이끄는 강한 매력을 갖게 되는 것이다.

3. 귀신을 쫓아냄

예수님은 권세로 악한 영들을 쫓아내셨으며 제자들에게도 "귀신을 쫓아내라"고 명하셨다(마 10 : 8). 예수님의 제자들은 이러한 명령을 진지하게 들었고, 가서 예수님의 말씀을 따라 그대로 행했다. 많은 사람들이 '속박의 시대, 삶을 망가뜨리는 중독과 압제의 시대'로 일컫는 기독교 초기 수세기 동안(오늘날의 상황도 그때와 별로 다르지 않은 듯하다) 그리스도인들이 그리스도 안에서 누리는 자유와 생명의 충만은 금새 드러날 수밖에 없었다. 한 가지 예로 이레나이우스(Irenaeus)는 축사(逐邪) 사역의 '복음 전도적인' 기능을 다음과 같은 말로 지적했다. "깨끗함을 받은 사람들은 예수님을 믿고 교회의 일원이 되었다." 이적이 경쟁적으로 행해지던 시대에, 하나님과 예수님의 이름으로 제시되는 이 강력한 '영적인 해독제'는 예수님이 다른 신들보다 더 강력하고 심오한 영향력을 가지고 있다는 강한 인상을 심어 주었다.

로마의 교리문답 교사였던 유스틴(Justin)이 주후 150년경 쓴 글에 따르면, 당시 그리스도인들은 귀신들을 내쫓기 위해 다른 사람들을 조직적으로 도왔고, 그 결과로 그들이 불법적인 성관계와 비밀스러운 주술,

사유재산 축적과 극단적인 외국인 혐오증 등에서 자유케 되는 것을 목도했다. 초기 그리스도인들은 혼외 정사를 행하는 사람들이나 수단 방법 안 가리고 재산을 축적한 사람들이나 신비종교에 연루된 사람들, 외국인에게 폭력을 행사하는 사람들을 귀신에 의해 속박 당하고 있는 것으로 보았다. 그들은 인간이 결코 통제할 수 없는 이러한 영적 세력들로부터 자유케 되기 위해 예수님의 도우심이 필요했다. 교회가 그 후 이러한 사역들에 더 이상 초점을 맞추지 않게 되자 사람들은 영적인 진공 상태에 빠지게 되었다. 이러한 진공 상태는 그 일을 하도록 부름받고 은사를 받은 유일한 유기체, 즉 교회에 의해 다시금 채워질 필요가 있다.

4. 그들은 삶의 도를 발견했다

그리스도인들은 자신들이 새로운 세상을 만들기 위한 하나님의 도구라고 믿었다. 그리고 그들은 생명까지 버릴 수 있는 가치와 방식을 발견했다. 또한 올바른 삶의 도를 발견했다. 그리스도인으로 불리기 전에 먼저 그들은 '그 도를 따르는 사람들'이라 불렸다. 이것은 두 가지 이유에서였다. 먼저는 예수님이 스스로를 '길'(the Way)이라고 말씀하셨기 때문이고, 다음으로는 그리스도인들이 삶의 도를 분명히 알게 되었기 때문이다. 그들의 삶을 구성했던 그 도를 사람들은 교회라 불렀다. 사람들이 자신들의 삶이 뭔가 크게 잘못되어 가고 있다고 느끼던 시대에, "나는 삶의 도를 발견했다!"는 그리스도인들의 메시지는 이방인들에게 공격적으로 들리기보다는 호기심을 자극하는 매력적인 것이었다.

더욱이 그리스도인들은 공동체적인, 다시 말해 고대 사회의 다른 그룹들과 달리 사회학적으로 볼 때 포괄적인(inclusive) 생활방식을 가지고 있었다. 그들은 공동 재정을 통해 필요에 처한 모든 이들과 함께 물질적인 축복을 공유했다. 그들은 심지어 쓰레기 더미에서 죽도록 버려진 아기들을 거두어 양육하곤 했다. 그들은 또한 자기 목숨을 내놓고 역병에 걸린 사람들을 간호하는 일을 자원했다. 이러한 그들의 삶은 당대 사람들로 말문이 막히게 하기에 충분했다. 물질주의 사회의 관점에서 볼 때 그들은 미쳤든지 아니면 정말 거룩한 사람들이든지 둘 중 하나였다. 그들은 누구에게든 친절했으며, 신뢰할 만한 친구와 상담자가 되어 주었다. 이것은 특별히 여성들의 경우 더더욱 그러했다. 아마도 여성들이 사람들의 말을 잘 들어 주고 그들의 질문에 성의 있게 응할 수 있는 능력을 가지고 있기 때문일 것이다. 아우구스티누스는 몹시 당혹스러워하며 남자들에게 이렇게 썼다. "오, 남자들이여, 당신들은 여자들에게 여지없이 패배당하고 있다오. 교회를 자라게 만드는 것은 교회 안에 있는 수많은 여자들이니까."

그리스도인들은 자신들의 '자유로운 공동체'의 삶이 사람들의 주목을 끌기에 충분하다는 것을 알고 있었다. 어떤 그리스도인이 썼듯이 "그리스도인들의 아름다운 삶은 외부인들로 하여금 교회 공동체의 일원이 되게 만들었다." 그들은 자기 확신에 가득 차서 "우리는 거창한 것을 말하지 않습니다. 그 대신 그렇게 삽니다"라고 말할 수 있었다. 이것은 또한 교회의 초기 지도자들이 서로 간에 교제와 사랑, 관계의 질을 유지하는 데 많은 신경을 썼던 이유이기도 했다. 그들은 이와 같은 것들이 사람들을 그리스도께로 이끌어 구원을 얻게 하는 주된 이유들 중 하나라는 점을 알고 있었던 것이다.

5. 예수님의 가르침과 인격

아프리카 출신의, 현대의 한 기독교 지도자는 자신이 아는 선교사들에 대해 이렇게 말한 바 있다. "그들은 우리에게 복음을 전하러 왔다. 그러나 그들은 우리에게 어떻게 살아야 하는지는 보여 주지 못했다!" 앨런 크라이더의 말을 빌리자면, 많은 초기 그리스도인들은 '개종은 믿음의 차원에서 시작되기보다 생활방식의 차원에서 시작된다'고 확신하고 있었다. 기꺼이 자기 삶을 바꿀 각오가 되어 있는 사람만이 복음을 위해 준비된 사람이라 할 수 있을 것이다. 따라서 사람들을 교회로 이끄는 가장 강력한 동력 중 하나는 바로 예수님 자신의 인격과 가르침이었다. 예수님의 산상수훈은 설교나 도덕적 이상보다는 신적인 도덕률의 집합, 곧 어떻게 살아야 하는지에 대한 하나님의 지침으로 이해할 수 있다. 모든 시대의 불신자들은 예수님과 그의 가르침에 강하게 끌렸다. 예수님의 가르침 중에 원수를 사랑하라는 계명보다 더 자주 언급된 것도 없을 것이다. 많은 사람들은 주장하기를, 이러한 말씀들은 너무나 엄청난 말씀이라서 이 말씀들을 들을 때 사람들은 웃든지 아니면 울든지 하게 된다고 한다. 교회는 교회 자체를 전하지 않았다. 교회는 그리스도의 가르침을 전함으로써, 그리스도의 삶의 방식대로 삶으로써 그리스도를 전했다.

교회의 탈선

신약의 교회는 대부분 유기적이고, 관계적이었으며, 자기 배가하는 영적인 가족이었다. 그러나 예수님은 심지어 십자가에 죽으시기 전에도 제자들에게 미혹과 거짓 선지자들과, 거짓 그리스도들에 대해 경고하셨다. 이들은 모두 한 가지 공통된 목적을 가지고 있는데, 그것은 선택받은 성도들을 속여서 탈선하게 만드는 것이다. 우리 모두는 너무도 자연스럽게 이러한 미혹을 우리가 아니라 다른 사람들에게 장차 임할 끔찍한 미래의 한 부분으로 생각한다. 그러나 바울과 베드로, 유다는 하나같이 하늘의 천사들로 가장한 불경건한 사람들과 거짓 선생들, 거짓 선지자들이 곧 나타날 것이라고 경고했다. 사도들은 이들에 대해 결코 점잖게 말하지 않았다. 그들은 이런 거짓을 행할 자들이 나타나기도 전에 그들에게 저주를 퍼부었다(갈 1 : 8, 9; 벧후 2 : 1~3; 유 3~6).

나는 이러한 미혹이 소위 '기독교계'(Christendom), 곧 탈선하고 실패한 기독교의 모습을 통해 이미 전 세계에서 일어나고 있지 않나 하는 끔찍한 의심이 든다. 그리스도께서 예언하신 일들 가운데 최악의 것은 어쩌면 아직 오지 않았는지도 모른다. 따라서 우리는 그 최악의 시나리오에 대해서도 언제든지 준비를 하고 있어야 한다. 그러나 이것은 또한 오늘날 우리가 이미 탈선하고 제도화되는 일련의 전개 과정에서 그 정점에 올라 있는지도 모른다는 것을 의미한다. 그러므로, 신약의 교회들을 진정으로 계승하기 원한다 해도, 우리는 자동적으로 과거의 몇몇 탈선한 운동들로부터 스스로 떠났던 다른 운동들과 이미 오래 전에 결별했을지도 모르는 전통적인 운동들의 일부에 속하게 될지도 모른다. 일단 강이 물길을 만들고 나면, 그 흐름을 바꾸기가 무척 어렵다. 그럼에도 불구하고 그리스도인으로서 우리는 과거사에 얽매이지 말고 오직 미래를 주관하시는 하나님께 충성을 다해야 한다. 선지자적 교사(prophetic teacher)인 미국의 릭 조이너(Rick Joyner)는 그것을 이렇게 말한다. "사람들은 어머니(교회)에 의해서가 아니라 하늘에 계신 아버지에게서 태어나야 한다는 것을 분명히 깨달을 필요가 있다."

조용한 혁명

예수님은 "나는 세상의 빛이다"라고 말씀하셨다. 세상의 빛을 어둡게 한다는 것은 곧 세상을 어둡게 한다는 것을 의미한다. 그리고 이 세상은 정말 암흑에 휩싸이게 되었다. 세상은 말 그대로 암흑시대(Dark Ages)가 되었다. 만일 교회가 정말 탈선했다면, 역사의 뒤안길로 몇 발자국 물러서서 살펴볼 필요가 있다. 도대체 어떻게 교회가 탈선하는 일이 발생할 수 있었을까?

교회사 학자들은 이러한 탈선이 회개와 경건, 죄, 세례, 하나님의 속성에 대한 사도들의 가르침에 도전하고, 그것을 바꾸려는 시도로 시작되었을 수 있다는 데 의견을 같이한다. '성직자'와 '평신도' 사이의 비성경적인 구분을 교회 안에 도입하려는 시도는 니골라당에 의해서 최초로 이루어졌다. 니골라당은 '말씀을 듣는 평신도와 목회하는 형제들' 간의 차이를 강조했다. 니골라당은 니골라에게 그 뿌리를 두고 있다. 니골라는 예루살렘교회 일곱 집사 가운데 하나로(행 6 : 5) 헬라의 이원론에 영향을 받았고, 나중에는 '니골라당의 교훈'을 발전시키기에 이르렀다(계 2 : 6). 부활하신 그리스도는 자신이 니골라당을 미워한다고 말씀하셨다. 헬라어로 니골라당(Nicolaitans)은 두 단어의 합성어이다. '니카오'(Nikao)는 '정복하다', '승리하다'를 의미하고, '라오스'(laos)는 일반 사람들을 의미한다. 워치만 니(Watchman Nee)는 그의 책 『The Orthodox of the Church』(교회의 정통)에서 이렇게 말한다. "니골라당은 보통 사람들을 정복하는, 다시 말해 소위 평신도들 위에 군림하는 사람들을 말한다. 일반 신자들 위에 중보자 계급으로 군림하는 행동은 주님께서 싫어하시고 미워하시는 일이다." 특별한 성직자 계급에 대한 개념은 이미 로마의 클레멘트(Clement)의 두 서신(주후 100년경)에서도 분명히 나타난다. 그리고 주교가 지역 교회의 독재적 수장 자리에 오르는 제도가 시리아에 있는 안디옥의 이그나티우스(Ignatius)가 보낸 서신들에(110~17년경) 분명히 나타난다.

그 후 기독교 안에 도덕주의와 종교라는 두 가지 막강한 세력들이 재도입되었다. 도덕주의는 여러 가지 행동 양식과 생활 규범들을 교회 안으로 끌어들였다. 아마도 종교는 십자가와 함께, 즉 악한 영들을 내쫓기 위한 '십자가 긋기'를 하면서부터 시작되었을 것이다. 초를 켜거나 향을 피우는 것 역시 종교의 모습들이다. 이러한 행위들은 기독교를 우상과 마력과 종교 의식과 제사장들을 가진, 종교화된 '세상의 패턴'으로 퇴행시켜버렸다.

이 때부터 교회는 예수님과 사도들의 원래 가르침으로부터 빠르게 그리고 지속적으로 이탈해 나가기 시작했다. 초기에 도입된 '새로운 제도들'로는 순교한 성인들에 대한 숭배와 더불어, 그리스도의 임재 안에서 의미 있고 예언적인 방식으로 함께 식사하던 주의 만찬을 '애찬'(love or agape feast)과 성찬으로, 즉 친교를 위한 저녁 소찬과 종교적이고 고도로 상징적인 의식으로 구분한 것을 들 수 있다.「The Church in the House」(가정교회)라는 글에서 피터 데이비스(Peter H. Davis)는,「디다케」(Didache)와「히폴리투스의 카논」(the Canon of Hippolytus)과 같은 1세기 후반의 문헌들이 당시 주의 만찬이 식사에 '곁들여진' 것이 아니라 '그 자체가 식사'였음을 보여 준다고 지적한다. 그러나 '애찬'은 오래 가지 않아 순전히 사교적인 것이 되었다. 상징적인 형태의 성찬은 '진짜 음식' 없이도 주의 만찬을 기념하는 공인된 방식이 된 반면, 애찬은 교회 안에서 사라지게 되었다.

믿음이 아니라 두려움에 기초를 둠

하나님 나라의 참된 청지기들과 영적 아버지들은 초자연적인 믿음의 은사를 부여받았으며, 이것은 지금도 마찬가지다. 이러한 믿음 때문에 그들은 자신들이 제어할 수 없었던 시기에도 하나님이 여전히 모든 것을 다스리고 계신다는 것을 믿을 수가 있다. 그들은 하나님과 그의 백성 사이의 관계에서 장차 일어날지 모르는 일이 불확실하고 예측불가능하기 때문에 발생하는 건전한 긴장 속에서도 살아갈 수 있다. 왜냐하면 그들의 능력은 모든 것을 이해하는 데 있는 것이 아니라 하나님을 신뢰하는 믿음에 있기 때문이다. 교회는 초기부터 줄곧 안전에 대한 유혹에 굴복하기 시작했다. 예를 들면 주후 150년경의 '스콜라 신학'은 성경을 해석하고 영지주의와 같은 이단들에 대항하여 성경을 수호하기 위한 시스템으로 도입된 것이었다. 그러나 이 방어적 시스템은 곧 그것이 수호하고자 하는 메시지보다 자신을 더 중요하게 만들고 말았다.

몬타누스주의와 같은 초기의 은사 운동들은 더 많은 문제들을 야기했다. 왜냐하면 이 운동의 추종자들 중 어떤 이들은 교회의 통제를 쉽게 받아들이지 않았으며, 나아가 교회 안에 파당을 만들고 은사를 가진 지도자들 주변에 사람들을 끌어모으기 시작했기 때문이다. 이러한 운동에 대항하여 진리와 교회를 수호하기 위해 교회는 교리(dogma)와 신경(creed)을 강조했으며, 누가 사역을 할 수 있고 또 해도 좋으며 또 누가 그렇지 못한지를 엄격하게 통제했다. 간단하게 말하자면, 교회는 이러한 이단들로 인해 더 큰 해를 입지 않기 위해 통제력을 더욱 강화하려고 했다. 동기는 이와 같이 건전했지만, 방법은 그렇지 못했다. 통제는 신뢰의 결핍에서 자연스럽게 야기되는 것이다. 통제는 믿음의 반대라고 할 수 있는 두려움에서 나온다. 그리고 이러한 통제는 사람들이 잘못된 길로 갈 수 없게 하기 위한, 아니면 적어도 위험과 배교의 가능성을 최소화하기 위한 시스템을 낳는다. 결과적으로 교회는 점점 더 '안전한' 의식들과, '정통' 교리들과 '공인된' 예배 의식에 초점을 맞추게 되었으며, 빈틈을 없애고 문제가 발생하지 않게 하려고 애를 썼다. 이러한 노력의 한 결과로 교회는 신학적 감시인들, 곧 믿음을 파수하는 경찰들과 새로운 형태의 '주교들' 수중에 들어가게 되었다. 그들은 왕과 같은 지위를 누렸으며, 더 이상 가장 낮은 종도, 평범하고 소박한 장로도 아니었다. 그들은 양떼를 한데 모으고 문제를 몰아내기 위해 두려움을 불러일으키는 권력을 가지고 막강한 영향력을 행사하는 종교적 제왕이 되었다. 다시 말해 인간 사울이 백성의 진정한 왕이신 하나님을 대신하게 된 것이다.

이러한 영적인 '제왕들'은 그들이 얻은 카리스마적 성격의 권세를 가지고 교리도 바꿀 수 있었으며, 수많은 개인적이고 주관적인 해석들을 새로운 가르침과 새로운 교리로 소개할 수 있었다. 수많은 교회들이 이들이 소개하는 새 교리를 그대로 수용했다. 주후 220년 즈음에 오리겐은 알렉산드리아에서 유아세례 교리를 소개했다. 이는 주후 416년경에 이르러서는 서방교회에서 필수적인 것이 되었으며, 뿐만 아니라 오늘날에도 '전도'와 일반 사람들을 교회 체계 안으로 들어오게 하는 주된 방법 중 하나로 남아 있다. 이것은 마치 성경에 대해서는 모르지만 종교적이고 경건에 대한 열심을 가진 부모들에게 그들의 자녀들을 위한 영적인 보험을 판매하는 것에 비유될 수 있다. 부모들은 자녀들을 염려하는 마음에 당대의 종교적인 전문가들을 신뢰해야만 했던 것이다.

콘스탄티누스 대제 아래서의 교회의 전문화

주후 312년 콘스탄티누스 대제가 기독교로 개종하고 밀라노칙령을 통해 기독교를 국교로 공인했을 때, 수세기 동안 박해에 시달려 왔던 그리스도인들은 그를 구원자(savior)로 환영했다. 그들은 긴장감을 늦추었고, 그 결과 역사상 가장 엄청난 탈선을 범하게 되었다. 312년 이후로 교회는 지나치게 전문화되기 시작했다. 성직자들은 결혼식과 다른 많은 기능들을 보다 전문적인 형태로 집행할 수 있는 '자격을 얻게' 되었고, 교회는 교회와 하나님 사이의 중보자 계급을 선사받는 이상한 축복(?)을 누리게 되었다. 교회는 '제왕과 그 신하들의 격에 맞아야' 했다. 그 결과 교회는 초라한 가정집에서 화려한 성당으로 바뀌었다. 성직자와 평신도 사이에 엄청난 괴리가 생겨났는데, 이러한 괴리는 더 나아가 성스러운 것인 양 간주되었고, 하나의 제도로 확립되어 국가에 의해 공인되고 보호되기에 이르렀다. 이 엄청난 과오로 인해 오늘날까지 수백만에 이르는 사람들이 소위 '잘 조직되고 정비된' 기독교 중재자들의 선동에 휘말려 세속적인 군인들의 손에 순교의 피를 흘렸다.

교회는 박해받는 비밀 종교에서 국가가 공인하는 종교로 바뀌게 된 것을 기쁘게 받아들임으로써 사회적, 문화적, 이교도적 관행들을 비판하고 물리치는 선지자적 능력을 상실해버렸다. 이제 자기를 인정하고 보호해 주는 국가라는 제도와 결혼하게 된 교회는 문화를 거스르고 이 세상의 패턴과 구별되어야 하는 선지자적 존재로서의 정체성을 잃어버렸다. 그리고는 사회에서 환영받는 내부인이 되어버렸다. 결과적으로 국가와 교회 양자 모두 덫에 걸린 것이다. 국가는 표지와 나침반을 모두 삼켜버림으로써 길을 잃었고, 교회는 정치적인 권력에 취하게 되었다.

가정교회를 금지함

이 모든 과정 중에 우리가 특별히 주목해야 할 한 가지 사건이 있다.

주후 380년에 테오도시우스(Theodosius) 주교와 그라티안(Gratian) 주교가 국가가 인정하는 하나의 정통 교회와 하나의 신조, 곧 정통 교리만 존재하도록 명령한 사건이 바로 그것이다. 모든 로마 시민들은 교회의 교인이 되도록, '믿음의 법'(lex fidei)를 믿도록 강요당했다. 가정교회를 포함하여 다른 모임들과 다른 운동들은 법적으로 금지되었다. 이 법은 모든 법들을 완전히 뒤집어버렸다. 주후 222~35년 경 세베루스(Severus)가 권좌에 오르기까지 교회는 건물을 가질 수 없게 되어 있었다. 따라서 가정교회가 그리스도인들이 모일 수 있는 유일한 방법이었다. 그러나 주후 380년 이후로는 가정교회를 시작하는 것이 곧 불법이었고 범법자가 되는 것을 의미했다. '교회'의 이름으로 교회를 박해하는 새로운 시대가 시작된 것이다.

회당 스타일의 예배 유형을 되살림

멧 카스틸로(Met Castillo) 박사는, 유대교의 미슈나(Mishnah)가 유대인 남자 열 명이면 회당 하나를 세울 수 있도록 허락한 것처럼 그리스도인들은 성전이 아니라 유대인 회당에서 예배 유형을 따왔다고 말한다. 유대교 지도자 라비노비츠(Rabinowitz)는 회당 예배의 다섯 가지 요소를 다음과 같이 제시한다. (1)찬양을 통한 예배에의 초청과 예배를 위한 공식적인 부름, (2)기도와 간구, (3)성경 봉독, (4)성경 말씀에 근거한 설교, (5)예배를 마무리하는 축복 기도. 콘스탄티누스 대제 이후로 점점 더 기독교 교회 건물(가정 안에 있는 교회가 아닌)에서의 기독교 예배가 공식적이 됨에 따라 유대교의 회당 패턴이 다시금 기독교 예배에 도입되었다. 다른 점이 있다면 신앙고백 순서를 추가했다는 것뿐이다. 따라서 교회는 율법적이고 제의적인 예배 패턴으로 되돌아가게 되었다. 이와 같은 패턴은 그 후 수세기 동안 거의 불변으로 유지되어 왔으며, 이제는 모두가 동의하는, 신성불가침인 것처럼 간주되는 기독교의 예배 형식이 되었다.

프리실리안(Priscillian) 운동

프리실리안은 4세기의 스페인 귀족이다. 그는 국가가 공인하는 사제-종교에 대해 즉각적으로 반기를 들었다. 이 사람은 하나님을 위한 열심에 불타 스페인과 프랑스에서 대규모의 평신도 운동을 시작했다. 상당수의 주교들과 사제들이 이 운동에 동참했다. 그들은 보통의 가정집에서 개종하고 세례를 받은 사람들만 참석할 수 있는, '형제단'(brotherhoods)이라 이름 붙여진 작은 교제 공동체로 모였다. 정통 교회는 이것을 좋아하지 않았고 프리실리안과 그의 친구 여섯 명을 트리어(Trier, 독일 라인란트팔츠 주의 도시)에서 사형시켰다. 이 점에서 그들은 보고밀리안(Bogomilians)과 페트로부시안(Petrobusians), 파타레니안(Patarenians), 왈덴시안(Waldensians), 롤라즈(Lollards) 및 기타 유사한 개혁 운동들의 선구자가 되었다.

켈트족(The Celts)

예외 없는 법칙은 없다. 암흑시대에도 모든 시대를 통틀어 가장 위대한 신학적인 저술들이 나왔고, 또 몇 가지 중요한 기독교 운동들이 일

어났다. 기독교 역사에서 자주 간과되는 사실들 중 하나는 유럽을 개종
시킨 것은 가톨릭교회가 아니라 켈트족이었다는 사실이다. 그들은 원래
야만인들이었지만 나중에 기독교로 개종을 했다. 그들은 소아시아의 갈
라디아인들과 프랑스의 골(Gaul) 지역 사람들과 연관되어 있었고, 다뉴
브 강 상류에서 포르투갈까지, 나중에는 잉글랜드와 아일랜드까지 퍼져
나갔다. 그들은 모든 시대를 통틀어 가장 전략적인, 국가 규모의 교회
개척 운동을 시작한 아일랜드의 패트릭(Patrick)과 같은 위대한 사도들
을 배출했다. 뿐만 아니라 그들은 골(Gall)과 같은 사도들을 스위스로 파
송했으며, 보니파스(Boniface)를 독일로 파송했다. 6세기와 9세기 사이
에 켈트족들은 점차 교황의 교리와 로마 가톨릭의 가치를 정치적인 권
력을 통해 수용하게 되었다. 그럼에도 불구하고 켈트족은 유럽 땅에 물
을 공급할 수 있는 신선한 영적 우물들을 많이 파놓았다. 로저 엘리스
(Roger Ellis)와 크리스 시튼(Chris Seaton)이 그들의 저서 『*The New
Celts*』(새로운 켈트족)에서 제안하듯이, 역사의 쓰레기와 모래로 가득하
게 된 이 우물들을 유럽의 미래를 위해 깨끗이 청소하고 다시 파는 것
은 충분히 가치 있는 일이다.

내리막길

콘스탄티누스 대제의 개종 이후 수세기 동안 이러한 예외적인 운동
들이 있었음에도 불구하고 당시의 영적인 표준은 점점 더 그 힘을 잃어
가고 있었다. 기독교라는 열차가 분명한 목적의식을 가지고 선지자와 사
도의 철로 위를 달리는 날들이 점점 줄어들었다. 이 때로부터 교회는 사
막을 방황하게 된다. 사람들은 성경에 나오지 않는 것들도 관행으로 믿

게 되었다. 이와 같은 영적인 무질서는 심지어 오늘날에도 그 맹위를 떨치고 있다.

"죽은 자들로 죽은 자를 장사하게 하라"는 예수님의 말씀은 망각 속에 묻혀버렸다. 대신 교회는 '거룩한' 교회 건물 가까이에 자랑스레 무덤을 세웠다. 사람들은 이 무덤에 묻히면 그들의 썩을 육신이 무저갱의 괴물들과 용들로부터 안전하게 보호될 것이라 생각했다. 하나님이 교회 건물 안에 아주 특별한 방식으로 거하신다는 순진한, 지극히 종교적인 신념 때문에 이러한 관행은 더욱 힘을 얻게 되었다. 에베소 회의(431년)는 마리아를 하나님의 어머니로 예배해야 한다는 교리를 천명했다. 레오(Leo the Great)는 스스로를 로마의 주교로 선언했다(440년). 그리고 발렌티안(Cesar Valentian)은 그 자신을 서방 유럽 전체의 영적 지도자 자리에 올려놓았다(445년). 500년경에는 사제가 보통 사람들의 옷차림을 감시하기 시작했다. 유스티니아누스 1세(527~65년) 때에 이르러 교회는 정말로 국가가 공인한 교회가 되었다. 모든 사제들은 공무원이 되었다. 로마제국이 멸망한 후 607년경에 보니파스 3세는 로마 가톨릭으로부터 처음으로 '교황'이라는 타이틀을 수여받았다. '위대한 중재자'라는 뜻의 '폰티펙스 마시무스'(pontifex masimus)라는 이 타이틀은 원래 로마 황제들이 자신들을 로마제국의 대제사장과 신(gods)으로 표현할 때 사용하던 것이었다. 교회는 다음과 같은 일련의 사건들을 통해 더더욱 영적인 암흑기로 빠져들게 된다.

709   교황의 발에 입 맞추는 관행이 도입됨
786   성상(聖像)과 성유물(聖遺物)에 대한 예배가 개발됨
850   성수(聖水)가 처음으로 사용됨
995   죽은 성인들에게 성경적인 권위를 부여함

998	매 금요일마다 그리고 사순절이 시작되기 전에 금식함
1079	사제의 독신이 제도화됨
1090	몇몇 이교의 종교 제도로부터 기도 묵주가 도입됨
1184	종교재판, 신앙 규찰이 시작됨. 이후로 수백만의 유태인들과 마녀들이(종교개혁 이후에는 개신교 신자들도) 로마 가톨릭에 의해 죽임을 당하게 됨. 1252년 교황 이노센트 4세가 종교재판을 공식화함. 종교개혁 교회들도 나중에 똑같은 정신을 가지고 종교재판을 함.
1190	죄에 대한 벌을 면하는 대신 돈을 지불하게 하는 면죄부 판매가 법제화됨.
1215	성찬 때 사제가 주문을 읊조릴 때 떡과 포도주가 초자연적으로 그리스도의 몸과 피로 바뀐다는 화체설이 선언됨.
1229	성경은 너무 거룩한 책이어서 보통 사람들이 읽을 수 없다고 선언됨. 평신도들이 성경을 읽는 것이 금지됨.
1414	평신도들이 성찬의 잔을 마시는 것이 금지됨.
1439	연옥설이 선언됨.
1439	성사(聖事) 교리가 공언됨.
1545	트렌트 종교회의에서 로마 가톨릭의 전통적인 가르침들이 성경과 동등한 권위를 부여받음.

종교재판

주후 380년, 그라티안 주교와 테오도시우스 주교의 주도로 종교와 정치를 유착시킨 기독교 '신앙 경찰'의 형태의 종교재판이 그 피 묻은 머리를 쳐들었다. 수백만의 개신교 신자들이 종교재판을 통해 로마 가톨릭에 의해 죽임을 당했으며, 얼마 지나지 않아 마찬가지로 수많은 '재세례파' 신자들이 종교재판을 통해 개신교 신자들 손에 죽음을 당하게 되었다. 종교재판은 1492년 그라나다 왕국(에스파냐 안달루시아 지방의 옛 도시 그라나다를 중심으로 한 이슬람교 왕국)을 멸망시킨 후에 또 다른 재판 대상자들을 발견했다. 기독교로 개종한 이슬람계 무어인들이었다. 유태인들은 '하나님을 죽인 살인자들'로 간주되었기에 거의 모든 사람들로부터 박해를 받았고 죽임을 당했다.

바티칸은 1998년 1월 22일에 이르러서야 비로소 독일의 요제프 라칭거(Joseph Ratzinger)의 지도 아래 로마의 팔라초 델 상투피치오(Palazzo del Sant' Uffizio)에 소장되어 있는 종교재판에 관한 엄청난 자료들을 공개했다. 이 자료들에는 교회가 조직적으로 이단들을 박해하고 죽인 일들이 기록되어 있는데 그 분량이 적어도 두터운 장서 4,500권에 이른다고 한다. 아킬레 실베스트리니(Achille Silvestrini) 추기경은 이렇게 말했다. "종교재판이 관심을 두는 것은 진리다. 종교재판은 하나의 자기 정화 행위다." 그러나 이 4,500권은 원래 자료들의 3분의 1도 안 된다고 한다. 나머지 3분의 2는 분실된 것이다.

독일에서 발행되는 <슈피겔>(Der Spiegel)(23/1998) 지의 표현대로 "종교재판은 이단의 냄새를 조금이라도 풍기는 사람을 찾아내려고 연신 코를 킁킁댔다." 위험한 저술은 즉시로 금서 목록이라 할 수 있는 「인덱스 아디투스 리브로룸 프로히비툼」(Index Additus Librorum Prohibitum)에 기록되어 모두 불태워졌다. 종교재판은 특별히 스페인에서 잔인하게 행해졌다. 나폴레옹의 형제인 조제프 보나파르트(Joseph Bonaparte)가 종교재판을 불법으로 금지한 후부터 1826년에 이르기까지 18년 동안 '이단적인' 책의 마지막 본거지가 된 곳이 다름 아닌 스페인의 발렌시아였기 때문이다. 이 종교적 박해는 유명한 마녀 사냥과 함께 진행되었다. 교회가 성경적으로 회심한 여성들과 가정교회 지도자들을 마녀라는 이름 하에 화형시키는 것을 보면서 사탄이 얼마나 기뻐 날뛰었을지 상상해 보라. 독일에서의 종교재판 역시 잔인하고 무자비했다. 예를 들어 종교개혁가 얀 후스(Jan Hus)가 1415년 콘스탄츠에서 화형을 당했을 때, '공의회의 주교들'은 껄껄거리며 웃기만 했다.

종교개혁

　루터는 1521년 보름스(Worms)에서 그의 동시대인들로서는 도저히 용납할 수 없는 폭탄선언을 했다. "나는 교황과 공의회를 믿지 않는다. 그들이 종종 실수를 저질렀다는 것은 사실이다. 나는 하나님의 말씀에 사로잡힌 자이다." 가정교회의 첫 번째 강력한 파도가 사라져버린 지 1,100년이 훨씬 지난 후에 마르틴 루터는 복음의 핵심, 곧 믿음과 은혜로 얻는 구원과 성경의 중심을 재발견했다. 그의 발견은 신학의 댐을 무너뜨리는 폭탄과도 같았다. 이것은 뒤따르는 수많은 종교개혁적 통찰에 길을 터 주었다. 츠빙글리와 멜란히톤, 칼뱅, 존 녹스를 비롯한 다른 많은 종교개혁자들은 성경 번역을 장려했고, 일반 성도들이 성경을 읽어야 한다고 강조했다. 이전까지는 전문 성직자의 언어인 라틴어로 된 성경밖에 없었다. 종교개혁의 영향으로 이 라틴어 성경은 처음에는 14개의 대중적인 언어로 번역이 되었고, 1600년경에 이르기까지 40개 언어로 번역이 완료되었다. 믿음으로 구원받고 은혜로 의롭다 함을 받는다는 복음의 본질이 역사의 모래 속에 파묻힐 수 있다면, 하물며 다른 것들이야 오죽하겠는가? 핵심적인 논제들이 심각하게 잘못될 수 있었다면, 비교적 비중이 약한 다른 논제들도 잘못되었을 가능성 역시 크다고 봐야 하지 않을까? 성경이 다시금 보통 사람들의 손에 주어졌다는 사실은

'재발견의 역사'의 장을 열었다. 이를 통해 교회는 어둠 속에서 다시 빛을 향해 오르기 시작해서 그 자신의 구조적 감옥을 탈출하여 '유기체적 교회 형태로서의 가정교회'와 같이 오래 잊혀졌던 진리와 실천들을 하나하나 재발견하기 시작하게 된다.

마르틴 루터의 '제3의 예배'

마르틴 루터는 1526년에 출판된 『*Vorrede zur Deutschen Messe*』(독일 미사와 예배 질서에 대한 그의 서언)에서 '예배 질서'를 세 가지로 구분한다. 첫째, 라틴어로 진행되며 모든 이들을 위한 공적인 라틴어 예배이다. 루터는 이 예배를 특별히 젊은이들을 위해 구상했다. 왜냐하면 라틴어는 오늘날의 영어처럼 당대의 세계 공용어였기 때문이다. 둘째, 독일어로 진행되는 공식적인 독일어 예배다. 마지막으로 그는 세 번째 예배에 대해 다음과 같이 말한다.

> 세 번째 예배는 진실로 복음 전도적인 예배여야 한다. 이 예배는 모든 사람들이 모이는 공적인 장소에서 드려져서는 안 된다. 그러나 진심으로 그리스도인들이 되기를 원하는 사람들과 손과 입으로 복음을 고백하는 사람들은 자신들의 이름을 서명해야 하며, 기도하고, 성경 읽고, 세례를 주고, 성례를 행하고, 다른 기독교 사역을 하기 위해 가정에서 따로 모여야 한다.

루터는 '이방인들과 투르크족들이 옥외에서 예배를 드리는 것'과 마찬가지로 많은 사람들을 유인하는 대집회 형태의 예배에 대한 필요성도

인정했다. 그는 이렇게 기록했다. "모든 종을 울리고, 모든 오르간을 연주하고, 소리를 크게 낼 수 있는 트럼펫을 연주한다면 나는 행복할 것이다."

루터는 아쉽게도 이와 같은 가장 혁명적인 교회 구조를 셀과 대집회로 발전시키지는 못했다. 교회사를 통해 볼 때 이와 같이 가정교회 구조를 회복하려고 시도했다가 너무 일찍 포기하고 만 사례들이 참 많다. 루터의 모범을 따랐던 많은 이들은 나름대로 핵심을 재발견하기는 했지만, 그들의 시도 역시 이런 저런 모양으로 좌초되고 말았다. 루터는 가정교회 구조를 발전시키지 못한 자신의 책임에 대해 이렇게 말했다. "그러나 나는 그러한 회중을 시작할 수도 없고, 아직은 그렇게 하고 싶지도 않다. …왜냐하면 아직 내게는 이러한 회중을 구성할 사람들이 없고, 또 이것을 원하는 사람도 많지 않은 것 같기 때문이다. 그러나 이 일을 하도록 요청을 받는다면, 그리고 내가 이를 거절할 수 없다면, 나는 기쁨으로 내가 할 수 있는 일을 할 것이며 최선을 다해서 도울 것이다."

마틴 로이드 존스(Martin Lloyd-Jones) 박사는 마르틴 루터가 가정교회 운동을 시도하기를 주저한 것은 '신중함, 곧 정치적인 고려'와 '그의 교회에 속한 사람들에 대한 불신' 때문이었고, '재세례파에게 운동의 주도권을 빼앗길지도 모른다는 두려움' 때문이었다고 생각한다. 1526년 이후부터 루터는 마음을 바꾸었고 세속적인 권세자들의 압력에 굴복하여 거의 로마 가톨릭과 같은 형태의 예배로 회귀했다. 더욱이 그는 자신의 가르침을 동조하지 않는 수천 명의 그리스도인들을 순교하게 만들었다. 이는 루터 역시 종교재판의 정신에 동조했음을 드러낸다. 1530년부터 그는 목사가 아니면서 공적인 자리에서 하나님의 말씀을 설교하거나 가르치는 모든 그리스도인들은 그들이 올바른 진리를 가르쳤다 할지라도 죽임을 당해야 한다고 주장했다. 그러나 루터 또한 그 결과에 대해 기뻐하지 않았다. 그는 말년에 이렇게 기록했다. "진실한 그리스도인은 수천 명 중에 한 명도 찾아보기 힘들다. 우리는 거의 그리스도인의 이름을 가진 이교도들과 같다." 이 점에 있어서 루터는 칼뱅과 같았다. 칼뱅은 다른 개혁들 가운데서도 특별히 모든 제네바 시민들로 하여금 와서 예배에 참여하든지 아니면 3바첸(Batzen)의 세금을 바치든지, 둘 다 안 할 경우에는 출교를 당하게 하려고 했다. 이들은 기독교의 내용은 개혁했지만 형태는 개혁하지 않았다. 성경 교사인 비서트 호프트(Visser' t Hoft)가 말하듯, 그들은 "콘스탄티누스 대제 시대 이후로 유지되어 온 교회의 사회학적인 형태들과 단호히 결별하는 결단을 내리지 못했다."

슈벵크펠트의 사도 운동

루터에게는 카스파르 슈벵크펠트(Caspar Schwenckfeld)라는 아주 영향력 있는 제자이자 교사가 한 사람 있었다. 처음에 루터는 신학자가 아니면서 설교자로 사역하고 있던 슈벵크펠트를 '하나님의 사자'로 인정했고, 그로부터 많은 영향을 받았다. 그러나 1527년에 슈벵크펠트가 '중생하는' 극적인 체험을 한 이후 계속적인 성경 연구를 통해 루터를 비판하기 시작했다. 슈벵크펠트는 1530년 이후로 루터가 갑작스럽게 방향을 바꾸어 로마 가톨릭과 거의 유사한 교회관으로 회귀하고 세례를 받음으로써 중생할 수 있다고 가르치는 것에 대해 반대하며 다시 마음을 되돌릴 것을 주장했다. 프랑스의 성경 교사인 알프레드 쿠앙(Alfred Kuen)은 이렇게 적는다. "루터는 슈벵크펠트를 무서운 증오심을 가지고 박해하기 시작했으며, 그를 귀신에 사로잡힌 이단자라고 부르면서 심지어 그가 글을 보내오면 읽지도 않고 그대로 돌려보냈다. 슐레지엔(Schlesien)의 개혁가는 사냥꾼에게 쫓기는 사슴처럼 유럽 전역을 방황해야 했다." 이 추방된 개혁가는 두루 돌아다니며 많은 곳에 생동감 넘치는 교제 공동체를 만들었다. 이러한 교제 공동체는 주로 가정교회와 성경 공부 모임, 기도 모임을 통해 형성되었다. 슈벵크펠트는 기성 교회와의 갈등을 피하기 위해 그의 모임 안에서 세례와 성 만찬은 행하지 않았다. 슈벵크펠트가 1561년에 울름(Ulm)에서 죽었을 때, 루터교회의 목사들은 그를 따르던 제자들을 다시금 교회 안으로 강제로 들어오게 하려고 했다. 제자들이 이 요구에 응하지 않자 그들은 제자들을 감옥에 가두었고 자녀들마저 빼앗아 갔다.

재세례파(The Anabaptists)

츠빙글리가 취리히에서 종교개혁을 시작했을 때, 그의 친구들은 국가의 허락 없이 취리히 근처의 졸리콘에 기독교 교제 공동체를 세우려고 했다. 유대인 학자 펠릭스 만츠(Felix Mantz)와 취리히의 존경받는 가문 출신으로 시의원이었던 콘라드 그레벨(Conrad Grebel)과 수도사 출신의 탁월한 전도자였던 게오르그 블라우록(Georg Blaurock)이 바로 그들이었다. 그 외에도 다른 많은 이들이 츠빙글리가 권면한 대로 성경을 발견해 가기 시작했다.

1524년에 그레벨은 아들을 낳았는데, 그는 자기 아들에게 세례를 베풀기를 거절했다. 성경의 가르침을 따라 믿음이 먼저 오고 세례는 나중에야 뒤따른다고 믿었기 때문이다. 그 당시는 많은 사람들이 성경을 함께 읽고 기도하고 주의 만찬을 가지기 시작하던 때였다. 1525년에 츠빙글리는 시의회를 소집하여 아직 세례 받지 않은 모든 자녀들을 8일 안으로 데려와 세례 받게 하지 않으면 그 부모들을 출교시키는 법을 제정하라고 촉구했다. 1525년 부활절까지 세례는 여전히 주문을 외고 십자가 성호를 긋고 기름과 침을 바르는 것으로 끝나는 로마 가톨릭의 제도에 따라 시행되고 있었다.

그러나 그레벨은 더 이상 미혹될 수가 없었다. 그는 블라우록에게 세례를 주었으며, 블라우록은 다시 15명의 다른 사람들에게 세례를 주었다. 그리하여 종교개혁자들이 재세례파 곧 '세례를 다시 베푸는 자들'이라고 부르는 세례 운동이 태동하게 된 것이다. 종교개혁자들은 성인들에게 이와 같이 행하는 세례는 유아세례 때 확장된 하나님의 은혜를 격하시키는 것이며 따라서 신성모독이라고 주장했다. 츠빙글리는 이 운동의 지도자들에 대해 유죄를 언도하는 데 찬성했다. 그레벨은 감옥에서 죽었고, 블라우록은 매를 맞고 먼 곳으로 유배를 당했으며, 나중에는 티롤(Tirol)에서 화형을 당했다. 만츠는 물에 빠트려 죽임을 당했다.

재세례파 운동은 요원의 불길처럼 번져 갔다. 16세기의 한 역사가에 의하면, 이 운동 때문에 대다수의 사람들이 죽게 되는 것이 아닐까 하고 많은 이들이 염려했다고 한다. 츠빙글리의 후계자 하인리히 불링거(Heinrich Bullinger)는 수천 명의 사람들이 이 운동에 가담하면 박해를 받게 된다는 것을 알면서도 재세례파 운동의 일원이 되는 것을 목도했다. 많은 이들이 이 새로운 신념을 위해 죽어 갔다. 1535년과 1546년 사이에 네덜란드와 프리슬란트(Friesland)에서만, 3만 명의 재세례파 신자들이 죽임을 당했다. 신학자 에밀 브루너는 이렇게 적는다. "종교개혁자들은 이들을 이단(sects)이라고 불렀다. 이는 로마 가톨릭이 사용했던 문구를 그대로 차용한 것이다. 로마 가톨릭은 교회 바깥에서 모이는 모든 종류의 기독교 교제 공동체를 이교(異敎)로 규정했던 것이다."

라바디의 비밀 집회

1640년에 예수회 수도사 출신의 장 드 라바디(Jean de Labadie)는 프랑스의 아미앵(Amiens)에서 목사가 되었다. 그는 평생을 작은 '형제단' 형태의 참된 신자들의 교제 공동체라는 한 가지 목적을 위해 살았다. 그러나 그는 그의 활동들이 '국가의 안녕을 해친다'는 말을 듣고 제네바로 도피해야 했다.

알프레드 쿠앙(Alfred Kuen)에 의하면, 그가 제네바로 간 것은 '잠에 곯아떨어진 칼뱅 교회를 깨우기 위해서'였다. 그런데 제네바에 있던 비판적인 목회자들은 즉시 그가 네덜란드로 떠나도록 요구했다. 라바디의 저술의 주요 강조점은 건물에서 개인의 가정으로 교회의 초점을 옮겨놓은 것에서 찾을 수 있다. 라바디는 회심한 신자들의 작은 교제 공동체인 '비밀 집회'(Conventicles)의 기초에 대한 첫 번째 책을 저술했다. 그는 가정에서의 모임에서 무엇을 할 것인지에 대한 실천적인 조언을 했다. 그는 이 비밀 집회에서는 도입의 말을 하거나 기도를 하거나 찬송을 하거나 성경을 읽거나 고린도전서 14장 24~26절에 나와 있는 것처럼 자유롭게 예언하거나 성경 말씀을 함께 토론하기를 권했다. 그의 저술은 큰 반향을 불러일으켰고, 필립 야코브 슈페너(Philipp Jakob Spener)도 그의 제자들 중 하나였다. 그러나 네덜란드의 개혁파 목사들은 라바디가 그리스도인들을 소그룹으로 모으는 데 너무 집착했다는 이유로 그를 반대하였다. 라바디는 결국 출교를 당했고 알토나(Altona)에서 죽었다.

위그노들과 '광야 교회'

1698년, 루이 14세의 유혈 통치 하에 있던 로마 가톨릭의 위그노파 (*Huguenots*)의 위대한 지도자 클로드 브루송(Claude Brousson)은 1만 명의 군중 앞에서 공개 처형을 당할 때 시편 34편으로 찬송했다. 이 시편과 거기 담긴 메시지는 영국의 해변에까지 이르러 다니엘 디포(Daniel Defoe)와 많은 다른 이들에게 영향을 미쳤다. 이들은 비 국교도들, 곧 기성 교회와 '다른 감각'이나 다른 견해를 가진 사람들이었다. 이 비 국교도들은 어떤 면에서는 영국판 위그노파였다. 이들은 기성 교회의 극심한 박해로 인해 지하로 숨을 수밖에 없었고 가정교회 형태로 조직화되었다. 또한 애굽의 압제에서 구원받은 이스라엘 백성(행 7 : 38)에 빗대어 스스로를 '광야 교회'라고 불렀다. 그들은 개개인의 가정에서 비밀 집회를 가졌을 뿐 아니라 숲 속 개간지에서 대규모 집회도 가졌다. 다시 말해 셀과 대집회라는 두 구조를 활성화시켰던 것이다. 디포는 결국 감옥에 갇히게 되었는데, 거기서 유명한 『로빈슨 크루소 이야기』를 썼다. 선교사 켄 맥베티(Ken McVety)는 "크루소의 항해는 그리스도 안에 있는 사람의 자유에 대한 이야기였다. 그의 파선 경험은 디포가 감옥에 수감된 것을 반영하며, 섬은 그의 감방을 상징한다"고 말한다.

슈페너와 교회가 아닌 교회

독일 경건주의의 아버지 필립 야코브 슈페너(1635~1705)는 기존의 교회는 회복될 필요가 있으며, 개인적인 상호 권면과 훈련을 위해 소그룹이 필수적이라고 보았다. 그는 1670년에 '경건 모임'(*collegia pietatis*)

을 시작했다. 일주일에 두 번 가정에서 모임을 가졌는데, 종종 그들이 속해 있는 루터교회의 이전 주일 아침 설교에 대해 토론했다. 그러나 이러한 모임은 곧 성경 토론 모임이 되었다.

이것은 곧 루터교회의 반발에 부딪혔다. 슈페너의 고향인 프랑크푸르트의 시의회는 가정에서 이러한 모임을 가지는 것을 허락하지 않았다. 빌 베컴(Bill Beckham)은 이렇게 말한다. "슈페너는 그가 창시한 소그룹에 대한 그릇된 오해의 희생자였다. 그는 분명 소그룹이 교회임을 믿었지만 기성 교회를 위협하기를 원치 않았다. 그는 소그룹을 기성 교회의 하나의 부속기관으로 만들고 이 운동을 마감하게 되었다." 그의 교제 공동체(Gemeinschaften)는 반쯤은 교회 같고 반쯤은 그렇지 않은 어중간한 것이었다. 이것은 결코 기존 교회를 대체하려고 의도된 것이 아니었다. 따라서 그는 가정 모임에서 성례를 행하는 것을 금했다. 슈페너는 말년에 점점 냉소적으로 변해 갔으며 더욱 언행을 조심하게 되었다. 그는 프랑크푸르트를 떠난 이후로는 어떤 다른 모임도 시작하지 않았다.

존 웨슬리의 셀

초기의 감리교 운동에 대해 연구하는 많은 역사가들은 감리교의 부흥의 열쇠는 소그룹 안에서 새로운 신자들에 대해 책임을 지고 양육하는 관계를 가졌기 때문이라는 데 의견을 같이한다. 존 웨슬리는 이러한 소그룹을 '학습반'(classes)이라고 불렀다. 하워드 스나이더(Howard A. Snyder)는 그의 책 『The Radical Wesley』(급진주의자 웨슬리)에서 이렇게 말한다. "학습반은 사실상 가정교회였다. 매주 주중에 한 시간 정도 가지는 이러한 모임에서 각 사람은 자신의 영적인 진보를 보고하고 특별한 필요나 문제들에 대한 의견을 나누었다. 그리고 대부분의 회심은 바로 여기서 일어났다."

감리교 운동은 이러한 집단들의 네트워크 곧 학습반의 연합체를 통해 서로서로 연결되었다. 감리교 운동이 시작된 지 30년이 되던 1768년에는 40개의 '속회'(circuits)와 2만 7,341명의 신자들이 감리교에 속해 있었다. 1800년대에 들면서는 영국 사람 30명 중 한 사람이 감리교 신자가 되었다. "웨슬리는 중요한 사역과 리더십을 위해 5명 중 1명 정도는 가난하고 교육을 받지 못한 사람들과 훈련은 부족하지만 영적인 은사와 섬김의 열정을 가지고 있는 노동자 계층의 남녀들 가운데서 세웠다." 그는 루터가 소원했지만 결코 시도해 보지 못한 것, 곧 보통 사람들이 하나님에 의해 특별하게 되고 가정교회의 구조 안에서 엄청난 운동을 일으킬 수 있는 능력을 가지게 된다는 것을 증명해 보였다.

감리교 운동은 서서히 성공회의 패턴을 따라 주일 아침마다 건물들에서 모이는 회중 교회 모임을 다시금 강조하기 시작했다. 래리 크라이더(Larry Kreider)는 그의 책 『*House to House*』(집에서 집으로)에서 "그들이 학습 모임에서 가졌던 서로에 대한 책임을 다하는 관계를 강조하는 데서 한 발짝 물러남에 따라 부흥 운동은 쇠퇴하기 시작했다"고 지적한다. 앞으로 소개할 이야기에서 분명하게 드러나겠지만, 로이터통신이 1998년 11월에 보고한 바에 의하면, 오늘날 교단으로서의 감리교는 심지어는 가정교회를 박해하는 기치로 사용되기도 한다.

기독교 광신자들이 솔로몬 섬에 있는 한 가정교회를 급습하여 다섯 명을 사로잡고 집을 불살랐다. '감리교 예배가 아닌' 예배를 드린다는 것이 그 이유였다. 태평양에 있는 이 섬은 종교의 자유를 법으로 보장하고 있다. 그러나 전통적인 관습과 가치들이 종종 이러한 자유를 침해한다. 기독교 신앙의 수많은 변종들이 행해지고 있으며, 어떤 마을은 마을 사람들에게 한 주에 몇 가지 예배에 참석할 것을 조례로 규정하고 있다. 감리교 추장은 조상들의 관습에 따라 오직 감리교 예배만을 허용하기도 한다. 살라무누(Salamunu)의 시장은 남자들이 마을에서 예배하지 않도록 경고를 받았다고 말했다.

1760년에서 1960년에 이르기까지 200년 동안은 소그룹의 중요성을 재발견한 운동들과 그룹들이 너무 많아서 이 책에서 다 언급하는 것이 불가능할 정도다. 우리는 다른 무엇보다 형제단 운동(Brethren movement)을 예로 들 수 있을 것이다. 특별히 1830년에서 1920년 사이의 기간 동안 이 운동을 통해 소그룹이나 가정교회 모델은 급속하게 팽창하여 범세계적인 영향을 미치기에 이르렀다.

영국의 가정교회 운동

1970년대에 영국에서는 신약 교회 회복 운동(Restoration Movement) 혹은 가정교회 운동(House-Church Movement)이 탄생했다. 이 운동의 슬로건들 가운데 하나는 전통적인 교회 예배와 교회 생활은 신약의 원리들을 통해 '회복'해야 한다는 것이었다. 이 운동은 교회를 교회 건물에서 모이는 모임과 상반되는 가정교회로 이해하는 새로운 교회관보다는 영적인 은사들을 재발견하고 그 은사들을 전통적인 교회에서 사용함으로써 얻는 결과들 때문에 추진력을 얻게 되었다고 해도 과언이 아니다. 어떤 전통적인 교회들은 이러한 은사들을 실천할 수 있는 장을 제공할 준비가 안 되어 있었기 때문에, 마치 노년의 웨슬리가 영국 성공회 강단에 서는 것이 금지되었을 때 옥외에서 설교했던 것처럼 많은 사람들이 교회 밖으로 나왔다. 그들은 전통적인 교회 권위의 간섭을 받지 않고 자신들이 새롭게 확립한 믿음 체계를 실천으로 옮길 수 있는 '주교 없는 지대'(bishop-free zones)를 만드는 모험을 감행했다. 그리고 그들이 이렇게 하기에 가정보다 더 편한 곳은 없었다. 비록 이 그룹들이 처음에 가정을 모임 장소로 삼았고 그래서 바로 이러한 연유로 가정교회 운동이라는 이름을 얻게 되었지만, 아서 월리스(Arthur Wallis)는 다음과 같이 말한다. "가정교회 운동은 사실은 그 이름이 잘못 붙여진 것이다. 왜냐하면 그들은 어떤 의미에서도 가정을 예배를 드리는 곳으로 보지는 않았기 때문이다. 교회가 성장해 감에 따라, 이들은 주저 없이 학교나 지역사회센터, 관청 건물 같은 더 넓은 장소로 모임 장소를 옮겼으며, 심지어 비어 있는 교회 건물들을 사용하기도 했다." 이들에게 있어 가정은 반드시 고집해야 하는 모임 장소가 아니었다. 이 운동은 새로운 형태의 목자와 강력한 예배, 영적인 은사, 혹은 열정적인 전도활동 등에 높은 가치를 부여했다는 점을 제외하고는, 많은 부분에 있어 그들이 떠났던 회중 교회 구조와 예배의 패턴으로 급속하게 되돌아간 것 같다. 다시 말해 그들은 교회의 구조는 건드리지 않은 채 교회의 질적인 측면들을 새롭게 하고자 했다. 새 포도주를 낡은 가죽부대에다 부어넣은 것이다. 많은 교회들이 새롭게 개척되었지만, 그 교회들 역시 여전히 옛 구조를 가지고 있기 때문에 회중 교회와 정말 달라진 것은 그다지 많지 않았다.

이러한 그룹들에 필수적인 강력한 지도력이 운동의 초창기에 가져온 한 가지 결과로 '강력한 목회 양육'을 들 수 있다. 이것은 한 명의 핵심 지도자의 손에 지나치게 많은 권위를 부여하는 데서 기인하는, 상담과 목회에 대한 고압적인 접근을 말한다. 이러한 접근은 이 운동 외부에 있는 사람들에게 불필요한 두려움을 느끼게 함으로써 이 운동을 사교 집단처럼 보이게 만들었다. 그러나 이제는 이러한 문제가 거의 사라졌다. 초기의 놀랄 만한 성장의 단계가 지난 후, 많은 '가정교회들' 은 더 이상 진정한 의미의 가정교회가 아니다. 아니 한번도 그런 가정교회였던 적이 없었는지도 모른다. 많은 교회들은 다소 전통적인 '가족 교회 구조'(family church structure)에 안주하거나 또 다른 교회들을 분리 개척하거나 다른 네트워크나 교단에 가입했다. 오늘날 영국에 있는 복음주의 교회의 3분의 1 정도는 보통 그 이름이 알려진 대로 '새 교회' (New Churches)에 속해 있다.

가정교회의 수명

어떤 이들은 가정교회 역시 금세 한물 가버리는 또 하나의 유행으로 끝나지 않을까 염려한다. 나는 특별히 가정교회가 모든 교회들이 따라야 할 새로운 운동이나 가장 최신 유행 '모델' 이 될 수 있다면, 마땅히 그렇게 되어야 한다고 믿는다. 회중 구조의 조직은 영적인 유기체와 교제와 모임들이 활력을 유지하도록 상당히 많은 통제와 계급 구조, 하부 구조, 재정, 수사학, 동기 부여, 동원 등을 필요로 한다. 그러나 가정교회는 그 자체로 살아 있는 유기체다. 가정교회는 쉽게 소멸되지 않는다. 이것은 그 오랜 세월 동안의 시험을 통과하고도 오늘날 우리 앞에 서 있다는 사실만으로도 충분히 입증되었다. 교회는 신약 시대와 콘스탄티누스 대제 시대에 이르기까지 가정교회들 속에 살아 있었다. 지금까지 살펴본 역사를 통해 볼 때 나는 그리스도의 몸 된 교회가 회중 교회 안에서 암흑시대를 이기고 살아남은 것은 가정교회 때문임을 믿어 의심치 않는다. 회중 교회 안에 있는 가정교회는 하나님의 방주가 되었다. 가정 교회 안에서는 교제가 결코 사라지지 않았으며 믿음의 불꽃이 꺼지지 않았다.

역사상 영적인 운동들이나 신학적인 갱신 운동, 혹은 소위 평신도 운동은 대부분 소그룹이나 '비밀 집회', 밴드, 셀 등을 만들었다. 이들은 이러한 소그룹을 오늘날 우리처럼 '가정교회'라고 부르지는 않았다. 그러나 역사상 가정교회와 유사한 이러한 소그룹들은 수세기에 걸쳐 일종의 영적인 온실 기능을 해 왔으며, 오늘날에는 그리스도의 몸이 생명력을 유지할 뿐 아니라 더 나아가 러시아나 중국 같은 나라들에서 번성할 수 있도록 돕고 있다. 종종 이러한 불꽃은 섬광처럼 타올라 모라비안 운동과 같은 더 큰 운동으로 발전하거나 모든 회중적인 교단들을 불타오르게 만들었다. 그러나 보통 이것은 갈라디아교회에서 그러했듯이 구조가 정신을 다시금 잠식하기 전 얼마 동안만 가능했다(나는 이것을 '갈라디아 패턴'이라 부른다). "너희가 이같이 어리석으냐 성령으로 시작하였다가 이제는 육체로 마치겠느냐"(갈 3 : 3).

이러한 패턴은 역사상 수도 없이 반복되었다. 새로운 교회나 새로운 운동은 그것이 얼마나 맹렬하게 시작되었든 간에 자기도취에 빠져 과거 업적을 자화자찬하다가 결국에는 잠에 곯아떨어지게 되는 경향이 있었다. 그 결과 이러한 새로운 교회는 언제나 회중 교회 형태로 전락하고 말았다. 이것은 도널드 맥가브란이 그의 책 『The Founders of the Indian Church』(인도 교회의 개척자들)에서 지적하는 것처럼, 인도 교회가 보여 주는 불행한 발전의 한 예다. 이 패턴은 거의 모든 나라에서 발견되는 것 같다. 가정에서 시작된 거의 모든 자생적 교회는 대부분 성당이나 그에 준하는 형태의 건물들로 끝나고 말았다.

사도적-선지자적 개혁

에베소서 2장 20절에 의하면 사도와 선지자 사역은 교회의 토대를 세우는 데 필수적이다. 사도와 선지자는 교회의 토대를 만드는 건축 자재라고 할 수 있다. 성경이 "사도들을 시험하고, 참 선지자들인지 여부를 판단해야 한다"라고 강조하기는 하지만, 사도의 역할이 보다 근본적인 것이며 선지자들은 지역 교회의 권위뿐만 아니라 사도적 권위에도 순종하는 것이 건전하다는 점은 분명한 것 같다. 나는 과거, 현재, 미래를 막론하고 사도의 역할에는 교회를 개척하는 것이 반드시 포함된다고 생각한다.

세대주의 신학은 구원의 역사를 몇 가지 '세대들'로 나누고는 우리에게 이미 성경이 주어졌으므로 사도와 선지자 사역은 더 이상 필요치 않다고 주장했다. 이것은 위험한 성서주의(biblicism)에 빠지게 만들었다. 그들은 하나님의 말씀을 말 그대로 연구하고 과학적으로 탐구했으며, '성경 공부 모임'이 활성화되면서 하나님의 말씀이 예배의 대상이신 하나님을 대신하게 되었다. 또 다른 결과는 에베소서 4장 11절에 언급된 다섯 가지 사역들 가운데 목사와 전도자, 교사 이 세 가지만을 인정하게 되었다는 것이다. 선지자와 사도의 사역에 기름 부음과 은사가 없이 이러한 세 가지 사역들만 가지고 교회를 세움으로써 목회적이고, 복음 전도적인 모델의 교회, 곧 교사의 사역을 중심으로 세워진 교회들이 태동하게 되었다. 이러한 가르침 중심의 목회적, 전도적 모델의 교회는 거의 전 세기를 통틀어 가장 지배적인 형태로 자리매김해 왔으나, 사람들을 진정으로 제자로 삼는 데는 실패했다.

복음 전도자가 거짓 선지자가 될 수 있는가?

　복음 전도자들과 그들의 조직들과 계획들은 마치 그들이 하나님의 선지자인 양 많은 교회들로부터 환영을 받아 왔다. 그러나 복음 전도자는 복음 전도자의 일을 할 때 진정한 복음 전도자라 할 수 있다. 만일 그가 선지자처럼 행동하기 시작한다면 자기의 영적인 관할권 바깥으로 나가기 시작하는 것이다. 넘지 말아야 할 선을 넘어 자신이 위임받지 않은 사역을 취하는 것이다. 아무리 선한 마음과 건전한 의도를 가지고 있다 해도 자신에 대해, 또한 교회 사역의 성격에 대해 오해하게 되면 그는 결과적으로 그리스도의 몸을 탈선시키는 '거짓 선지자' 가 될 위험에 빠질 수 있다. 만일 우리가 복음 전도자들을 하나님의 선지자로 간주한다면, 진정한 선지자들은 '순진한 바보들' 로 취급되고 말 것이다. 그 결과 교회는 선지자적인, 사도적인 지도를 따르는 것을 주저하게 될 것이다. 왜냐하면 교회는 이미 전도자적 정신과 사고방식에 푹 빠져 있고, 따라서 하나님이 원하시는 것보다 훨씬 못한 것이 되어버렸기 때문이다.

　많은 그리스도인들은 오늘날 전 세계적으로 사도적, 선지자적 사역들이 다시 회복되고 있는 것을 분명히 목도하고 있다. 이와 같은 사도적, 선지자적 사역들의 회복은 교회를 철저히 바꾸어놓을 것이다. 우리는 또한 이러한 회복이 교회의 사도적-선지자적 유형과 구조를 되살리는 결과를 가져올 것이라고 확신한다. 나는 가정교회가 바로 그러한 유형이라고 확신한다.

결론 : 결코 전에 들어 본 적이 없는 대화

우리는 예수님과 지상에 있는 그의 신부인 교회 사이에 지난 수세기 동안 진행되어 온 대화를 상상으로 꾸며 볼 수 있을 것이다. 대화의 주제는 '역사를 통해 존재해 온 가정교회들' 이다.

예수님은 말씀하셨다.

"너는 내가 내 교회를 세우리라고 한 말을 기억할 거야. 그리고 세상 끝 날까지 너와 함께 하겠노라고 약속했기 때문에 나는 또한 교회가 네 일상생활의 한 부분이 되기를 원했다. 다시 말해 네가 사는 곳, 너의 집에 있기를 원했다."

제자들이 깜짝 놀라 서로 수군거렸다.

수도원 운동의 창시자인 파코미우스(Pachomius)가 말했다.

"오, 그러니까 주님께서는 우리가 수도원의 한 일원이 되기를 원하셨다는 그 말씀이지요?"

예수님이 말씀하셨다.

"그런 말이 아니다."

루터가 물었다.

"교회 안의 작은 교회(Ecclesiolae in ecclesia)를 말씀하시는 건가요? 진짜, 큰 교회 안에 있는 작은 교회들 말입니다."

그리스도께서 말씀하셨다.

"그와 조금 비슷하지! 그러나 아직 내가 의미하는 바로 그것은 아니란다."

필립 야코브 슈페너가 물었다.

"경건 모임(Collegiae pietatis), 다시 말해 가정에서 성경을 읽는 그런 모임을 말씀하는 것입니까?"

헤른후트(Herrnhut)의 모라비아 교도들이 물었다.

"기도 모임이나 아니면 공동체 형태의 교제를 말씀하십니까? 우리는 이것을 교제 공동체(Gemeinschaften)라고 부르기도 합니다만…."

예수님이 말씀하셨다.

"아니다. 내가 말하려고 했던 것은 가정교회란다."

"아, 이제 주님께서 무엇을 말씀하시는지 알았습니다. 성경 공부 모임을 말씀하시는 것이지요? 그렇지요?"

"복음 전도 성경 공부 모임은 어떤가요? 아니면 평신도 복음 전도 그룹 스터디(LEGS)는 어떤가요?" 1970년대에 필리핀에서 한 운동에 참여했던 사람이 물었다.

20세기 후반에 살았던 많은 사람들이 거의 동시에 저마다 큰 소리로 물었다.

"젊은이 그룹 말씀입니까? 돌봄 그룹 말씀입니까? 주일학교 그룹 말씀입니까? 소그룹은 어떻습니까? 가정 그룹? 생활 그룹? 아니면 새 생활 세미나? 후속 양육 그룹? 진리 발견 그룹? 제자훈련 그룹? 사역 그룹? 오이코스 그룹? 세렌디피티 그룹?"

어떤 사람이 한 가지 유익한 제안을 했다.

"예수님은 '그룹'이라는 말을 좋아하시지 않는 것 같습니다. 그냥 셀이라고 부르면 어떨까요?"

"그러면 가정 셀은 어떻습니까? 아니면 돌봄 셀이나 생활 셀은 어떻습니까? 아니면 그냥 단순하게 셀은 어떻습니까?"

예수님은 아무 대답을 하지 않으셨다.

어떤 사람이 큰 소리로 말했다.

"알파다! 예수님이 말씀하시는 것은 알파 코스 그룹이에요! 예수님은 이 이름을 좋아하실 거예요. 그리고 우리는 음식도 좋아합니다. 짧은 시간 동안 모이는 모임이라는 점도 좋아하지요. 뭐든지 **빨리빨리** 진행하기를 원하는 우리 사회가 딱 원하는 것이지요."

로마 가톨릭의 한 운동원이 물었다.

"기초 교회 공동체(Base Ecclesial Communities) 말씀입니까?"

"TLC 말씀인가요?"

예수님이 물으셨다.

"그게 무슨 말이지?"

"아주 작은 교회들 말입니다."

예수님이 또 물으셨다.

"잘 이해가 안 가는걸. 도대체 뭐가 그리 작다는 거지?"

어떤 사람이 큰 소리로 말했다.

"그렇다면, 이제 주님이 무엇을 말씀하시는지 알았습니다. 많은 목자들과 B형 전도 추수 행사들과 서먹서먹한 분위기를 푸는 데 유익한 질문 목록이 있는 셀교회를 말씀하시는군요?"

예수님이 말씀하셨다.

"나는 단지 가정교회를 말하고자 했다. 전문화되지 않은, 일반 가정에서 모이는 교회로서의 가정교회 말이다. 왜 너희가 이것을 이해하는 것이 그렇게 힘이 드는지 모르겠구나."

>>> 제3장 가정교회의 본질

가정교회는 일반 가정 안에서 초자연적인 능력을 통해 공동체적으로 기독교적인 삶을 사는 한 방식이다. 가정교회는 구원받은 사람들이 지역 사회 가운데서 살아가는 방식이다. 가정교회는 진정으로 회심한 사람들이 자신을 위한 삶을 포기하고 하나님 나라의 가치들을 따라 공동체 삶을 살기 시작할 때, 자신의 삶과 자원들을 다른 그리스도인들과 그들 주변에 있는 아직 그리스도인이 되지 않은 불신자들과 공유하기 시작할 때 나타난다.

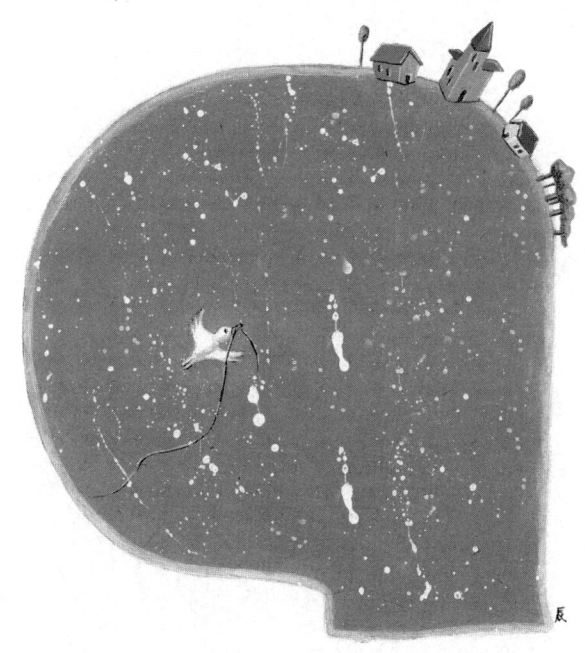

제3장 가정교회의 본질

가정교회의 정의와 방식과 기능

가정교회란?

가정교회는 일반 가정 안에서 초자연적인 능력을 통해 공동체적으로 기독교적인 삶을 사는 한 방식이다. 가정교회는 구원받은 사람들이 지역 사회 가운데서 살아가는 방식이다. 가정교회는 제자들이 일상생활 속에서 함께 예수님을 따르는 유기적인 방식이다. 구원받은 자들은 더 이상 독립된 존재가 아니기 때문에, 개인주의적인 생활방식을 가지는 대신 공동체적인 생활방식을 가지게 된다. 가정교회는 진정으로 회심한 사람들이 자신을 위한 삶을 포기하고 하나님 나라의 가치들을 따라 공동체 삶을 살기 시작할 때, 자신의 삶과 자원들을 다른 그리스도인들과 그들 주변에 있는 아직 그리스도인이 되지 않은 불신자들과 공유하기 시작할 때 나타난다.

이것은 우리가 예수 그리스도와 그의 성령을 특별히 거룩하게 구별된 장소에서뿐만 아니라 일상생활의 한가운데서도 경험한다는 확신의 결과다. 이런 의미에서 유기적 가정교회는 이기주의의 임종을 지켜보는 한편 교회의 탄생을 목도하는 침상이라고 할 수 있다. 진정한 공동체는 개인주의가 끝나는 곳에서 시작된다. 인생의 대부분을 공동체에서 살아온 이스라엘 출신 그리스도인 아르트 카츠(Art Katz)는 이렇게 말한다.

> 공동체적 삶은 당신의 옛 자아를 하나님의 성령의 힘으로 가루로 만들어버린다. 그리고 당신을 자기만 아는 비참한 개인적인 삶에서 건져낸다. 그 비참한 삶을 살 때 우리는 일주일에 한 시간 드리는 예배 동안만 서로를 사랑했고, 예배가 끝나자마자 집으로 달려가서 우리 자신의 꽃에 물을 주고, 우리의 베란다에 앉아서 우리 자신을 위해 준비된 음식을 먹고, 우리 차를 청소했다. 우리, 우리, 우리! 우리는 구원받은 자들의 교제의 한 일원으로서 기능해야 한다. 구원받은 자들로서 우리는 예배를 마치고 나서 자기 집으로 가지 않는다. 우리가 함께 있는 그곳이 우리의 가정인 것이다.

가정교회는 일반 가정 안에 있는 그리스도의 몸, 곧 '세 번 회심한 사람들'로 이루어진 공동체이다. 다시 말해 이들은 먼저 수직적으로 하나님께 회심했고, 수평적으로는 서로에게 회심했으며, 따라서 사랑과 자비와 능력으로 세상을 섬기는 일에 대해 회심할 수 있다.

여러 가지 면에서 가정교회는 관계적이고, 즉흥적이고, 유기적인 영적 확대가족과 같다. 가정교회는 일상생활에 있어서 보통의 대가족보다 큰 상위 단계의 조직이나 직급 혹은 대집회 등을 필요로 하지 않는다. 사실 가정교회는 많은 부분에서 친척들이 서로를 대하는 방식을 반영한다. 그러나 가정교회는 초자연적인 피조물, 곧 하나님이 고안하여 선물로 주신 것이기 때문에 단순히 좋은 친족 집단 그 이상이며 여러 가지 능력을 가지고 있다. 그 중 하나는 내부로부터 스스로를 지탱하는 구조, 곧 다섯 가지 사역을 구성할 수 있는 능력이다. 이 사역은 인간의 신체가 가진 지탱 구조, 곧 림프관과 신경조직, 혈관, 뼈 등과 같은 기능을 한다. 사람들은 다른 이들로부터 사랑이나 존경을 받거나 감사의 말을 듣기 위해서라면 뭐든지 다 할 것이다. 가정교회는 이와 같은 것들을 얻기 위한, 건전하면서도 타의 추종을 불허하는 확실한 방법을 제공한다. 결국 가정교회 그 자체가 서로 사랑하고 용서하고 함께 살아가는 한 가지 방법이기 때문이다.

가정교회의 생활방식

가정교회는 하나님의 속성과 특성을 반영한다. 이 공동체적 생활방식은 사랑과 진리, 용서, 믿음, 자비의 정신으로 빚어진다. 가정교회는 우리가 서로를 사랑하고 서로를 용서하고 우는 자들과 함께 울고 웃는 자들과 함께 웃고 은혜를 주고받고 끊임없이 하나님의 진리와 용서를 붙드는 방식이다. 가정교회는 모든 가면을 내려놓을 수 있는 곳이다. 이곳에서 우리는 서로에게 자신을 열어 보이면서도 서로를 여전히 사랑할 수 있다.

가정교회의 사역

혹시 당신이 청사진을 들고서 '실행 지침'만을 베끼지 않을까 염려하는 마음에서, 다시 한 번 내가 신약의 교회를 똑같이 모방해야 한다고 권하는 것이 아님을 강조하고 싶다. 나는 우리가 신약의 원리와 가치를 하나님이 주신 본질로 진지하게 받아들이고 그 후에 우리 시대와 우리의 지역적 토양 및 문화에(심지어 우리의 부족에도) 잘 어울리는 가정교회 운동을 시작하기를 원한다. 이것은 상황화의 과정이라기보다는 성육신의 과정이라고 해야 할 것이다. 즉 다른 곳에 있는 기존의 모델들을 그대로 모방하는 것이라기보다는 하나님이 다시금 당신의 상황 속에서 육신이 되시는 그런 과정인 것이다. 일반적으로 하나님은 어떤 주어진 상황에서 교회를 세우고 성육신시키실 때 사도적 은사와 선지자적 은사를 받은 그리스도인들을 사용하셨다.

현대의 가정교회와 더불어 신약 성경과 초대 교회에 대한 연구를 통해 우리는 네 가지 요소를 발견할 수 있다. 이 요소들은 시대를 초월하여 존재해 온 가정교회의 가장 기본적인 뼈대와 같다.

1. '모여서 함께 먹음'(meating)

그들은 먹기 위해 모인다. 예수님은 사람들을 가르치실 때 보통 그들의 집에서 모였고 그들이 주는 음식과 음료를 먹고 마셨다. 예수님의 가르침은 보통 식사를 끝내신 후가 아니라 식사 도중에, 어린이들과 방문자들이 빙 둘러앉은 식탁 위에서 이루어졌다. 신학교와 같이 짜여진 환경에서가 아니라 실제의 삶의 환경에서 가르침이 이루어진 것이다. 마찬가지로 가정교회는 진짜 음식을 서로 함께 나누는 식탁 공동체이다. 주의 만찬은 실제의 의미를 가진 상징적인 만찬이 아니라 상징적인 의미를 가진 실제의 만찬이었다. 그들은 양을 잡아 함께 나누어 먹을 때 주의 만찬의 의미를 생생하게 깨달았다. 인간이 하나님과 함께 식사를 한다는 것이 무엇을 의미하는지를…. 이스라엘의 음식 먹는 전통에 의하면 식사는 먼저 떡을 뗌으로써 시작되었다. 그런 다음에는 주 메뉴를 먹고, 포도주 잔을 가지고 건배를 함으로써 식사를 마쳤다. 식사는 시작 요리, 주 메뉴, 디저트 등 세 부분으로 나뉜다.

신약 성경은 초기 그리스도인들에 대해 이렇게 보고한다. "기쁨과 순전한 마음으로 음식을 먹고"(행 2 : 46). 이것은 날마다 경험하는 일상적인 일이었다. 먹는 것은 이들이 모이는 주된 목적의 하나였다. 바울은 "그런즉 내 형제들아 먹으러 모일 때에 서로 기다리라."(고전 11 : 33)고 말했다. 먹는 것은 하나님 나라의 확장에 핵심적인 일이었다. 제자들을 둘씩 짝지어 보내시면서 예수님은 그들에게 평안의 사람(a man of peace) 을 찾아 그 집에 유하며 주는 것을 먹고 마시라고 말씀하셨다(눅 10 : 1~8). 제자들이 자기들의 기본적인 필요를 인정하고 집주인에게서 음식을 제공받을 때 그들은 아주 친밀하고 기본적인 차원에서 삶을 나누었으며, 모든 인간들에게 일용할 양식을 주시는 하나님께 의지하고 있다는 사실을 선지자적으로 인정했다. 그리고 이것은 더 나아가 그 집주인이 제자들이 주는 생명의 떡을 받아먹을 수 있는 길을 열어 주었다.

누구와 함께 먹느냐는 한 개인의 사회적 정체성과 관련하여 아주 중요한 문제가 된다. 대부분의 문화에서 우리는 보통 같은 피를 나눈 사람들, 곧 우리 가족들하고만 정기적으로 음식을 함께 먹는다. 이것은 '식탁 교제'로서의 가정교회가 주는 메시지의 한 부분이다. 하나님의 집에서 하나님은 아버지이시고(마 23 : 9), 예수님은 집 주인이시며, 제자들은 자녀들이다(마 10 : 25). 우리는 예수의 피로 한 가족이 되었고, 따라서 우리는 영적인 혈육 관계에 있다. 전에는 서로 아무런 상관이 없었던 사람들이 이제 가까운 가족이 되었고, 심지어 함께 음식을 먹는 사이가 되었다. 이것은 전에는 결코 생각지도 못하던 일이었다. 인간의 필요의 가장 기초적인 것들 중 하나인 음식을 함께 나눈다는 것은 과거에도 그러했지만 지금도 여전히 모든 민족적, 계급적, 종족적 유대를 초월하여 이루어지는, 아주 깊고 혁명적인 교제의 한 증거다. 어떤 나라에서는 함께 음식을 먹는 것이 법적인 계약서에 사인을 하거나 서로 평화를 약속하는 한 가지 방법으로 통한다. 다양한 배경을 가진 사람들이 함께 음식을 먹을 때 이것은 세상에 대해 강력한 메시지가 되었다. "우리는 이제 한 가족이다. 보라. 우리는 심지어 먹는 것도 함께 나눈다!"

2. 어떻게 순종할지 피차 가르침

이스라엘 문화에서 전통적인 교사는 집에서 음식을 먹으면서 자기 가족들을 가르치는 아버지였다. 가르침은 전통적으로 어떤 사람에게 무엇을 어떻게 할 것인가를 보여 주고 또 사물이 왜 그런 모양으로 존재하는지 그 이유를 설명하기 위해 주어진다. 가르침의 목적은 지식을 늘리는 것이 아니라 사람들로 하여금 하나님을 섬기고 그분 뜻에 순종할 수 있도록 돕는 것이다(롬 1 : 5). 가정교회의 장로들은 함께 기거하든지 잠시 방문하든지 간에, '이 가정에서 저 가정으로 오가며'(from house to house) 가르침의 은사를 받은 방문 사도들과 더불어 가정에서 아버지가 하는 역할을 그대로 수행한다(행 20 : 20). 초대 교회가 엄청나게 성장하고 배가할 당시 기록된 신약 성경은 없었지만, 하나님의 말씀은 퍼져 갔고, 계속 흥왕하여 세력을 얻었다(행 6 : 7; 12 : 24; 19 : 20).

'말씀', 하나님의 이야기, 성경, 즉 하나님이 그분 자신과 우리와 세상의 역사, 삶의 도(살전 4 : 1)에 대해 우리에게 계시하신 것들이 바로 가르침의 주제가 된다. 따라서 우리는 우리의 이야기를 그분의 이야기에 부합하게 만들 수 있다. 가르침의 목적은 인간들로 하여금 그리스도와의 끈끈한 관계를 통해 자아의 권세로부터 자유케 되어 기쁨으로 순종하게 함으로써, 성숙하고 하나님이 창조하신 삶의 패턴에 보다 부합하고, 성숙하고 하나님의 기준에 맞는 삶을 살며, 그리스도의 형상으로 변화될 수 있게 하는 데 있다. 이 가르침은 최대한 체계적이어야 하겠지만, 그렇다고 그 자체만으로 학습자들에게 모든 교리를 다 전달하지는 않는다. 원래 가르침의 '체계'는 관계적인 것이었다. 이러한 가르침은 제자로 하여금 즉각적인 순종과 은사 중심 사역을 통해 그리스도 안에서 성숙한 자로 설 수 있게 하는 것을 그 목적으로 한다.

가르침은 아주 짧은 담화(설교가 아니다!)나 예화, 비유, 이야기 같은 스타일로 이루어질 수 있다. 이와 같은 스타일의 가르침을 받는 이들은 보통 고개를 끄덕이거나 동의의 탄성을 내며 때로 질문이나 다과 요청으로 인해 자연스레 끊기기도 한다. 그리고 역동적인 질의응답 시간이 이어진다. 이 시간에는 모든 사람들이 참여하여 자기가 필요하다고 생각하는 설명을 들을 수 있다. 멧 카스틸로(Met Castillo)는 이렇게 말한다. "질문은 종종 그 사람의 생각을 드러낸다. 질문을 통해 마음속 걸림돌을 제거하는 데 도움을 줄 수 있고 결과적으로 영적 성장을 장려할 수 있다." 이런 스타일의 가르침에서 치러야 할 시험이 있다면, 보통 두 가지 정도를 말할 수 있을 것이다. 배우는 자들이 변화된 삶을 통해 자신이 가르침에 순종하고 있음을 보여 주는 것과 다른 사람들에게도 그 가르침을 가르치기 시작하는 것이다. 예수님은 "내가 너희에게 분부한 모든 것을 가르쳐 지키게 하라"고 말씀하셨다(마 28 : 20). 진짜 배운 사람은 듣기만 하는 것이 아니라 그것을 실천으로 옮기고, 더 나아가 다른 사람들에게 가르친다. 신약 성경에서 종종 '설교하다'로 번역되는 헬라어 단어는 '디알로기조마이'(*dialogizomai*)다. 문자적으로는 '사람들 사이에서 대화하다'를 의미한다. 바울이 에베소에서 밤늦게까지 강론했을 때(행 20 : 7), 바울은 끝없이 독백을 늘어놓는다는 의미에서의 '설교'를 한 것이 아니었다. 그는 대화, 곧 질의응답 시간을 가지고 있었다. 이러한 방식을 통해 참석자들은 질문을 하면서 가르침에 동력을 주는데, 이것은 그들로 하여금 가르침의 내용에 대해 흥미를 잃지 않게 하고 배움이 가파른 상승곡선을 타게 만든다.

이것은 가르침에 대한 서구적 개념과 매우 다르다. 서구에서는 사람들이 어떤 것들을 통제할 수 있는 지식을 얻고 그것들을 자신들이 원하는 대로 조종할 수 있게 하는 데 가르침의 목적을 둔다. 그리고 가르침은 보통 연설, 곧 실생활에서 분리되어 학교 교실에 앉아 있는 학생들에게 제시되는 교수의 독백 형식으로 전달된다. 전문 용어로 말하면, 동양의 교수법(teaching style)은 동적(kinetic)이다. 토론 주제는 이 사람에서 저 사람에게로 돌고 돌며 모든 사람들이 대화에 참여한다. 이러한 토론을 통해 합의점이 도출되고 전체의 의견이 모아지면 집단적인 행동이 뒤따를 수 있다. 서구의 교수법은 정적(static)이다. 교사가 수동적인 청중들에게 교리를 주입하는 강의실 접근법이다. 이는 그리스와 로마의 스콜라주의와 주지주의 개념에 부합한다. 여기서 가르침의 목적은 역사를 통해 축적된 지식을 개개인에게 물려주는 데 있다.

커뮤니케이션 이론에 의하면, 잘못된 것을 꼬집는(confrontational) 정적 가르침은 가장 비효율적인 교수법이다. 반면 참여적이고 동적인 모델은 의견과 가치를 바꾸고 결과적으로 사람을 바꾸는 데 가장 효율적이다. 여기에는 몇 가지 이유가 있는데, 먼저는 이 모델이 훨씬 더 인간적이라는 것이다. 그리고 이 모델은 인위적인 환경이 아니라 실생활의 한 부분이 된다는 점이다. 또 이 모델은 이론적인 교과서나 현실과 동떨어진 인쇄된 목표 과제에 따라 움직여지기보다는 실제적인, 삶과 직결되는 질문들을 가진 실제의 사람들에 의해 이끌어진다는 것이다.

이러한 교수법은 예수님이 우리에게 가르치신 모든 것을 순종하도록 가르침으로써(마 28 : 20), '말씀을 행하는 자들'이 되도록 돕는 것을 지향한다. 과학자들에 의하면, 우리는 읽는 것의 10%, 듣는 것의 20%, 보는 것의 30%, 듣고 보는 것의 50%, 우리 자신이 말하는 것의 70%, 우리 자신이 행하는 것의 90%를 기억한다고 한다. 동적인 교수법은 시간과 사람을 다루는 좋은 청지기일 뿐 아니라 하나의 과학적 실천으로서, 다른 사람들로 하여금 자기 생각을 표현하도록 돕고, 대화에 참여하게 하고, 또 실생활에서 그리스도께 순종하는 법을 다른 사람들에게 가르칠 수 있게 한다. 스스로 진리대로 살면서 다른 사람들에게 그 진리에 대해 실례와 함께 가르치고, 또한 신약 시대의 삶의 방식이 그러했던 것처럼 어떤 연관된 질문에든지 대답할 준비를 하고 가르치는 것보다 더 훌륭하고 효과적인 방법이 있을까?

어느 일곱 살짜리 여자아이는 손을 들고 이렇게 질문할지도 모른다. "우리 강아지가 오늘 마차에 치여 죽었어요. 강아지들도 천국에 가나요?" 이 질문은 성경의 가르침을 천국과 땅에 대한, 피조물 중에서 강아지가 차지하는 위치에 대한 실생활의 경험과 연결 지을 수 있는 좋은 기회를 제공할 것이다. 이러한 교수법은 곧바로 사람들의 삶에 대해 말한다. 왜냐하면 우리 삶 자체가 이 질문을 묻고 '오이코노미아'(*oikono-mia*), 곧 '하나님의 가족'의 아버지이신 살아 계신 하나님께서 이 질문에 대답하셨기 때문이다.

3. 물질적 축복과 영적 축복을 나누기

"네게 있는 것을 다 팔아 가난한 자들에게 나눠 주라. …그리고 와서 나를 좇으라"고 하신 예수님의 말씀을 들은 젊은 부자 관원이 순종하지 못했던 일을 교회는 해냈다. "믿는 사람이 다 함께 있어 모든 물건을 서로 통용하고 또 재산과 소유를 팔아 각 사람의 필요를 따라 나눠 주고"(행 2:44, 45). 구원받은 자들의 공동체로서 우리는 더 이상 우리 자신에게 속하지 않는다. 우리는 하나님께 속하고 하나님의 공동체에 속한다. 그러므로 우리의 모든 존재와 소유는 하나님의 것이며, 하나님의 가족, 곧 교회의 것이다. 이론상으로만 그런 것이 아니라 실제적으로 그렇다. 문제는 "몇 퍼센트를 주어야 하는가?"가 아니라 "사랑의 하나님이 나를 구원하시기 위해 자기 목숨까지 내주시고, 가만 내버려뒀으면 지옥에서 멸망했을 우리를 건져 주셨는데 왜 우리가 안 내놓으려고 움켜쥐어야 하는가?" 하는 것이다.

신약 시대의 그리스도인들은 그들의 가정교회에서 물질적 축복과 영적인 축복을 공유했다. "믿는 무리가 한마음과 한뜻이 되어 모든 물건을 서로 통용하고 제 재물을 조금이라도 제 것이라 하는 이가 하나도 없더라… 그 중에 핍절한 사람이 없으니 이는 밭과 집 있는 자는 팔아 그 판 것의 값을 가져다가 사도들의 발 앞에 두매 저희가 각 사람의 필요를 따라 나눠 줌이러라"(행 4 : 32~35).

그들은 또한 영적인 축복을 나누었다. "너희가 모일 때에 각각 찬송시도 있으며 가르치는 말씀도 있으며 계시도 있으며 방언도 있으며 통역함도 있나니"(고전 14 : 26). 바울은 그리스도인들에게 "시와 찬미와 신령한 노래들로 서로 화답"하라고 권면했다(엡 5 : 19). 그리고 디모데에게는 "네가 많은 증인 앞에서 내게 들은 바를 충성된 사람들에게 부탁하라 저희가 또 다른 사람들을 가르칠 수 있으리라"고 말했다(딤후 2 : 2).

그리스도인들은 그들이 더 이상 자기 자신에게 속한 존재가 아니라는 사실을 잘 알았다. 그들과 그들이 가진 모든 것은 그리스도의 것이 되었다. 그리스도인들이 함께 모일 때 그들은 자신의 존재와 그 모든 영적, 물질적 소유를 함께 나누었다. 각 가정교회는 실제로 공동 재정을 가지고 있었다. 모든 성도들이 이 공동 재정에 돈과 의복과 귀중품을 맡졌다. 모든 사람들은 함께 나눌 것이 있었으며, 따라서 다른 사람들을 섬길 수 있었다. 그리고 이것은 모든 사람들로 하여금 서로 감사하고 존중할 수 있게 해 주었다.

어떤 사람들에게는 이것이 사회적 낭만주의, 곧 지나간 시대를 이상화시킨 그림을 제시하는 것처럼 들릴지 모르겠다. 그러나 설령 그것이 사실이라 해도, 우리는 하나님이 정하신 공유의 개념을 가볍게 무시할 수는 없다. 나중에 바울은 예루살렘 교회를 위해 다른 교회들에서 헌금을 거두어야 했다. 이것은 물질적 축복을 나누는 개념이 지역 교회의 한계를 넘어 확장될 수 있다는 것을 의미한다. 하나님이 주신 개념이라 해도, 우리 인간들의 유대가 연약할 경우, 성공이 절대 보장된다고는 말할 수 없다. 우리의 연약함으로 인해 우리는 아나니아와 삽비라처럼 영광스럽지 못한 예외를 만들 수도 있다. 그러나 물질적, 영적 축복을 함께 나누는 이와 같은 혁명적이고도 성경적인 생활방식은 일상적인 지출을 줄이고 그리스도인들 사이에 끈끈한 공동체적 유대를 세운다. 그리고 그 자체가 그리스도께서 자신의 생명과 죽음을 우리와 공유하심으로 우리가 그와 함께 생명을 누리게 되었다는 것을 증거해 준다.

4. 함께 기도함

"저희가… 기도하기를 전혀 힘쓰니라"(행 2 : 42). 기도는 하나님의 자녀가 하늘에 계신 아버지와 맺는 관계의 핵심이다. 따라서 그리스도인들은 함께 모일 때마다 서로를 위해 기도하고, 나라를 위해 기도하고, 평화를 위해 기도하고, 기도와 간구로 하나님 앞에 나아가고, 원수를 위해 기도하고, 자신들을 저주하는 자들을 축복하고, 기도로 귀신을 내쫓고, 치유를 위해 기도한다.

기도는 쌍방향 커뮤니케이션이다. 우리가 하나님께 말할 때 하나님 역시 우리에게 말씀하신다. 하나님은 종종 선지자들을 통해, 또는 통역을 통해 알아들을 수 있는 방언이나 꿈과 환상을 통해, 혹은 천사들을 통해 말씀하신다. "주 여호와께서는 자기의 비밀을 그 종 선지자들에게 보이지 아니하시고는 결코 행하심이 없으시리라"(암 3 : 7). 예언은 가정교회의 핵심적인 부분이었다. "예언하는 자는 둘이나 셋이나 말하고 다른 이들은 분변할 것이요"(고전 14 : 29). 전통적인 교회와 달리, 가정교회는 모임을 위한 특별한 일정 곧 예배 순서 같은 것이 없었다. 살아 계신 그리스도가 바로 그 일정이었다. 따라서 가정교회로 모였을 때 그 다음에 무엇을 해야 할지 모른다면, 그들은 다만 하나님이 무엇을 할지 가르쳐 주시기를 기도하든지 아니면 무엇을 위해 기도하기를 원하시는지 보여 주시도록 기도하고 예언할 것이다. 초자연적인 메시지 전달자들의 메시지와 예언은 죄를 지적하고(행 5 : 3; 고전 14 : 24), 제자들에게 특별한 사명을 맡기고(행 8 : 26), 영적인 은사를 발견하고(행 9 : 10~19), 하나님의 거룩한 위임을 위해 예비하고(행 10 : 9~47), 사도들의 길을 인도하고(행 16 : 6), 성도 개개인을 권면하는 것(행 18 : 9~11)을 도왔다.

예수님은 기도하심으로 우리를 가르치셨으며, 우리에게 기도하라고 권면하신다. "우리 죄도 사하여 주옵시고"(눅 11 : 4). 삶을 함께 나누는 가정에서는 어떠한 잘못도 오랫동안 감추어질 수 없다. 가족들은 서로에 대한 건강한 책임 관계와 억제 기능을 제공한다. 마찬가지로 영적인 가족으로서 가정교회는 서로의 행동에 대한 책임을 다할 수 있는 이상적인 장소다. 이러한 책임은 자연스럽게 우리 죄의 고백과 연관이 된다. "너희 죄를 서로 고하며 병 낫기를 위하여 서로 기도하라"(약 5 : 16). 서로 보는 앞에서 자신의 죄를 고백하고 또 서로에게 용서를 베풀 때(골 3 : 13), 그들은 더 이상 위선자가 되지 않고 자신의 삶에서 감추어진 죄의 세력을 파하고 자비와 용서에 대한 필요를 고백하고 체면을 내려놓는다. 그럴 때 그들은 하나님께 구원받은 동료 죄인들의 사랑과 존경을 얻게 된다. 그들은 어둠을 떠나 빛 가운데 살게 되고(요일 2), 자기를 낮출 때 하나님이 얼마나 높여 주시는 지를 직접 경험하게 된다(약 4 : 7~10). 그들은 죄의 결과를 피하기 위해서가 아니라 자신들이 행한 일에 대한 부끄러움 때문에 회개한다. 이것은 또한 신약 교회에서 잘 알려진 바와 같이 건전하고 자연스러운 형태의 교회 권징을 회복시킨다.

양과 염소 : 작지만 결정적인 차이

예수님은 '그의 영광 가운데 오실 때' 우리가 기대하듯이 양과 이리를 가리시기보다 양과 염소를 가리실 것이다. 주의 깊게 관찰하지 않으면 염소는 외견상 양과 별 차이가 없어 보인다. 그러나 그 행동을 살펴보면 염소는 양과 확연하게 구별이 된다. 염소는 훨씬 더 부정적인 성질을 가지고 있는 것 같다. 그리고 떼 지어 있거나 다른 염소와 어울려 노는 것을 그다지 좋아하지 않는다. 이러한 차이는 대단히 중요하다. 예수님은 어떤 사람이 양이냐 염소냐를 가지고 그가 천국으로 갈 것인가 아니면 지옥으로 갈 것인가를 결정하신다. 이 구절에서 결정적인 요소는 우리가 올바른 교회에 소속되어 있느냐 아니면 올바른 신조를 고백하고 기도하느냐 하는 것이 아니라 우리가 살아 있는 믿음을 가지고 살았느냐 하는 것이다. 예수님은 이미 준엄하게 경고하셨다. "나더러 주여 주여 하는 자마다 천국에 다 들어갈 것이 아니요 다만 하늘에 계신 내 아버지의 뜻대로 행하는 자라야 들어가리라"(마 7 : 21). 귀신을 쫓아내고, 예언을 하고, 기적을 행하는 사람들이 당혹감에 가득 차서 강력하게 항의할 것이다. 그러나 예수님은 이런 사람들에게 가장 강한 어조로 "내가 너희를 도무지 알지 못하니 불법을 행하는 자들아 내게서 떠나가라"고 말씀하시며 그들을 물리치신다(마 7 : 23). 예수님은 저 영원의 세계에서 그런 사람들과 아무런 관계도 맺기를 원치 않으신다. 야고보가 말하듯 "행함이 없는 믿음은 죽은 것이다."

결론은 간단하다. 예수님은 우리가 산 믿음(living faith)으로, 예수님이 전하신 진리대로, 혹은 우리가 가르치는 진리대로 살기를 기대하신다. 그리고 자신의 가르침에 대해 그 뜻을 보다 분명하게 풀어 설명해 달라는 요청을 받았을 때 예수님은 가정교회를 경험한 한 사람에 대해 말씀하셨다. "내가 주릴 때에 너희가 먹을 것을 주었고 목마를 때에 마시게 하였고 나그네 되었을 때에 영접하였고 벗었을 때에 옷을 입혔고 병들었을 때에 돌아보았고 옥에 갇혔을 때에 와서 보았느니라"(마 25 : 35, 36). 가정교회는 삶을 나누는 것, 성령의 권능 안에서 무리를 이루는 양떼가 되는 것과 상관이 있다. 우리는 함께 먹고 마신다. 지나가는 나그네에게 잠자리를 제공한다. 옷을 함께 돌려 입고, 우리 중에 아픈 사람들을 돌본다. 그리고 만일 누군가 감옥에 갇혀 있으면(어떤 물건을 훔친 그런 이유 때문이 아니라 그리스도인이라는 이유로 믿음을 위해 박해를 받은 경우) 우리는 그에게 면회를 갈 것이며 심지어 그들과 같이 감옥에 갇히는 위험도 감수할 것이다. 왜 우리가 이렇게 하는가? 가족이기 때문이다. 예수님은 말씀하셨다. "너희가 여기 내 형제 중에 지극히 작은 자 하나에게 한 것이 곧 내게 한 것이니라"(마 25 : 40). 자신의 혈연인 가족과 친족을 두고 하시는 말씀이 아니다. 예수님은 하나님의 뜻대로 하는 자는 누구든지 자신의 형제요 자매, 곧 동료 그리스도인으로 간주하셨다(막 3 : 35).

이 모든 일을 세금이 공제되는 헌금을 통해 자선단체나 유급 목회자, 상담자, 교도소 선교회 등에 위임하려고 하는 것은 해결책이 아니다. 주의 '도'(the Way)는 우리 자신이 일상적인 생활방식으로 이와 같은 일들을 행하는 것이다. 우리가 사는 방식은 천국과 지옥을 오갈 만큼 엄청난 차이를 만들어낸다. 이는 은혜가 아니라 행위로 구원받는다는 뜻이 아니다. 다만 적어도 예수님이 보시기에는 우리의 삶이 우리의 믿음을 드러낸다는 의미다. 나는 이 점에 대해 예수님과 논쟁할 생각이 추호도 없다. 예수님이 제자들에게 권하시는 생활방식은 비공식적이고, 관계적이고, 유기적인 가정교회, 곧 서로에게, 그리고 하나님이 만져 주기를 원하시는 사람들에게 가장 세심한 배려를 하는 영적인 가족 안에서 쉽게 실천될 수 있는 그런 것이다.

성경에 나타난 가정교회

이 책에서 성경에 나오는 가정교회에 대해 자세한 주해 연구를 제공하는 것을 불가능하다. 그러나 특별히 멧 카스틸로 박사의 『The Church in Thy House』(당신 집에 있는 교회)와 보브 피츠(Bob Fitts)의 『The Church in the House』(가정교회)에 이와 같은 주해 작업이 잘 제시되어 있다. 그 내용을 개괄적으로 살펴보면 다음과 같다.

개인들뿐 아니라 온 집안이 복음의 수신자들이다

- 마 10 : 11~14 - "아무 성이나 촌에 들어가든지 그 중에 합당한 자를 찾아내어 너희 떠나기까지 거기서 머물라 또 그 집에 들어가면서 평안하기를 빌라 그 집이 이에 합당하면 너희 빈 평안이 거기 임할 것이요 만일 합당치 아니하면 그 평안이 너희에게 돌아올 것이니라 누구든지 너희를 영접도 아니하고 너희 말을 듣지도 아니

하거든 그 집이나 성에서 나가 너희 발의 먼지를 떨어버리라."

- 눅 10 : 5 – "어느 집에 들어가든지 먼저 말하되 이 집이 평안할지 어다 하라."
- 눅 10 : 7 – "그 집에 유하며 주는 것을 먹고 마시라 일꾼이 그 삯을 얻는 것이 마땅하니라 이 집에서 저 집으로 옮기지 말라."
- 행 10 : 22 – "저희가 대답하되 백부장 고넬료는 의인이요 하나님을 경외하는 자라 유대 온 족속이 칭찬하더니 저가 거룩한 천사의 지시를 받아 너를 그 집으로 청하여 말을 들으려 하느니라 한대."
- 행 10 : 30 – "고넬료가 가로되 나흘 전 이맘때까지 내 집에서 제 구시 기도를 하는데 홀연히 한 사람이 빛난 옷을 입고 내 앞에 서서."
- 행 16 : 15 – "저와 그 집이 다 세례를 받고 우리에게 청하여 가로되 만일 나를 주 믿는 자로 알거든 내 집에 들어와 유하라 하고 강권하여 있게 하니라."
- 행 16 : 32 – "주의 말씀을 그 사람과 그 집에 있는 모든 사람에게 전하더라."

오순절 성령 강림은 집에서 일어났다

- 행 2 : 2 – "홀연히 하늘로부터 급하고 강한 바람 같은 소리가 있어 저희 앉은 온 집에 가득하며."

그리스도인들은 정기적으로 가정에서 모였다

- 행 2 : 46 – "날마다 마음을 같이하여 성전에 모이기를 힘쓰고 집에서 떡을 떼며 기쁨과 순전한 마음으로 음식을 먹고"
- 행 5 : 42 – "저희가 날마다 성전에 있든지 집에 있든지 예수는 그리스도라 가르치기와 전도하기를 쉬지 아니하니라."

- 행 8 : 3 – "사울이 교회를 잔멸할새 각 집에 들어가 남녀를 끌어다가 옥에 넘기니라."
- 행 9 : 11 – "주께서 가라사대 일어나 직가라 하는 거리로 가서 유다 집에서 다소 사람 사울이라 하는 자를 찾으라 저가 기도하는 중이다."
- 행 12 : 12 – "마가라 하는 요한의 어머니 마리아의 집에 가니 여러 사람이 모여 기도하더라."
- 행 16 : 40 – "두 사람이 옥에서 나가 루디아의 집에 들어가서 형제들을 만나보고 위로하고 가니라."
- 행 18 : 7 – "거기서 옮겨 하나님을 공경하는 디도 유스도라 하는 사람의 집에 들어가니 그 집이 회당 옆이라."
- 행 20 : 20 – "유익한 것은 무엇이든지 공중 앞에서나 각 집에서나 꺼림이 없이 너희에게 전하여 가르치고"
- 행 21 : 8 – "이튿날 떠나 가이사라에 이르러 일곱 집사 중 하나인 전도자 빌립의 집에 들어가서 유하니라."
- 롬 16 : 5 – "또 저의 교회에게도 문안하라 나의 사랑하는 에배네도에게 문안하라 저는 아시아에서 그리스도께 처음 익은 열매니라."
- 고전 16 : 19 – "아시아의 교회들이 너희에게 문안하고 아굴라와 브리스가와 및 그 집에 있는 교회가 주 안에서 너희에게 간절히 문안하고"
- 골 4 : 15 – "라오디게아에 있는 형제들과 눔바와 그 여자의 집에 있는 교회에 문안하고"
- 딤전 5 : 13, 14 – "또 저희가 게으름을 익혀 집집에 돌아다니고 게으를 뿐 아니라 망령된 폄론을 하며 일을 만들며 마땅히 아니할 말을 하나니 그러므로 젊은이는 시집가서 아이를 낳고 집을 다스리

고 대적에게 훼방할 기회를 조금도 주지 말기를 원하노라."
- 몬 2 – "자매 압비아와 및 우리와 함께 군사 된 아킵보와 네 집에 있는 교회에게 편지하노니."
- 요이 10 – "누구든지 이 교훈을 가지지 않고 너희에게 나아가거든 그를 집에 들이지도 말고 인사도 말라."

실천적인 측면

가정 그룹은 가정교회가 아니다

전통적인 가정 그룹(home group)이나 성경 공부 그룹, 기도 그룹 혹은 심지어 청년 그룹은 여러 가지 이유에서 가정교회의 가장 강력한 경쟁자라고 할 수 있다. 언뜻 보기에 이 그룹들은 그 개념에 있어 가정교회와 별 차이가 없어 보이지만 사실은 그렇지 않다. 왜냐하면 가정 그룹과 가정교회는 다른 가치와 교회에 대한 다른 이해에 기초하고 있기 때문이다. 가정 그룹은 커다란 '실제' 교회의 하나의 작은 부분, 곧 교회의 '축소판'(mini-version)인 반면, 가정교회는 그 자체가 온전한 의미에서의 교회다.

누가 가정교회를 지도하는가?

가정교회에는 전문적인 의미에서의 지도자가 없고, 대신 장로가 있다. 장로는 가정교회 안에서 아버지 또는 어머니의 역할을 수행할 수 있는 책임 있는 사회 구성원으로서 성경이 요구하는 장로의 자격 요건을 갖추어야 한다(딤전 3장). 이 지역 장로들은 사도 역할을 하는 사람들에게 권한을 위임받고 상담을 받는데, 이들은 보통 개별적인 가정교회의 경계를 초월하여 사역하며, 교회의 방향키 역할을 하고, 때로는 다른 장로들과 협력하여 결정을 내리기도 한다(행 15 : 2, 4, 22, 23).

세례

가정교회는 완벽하게 기능하는 교회다. 따라서 가정교회는 큰 규모의 세례식을 위해 다른 가정교회들과 연합할 때를 빼고는 통상 자체적으로 세례를 시행한다. 세례는 침례조나 연못, 우물, 수영장, 강, 호수, 바다 등 그 어느 곳에서나 시행할 수 있다. 세례는 보통 신약의 패턴을 따라 새로운 그리스도인들이 신앙을 고백한 후 물속에 잠김으로 시행된다. 어떤 문화권의 가정교회는 회심 후에 곧바로 사람들에게 세례를 주는 경향이 있다. 그러나 또 어떤 문화권의 가정교회는 후보자들에게 어느 정도의 준비 기간을 거치게 한다. 바울은 회심한 지 삼일이 지난 후에 세례를 받았다(행 9장). 이디오피아 내시는 회심하는 바로 그 순간에 세례를 받았다(행 8장). 베드로는 회개하고 돌아온 3천 명에게 그날 당장 세례를 받으라고 권했다(행 2 : 41).

결혼식

어떤 문화에서는 종교 종사자들이 결혼식을 집례하고, 또 어떤 나라의 경우에는 정부 관리가 결혼식을 집례한다. 예수님은 한번도 결혼식을 집례하신 적이 없었다. 요한복음 2장은 예수님이 결혼식에 참석하신 것에 대해 말하는 유일한 부분이다. 예수님은 충분한 자격이 있으셨음에도 불구하고 한번도 결혼식을 집례하지 않으셨다. 예수님은 물로 포도주를 만들어 주셨고, 사회적인 기능은 그런 것에 관심이 있는 사람들에게 맡기셨다. 그는 자기 제자들에게도 결혼식을 집례하라고 가르치지 않으셨다. 그는 영적인 하나님 나라에만 관심이 있었다. 그는 장례식을 집행하거나 심지어 참석하신 적이 없으시다. 사실 그는 "죽은 자들이 죽은 자를 장사하게 하라"고 말씀하셨다(마 8 : 22).

어떤 문화권과 나라들에서는 기성 교회가 정부의 요청에 따라 자기 교회 성도들뿐 아니라 모든 그리스도인들의 결혼식을 맡아 시행하기도 한다. 그러나 가정교회들은 보통 이런 문제에는 관심이 없다. 이런 일들은 사회가 알아서 할 것이다.

아이들과 가정교회

가정교회는 영적인 가족이기 때문에, 아이들이 자연적인 가정에서 그칠 줄 모르는 기쁨(또한 당혹감)의 원천이듯, 가정교회 안에서도 아이들은 자연스럽고 중요한 부분이다. 아이들은 아주 난해한 질문들로 우리를 겸손하게 하고, 우리의 끝없는 '어른' 이야기들을 끊고, 우리를 신령한 구름 위에서 지상으로 끌어내리고, 자연적인 전도자와 중재자가 되게 하는 등 우리에게 꼭 필요한 존재이다. 이들은 또한 우리가 성령의 열매(예를 들면 인내)를 맺도록 도와준다. 그리고 우리 안에 있는 종교적 미신과 위선의 흔적을 곧바로 지적해내는, 하늘에서 파견된 스파이로서 역할을 할 것이다. 우리의 사역이 자녀들에게 중요한 것만큼이나 아이들 역시 우리 어른들에게 아주 중요한 사역을 한다. 간단하게 말해 아이들은, 일반 가정에서와 마찬가지로 가정교회에서도 매우 중요하다. 아기를 낳은 부부는 누구나 이 질문에 대답할 필요가 있다. 우리가 우리 아기의 삶 가운데 태어났는가 아니면 아기가 우리 삶 가운데 태어났는가?

만일 우리가 가정교회를 토론 주제, 과제, 목표, 따라야 할 일정 등을 가진, 프로그램 중심의 이벤트 정도로 본다면(물론 예수님은 결코 이런 것을 가르치신 적이 없다) 우리는 '어른들에게 방해만 되는' 아이들을 어른들에게서 떼내어 그들이 즐겁게 참여하고 뭔가를 배울 수 있게 하는 프로그램들이 있는 어린이 그룹 속으로 밀어 넣어야 한다고 느낄 수도 있다. 자녀들이 또래의 다른 아이들과 어떤 것을 함께 한다는 것은 분명 긍정적이고 자연스러운 일이다. 그러나 사람들이 어떻게 공동체를 이루어 사는지, 또 서로에 대해 가족처럼 편안하게 느끼는 것이 어떤 것인지 아이들에게 보여 줄 수 있는 기회는 남녀노소가 어울려 함께 먹고, 함께 웃고, 함께 우는 그런 때이다. 아이들만을 위해 특별한 시간을 마련하는 것은 흔히 있는 예외는 될 수 있어도, 규칙이 되어서는 안 된다. 그렇지 않다면 아이들은 아주 어릴 때부터 교회로부터 급속도로 유리되고 말 것이다. 거듭 강조하지만, 교회는 하나의 모임이 아니라 삶의 방식이다. 만일 우리가 아이들을 가지고 있다면 그들은 우리 삶의 한 부분이요, 따라서 우리 가정교회의 한 부분이다.

순종하는 아이들을 두는 것은 리더십의 자격 조건의 하나다

바울이 장로나 집사의 자격으로 지적하는 한 가지는 순종하는 자녀다. "사람이 자기 집을 다스릴 줄 알지 못하면 어찌 하나님의 교회를 돌아보리요"(딤전 3 : 5).

어린 자녀들을 여럿 둔 한 기혼 여성이 한번은 내게 단호한 어조로 이렇게 말했다. "그건 스위스에서는 통하지 않을 겁니다. 왜냐하면 우리 아이들은 말을 듣지 않고 계속 소리를 질러대서 결국 프로그램을 망치고 말 것이기 때문입니다. 아이들은 1분도 가만히 앉아 있지를 못해요!"

나는 대답했다. "저에게 말씀하시지 말고요, 시대가 어떻게 바뀌었는지, 왜 오늘날 하나님이 정하신 원리가 통하지 않는지 하나님께 설명해 드리세요."

이것이 바로 가정교회를 세우는 일이 이론만으로는 시작되지 않는 이

유다. 가정교회는 어린아이들의 방에서부터, 저마다의 문화 속에서 이 세상의 패턴이 아니라 하나님 나라의 가치를 따라 성령 충만한 방식으로 아이들을 양육하는 법을 재발견하는 그리스도인 부모들과 함께 시작될 수 있다.

젊은 엄마들과 어린 자녀들

이제 소개할 경험은 어떤 문화에서는 적용이 불가능하거나 심지어 도무지 이해가 안 되는 것일지 모른다. 그러나 어떻게 엄마들이 교회의 가장 큰 잠재력과 자원 중 하나인 어린 자녀들과 더불어 아이들에게 그다지 이상적이지 못한 교회 시스템 속에 갇혀 지내 왔는지를 이해하는 데 도움이 될 것이다. 많은 경우 젊은 엄마들이 교회의 주목을 받게 되는 것은 어린아이를 조용히 시키는 데 실패하고 '예배' 도중에 회중들의 따가운 시선을 받으며 황급히 예배실을 나서는 바로 그 때다.

얼마 전 영국의 한 소도시에서 젊은 부부와 식사를 같이 한 일이 있는데 그들은 각각 세 살, 한 살짜리 아이들이 있었다. 요크셔푸딩을 들고 다즐링 차를 몇 모금 마시는 사이에 나는 부인에게 무심코 물었다. "가정 그룹은 재미있으세요?"

그녀는 자기 남편을 흘깃 쳐다보고 다시 나를 살짝 쳐다보고는 말했다. "글쎄요, 아시겠지만…." 그리고는 말꼬리를 흐렸다.

남편이 분위기를 좀 누그러뜨리려는 듯 짐짓 쾌활한 어조로 거들었다. "예, 아주 재밌습니다."

내가 말했다. "글쎄요, 제가 한번 맞춰 볼까요? 매주 일요일이 정말 끔찍하시죠? 두 분이 예배에 (정확히 5분 늦게) 참석하기까지 어떤 일을 겪고 오셨는지를 회중이 안다면, 아마 두 분은 '장로 부부'(elder couple)를 오래 못하실 겁니다. 그렇지 않습니까? 아이들은 난리법석을 쳐 놓고, 토스트는 타고, 할머니는 아프다고 누워 계시고, 개는 집안을 엉 망진창으로 만들어놓고, 아빠는 넥타이를 찾느라 옷장을 온통 뒤집어놓 고, 당신의 스카프는 찢어져 있지요. 이처럼 한바탕 난리를 치고 나면 당신은 마음에 안정감을 잃고 신경이 곤두서게 되지요. 그러나 그런 기 분을 내색하지 않으려고 애쓰면서 예배에 참석합니다. '괜찮아요! 제발 내게 아무것도 묻지 마세요!' 하는 영성 뒤로 숨는 것입니다. 적어도 목 사님이 '이제 아이들은 주일학교로 가도 좋습니다' 라고 말씀하시기까지 는 말입니다."

"적어도 주일은 주일학교라도 가지요. 가정 그룹은 어떻습니까? 매주 수요일 저녁 7시 30분은 그렇지 못합니다. 그렇지 않습니까?" 그리고 나서 내가 물었다. "하나님께 더 가까이 나아가는 데 아이들이 방해가 된다는 생각이 들기 시작하시나요?"

의미심장한 침묵이 흘렀다.

"그런데 제가 여기 와서 가정 그룹이 재미있냐고 뻔뻔스럽게 묻고 있 습니다. 가정 그룹은 '성직자'나 오르간은 없지만, 약식 주일 예배라고 할 수 있지 않습니까? 그러나 젊은 부부들에게는 또 다른 어려움들이 있지요. 어린아이들을 어떻게 할 것인가? 애 봐주는 사람을 불러야 하 나? 아니면 당신이 친절한 미소와 밝은 얼굴로 모든 사람들을 맞기 위 해 아이들을 아마도 7시 20분까지는 재워 놔야 할지도 모릅니다.

하지만 이런 대안은 어떨까요? 이웃 교회 혹은 거리 교회 형태의 가 정교회 말입니다. 이 교회는 7시 30분이 아니라 빠르면 오후 4시에라도 시작할 수 있을 겁니다. 이웃의 주부들이 함께 모여 커피를 마시고, 자 녀들과 함께 재미있는 시간도 가지고, 함께 찬양하고, 기도하고, 이야기하고, 울고 웃습니다. 5시가 되면 남편들이 직장에서 돌아오기 시작합니다. 그러나 그들은 자기 집으로 가서 식탁에 앉는 대신에 이웃 교회로 옵니다.

6시 10분쯤 이웃에 사는 한 불신자 남편이 살짝 문을 열고 들어섭니다. 열한 번째 초대에 처음으로 그 얼굴을 나타낸 것입니다. 그가 결국 그렇게 오게 된 것은 성경 공부 모임이 아니라 식사에 초대되었기 때문입니다. 그는 무척 긴장하고 경직되어 있습니다. 그리고 불편한 듯 의자에 앉아 연신 몸을 앞으로 숙였다 뒤로 기댔다가 합니다. 얼굴 표정으로는 이렇게 말하면서요. '당신들이 나를 예수 믿게 하려는 건 줄 알아요. 하지만 당신들이 어떻게 하든 장담하건대 아마 최악일 거요.' 그때 당신의 한 살짜리 아들이 그에게 기어가서 그의 바짓가랑이를 향해 돌진합니다. 아이는 마침내 바짓가랑이를 붙들고는 '아부다' 하고 좋아서 킥킥거리며 그 바짓가랑이에다가 정체불명의 이물질을 묻힙니다. 그리고 나서는 한 살짜리 아기만이 할 수 있는 웃음을 짓습니다. 바로 그 순간에 변화(transubstantiation)의 기적이 일어납니다. 경직된 이웃과 가정 교회 장로는 금세 동지 '아빠들'이 되어 서로를 쳐다보고 웃기 시작하죠. 그 어린 아기는 긴장을 해소시켰을 뿐 아니라 이웃이 차갑고 형식적이고 종교적일 것이라고 기대했던 모임에 인간적인 온정을 불어넣었던 것입니다. 갑자기 분위기가 부드러워지고, 그 이웃의 굳어졌던 얼굴도 한층 밝아집니다. 이제 모든 사람들이 훨씬 더 자연스럽고 편안하게 느낍니다.

6시 30분쯤 모든 사람이 저녁식사를 위해 자리에 앉습니다. 아니면 아마도 중간에 큰 스파게티 솥을 놓거나 중국에서 하는 것처럼 커다란 국수 솥을 놓고 빙 둘러 앉을 수도 있겠지요. 식탁에서 약간의 가르침이 있지만 그 가르침은 신약에 나온 대로 이루어집니다. 식사 후가 아니라 식사를 하는 중간 중간에 대화와 토론이 오갑니다. 사람들은 자신들의 기쁨과 슬픔에 대해, 성공이나 실수에 대해 이야기합니다. 또 면도 칼이나 차를 잘 사는 법에 대해서도 서로 지혜를 나눕니다. 그리고 서로를 위해 기도하고 예언합니다. 어린아이들과 농담을 주고받습니다. 어린아이들은 분위기를 방해하는 것이 아니라 오히려 모임을 풍성하게 만들어 줍니다. 그리고 최근에 이사 온 실직 과부를 위해 돈을 거둡니다.

이러다 보면 금방 7시 30분이 됩니다. 모든 사람이 떠나가기 전에, 생후 6개월 된 아기부터 80세의 노인에 이르기까지 모든 사람들이 이해할 수 있는 동화(bedtime story)를 듣는 시간을 갖습니다. 아마 이것이 불신자 이웃이 처음으로 복음을 듣고 이해하게 되는 때가 될 것입니다."

나는 부부에게 이렇게 질문했다. "이런 대안적인 모습을 한번 생각해 보세요. 어떠세요?"

부인이 말했다. "실제로 그렇게 되면 얼마나 좋겠어요. 하지만 우리 목사님이 뭐라고 생각하실지…"

나는 부드럽게 그녀의 말을 끊으며 말했다. "어려운 문제부터 이야기해 봅시다. 사람이 가장 거룩해 보이는 장소가 어디입니까? 마이크를 통해 먼발치의 얼굴 없는 군중들에게 설교할 수 있는 강단 뒤가 아니겠습니까? 그렇다면 사람이 가장 거룩하기가 어려운 장소가 어디입니까? 당신의 행동과 말 하나하나가 자녀들과 배우자가 보는 앞에서 실생활을 통해 검증되는 가정이 아니겠습니까? 그러나 가정은 또한 복음이 가장 큰 영향력을 발휘하는 곳이기도 합니다. 일상적인 상황에서의 비범한 삶이 주는 메시지는 그 자체가 리트머스 시험지가 되고, 자연스럽지 못한 상황에서 전달되는 어떤 인위적인 메시지보다도 훨씬 더 많은 진실을 담고 있기 때문입니다. 제자들을 둘씩 짝지어 복음을 전하라고 보내실 때, 예수님은 그들에게 평안의 집(a house of peace)을 찾아 그들이 주는 것을 먹고 마시고, 병든 자를 고치고, 그들에게 하나님 나라가 임했다고 말하고, 이 집 저 집을 오가지 말고 그 집에 머물라고 명하셨습니다. 복잡할 게 전혀 없지 않습니까?"

가정을 회복하기

나는 지난 수세기 동안 교회가 고통스러운 실패를 겪는 가정이라는 공간을 피해서, 혹은 도외시한 채 인위적인 강단 뒤와 큰 성당과 성경학교와 프로그램과 세미나 속으로 숨어버렸다고 생각한다. 그러나 하나님은 오늘날 우리의 가정을 그리스도를 위해 회복시키고 계신다. 우리 가정이 구원받은 자들의 실제적 공동체인 교회의 자연적 거주지로 회복될 때, 기독교는 가장 중요한 장소인 이웃에서 강력한 증거가 된다.

심리치료사 래리 크랩(Larry Crabb)은 최근의 저서 『끊어진 관계 다시 잇기』(Connecting, 요단출판사 역간)에서 이렇게 말한다. "소수의 사람들과 연결된다는 것(connecting)은 아마도 기독교의 핵심일 것이다. 이와 같은 연결을 통해 정기적으로 삶을 나누는 평범한 그리스도인들은 우리가 현재 전문가들에게 의존하고 있는 일들을 대부분 수행할 수 있을 것이다. 이것은 복음만이 할 수 있는 방식으로 사람들이 서로서로 연결될 때 이루어질 것이다."

>>>제4장 다섯 가지 사역들

사도나 선지자나 목사나 교사나 복음 전도자라는 성경적인 소명이란, 다른 사람들은 구경만

하고 어느 한 사람이 독차지하여 수행하는 그런 것이 아니다. 소명은 사역을 위해 하나님의 백

성을 훈련시키고 다른 사람들을 준비시키는 데 그 핵심이 있다.

제4장 다섯 가지 사역들

가정교회의 배가를 위한 하나님의 자원과 구조

생명체의 모든 성장 유형은 유기체 세포의 배가에 그 기반을 두고 있다. 이것은 유기적이고 관계적인 하나님의 가족으로서의 교회 역시 마찬가지다. 교회가 종교적인 건물에서 이루어지는 일련의 조직화된 모임이 아니라 초자연적인 공동체적 생명체, 곧 같은 주님을 따르는 하나님의 백성이라는 사실을 우리가 분명히 알게 되었으므로, 이제 이러한 생명체가 어떻게 건강하고 유기적인 방식으로 배가하는지에 대해 재고해야 할 것이다.

"교회를 세우기 원한다면 여자들을 활용하라"

조용기 목사는 이렇게 말했다. "조직체를 세우기를 원한다면 남자들을 활용하라. 교회를 세우기 원한다면 여자들을 활용하라." 남자들은 지배하기를 좋아한다. 그래서 컴퓨터나 엔진, 로봇 같은 것에 매료된다. 이런 기계들에 물과 기름을 부어 넣고 여기저기 기름칠만 잘하면 사랑스러운 기계들은 잘 굴러가고 우리는 행복해한다. 문제는 교회는 기계가 아니라 생명체이며, 조직체가 아니라 유기체라는 사실이다. 오늘날 교회 개척과 관련하여 사람들이 그다지 분명하게 인식하지 못하는 사실들 중 하나는 상당수의 교회들이 여자들에 의해 개척된다는 것이다. 남자들이 가만히 앉아서 신학과 전략에 대해 토론하거나 또는 (나 같은 경우) 책을 한 권 더 써야겠다고 생각하는 동안, 하나님의 성령은 여자들에게 "가서 나라를 구하라"고 도전하고 계신 것이 분명한 것 같다.

'하나님이 일으키시는' 성장

크리스티안 슈바르츠는 대표적인 저서인 『자연적 교회 성장』(Natural Church Growth, 도서출판 NCD 역간)에서 이렇게 말한다. "우리는 백합화가 어떻게 자라는지를 주의 깊게 관찰하고 분석해 봄으로써 교회에 대해 배울 수 있다. 식물과 다른 생명 유기체들의 성장은 이들이 '생명체적' 잠재력, 곧 하나의 유기체나 종이 생존하고 재생산할 수 있는 타고난 능력을 가지고 있다는 사실을 보여 준다. 이러한 형태의 자연적 성장은 기계적이거나 인위적이지 않다. 그것은 하나님이 주신 것이다."

이것이 교회에도 적용될까? 나는 그렇다고 믿는다. 마가복음 4장 26~29절에 나오는 성장하는 씨앗 비유에서 그 원리를 발견할 수 있다. "하나님의 나라는 사람이 씨를 땅에 뿌림과 같으니 저가 밤낮 자고 깨고 하는 중에 씨가 나서 자라되 그 어떻게 된 것을 알지 못하느니라 땅이 스스로 열매를 맺되 처음에는 싹이요 다음에는 이삭이요 그 다음에는 이삭에 충실한 곡식이라." '스스로'(all by itself)라는 말은 헬라어로 '아우토마테'(*automate*)인데, 직역하면 '자동적으로'라는 뜻이다. 이러한 자동적인 성장은 사실 '하나님으로 말미암은 것'이다. 왜냐하면 하나님 자신이 성장의 실제적인 원동력이시기 때문이다. '자라게 하시는' 분은 하나님이시다(고전 3:6 참조). 이것은 우리의 생각과 행동에 아주 중대한 결과를 가져온다. 교회가 성장하기 위해서는 가능한 모든 방법을 동원하여 하나님이 그 안에 심어놓으신 생체적 성장 잠재력을 교회 밖에서부터 안으로 '주입'시키려 할 것이 아니라, 오히려 그 잠재력을 풀어주어야 한다. 성장 잠재력은 이미 교회 안에 있으며 다만 분출되기를 원하고 있다. 그리고 그렇게 될 때 성장은 '저절로' 이루어지게 될 것이다. 하나님이 성장을 자신의 몫으로 따로 떼어 두시는 데는 충분한 이유가 있다.

획일적으로 제조된 교회는 이제 그만!

교회가 제조될 수 없다는 데는 모두 동의할 것이다. 인위적인 부흥이나 인위적인 교회 성장 혹은 인위적인 틀에 맞추어 제조된 교회 개척 운동 같은 것은 있을 수 없다. 우리는 좋은 설교를 '만들거나' 제조하거나 생산해낼 수 없다. 우리가 '만들어낼' 수 있는 것이라고는 형편없는 설교들뿐이다. 우리의 설교가 형편없는 것은 우리가 그것을 '만들기' 때문이다. 그렇다면 교회의 성장과 관련하여 우리 인간이 할 수 있는 역할은 무엇인가? 만일 우리가 교회 성장을 가능하게 만들 능력은 없다 해도 적어도 성장을 방해하지 않을 수는 있잖은가!

올바른 사역은 하나님이 교회를 성장시키기 위해 사용하시는 성장 자동성(automatism)을 자유롭게 풀어놓는 것이지, 교회를 제조하는 것이 아니다. 만일 우리가 과거에 이 생명체적 성장 잠재력을 방해했다면 회개하고 하나님에게 길을 비켜 드리고 하나님의 방법을 주의 깊게 관찰하고(예를 들면 예수님의 권면대로 백합화를 바라봄으로써) 겸손하게 그 과정에 참여해야 한다.

전문 기술자들

과거에 많은 교회들과 선교단체들은 정반대 방향으로 생각하는 경향이 있었다. 수많은 프로그램과 초인적인 불굴의 노력에 힘입어 끊임없이 가르치고 설교하고 조직하고 기금을 조성함으로써 그들은 자신들이 세운 친교 공동체와 그룹 안에 질적 성장을 이루게 하려고 애썼다. 이 것은 자동차 키를 돌려 시동을 걸어 차에 내장된 엔진이 차를 움직이게 하는 대신, 땀을 뻘뻘 흘리며 차를 갓길로 밀고 가려는 것과 같다. 사도 바울은 복음이 다이너마이트와 같이 폭발력이 있는 하나님의 능력이라고 말한다(롬 1 : 16). 우리가 복음을 만들어내려고 한다면, 이것은 아마도 우라늄이 그 자체 내에서 핵반응을 일으켜 엄청난 원자력 에너지를 분출하도록 하는 대신, 그것을 불 위에 올려놓고 가열하는 것과 같을 것이다. 우리는 하나님이 심지어 작은 어린아이들에게도 주신 균형 감각이라는 놀라운 선물을 깨닫지 못한 채 교회라는 자전거에 커다란 보조 바퀴를 달고 싶어하고 있는지도 모른다.

우리는 교회를 최고의 경영 원리와 성공이 보장된 방법으로 운영할 수 있는 기업이라도 되는 양 취급해서는 안 된다. 그것은 마치 하나님의 일들을 할 때 하나님이 그 일들 안에 내재시켜 두신 능력과 성장 잠재력을 이용하지 않고 우리 자신의 힘으로 하려는 것과 같기 때문이다. 사실 우리는 우리의 계획된 일정에 차질을 줄까 두려운 나머지 이 잠재력을 억누르고 있는 건지도 모른다. 결과적으로 우리는 방법과 기술적인 도구들을 의지하여 통제하고 지배하는 '전문 기술자들' (technocrats) 이 되고 말 것이다. 아무리 위대한 의도와 순수한 동기를 가지고 있다 해도 우리는 쓸모없는 기계들을 만들어낼 수 있다. 왜냐하면 우리 마음이 부패했고, 우리의 방법도 마찬가지로 부패했기 때문이다. 하나님은 교회의 성장과 배가를 위해 우리가 필요로 하는 모든 것을 공급해 주셨다. 비밀과 능력은 씨앗 안에 들어 있다! 우리는 그 능력을 제대로 사용할 필요가 있다.

제자들을 미성숙한 채로 머물게 하는 가르침

한 젊은 목사가 내게 말했다. "저는 지난 5년 동안 우리 교회에서 가르쳤습니다. 그런데도 성도들이 아직 너무 연약한 것 같습니다."

내가 물었다. "당신은 얼마나 많은 사람들에게 '어떻게 가르칠 것인가' 에 대해 가르치셨나요?"

그가 반문했다. "무슨 말씀인가요?"

나는 대답했다. "당신은 이미 제 질문에 대해 대답을 하셨습니다. 교사의 일은 사람들에게 '어떻게 가르칠 것인가' 를 가르치는 것이지 그들을 끊임없이 가르치는 것이 아닙니다. 사실 이것은 사람들을 영속적인 미성숙함에 머물도록 만드는 방법, 즉 위대하고 놀라운 제자훈련이라는 미명 하에 그들의 젖먹이 단계를 연장시키는 방법에 지나지 않습니다!"

수치로 본 유기적 성장 잠재력

가정교회 모델을 처음 접하는 사람들은 대부분 이 모델이 가진, 유기적 배가를 통한 성장의 잠재력을 곧바로 깨닫지 못한다. 그러나 올바른 구조 안에 올바른 질적 특성이 갖춰지면 성장을 위한 엄청난 폭발력이 생성된다. 어떻게 하면 관계의 질을 떨어뜨리지 않고도 교회를 급속하게 배가시킬 수 있을까? 대답은 명백하다. 급속한 배가는 '가정교회에서 삶을 나누는 강도에 비례하여' 이루어진다. 이와 같은 폭발력은 전통적인 교회에서는 경험할 가능성이 희박하다. 삶을 나누는 일이 그다지 많지 않은 전통적인 기독교에서는 이와 같은 사실이 삶을 나눌 때 생기는 폭발력과 함께 간과되곤 한다.

어떤 사람들은 공동체를 만드는 것은 숫자의 문제가 아니라 질의 문제라고 말한다. 나 역시 이에 동의한다. 그럼에도 불구하고 나는 곧 수적 성장에 이르지 못하는 질에 대해 의심이 간다. 내가 관심이 있는 것은 적절한 크기의 적절한 구조 속에 적절하게 분배되어 있는 영적인 질이다. 유기적 가정교회의 수적 잠재력을 살펴봄으로써 우리는 아주 중요한 교훈을 얻을 수 있다.

코끼리인가 토끼인가?

코끼리와 토끼는 매우 다른 재생산 패턴을 보여 준다.

코끼리	토끼
1년에 4회 번식이 가능하다	거의 지속적으로 번식이 가능하다

한 번에 새끼 한 마리만 낳을 수 있다	한 번에 평균 일곱 마리 정도의 새끼를 낳을 수 있다
22개월의 임신 기간	1개월의 임신 기간
성적 성숙에 걸리는 기간 : 18년	성적 성숙에 걸리는 기간 : 4개월
3년 동안의 최대 번식 잠재력 : 2, 3마리	3년 동안의 최대 번식 잠재력 : 2백만~4억 7천 6백만 마리

가정교회의 전형적인 성장 패턴

가정교회는 토끼처럼 배가되지는 않는다. 그러나 이 예는 급속한 배가의 잠재력을 잘 보여 준다. 전형적인 가정교회는 6~12명으로 이루어진다. 그리고 보통 6~9개월에 한 번씩 배가한다. 평균 12명 정도 규모의 가정교회를 예로 들어 보자. 첫 12개월 동안의 배가율은 평균치에 못 미친다. 우리는 또한 첫 해에는 가정교회가 실제로 전혀 배가하지 않는다고 가정한다(리더십의 문제나 개척기에 만나는 다른 문제들이 있을 수 있으므로). 약간 비관적으로 본다면 탈락률을 25% 정도로 잡아 볼 수 있다. 성장과 정리의 시기 역시 생각할 수 있다. 다시 말해 개척된 가정교회 4개 중 하나는 결국 5년 내에 어떤 이유로든 문을 닫게 될 것이라고 가정할 수 있다. 이럴 때 우리는 다음과 같은 시나리오를 얻게 될 것이다.

연수	가정교회 수	사람들의 수
1년 후	1개 (현상유지)	12명
2년 후	2개	24명

3년 후	4개	48명
4년 후	8개	96명
5년 후	12개(=16개에서 25% 탈락)	144명
6년 후	24개	288명
7년 후	48개	576명
8년 후	96개	1,152명
9년 후	192개	2,304명
10년 후	288개(=384개에서 25% 탈락)	3,456명
15년 후	6,912개(=9216개에서 25% 탈락)	82,944명
20년 후	165,888개(=221184개에서 25% 탈락)	1,990,656명

　최근뿐 아니라 기독교 역사를 통해서도 여러 번 실현이 되었던 이 시나리오대로라면 하나의 가정교회 운동은 20년 동안 거의 2백만 명이나 되는 사람들을 하나로 묶어줄 것이다. 이러한 과정은 상황적인 요소들, 곧 더 짧은 배가 기간이나 부흥, 박해 등을 통해 더욱 속도가 붙을 수도 있고, 아니면 다른 요소들 때문에 속도가 떨어질 수도 있다. 그러나 중요한 것은 성장은 배가를 통해 이루어지며 이 배가는 기하급수적인 것이지 일차함수적인 것이 아니라는 사실이다.

증가에서 배가로

　가정교회는 배가가 가능한 구조다. 가정교회는, 필수적인 요소들을 가지고 있기만 하면, 말 그대로 끝없이 배가할 수 있다. 가정교회의 두 가지 필수 요소들은 성경적인 질적 특성과 리더십이다.

오늘날 리더십을 계발시키는 모델들 대부분은 증가(addition)에 기반을 둔 것이다. 우리는 젊은 지도자들을 한 반에 몰아넣고 가르친다. 비슷한 '결과물'을 내는 프로그램을 가동한다. 그리고 매번 비슷한 수의 '졸업생들'을 배출한다. 우리는 성경학교 시스템을 통해 매년 안수 받는 목회자들과 선교사의 수가 꾸준히 50~500명씩 늘어나게 한다. 그러나 해마다 졸업하는 사람들이 있는가 하면, 은퇴하거나 도태되는 사람들도 분명히 있다. 더욱이 가정교회의 배가하는 단위들(units)을 위해서라면 리더들을 늘리는 것만으로는 불충분하다. 증가는 배가를 따라가지 못한다. 왜냐하면 증가는 일차함수적 성장, 곧 2 더하기 2는 4이고, 4 더하기 2는 6이 되는 성장을 가져온다. 지속적인 배가는 일차함수적인 성장이 아니라 기하급수적 성장, 곧 2 곱하기 2는 4이고, 4 곱하기 2는 8이 되는 성장을 가져온다.

만일 우리가 가정교회 리더들을 배가가 아니라 증가에 기반을 둔 구조를 통해 공급하려고 한다면, 우리의 리더십 계발 모델은 교회의 배가 과정을 제한하는 요인이 될 것이다. 그리고 교회의 성장은 곧 멈출 것이다. 하나님은 새로 태어난 아기가 영양결핍과 추운 날씨로 인해 죽게 되지 않기를 바라신다.

증가가 배가를 멈추는 또 다른 200 장벽

만일 기하급수적인 성장률로 배가하는 가정교회가 있다면, 교회가 배가하는 속도만큼이나 빨리 성장하는 리더십 계발 구조도 필요할 것이다. 그러므로 리더십 구조 그 자체도 배가될 필요가 있다. 우리가 신학교와 성경학교를 배가시키든지 아니면 다른 방법을 찾아야 할 것이다.

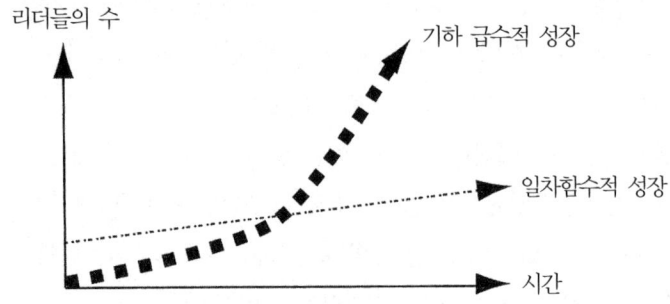

리더들의 수

기하 급수적 성장

일차함수적 성장

시간

　　일차함수적 성장(리더십 계발)과 기하급수적 성장(가정교회 배가)을 그림으로 표현해 볼 경우, 가정교회의 수가 리더들의 수를 넘어서는 지점에서 이 둘이 교차하게 된다. 이 시점에서 햇병아리 같은 가정교회 운동은 그 질이 다하고 리더들의 공급이 바닥나게 되기 때문에 이는 결과적으로 가정교회 운동의 발목을 잡게 된다. 지지 구조가 빨리 성장하지 못한 탓에 운동 전체가 피상적인 혹은 종파적인 것으로 전락하게 될 위험에 처하게 된다. 흥미롭게도 이와 같이 성장이 멈추는 시점은 가정교회가 150~200개 정도 될 때 찾아온다. 1장에서 말한 것처럼 전통적으로 목사 1인이 목회하는 교회가 보통 '200명 장벽'을 경험하게 되는 것과 비슷한 이유에서다. 리더 한 명으로는 그보다 더 많은 사람을 목양할 수가 없기 때문에 그때부터 성장이 멈추는 것이다. 이와 같은 성장의 지체로 인해 이 운동은 단지 새로운 교단을 만들어내는 것으로 그칠 수도 있다. 그러나 이렇듯 성장의 내재적 구조의 문제를 해결할 수 있는 방법이 있다. 우리는 가정교회 운동을 시작할 때부터 리더를 배가시키는 데 도움이 되는 성장 구조들을 마련할 수 있다.

다섯 가지 사역을 배가시키라

우리는 성장의 구조적 문제에 대한 해결책을 에베소서 4장 11~13절에 나오는 다섯 가지 사역에서 찾을 수 있다. "긔하나님)가 혹은 사도로, 혹은 선지자로, 혹은 복음 전하는 자로, 혹은 목사와 교사로 주셨으니 이는 성도를 온전케 하며 봉사의 일을 하게 하며 그리스도의 몸을 세우려 하심이라 우리가 다 하나님의 아들을 믿는 것과 아는 일에 하나가 되어…"

다섯 가지 사역은 교회의 자가 조직 능력으로서 기능한다. 이 다섯 가지 사역들은 '생체적 성장 잠재력' 곧 내적 구조의 일부요, 교회의 영적 DNA의 일부다. DNA는 우리 몸 안에 임파선 시스템과 항체 시스템과 혈액순환 시스템 같은 구조를 형성한다. 그리고 이와 같은 시스템들은 우리 몸이 성장할 때 더불어 유기적으로 성장하며 스스로를 유지하고 치유하는 내적인 능력을 갖는다. 마찬가지로 교회의 영적 DNA 역시 그리스도의 몸 안에서 똑같은 기능을 한다.

나는 다섯 가지 사역이 성경이 가르치는 표준이요 실천이며, 결코 어느 특정 교단이나 가정교회의 전유물이 아님을 강조하고 싶다. 이 다섯 가지 사역은 모두 성도들을 봉사의 일을 위해 준비시키는 성격을 띠고 있으며, 호흡기나 소화기 계통과 마찬가지로 (가정)교회를 통해 계속 순환된다.

사역을 위해 사람들을 준비시키라

가정교회에 있어 가장 중요한 측면은 이 사역들 역시 자기 배가가 가능하다는 것이다. 사도들은 다른 사도들을 발굴하여 훈련하고, 선지자들 역시 다른 선지자들을 발굴하여 훈련을 한다. 단순하고 성경적인 제자화의 과정을 통해 자기 배가를 하는 것이다. 이런 방식으로 리더십 구조는 배가하는 가정교회 운동과 더불어 기하급수적으로 성장할 수 있다. 바니 쿰즈(Barney Coombs)는 이렇게 말한다. "예수님은 거지들을 왕자들로 바꾸어놓으신다. 그는 입이 거친 어부들 여섯 사람과 손가락질 당하는 세리 한 사람과 별 볼일 없는 다섯 사람을 천상의 예루살렘의 엘리트로 바꾸어놓으신다."

이러한 과정의 핵심은 하나님의 일을 할 사역자들을 기하급수적으로 준비시키는 데 있다. 달란트가 있는, 하나님이 주신 은사를 받은 사람들이 하나님이 그들에게 허락하신 최선의 것을 실현할 수 있도록 발굴하고 양육하고, 하나님이 주신 소명을 발견할 수 있도록 조직적이고 전략적으로 돕는 데 그 목적이 있는 것이다.

사역을 사람들에게 나누어 주라

빌 베컴(Bill Beckham)은 콘스탄티누스 대제 시대 이후로 교회가 성도들 스스로가 자원이 되도록 도전하기보다 성도들에게 자원을 나누어주는 통로가 되었다고 주장한다. 사도나 선지자나 목사나 교사나 복음 전도자라는 성경적인 소명이란, 다른 사람들은 구경만 하고 어느 한 사람이 독차지하여 수행하는 그런 것이 아니다. 소명은 사역을 위해 하나님의 백성을 훈련시키고 다른 사람들을 준비시키는 데 그 핵심이 있다. 이와 같은 소명을 받은 사람들은 전도자적, 선지자적, 교사적, 목사적, 사도적 훈련자요 교사이지, 원맨쇼를 하는 사람들이 아니다. 복음 전도자가 맺는 참된 열매는 한 명의 회심자가 아니라 더 많은 복음 전도자들이다. 이상하게도 오늘날 교회 안에는 이와 같은 성경적인 모델과는 정반대되는 모델이 굳어져 있다. 전문적인 교사들과 복음 전도자들과 목사들과 사도들과 선지자들은 숨 가쁘게 움직인다. 그들은 스트레스와 과로에 지치고 빡빡하게 돌아가는 일정의 노예가 되어 있다. 예수님과 달리 그들에게는 사람들이 접근하기가 힘들다. 그들의 혈압만 위험 상태에 놓인 것이 아니다. 그들은 세미나를 열고, 각종 콘퍼런스에서 강의를 한다. 그들은 감탄사를 연발하는 대중들 앞에 가장 최신 자료들을 자랑스럽게 내보인다. 그리고 자신들이 진정으로 감당해야 할 하나님이 주신 사명과는 정반대의 일을 한다. 사역을 위해 하나님의 백성을 훈련하는 대신 하나님의 백성 앞에서 그들을 위해 그 사역을 '시행'한다. 그들은 어떻게 가르칠 것인지를 가르치는 대신에 자신이 가르친 것으로 만족해한다. 그들은 사람들이 전도자가 되도록 훈련하는 대신에 자신이 전도하는 것으로 끝난다. 사람들을 데리고 다니면서 어떻게 예언할 것인지를 훈련하는 대신에 자신이 예언하는 것에서 그치고 만다. 이것은 건강하지 못한 표준을 설정할 뿐 아니라 교사와 학생들 모두를 불완전하고 허울만 그럴듯한 상태에 머물게 만든다. 왜냐하면 하나님은 사람들이 이러한 사역들을 감당할 수 있도록 훈련받고 서로에게서 그 비결을 배워 리더십의 배가 과정에 참여하기를 원하시는데, 그들이 그렇게 하지 않기 때문이다. 이것은 성직자와 평신도라는 새로운 형태의 카스트 제도를 만들며, 궁극적으로는 하나님의 사람들이 섬김의 사역들을 할 수 있도록 준비시키지 못한다. 하나님이 교회에 다섯 가지 사역을 주신 것은 그것들을 다른 사람들에게 나누어 주고 다른 사람들로 하여금 사역을 감당할 수 있도록 훈련시키는 데 그 목적이 있다. 그 결과로, 사역이 수행되는 구조인 가정교회를 배가시키는 것이다.

하나님의 다섯 손가락

영국의 개척자(Pioneer) 운동의 지도자인 제럴드 코츠(Gerald Coats)는 이 다섯 가지 사역들을 다섯 손가락에 비유했다. 사도는 엄지손가락이라고 할 수 있다. 그는 안정감을 제공하고, 균형을 유지하며, 말 그대로 다른 모든 손가락들을 만져 줄 수 있다. 선지자는 검지이다. 선지자는 당신을 가리키며 말한다. "당신이 바로 그 사람입니다!" 복음 전도자는 다섯 손가락 중 가장 길고 세상을 향해 가장 멀리 나간 중지다. 약지는 내적인 관계들을 돌보는 목사/목자와 비슷하다. 새끼손가락은 교사다. 교사는 어떠한 귓속에라도 깊숙이 들어가서 복음의 진리를 나눌 수 있다.

1. 목사

은사적인 면에서, 그리고 전통적인 의미가 아닌 성경적인 의미에서, 목사는 그 성격상 목자(shepherd)이다. 목사는 양떼의 한가운데 서 있다. 모든 것이 그를 중심축으로 하여 돌아간다. 그러나 신약 성경 그 어느 곳에서도 우리는 회중을 지도하는 목사의 예를 찾아볼 수 없다. 목사는 그 성격상 가족적인 분위기를 만들 수 있는 아주 다정다감한 사람이다. 그에게는 관계가 가장 중요하다. 왜냐하면 그는 양떼들이 영적인 건강과 축복을 오래도록 누리게 하는 데 관심이 있기 때문이다. 선한 목자는 자신이 목회하는 사람들의 자녀들이 가진 인형 이름도 안다. 그는 모든 소소한 것에 관심이 있다. 다만 한 가지 문제가 있다. 가장 큰 약점은 가장 큰 장점의 그늘에 가려지게 마련이다. 목사는 '너무 관계에 몰두한 나머지' 큰 그림을 놓치는 경향이 있다. 이 사역에는 보통 '전문적인 사각지대'가 자연스럽게 뒤따른다. 그러나 그는 "관계가 전부다"

라는 말을 모토로 삼는다. 목사는 구원받은 자들이 하나님과 갖는 관계와 서로간의 관계에 초점을 맞추고 다른 사람들도 이와 같은 관계적인 방식으로 기능하도록 돕는다.

2. 선지자

선지자는 양떼보다 언덕 하나는 넘어서 5마일 정도를 앞서 간다. 그는 망을 본다. 거기서 그는 하나님의 음성을 듣고, 환상을 보고 하나님의 보좌 앞으로 들어가서 하나님이 주시는 신비한 것을 본다. 그는 양떼에서 종종 떠나 있는 편이 좋을지 모른다. 왜냐하면 그를 정말로 이해하는 사람은 그다지 많지 않기 때문이다. 그는 사람들이 자기를 어떻게 생각하는가보다는 하나님의 음성에 더 관심이 있다. 그는 종종 복잡하고 약간 괴팍한 성격을 가지고 있다. 이것은 아마도 하나님이 그에게 독특하게 그런 은사를 주셨기 때문일 것이다. 반시간 정도 편안히 앉아서 예레미야 선지자와 함께 커피를 마시며 담소를 나눈다고 생각해 보라. 예레미야는 아마도 당신과 내 마음을 찢어놓고 커피는 메시지를 위한 자료로 사용할 것이다.

선지자는 목사와 판이하게 다른 관점을 가지고 있다. 선지자는 하나님에게서 듣고 목사를 포함한 모든 것에 대해 하나님의 관점에서 인정사정 보지 않고 날카로운 질문을 던진다. 그러나 이것은 하나님이 주신 건전한 사명이다. 그렇기 때문에 역사적으로 목사와 선지자 사이에는 긴장이 존재해 왔다. 목사는 현상을 중요하게 여긴다. 왜냐하면 그는 공동체를 유지하기 원하기 때문이다. 그러나 선지자는 모든 것에 대해 의문부호를 단다. 선지자의 이러한 행동은 다른 이들에게 위협적으로 비쳐진다. 왜냐하면 그는 일들을 혼란에 빠지게 하고 '지금 당장 어떤 것을 하라고' 재촉하기 때문이다. 그림으로 표현하자면, 목자는 양떼들을 돌보고 그들을 이리에게서 지키기 위해 손에 막대기를 들고 있다. 뿐만 아니라 그는 그 막대기를 선지자들을 멀리 쫓아버리는 데 사용할 수도 있다. 그러나 목자와 선지자의 관점 모두 정당하다. 왜냐하면 양자 모두 똑같은 하나님과 똑같은 양떼들을 섬기고 있기 때문이다. 차이가 있다면 목사는 사랑의 관점을 가지고 섬기지만 선지자는 선지자적 관점을 가지고 섬긴다는 것이다. 목사와 선지자 둘 다 꼭 필요하다!

선지자는 자신의 사역을 묘사할 때 '환상'이라는 말을 모토로 사용한다. 선지자는 종종 다른 이들이 보거나 듣지 못하는 것을 보고 듣는 특별한 능력을 가지고 있다. 이러한 초자연적 계시는 교회 안에서 건전한 해석의 과정(고전 14 : 29)과 적용을 거칠 필요가 있다. 선지자는 하나님으로부터 직접적인 소명을 받고 훈련을 받는다. 그리고 보통 엘리야와 엘리사의 경우에서 보는 바와 같이(왕하 3 : 11) '선생 선지자의 손에 물을 붓는 자'로 보냄을 받는다.

3. 사도

사도는 선지자만큼 양떼에서 멀리 떨어져 있지는 않다. 사도는 선지자처럼 다음 언덕 저편으로 넘어가는 대신 3마일 정도 떨어진 언덕 꼭대기에 서 있다. 이 전망 좋은 곳에서 그는 큰 그림을 볼 수 있고 지도를 읽으면서 다음 초장이 어디에 있는지를 찾을 수 있다. 사도는 보통 집집마다 심방해서 담소를 나눌 시간이 없다. '세상이 온통 그의 교회이기' 때문이다. 사도 바울이 그렇듯이 사도들은 결코 만족을 모른다. 로마를 방문한 다음 바울은 스페인으로 가기를 원했다. 그의 핵심 단어는 '전략'이며, 그의 핵심 사역은 '선교'다. 그는 하나님의 계획이 모든 민족들에게서 성취되는 것을 보기 원한다. 사도는 군대의 장군과 아주 비슷하다. 사도는 모든 민족의 구원이라는 대의를 이루어야 한다는 부담감을 가지고 있으며 그 책임을 이루기 위해 애쓴다. 사도는 교회를 개척하는 사역이다. 이 사역은 교회가 없는 곳에 교회를 세우고 사막 같은 복음의 불모지에 샘을 만든다. 여러 면에서 사도는 다른 모든 사역들을 통합시킨다. 사도는 초자연적인 은사를 받은 해결사로, 달란트 발굴자로서의 역할을 한다. 목사가('목사'라는 단어는 신약 성경에서 단한 번 언급되었다) 사랑이 많고 무척 자상하기는 하지만 최종적인 책임은 지지 않는 영적인 '삼촌'과 같은 존재라면, 신약 성경에 22명의 실명이 소개되어 있는 사도는 최종적인 책임을 지고 실제적인 고뇌와 기쁨을 자기 것으로 취하는 영적인 아버지들이다.

4. 교사

양떼와의 관계를 가지고 설명하자면, 교사는 양떼와 아주 가까운 곳에 산다. 교사는 못된 짓을 하는 양이나 풀을 뜯다가 자기도 모르게 양떼에서 이탈하는 양을 다시금 양떼로 되돌아가게 해야 할 때 개를 보내기 위해 양떼에게서 반 마일 정도 떨어진 곳에 앉아 있다. 그는 "진리, 오직 진리만!"을 모토로 삼는다. 교사는 질에 관심이 있다. 그는 질적인 것을 큰 그림보다 훨씬 더 매력적인 것이라고 생각한다. 그는 세부적인 것을 좋아하고, 모든 것을 정확하게 아는 '주석가' 역할을 한다. 그는 가르침 자체에 대한 열정을 가지고 있다. 그는 다른 사람들이 또 다른 사람들에게 가르치는 법을 가르칠 수 있도록 훈련한다. 그는 그의 선생이신 예수님이 그러하셨듯이 강의노트를 남기기보다 그의 정신을 남긴다.

5. 전도자

전도자 역시 양떼로부터 반 마일 정도 떨어진 곳에 있다. 양 우리 냄새를 풍겨 야생 양들을 겁주지 않을 정도로 양떼에서 떨어져 있는 동시에, 잃은 양을 양떼로 인도할 수 있을 만큼 가까이에 있기 위해서다. 전도자는 세 가지 목표와 열정을 가지고 있다. 사람들이 예수님을 발견하고, 발견하고, 또 발견하게 하는 것이 그것이다. 그는 외부인들에게 건전한 교회 상을 소개하고, 문자 그대로 '복음을 그들에게 읽어 줌으로', 그들에게 '전도를 함으로' 새로운 신자들이 성숙함에 이르도록 훈련시키는 일에 참여한다. 성경적으로 볼 때 전도자는 교회의 확장을 선도하는 자가 아니다. 오히려 그들은 교회의 토대를 세우는 책임을 지고 있는 사도들과 선지자들의 파트너로 동역한다. 전도자는 다른 사람들이 전도자들이 되도록 훈련시킨다. 이는 가정교회 안에 전도 기관을 세우고자 함이 아니라 가정교회가 복음 전도적인 운동이 될 수 있도록 또는 그렇게 유지될 수 있도록 하기 위해서다.

사역 투영을 피하라

우리 시대의 가장 큰 착오 중 하나는 '영적 은사 투영'(spiritual gift projection)을 허용하고 심지어 장려했다는 사실이다. 은사 투영은 특정한 영적 은사를 받은 그리스도인이 자기 은사가 세상에서 가장 자연스러운 것이며 다른 그리스도인들이 자신과 같이 행동하면 자동적으로 똑같은 결과를 얻게 될 것이라고 생각할 때 발생한다. 그는 하나님이 우리 각자를 독특한 존재로 만드시고 우리 각자에게 특별한 은사들을 주셨다는 사실을 간과한다. 어떤 단계에서는 그리스도인이 어떤 은사를 '갖는 것'을 그만두고 은사자가 '되는 것'이 하나님의 계획일 수 있다. 예언하기를 그치고 선지자가 되는 식으로 말이다. 다른 누군가를 자기 자신과 흑백논리적 대립 관계에 두는 것은 사과와 오렌지를 비교하는 것이며 자기 자신과 다른 사람들에게 큰 해를 입히는 것이다. 그는 또한 부당한 비교로 다른 그리스도인들의 삶을 복잡하게 만들고 그리스도의 몸에 대해 죄를 범하고 있는 것이다. 그리스도의 몸에서 모두가 다 입이나 귀는 아니다.

'사역 투영'(ministry projection)은 문제를 더욱 악화시킨다. 사역 투영에서 교사는 전도자를 보고 이렇게 말한다. "당신과 당신의 복음 전도 캠페인들이 무슨 대수입니까? 신학적인 훈련이야말로 정말 중요한 것입니다. 당신은 한 가지 문제가 있어요. 당신은 좀더 나를 닮아야 합니다!" 목사는 몸서리를 치며 선지자를 보고 이렇게 말한다. "당신과 당신의 환상들이 다 뭡니까? 오랫동안 지속되는 관계가 정말 중요합니다!" 그는 골짜기에서 이리들을 쫓는 데 사용해야 할 목자 지팡이를 손에 들고 선지자들을 멀리 내쫓는다.

교사가 교회를 세운다면

만일 교사가 혼자 교회를 세운다면, 그는 자신이 받은 고유한 은사인 가르침을 중심으로 교회를 세울 것이다. 우리가 그에게서 다른 어떤 것을 기대하겠는가? 교사는 교회를 강의실로 바꾸어놓거나 성경 학교나 교육 센터를 세울 것이다. 그가 필수적인 언어적 은사들을 가지고 있을 경우, 이러한 교육 센터는 감명 깊은 설교가 울려 퍼지는 예배당이 될지도 모른다. 사람들은 원근 각처에서 몰려와 무척 감동을 받게 된다. 그러나 그 탁월한 은사를 받은 사람이 떠나게 될 때, 많은 경우 이 교육 센터 역시 사라지고 만다. 교사는 진정으로 교회의 기초를 놓는 사람이 아니라, 교회의 기초에 대해 탁월하게 설명하는 사람이다.

복음 전도자가 교회를 세운다면

　복음 전도자들은 끝없이 이어지는 집회 속에 묻혀 산다. 만일 복음 전도자가 교회를 세운다면, 그는 매분마다 엄청난 아드레날린을 만들어내는 매혹적인 행사들과 흥분을 자아내는 프로그램들을 끊임없이 만들어낼 것이다. 그러나 궁극적으로 그 교회는 한 가지 메시지만 들려줄 뿐이다. 전도자는 많은 사람들을 끌어모을 수 있지만, 그들을 하나의 교회로 세우는 은사가 없는 경우가 많다. 멀지 않아 사람들은 한 가지 영적인 양식에 싫증을 느끼고는 다른 양식을 찾아 떠나게 될 것이다. 아마도 전도자 역시 그 문제를 파악하고는 사람들이 떠나기 전에 자기가 먼저 떠날 것이다. 아니면 그는 방송 설교를 하거나 10~20편 정도의 전도 설교들을 미리 준비해 두고는 아직도 그 설교를 듣지 못한 사람들을 찾아 순회 전도 집회를 할지도 모른다.

목사가 교회를 세운다면

　탁월한 은사를 가진 목사(목자)가 세상에 전하는 가장 강력한 메시지 중 하나는 "수고하고 무거운 짐 진 사람들은 다 내게로 오십시오. 내가 여러분의 말을 듣고 상담을 해 드리겠습니다" 하는 것이다. 그리고 사람들은 목사에게 나아온다. 만일 목자가 혼자 사역한다면 그는 당연히 상담센터를 만들 것이다. 그리고 이 상담센터는 궁극적으로 사람들이 성령의 능력으로 상처를 치유받기 위해 찾는 영적인 병원이 될 것이다. 목사들은 좋은 삼촌과 같아서 "아니오"라는 말을 잘 하지 못한다. 그 결과 그들은 최고의 은사를 받았지만 그들의 사역은 종종 아주 숨 막히는 결과를 가져온다. 그들은 감당할 수 없을 만큼 많은 사람들에게 둘러싸여 옴짝달싹 못하게 된다. 얄궂게도 교회의 성장은 교회를 한계상황으로 몰고 가서 결국에는 성장을 멈추게 만든다. 목사들은 너무 빨리 '많은 것을 쏟아내고' 그들의 한계점에 이르고 만다.

교회 개척에 있어서의 사도와 선지자의 주된 역할

영적인 병원도 중요하지만, 그렇다고 이것이 사도와 선지자가 해야 할 사역을 대체할 수는 없다. 다시 말해 교회 배가 운동을 위한 초자연적인 토대와 기초를 세운다거나, 어떤 것도 불가능한 것으로 여기지 않는다거나, 환상과 초자연적인 계시에 대해 전략적으로 반응한다거나, 선지자적 은사 발굴자가 되는 일을 대신할 수 없다. 사도와 선지자는 좋은 목사와 교사 그리고 복음 전도자처럼 사람 중심적이거나 필요 지향적이기보다는 하나님 중심적이다. 그들은 눈에 보이는 일이나 인간의 필요와 문제 그 너머에 있는 것을 바라볼 수 있는, 하나님이 주신 능력을 가지고 있다. 그리고 하나님의 과업과 비전을 이해한다. 그들은 단지 '교회 하나'를 세우는 것으로 끝나지 않고 더 나아가 도시 전체나 나라 전체를 복음 위에 세우기를 원한다. 그들은 미래 속에서, 미래를 위해서, 미래의 관점을 가지고, 미래를 현실 속으로 끌어들이며 살아간다. 그렇기 때문에 그들은 교회를 미래로 이끌어 갈 수 있다. 그들은 교회가 과거를 기념하는 데만 치중하는 전통적인 기관이나 오래 전에 사라진 화석화된 역사적 유물로 전락하지 않게 한다.

바울은 교회는 "그리스도 예수께서 친히 그 모퉁잇돌이 되시고, 사도들과 선지자들의 터 위에 세워진다"고 말한다(엡 2 : 20). 요한은 '열두 사도'가 대부분 죽고 난 후에 에베소교회에 보내는 편지에서 그들이 "자칭 사도라 하되 아닌 자들을 시험하였다"고 말한다(계 2 : 2). 이것은 워치만 니(Watchman Nee)가 그의 저서 『*The Orthodoxy of the Church*』(교회의 정통)에서 말하는 것처럼, 사도의 직무가 '사도 시대' 이후에도 계속된다는 것을 말해 준다. 집의 기초가 그러하듯이 사도와 선지자의 일은 많은 경우 눈에 보이기보다는 피부로 느껴진다. 이것이 바로 사도가 '첫째'로 언급되는 이유다(고전 12 : 28). 사도는 무엇보다 '교회를 세우는' 기초적인 작업, 곧 건축 장소를 물색하고, 땅을 파고, 기초를 놓음으로써 목수나 수도공이나 전기공과 같은 다른 이들이 그 기초 위에 건물을 세울 수 있게 만들라는 '소명을 받았다.' 당신은 목수가 기초를 놓은 집에서 살고 싶은가? 나는 목수 역시 전문가라고 생각하지만, 그런 집에서 살고 싶지는 않다. 집의 기초를 놓는 것은 목수의 임무 밖의 일이다.

사도와 선지자는 목회자나 전도자나 교사의 교회 모델을 세우는 대신 선지자적, 사도적 교회를 세운다. 바니 쿰즈(Barney Coombs)가 그의 탁월한 책, 『*Apostles Today*』(현대의 사도들)에서 거의 모든 사역 목록 중 맨 먼저 언급한 것은 '그리스도 예수의 몸 된 교회가 수적으로나 질적으로 배가하기 위해 풀 수 없는 난제들을 해결하도록 보냄을 받은 사람들'로서의 사도이다.

다섯 가지 사역들이 상호 보완적인 관계를 이루게 하라

우리는 이러한 사역들을 적대적 경쟁관계 속에 두는 대신 각 사역에 주어진 독특한 은사들을 인정할 필요가 있다. 이 사역들 각각은 전체의 그림을 이루는 합당한 부분들이다. 이 사역들 하나하나는 기독교 사역의 100% 중에서 각각 20%에 해당하는 독특한 사역들이다. 사도 사역과 선지자 사역은 다른 사역들보다 특별한, 보다 눈에 두드러지는 역할을 가지고 있다. 교사는 결코 선지자나 사도의 사역을 대행하거나 대신할 수 없다. 목사는 사도가 부름 받은 사역을 결코 감당할 수 없다. 선지자에게 목자의 일을 하게 하면, 그는 아마 형편없이 실패할지도 모른다. 그러나 자신이 기름 부음 받은 그 일, 곧 예언하고 다른 사람들에게 어떻게 예언할 것인지를 가르치는 일을 맡게 되면 탁월하게 감당해낼 것이다. 다섯 가지 사역들은 조화와 협력을 통해 서로 보완할 때 제 기능을 발휘할 수 있다.

가정교회는 장로들에 의해 양육을 받는다. 15명 규모의 가정교회에서 사도와 선지자, 전도자, 목사와 교사가 작은 방 안에 함께 앉는 것은 불가능할 것이다. 이러한 사역들은 지역 교회의 범위를 벗어나서 성도들을 사역을 위해 준비시키고, 한 지역을 초월하여 기능하면서 전체 지역에 영향을 미친다.

지역 교회를 위한 영적 유전자 풀(pool) 만들기

사탄은 오랫동안 목사들을 한쪽 구석에 서 있게 하고, 선지자는 다른 구석에 서서 창문을 내다보게 하고, 교사는 도서관에 앉아 있게 하고, 전도자는 바깥에 나가 커피를 마시게 하고, 사도는 바다를 건너 곳곳을 떠돌게 만든다는 계획을 추진해 왔다. 다섯 가지 사역을 맡은 사람들이 다시금 합력하여 일하기 위해서는 각자의 정체성을 새롭게 확인할 필요가 있다. 그들은 무엇보다 서로를 인정할 필요가 있다. 이를 위해서는 과거에 서로에 대해 품었던 오해들을 풀고 잘못된 개념을 바로잡는 철저한 회개가 필수적이다. 그리고는 서로 친구가 될 필요가 있다. 왜냐하면, 로저 포스터(Roger Forster)가 말하듯이, "하나님 나라에서 중요한 모든 것은 회복된 관계 위에 세워지기 때문이다." 그런 후에 이 다섯 가지 사역들은 보통 지역(도시, 지구, 구역, 주, 국가)에 기초를 둔 팀을 이루어 자기 배가를 시작해야 할 것이다. 다시 말해 선지자들은 선지자들을, 전도자들은 전도자들을 30배, 60배, 100배 배가시켜 결과적으로 그 지역 안에, 그리고 그 지역을 초월하여 그리스도의 몸 전체를 위한 훈련과 자료 센터가 되는 영적인 유전자 풀(pool)을 만들어야 한다.

교회는 영적인 양식을 제공하기 위해, 혹은 위기를 해결하기 위해, 혹은 어떤 교회나 지역이 특별히 필요로 하는 지원을 제공하기 위해 이러한 리더십 풀로부터 적절한 은사를 가진 사람을 적재적소에 신속히 파송할 수 있다. 사도와 선지자를 훈련시키는 사람들과 그리스도의 몸 된 교회를 섬기는 종들은, 국민들을 섬기는 국가의 종복들과 마찬가지로 한 도시나 지역이나 국가를 위한 영적인 의회와 평의회를 구성한다. 그들이 해야 할 과업 중 하나는 타이틀과 명예를 잊어버리고 겸손하게 자기를 낮추고 서로에게 책임을 다함으로써, 영적으로 군림하는 또 다른 엘리트 그룹을 형성하지 않도록 애쓰는 것이다. 그리고 한 도시나 지역에 있는 교회의 공동체적 정체성과 소명과 지역사회의 구원을 이루고, 진정으로 한목소리로 국가에 대하여 말하고, 도시 차원의 대집회와 보다 넓은 차원의 교회에 대해 정기적으로 사도적, 선지자적 비전을 제시하는 책임을 다해야 한다. 사도와 선지자 사역은 계속 '이 가정에서 저 가정으로' 순회하고, 자신들을 필요로 하는 가정교회가 있다면 언제든지, 그 어디라도 찾아가야 할 것이다.

당신이 그 사람인가?

그렇다면 이러한 영적인 유전자 풀을 개발하기 위해 어디서부터 시작할 것인가? 이러한 유전자 풀에 대해 열정을 느끼는, 초자연적인 비전을 가진 사람들로부터 시작해야 한다. 한 도시나 지역, 국가를 위해 울 수 있고 또 우는 사람들이 이러한 과정을 시작해야 한다. 이 일을 감당하도록 기름 부음 받은 사람은 사도적, 선지자적 사람들이다. 왜냐하면 이것이 하나님이 그들에게 주신 은사의 한 부분이기 때문이다. 스코틀랜드의 개혁자이자 사도적인 사람인 존 녹스는 한번은 이렇게 기도했다. "오 하나님, 나에게 스코틀랜드를 주소서. 아니면 이 생명을 거두어 가소서." 이것이 바로 이 일을 하기에 앞서 당신의 입술에서 자연스럽게 나와야 할 기도다. 스리랑카의 콜롬보에 소재한 더 피플스 교회(The People's Church)의 콜튼 위크라마라트니(Colton Wickramaratne)는 사도적, 선지자적인 사역자로서 자주 이렇게 말했다. "하나님의 방법은 사람입니다. 당신은 그 사람입니까?"

당신이 어떤 사역으로 부름 받았든지, 가장 첫 번째 단계는 다른 모든 사역들을 인정하는 것이다. 그리고 당신이 은사 받은 그 사역을 열심을 다해 행하고, 훈련을 통해 같은 사역자들을 배가시키는 것이다. 우리는 하나님이 우리를 만드신 목적대로 행할 필요가 있다. 당신은 현재 목사로 사역하고 있지만 선지자는 아닐지 모른다. 혹은 당신은 교사가 되려고 애쓰고 있지만 목사로 부름 받은 사람일지도 모른다. 그래서 가르침의 자료들은 별로 눈에 안 들어오고 사람들을 만나는 일을 갈망할 수 있는 것이다.

교회 안에서의 책임의 세 영역

가정교회 안에는 세 가지 리더십이 존재한다. 그러나 이것은 상하 계급적인 '리더십 3단계'가 아니다. 오히려 가정교회는 특별한 은사를 받은 다음과 같은 세 가지 유형의 리더들을 통해 유기적으로 지탱되고 배가한다.

1. 장로

가정교회는 장로가 지도한다. 장로는 아버지와 어머니로서 교회를 양육하는 역할을 한다. 장로는 구속함을 입은 지혜를 교회에 제시하고, 자녀들을 돌보는 아버지처럼 양떼들을 돌보고, 그들에게 어떻게 살 것인지를 보여 준다. 그들은 검증된 가정생활과 균형 잡히고 성숙한 생활방식을 통해 사람들에게 더 많은 신뢰감을 준다.

2. 다섯 가지 사역으로 부름 받은 자

장로들은 하나님이 사도, 선지자, 복음 전도자, 목사, 교사 등의 다섯 가지 사역들 중 하나로 부르신 사람들에 의해 준비되고 훈련받는다. 이 사역자들은 '이 가정에서 저 가정으로' 순회하면서 교회가 건강해지거나 건강을 유지하여 배가하기 위해 필요한 요소들을 제공하는 혈액순환 시스템으로서 기능을 한다. 이러한 사역들은 다양한 가정교회들을 하나의 전체 시스템으로 연결하는 근육이나 관절과도 같다. 그들은 각각의 개별적인 가정교회를 초월하여 하나의 영적인 유전자 풀처럼 그리스도의 몸 된 교회를 섬긴다. 한 지역이나 지방, 그리고 보다 넓은 지역에 있는 가정교회들이 이 유전자 풀을 이용할 수 있다.

3. 사도적 지도자

다섯 가지 사역의 영적 훈련자들은 내가 '사도적 지도자'(apostolic fathers)라고 부르는 세 번째 그룹과도 관계된다. 사도적 지도자들은 사도적, 선지자적 은사를 가지고 있을 뿐 아니라 한 도시나 지역 혹은 국가를 위해 하나님이 특별히 주신 소명과 은사를 가지고 있다. 그들은 보통 한 지역이나 도시, 국가 혹은 민족에 대해 엄청난 고뇌와 영적인 고통을 느낀다(갈 2 : 7~9). 그렇기 때문에 그들은 그 지역이나 국가 혹은 민족의 척추, 즉 '믿음의 기둥'이 된다. 그들은 가정교회 운동 전체를 지역 내에 정착시키고 대집회와 장차 태동하게 될 도시 교회를 책임진다. 그들은 진정으로 하나님 나라의 사고방식과 자신들이 지고 있는 영적인 짐으로 인한 상한 마음을 가지고 있기 때문에, 자기 이름을 내세우는 대규모 운동이나 왕국을 세울 가능성이 가장 희박한 사람들이다. 그들은 모든 사람들을 섬김에 있어 계급적인 권력 피라미드의 높은 꼭대기에서 아래로 향하기보다 땅 아래로 내려와 다른 훈련자들과 함께 나란히 선다(막 9 : 35). 그렇기 때문에 그들은 진정으로 모든 사람들을 지도하는 역할을 할 수 있다.

집사들은 장로들과 함께 역할을 감당한다(빌 1 : 1). 그러나 행정적인 필요와 구제 사역을 돌보고, 사도들이 그들의 일을 자유롭게 할 수 있도록 돕는다는 점에서(행 6장) 사도적 지도자들의 비서와 조력자로서 역할을 감당한다고도 볼 수 있다.

대기업들은 기업의 미래가 차세대 리더들의 자질에 달려 있다는 점을 잘 알고 있다. 그래서 그들은 소위 인력 회사와 인력 재배치 에이전시를 고용하거나, 신입사원 채용 담당자를 대학이나 학교로 파견해서 양질의 인력을 찾아내게 한다. 그리스도의 몸 된 교회는 이런 기업들로부터 교훈을 얻을 수 있을 것이다. 우리는 초자연적인 은사 확인 작업, 혹은 그러한 계획이라도 필요하다. 각자 안에 있는 은사들을 체계적으로 확인하여 이 예비 사도들과 예비 선지자들 혹은 예비 목사들이 영적인 성숙도로 보나 경험으로 보나 그들보다 수십 마일은 앞서 있는 각자의 역할 모델들로부터 훈련받을 수 있도록 도울 필요가 있는 것이다. 이러한 훈련생들과 초보자들은 선생의 가방을 들고 선생을 따라다니거나, 선생 되는 선지자의 '손에 물을 붓고' 그의 '정신이 피부로 와 닿을 때까지' 그 손을 닦을 수 있을 것이다. 바울은 "나를 본받는 자가 되라"고 말했다. 초보자가 역할 모델을 해 줄 선생이 없이 어떤 업무를 맡게 된다면, 그 시행착오의 과정을 생각할 때 이것은 경제적으로 너무나 비효율적인 일일 것이다. 이것은 영적인 경우에서도 마찬가지다.

교회로 인한 상처를 치유하기

오늘날 교회 안에는 사도들과 선지자들이 그다지 많지 않다. 전통적인 목사 중심의 교회 안에는 그들이 있을 자리가 많지 않기 때문이다. 그들은 변방으로 밀려나 있다. 그들은 종종 두려움의 대상이 된다. 왜냐하면 너무 강하고 급진적이고 이질적으로 보이기 때문이다. 많은 사도들과 선지자들은 변방으로 내몰렸을 뿐 아니라 전통적인 교회로부터 거부를 당했다. 그리고 그 결과 아마 희망의 마지막 불꽃은 아직 그 속에 불타고 있겠지만 교회에 대해 거의 포기해버렸다. 그들 중 많은 이들이 오늘날 사업을 하거나 의사가 되었다. 그들은 위궤양 수술을 해서 한 달에 1만 달러를 벌고, 자신들에게 상처를 주는 교회에 등을 돌린 채 텔레비전이나 라디오 설교를 들으며 영적인 삶을 유지하고, 가끔 콘퍼런스나 기독인 사업가 '모임'에 참석하는 것 이상의 일을 위해 지음 받았다는 사실을 마음속 깊이 알고 있다. 이 거부당한, 혹은 그 가치를 인정받지 못한 사역의 장을 잃은 사도들과 선지자들은 '교회로 인한 상처' (church trauma)로 고통받고 있다. 교회는 마땅히 치유를 베풀어야 함에도 그 부름에 합당하게 행하지 못했다. 또한 교회는 이들 사도들과 선지자들의 사역을 가장 필요로 함에도 불구하고 (거의 사탄의 계교로 말미암아) 도리어 그들에게 심각한 상처를 안겨 주었다. 이 때문에 기독인 사업가들 중 많은 이들은 자신들에게 상처를 준 교회에서 가능한 멀리 떨어진 채 교회 밖의 기관들을 전폭적으로 지원하고 '파라처치'(para-church) 사역들과 선교회에 투자를 한다('파라'(para)는 '나란히'라는 뜻으로, 교회 안에는 그들의 비전을 위한 자리가 없기 때문에 '교회와 나란히 있는 사역'이라는 의미에서 이렇게 부른다). 이것이 비극인 것은 교회는 하나님의 선교이기 때문이다. 누군가 그들이 어디 있는지 찾아서 다가가 깊이 사과하고 그들이 교회로 인해 입은 '상처'를 치유해 줄 필요가 있다. 그리고 그들 안에 타고 있는 불꽃에 바람을 불어넣어 그 불꽃이 하나의 거대한 불길로 타오르게 하고, 하나님이 그들을 어떻게 보시는지를 볼 수 있도록 돕고, 그들 속에 있는 교회를 세우는 사도적, 선지자적 잠재력을 풀어놓을 필요가 있다.

이것이 당신의 현을 두드리는가?

피아노 옆에 서서 음조를 노래할 때 피아노 현들 중 어떤 것들은 당신의 노래 소리와 화음을 이루어 소리를 서로 반향하고 울림을 만들어낸다. 이 현들은 당신의 음조의 주파수와 공명한다. 이것은 영적으로도 마찬가지다. 나는 종종 세미나에 참석한 사람들에게 다섯 가지 사역에 대해 설명한 후 그들에게 자신들이 어떤 소명을 받았다고 생각하는지 생각해 보고 다섯 가지 코너 중 하나에 서 보도록 요청한다. 보통 몇몇 사람들은 자신들이 어디에 속해 있는지 아직 알지 못하기 때문에 그대로 앉아 있다. 그리고 나서 나는 목사, 전도자, 선지자, 사도, 교사 각각의 그룹의 대표자들 몇 사람에게 아직도 자신들이 어떤 소명을 받았는지 알지 못하고 그대로 앉아 있는 사람들을 위해 돌아가면서 짧게 기도하게 한다. 그런 후에 나는 앉아 있는 사람들에게 이들 사역자들 중 한 사람이 기도할 때 어떤 특별한 느낌이 드는 것을 경험했는지, 그의 기도가 그들 속에 있는 영적인 현을 두드렸는지 묻는다. 만일 그렇다고 대답한다면 나는 그에게 자신이 영적으로 공명을 느꼈다고 생각하는 그 그룹 쪽으로 이동하도록 권한다. 그리고 나는 그가 옮겨 간 그룹에 있던 사람들에게 그 안에 "하나님의 은사를 다시 불일 듯하게 하기 위하여"(딤후 1 : 6; 딤전 4 : 14 참조) 그에게 손을 얹고 기도하게 한다.

당신의 영역을 위한 다음 단계는 무엇인가?

이 질문에 대한 답은 당신이 지금 어디에 있으며, 과거에 어떤 사역이 당신의 영역을 혹은 당신의 교회를 세우거나 지배해 왔는가에 따라 달라진다. 만일 당신의 국가나 민족에 목사와 전도자의 사역들이 과잉 공급되고 있다면 당신은 사도와 선지자와 교사의 사역들을 가지고 보완함으로써 영적인 토양이 많은 열매를 위해 필수적인 양분들을 두루 갖추게 하는 것을 고려해야 할 것이다.

꽃에다 물 대신 얼음조각들을 준다면?

나는 목사의 사역의 가치나 효과를 믿어 의심치 않는다. 나는 사도와 선지자, 교사, 전도자 등의 다른 네 가지 사역들의 가치나 효과 역시 분명히 믿는다. 물이 얼음과 물과 수증기 이 세 가지 형태로 존재하는 것과 마찬가지로, 오늘날 다섯 가지 사역들이 존재하지만, 이러한 사역들이 언제나 적절한 형태로 적절한 장소에서 발견되는 것은 아니다. 이 사역들은 제도화된 기독교의 경직된 시스템 속에서는 굳어서 얼음이 될지도 모른다. 또 이 사역들은 투명한 물처럼 존재할 수도 있다. 아니면 이 사역들은 수증기처럼 존재할지도 모른다. 그래서 자유롭게 날아다니는 사역들과 어느 누구에게도 책임을 느끼지 않는 '독립' 교회들의 얇은 공기층 속으로 사라져버릴지도 모른다.

하나님은 기독교 국가 시기에 냉동되어 깔끔한 패키지 속에 포장되었던 다섯 가지 사역들의 핵심적인 질을 변화시키고 계신다. 그리고 이 사역들을 따뜻하게 데워 녹이시고, 자신이 창조하신 교회에 물을 주기에 최선의 조건을 갖추게 만드신다. 이 다섯 가지 사역들은 액체 형태로 있을 때에 서로가 연관성을 가지고 함께 기능을 하고, 한데 어우러져 흘러가기가 쉬울 것이다.

오늘날 교회 안에는 다섯 가지 사역들에 대해, 특별히 사도와 선지자 사역에 대해 별로 좋지 않은 감정을 가지고 있는 사람들이 많다. 이것은 아마도 그들이 수증기나 얼음과 같은 잘못된 형태나 패키지 속에 존재하는 사도와 선지자 사역들을 대했기 때문일 것이다. 그러나 우리는 아기를 씻은 목욕물이 더럽다고 그 물과 함께 아기까지 버리는 우를 범해서는 안 된다.

리비히의 교훈

독일의 생물학자이자 화학자인 유스투스 폰 리비히(Justus von Liebig)는 150년도 훨씬 이전에 식물이 건강하게 성장하기 위해서는 질소, 석회, 인산, 칼륨, 이 네 가지 비료 혹은 미네랄만 있으면 된다는 사실을 발견했다. 토양 안에 이 네 가지 미네랄만 충분히 그리고 조화롭게 들어 있으면 성장은 '자동적으로' 이루어진다는 것이다. 토양은 그야말로 비옥하게 되고 좋은 곡식을 맺는 데 필요한 모든 것을 다 갖추게 된다는 것이다. 만일 비료들 중 어느 하나라도 부족하면, 예를 들어 석회가 부족하다면, 성장은 이 요소로 인해 제한을 받고 방해를 받게 될 것이다. 이때 토양에 정말 필요한 것은 석회다. 당신은 질소와 인산과 칼륨을 더 많이 넣을 수도 있을 것이다. 그러나 그렇게 하는 것은 상황을 호전시키는 데 아무런 도움이 안 되고, 오히려 그 토양을 망쳐놓게 될 것이다.

산성화된 토양을 다루기

예를 들어 복음 전도를 인산이라 하고 예언을 칼륨이라고 하고 가르침을 질소라 하고 목회를 석회라고 해 보자. 만일 토양이 인산(복음 전도)과 질소(가르침)를 아주 많이 포함하고 있다면, 그 토양은 인산과 질소를 더 넣을 경우 도리어 해로운 결과를 빚을 수 있는 포화상태에 곧 이르게 될 것이다. 그리고 이는 땅을 산성화시켜서 우리가 원하는 것과 정반대 되는 결과를 가져올 것이다. 지금 토양이 필요로 하는 것은 인산과 질소가 아니라 각각의 미네랄들이 하나라도 모자람이 없이 조화를 이루는 데 필요한 만큼의 칼륨(예언)과 석회(목회)다.

이것은 인산과 질소의 제조자들에게는 상처를 줄 수 있다. 왜냐하면 거절 당했다고 느낄지도 모르기 때문이다. 그러나 사실상 인산과 질소는 석회와 칼륨이 보충될 때 토양의 산성도를 낮추고 다시금 그 토양을 비옥하게 만드는 데 다 같이 기여하게 될 것이다.

온 세상에 인산을!

기독교 콘퍼런스에서 어떤 사람들은 이렇게 말할지도 모른다. "우리 교회의 경우 인산(전도)이 정말 효과가 있었습니다! 교회 안에 인산을 더했더니 영적인 대폭발이 일어났습니다. 인산은 바로 내가 필요로 하던 바로 그것이었습니다. 그리고 나는 이것이 또한 당신이 필요로 하는 바로 그것임을 확신합니다! 당신은 인산이 필요합니다. 미처 이 사실을 알지 못하셨는지도 모르지만 당신은 정말 이 인산이 필요합니다! 당신이 질문을 던지기도 전에 저는 대답을 가지고 있습니다. 인산이 바로 그 대답입니다! 저의 경우 인산이 잘 먹혀들었습니다. 이것은 또한 당신에게도 마찬가지일 것입니다. 우리 모두 '인산을 온 세상에' 라는 기치를 듭시다. 모든 사람들에게 교회를 변화시키는 인산의 축복에 대해 전합시다."

당신은 이런 사람에 대해 어떻게 생각하는가? 그가 콘퍼런스에서 다시 특강을 하도록 허락하겠는가? 나라면 결코 그렇게 하지 않을 것이다. 나는 그의 교회에서 일어난 일에 대해서는 기쁘게 생각한다. 그러나 그를 모방하는 것에 대해서는 신중할 것이다. 왜냐하면 그의 교회가 처한 지역적 상황이 내가 처한 지역적 상황과 꼭 맞아떨어지지 않을 수 있기 때문이다. '상황화', 즉 '외부의 아이디어를 토착적인 토양에 이식하는 겠'은 좋은 생각일 수 있지만 신선한 '성육신화'가 더 좋다. 우리의 토양의 역사적인 발전을 감안할 때, 농부로서 우리는 인산을 갈망해 왔을 수 있지만, 정작 필요한 것은 석회일지도 모른다! 인산 예찬론자의 충고를 받아들일 경우 우리는 좋은 토양을 망치고 그 자체로 놓고 보면 너무나 선한 것을 아주 해로운 것으로 만들어버릴 수도 있다. 다시 강조하지만 우리는 다른 어느 누군가의 경험이나 방법을 그대로 모방해서는 안 된다. 오히려 우리는 우리 자신이 사도적, 선지자적인 사람이 되고, 독창적이고, 우리 자신의 상황에 대해 민감한 사람이 되어야 한다.

훌륭한 농부라면 누구나 토양을 테스트하고 그 질을 평가하고 좋은 수확을 내기 위해 어떤 비료를 어느 정도로 필요로 하는지를 알아낼 수 있다. 사도가 바로 이와 같은 일을 한다. 네 가지 미네랄 중에 어떤 것이 필요한지를 아는 현명한 농부처럼 사도적 사역은 좋은 토양이 되기 위해 필수적인 건강한 균형을 이루기 위해서 네 가지 사역 중 어느 것이 필요한지를 안다. 우리는 구아닌과 시토신, 티민, 아데닌 등 네 가지 유전인자들로 구성된 영적인 DNA 역시 비슷한 방식으로 생각할 수 있을 것이다. 이 인자들은 이중 나선형 구조로 결합되어 있다. 이 구조는 어떤 유전인자가 다른 유전인자와 상응하고 또 보완관계에 있는지를 말해 준다. 그리고 이 유전인자들이 배열되어 있는 방식은 그 유기체가 어떻게 성장하는지를 결정할 것이다. 이 네 가지 유전인자들을 전도자와 선지자, 교사, 목사 등의 네 가지 사역에 비유한다면, 이 사역들을 창조적으로 하나로 통합시키는 역할은 하나님이 '뛰어난 건축가'로 세우신 사도의 책임이 될 것이다.

>>>제5장 가정교회와 셀교회

셀교회는 보통 담임목사가 제일 꼭대기에 있고, 그 아래로 차례로 부목사들과 목양팀장들과 교구 목사들과 지구 목사들과 섹션 리더와 맨 아래에 가정 셀 리더들과 부 리더들 그리고 영적 부모들이 층별로 있는 피라미드 구조로 급속하게 발전한다. 이에 비해 가정교회는 단층 구조를 가지고 있다. 다양한 과업들은 계층 구조 안에 있는 사람들에 의해 수행되기보다 특별한 사역을 위해 특별하게 은사를 받고, 구원받은 자들로서 서로 관계를 맺고 서로에게 복종하는 그런 사람들에 의해 수행된다.

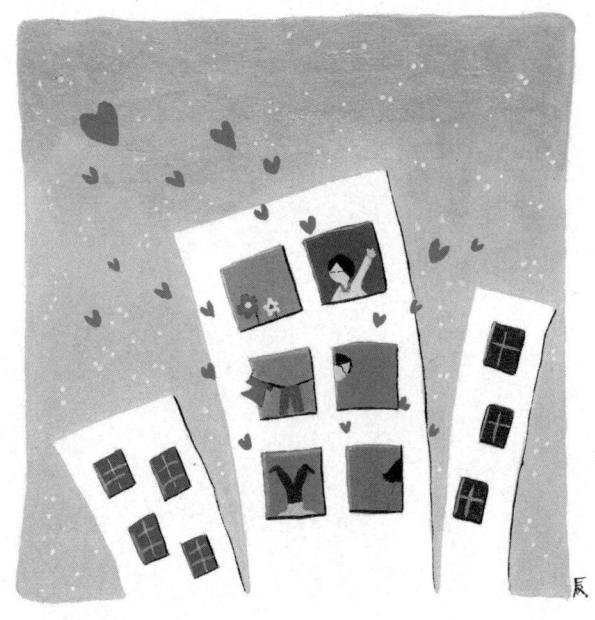

제5장 가정교회와 셀교회

가정교회가 자연스러운 해결책이 되는 13가지 이유

최근에 '셀교회'(cell church)라는 개념이 전 세계적으로 추진력을 얻게 된 것은 랄프 네이버와 빌 베컴, 래리 크라이더, 래리 스탁스틸을 비롯한 많은 이들의 출판을 힘입은 바 크다. 네이버는 "셀은 셀교회의 가장 기본적인 단위를 이룬다"고 말한다. 셀에 기반을 둔 교회의 모든 혹은 대부분의 성도들은 소그룹 혹은 셀의 일원이 된다. 이들은 보통 주중에 한 번 소그룹으로 모이고 주일날 '담임목사'가 인도하는 보다 큰 규모의 집회인 대집회(celebration)로 모인다. 셀교회는 담임목사를 위로하고, 그 아래로 부목사들과 지역과 지구 담당 교역자들이 따르고, 그 아래로 셀그룹의 리더들이 따르고, 그 아래에 부 리더가 따르는 피라미드 형태의 구조를 가지고 있다.

우리 시대의 많은 이들과 마찬가지로 나는 '상의하달 방식의' 언어나 정교한 시스템, 혹은 '계획 A'나 만일의 상황을 위한 '계획 B' 같은 말에 대해 혐오감을 가지고 있다. 그러나 랄프 네이버가 그의 저서

『셀 교회 지침서』(Where Do We Go From Here? NCD 역간)의 1장에서 제시한 전통적인 교회 진단에 나는 전적으로 동감한다. 그는 모임과 이벤트 중심의 교회가 가진 프로그램 지향적 성격이야말로, '적절한' 일정을 제시하고 흥미진진한 프로그램을 제공하는 것으로 삶의 교제를 대신해버린 핵심적인 주범이라고 지목한다. 그리하고 나서 네이버는 셀 중심 교회의 여러 측면들을 자세하게 설명한다. 예를 들어 그는 셀 모임을 네 가지 '더블유'(W) 곧 환영(Welcome), 예배(Worship), 말씀(Word), 사역(Works)을 중심으로 구조화할 것을 제안한다. 환영은 사람들의 참여를 이끌어내기 위한 아이스브레이커(icebreaker)를 의미하고, 예배는 묵상이나 독서 혹은 찬양을 말하며, 말씀은 지난주 주일 설교의 적용을 의미하고, 사역은 한 사람이 자신의 친구들과의 친밀한 그룹인 '오이코스'(oikos)에 실제적으로 접촉하려고 하는 것을 의미한다.

그러나 나는 오늘날의 셀교회 운동에 가담하고 있는 많은 사람들이나 셀교회 운동을 관심 있게 지켜보는 이들과 마찬가지로 셀교회 운동에 대해 이런 의구심을 가지고 있다. 셀교회가 프로그램 중심적인 형태가 되지 않기 위해 많은 탁월한 프로그램을 계발했다면, 그리고 그렇게 함으로써 셀교회가 가장 두려워하는 바 프로그램 중심적인 형태가 되었다면, 이러한 역설이 또 어디 있겠는가?

셀교회 운동에 임한 하나님의 손길

나는 셀교회와 그와 연관된 운동들 속에서 하나님의 손길을 분명히 목도한다. 나는 이 점에 대해서는 한 치의 의심도 없다. 만일 우리가 전체 그림을 볼 수 있다면 많은 이들이 충격을 받거나 당황하게 될 만큼 급진적이고 전 세계적인 호응을 얻고 있는 교회를 통해 패러다임을 전환하기 시작하신 분이 하나님이시라고 분명히 믿는다. 나는 내가 이 책에서 말하는 것은 전체 진리의 단지 하나의 작은 부분에 불과하며 많은 다른 사람들의 저서를 통해 보완될 필요가 있다는 점에 대해 전적으로 동의한다. 곧 다가올 변화들은 심지어 선지자들조차 충분히 준비되지 못했을 만큼 엄청난 것일 것이다. 나는 하루아침에 가정교회에 대해 진지하게 생각하고 부족한 부분들을 보완한다는 것은 말할 것도 없고, 가정교회의 모든 이슈들과 그 안에 담긴 의미를 한 번에 다 소화한다는 것 또한 힘든 일이라는 데 동의한다.

하나님은 전 세계를 가르치시는 자상한 선생이시다. 하나님은 우리를 가르치시되 단계를 따라 처음에는 ABC를 가르치고, 그 다음에는 DEF를 가르치고, 마지막에는 XYZ를 가르치신다. 셀교회를 통해 하나님은 많은 전통적인 프로그램 중심의 교회들이 아주 잘 이해할 수 있는 용어로 '작은 것'으로 돌아가도록 가르치신다. 나는 셀교회가 몇 가지 프로그램 중심으로 디자인된 유전자를 가지고 있다는 사실 때문에 거북함을 느끼지는 않는다. 왜냐하면 이것이 사람들이 조직화된 성당 형태의 종교로부터 유기적이고 관계적인 삶의 방식으로서의 교회에 대한 이해로 돌아가게 하는 멋진 다리 역할을 할 수 있음을 알기 때문이다. 이런 의미에서 나는 셀교회를 중간 단계의 하나님의 집들 중 하나로 본다. 이러한 중간적인 형태의 집들은 제한된 초점과 비전을 제시함으로써 우리가 한계 속에서 나아갈 길을 더 잘 바라볼 수 있게 만들어 준다. 셀교회는 또한 전통적인 세계 교회라는 버스가 급커브길을 잘 통과하여 가정교회에 이르도록 그 속도를 늦추시는 하나님의 손길인지도 모른다. 만일 우리가 경고 표지판들을 통해 속도를 늦추지 않는다면, 코너를 돌 때 잘 준비되어 있지 못한 관계로 아마도 차가 전복되는 끔찍한 결과를 낳게 될지도 모른다. 하나님은 우리를 전복시키거나 무질서에 빠뜨리시기를 원치 않으신다. 하나님은 우리가 앞으로 다가올 일들을 잘 통과하도록 돕기를 원하신다. 그래서 하나님은 우리가 보지 못하는 것에 대해 우리를 준비시키시려고 우리의 속도를 늦추신다. 하나님은 종종 우리의 지나친 행동주의 성향을 통해 이 일을 하신다. 새로운 선지자적 통찰들이 태동하게 되는 것은 종종 우리가 '탈진'에 이르렀을 때나 붕괴에 직면하게 된 바로 그 때다. 왜냐하면 우리는 이럴 때 비로소 기도하고 생각할 시간을 가지고, 다시금 하나님 앞에서 입을 가리고 잠잠히 있을 수 있기 때문이다.

나는 가정교회와 같은 기능을 하는 많은 셀교회 운동들과, 셀교회 아이디어를 지역적 특성에 맞게 적절하게 수정해서 채택한 예들을 보고 들어왔다. 이런 소식을 듣게 될 때 나는 무척 기쁘다. 나는 셀교회와 가정교회를 인위적으로 나누려는 것이 결코 아니다. 다만 셀교회가 하나의 중요한 부분을 이룬다고 확신하고 있는 개혁 과정의 스펙트럼과 연속선을 지적하고 싶을 따름이다. 나는 셀교회에 대해 깊이 동감한다. 왜냐하면 나 역시 신약 교회 곧 사람들을 진정으로 제자로 삼고 궁극적으로 모든 민족들을 제자로 삼는 그런 실제적인 구조를 개발하는 것에 관심이 있기 때문이다. 여기서 나는 인위적으로 셀교회와 가정교회를 편 가르기 하려는 것이 절대 아니다. 다만 가정교회와 셀교회 개념 사이의 몇 가지 중요한 차이점들을 지적하고자 한다. 이를 위해 이 두 시스템 사이의 몇 가지 핵심적인 차이점들을 아래에 정리해 보았다. 오늘날 많은 모델들과 구조들이 개발되고 있음을 고려할 때 이 두 시스템은 많은 변형들이 있을 수 있고 또 어떤 경우에는 서로 중복이 될 수도 있다는 점을 충분히 인정한다.

핵심적인 차이	셀교회	가정교회
1. 철학	지도자 중심적인 부족	지도자가 없는 부족
2. 반영하는 것	도시 문화	마을 문화
3. 흥왕하게 일어나는 곳	전투적인 국가들	전투적인 국가와 평화적인 국가 둘 다
4. 셀	단위(unit) 중 하나	단위 그 자체
5. 행정	'이드로' 시스템	다섯 가지 사역
6. 프로그램	일정 중심	가정교회 자체가 그 일정임
7. 권위 구조	피라미드 구조	단층 구조
8. 리더십	리더 단계	장로와 사도
9. 구심점	본부	본부가 없음(분산됨)
10. 대집회	필수	선택
11. 가시성	높음	낮음
12. 구조	전도자적	사도적, 선지자적
13. '큰 날개' (big wing)	교단 교회	도시 교회

1. 지도자 중심적인 부족과 지도자가 없는 부족

아주 오래된 구분법을 이용해서 셀교회와 가정교회를 비교해 본다면, 전자는 지도자가 있는 부족에 해당되고, 후자는 지도자가 없는 부족에 해당된다고 할 수 있다. 셀교회는 지도자가 있는 사회의 패턴을 반영하고 가정교회는 지도자가 없는 사회의 패턴을 반영한다.

2. 도시 문화와 마을 문화

오늘날의 셀교회들 중 많은 수가 도시나 대도시 지역에 세워진 반면,

가정교회는 도시와 마을 모두에서 흥왕하게 일어났다. 우리는 대부분의 셀교회가 도시에 터를 잡고 있다는 점을 특별히 주목할 필요가 있다. 비록 어떤 이들이 주장하는 것처럼 구원 이야기가 에덴동산에서 시작되어 새 예루살렘이라는 도시에서 끝나기는 하지만, 오늘날 많은 사람들은 동시에 도시와 마을 두 세계 모두에서 산다. 한 사람이 도시에 살면서 또한 동시에 그 도시 안의 한 마을이나 거류지 혹은 아파트나 인위적으로 형성된 주거지나 슬럼이나 이웃 단지에 살고 있는 것이다.

셀교회는 인간 바다에서 눈에 보이는 섬, 곧 군중들 위로 떠오르는 섬을 제공한다. 이 섬에서 사람들은 어떤 기준을 가진 사람의 기치 아래서 혹은 위대한 하나님의 사람의 그림자 아래서 피난처를 찾고 발견한다. 늘 그런 것은 아닐지 모르지만 이것이 셀교회 모델 적용의 한 예라고 할 수 있다. 도시 안에 있는 많은 사람들은 사회에서 소속감을 느끼지 못하고 정체성을 상실하고 있으며, 누군가 다가와서 자신들이 소속될 수 있는 장소를 제공해 주기를 기다리고 있다. 그러나 이것은 단지 표면적으로만 사실이다. 이면적으로 볼 때, 심지어 도시 안에 있는 사람들도 실제로 이미 클럽이나 친족, 어떤 집단, 혹은 현대적인 '부족'에 '소속되어' 있거나 자신들이 거주하는 지리학적인 장소, 예컨대 아파트나 주민 방범대 등의 한 부분이라고 강하게 느낀다. 그들 역시 도시 안에 자신들의 부족과 마을을 가지고 있다.

싱가포르나 바티칸과 같은 전형적인 도시 국가들은 분명 예외겠지만, 거의 모든 나라들은 마을 안에 그들이 물려받은 대부분의 유산 곧 전형적인 삶의 패턴과 문화적 전통과 성채들을 간직하고 있다. 많은 나라들은 이 점에 대해 점점 더 분명히 인식하고 있으며 자랑스럽게 여기고 있다. 마하트마 간디는 "인도는 마을 속에 살아 있다"고 외쳤다. 그러나 예컨대 인도 교회가 도시 안에 세워져 있다면 어떻게 하겠는가? 도시 교회가 마을들을 제자화할 수 있겠는가? 통계자료에 따르면 대답은 "아니오"이다. 결과는 너무나 분명하다. 도시에 세워진 교회는 평균적으로 볼 때 마을을 얻지 못할 것이다. 만일 우리가 마을을 얻지 못한다면, 우리는 전 세계를 제자화하지 못할 것이다. 우리가 도시(이것은 마을들과 이웃들의 거대한 네트워크로 간주될 수 있다)를 얻을 필요가 있는 그만큼이나 우리는 또한 마을에 깊은 인상을 심어 주고 마을을 얻는 교회 형태도 필요하다. 만일 우리가 이웃을 제자화할 수 있다면, 우리는 또한 한 나라 전체를 제자화할 수 있을 것이다. 나는 가정교회가 도시와 마을 모두를 얻을 수 있다고 본다.

3. 전쟁과 평화

어떤 부족들은 아프리카의 마사이족이나 일본이나 노르웨이의 바이킹들처럼 전통적으로 전사로 이루어져 있는 반면, 어떤 부족들은 남인도의 드라비다 족이나 핀족이나 필리핀 사람들이나 칼라하리의 부시맨들처럼 평화를 애호하는 마음 자세를 가지고 있다. 어떤 나라들은 전사 문화를 발전시킨 반면, 또 어떤 나라들은 평화를 애호하고 어떻게든 갈등을 해결하려는 사고를 가지고 있다. 이것은 그들이 자신을 바라보는 방식에서, 그리고 그들이 만드는 영화와 군대나 법의 역할에서, 그들이 군주제와 대통령제 중 어떤 것을 택하느냐의 여부에서 여실히 나타난다. 어떤 나라들에서는 대부분의 사람들이 명령이나 지시 받는 것에 익숙하다. 그러나 다른 나라들에서는 이렇게 하는 것이 매우 무례한 행동으로 여겨진다. 어떤 나라들에서는 사람들이 예의를 따지고 격식을 잘 갖추지만, 또 어떤 나라들에서는 격식에 대해서는 별로 신경을 안 쓰고 마음을 중요하게 여긴다. 어떤 나라들은 상명하복의 철저한 위계질서 속에서 어느 누구도 사전 허락 없이는 움직이지 못하는 육군 캠프처럼 느껴지지만, 또 어떤 나라들은 아주 느슨한 조직을 가진, 대다수의 사람들이 재미있게 즐기는 캠프장처럼 느껴진다. 서구의 많은 나라들에서는 3세기의 토마스 아퀴나스 이래로 개인주의와 민주주의가 가장 지고한 가치로 간주된다. 이 나라들에서는 각 개인이 자기 자신의 삶을 주관한다. 어떤 나라 사람들은 자기가 탄탄하게 짜여진 공동체인 '움마'(Ummah : 이슬람 공동체)의 한 부분이라고 느낀다. 그리고 이런 나라들에서는 일반적으로 그들의 삶을 다른 사람들이 주관한다.

특정한 문화를 가진 국가에서 성장하는 교회들은 언제나 이러한 '전쟁 혹은 평화' 사고방식을 상당 부분 반영한다. '전사' 문화 속에서 성장하는 사람들은 다른 사람들이 자신들에게 어디에 앉고 어디에 소속되고 무엇을 하고 어떻게 행동해야 할 것인지에 대해 말해 주기를 기대하고 또 그들의 말을 잘 따를 것이다. 어릴 때부터 그들의 삶은 크고 작은 의식들과 예전들과 리본과 배지와 타이틀과 직업적 계급들로 채워질 것이다. 그리고 그들은 언제나 깃발을 든 사람을 중심으로 모여들 것이다. 이런 문화에서는 누군가 교회 안에서 그와 같은 것을 기대한다 해도 그다지 놀랄 일이 아니다. 내가 믿기에 셀교회는 바로 이러한 패턴을 반영한다. 그러나 평화적이거나, 민주적이거나, 사회주의적인 혹은 심지어 공산주의적인 배경에서 자라난 사람들은 오늘날 서구의 X세대 문화와 공통점을 가지고 있다. 그들은 사람들이 스스로에게 부여하는 권위에 대해, 그것이 정치적인 권위냐 아니면 경제적인 권위냐 아니면 영적인 권위냐를 막론하고 본능적으로 의문을 제기할 것이다. 그들은 군대 조직을 도입하고 위로 영적인 대장을 모시고 있는 교회에 대해서는 거부감을 가지는 반면, 섬기는 리더십을 가진 유기적이고 관계적인 교회에 대해서는 높이 평가한다. 이것이 바로 내가 가정교회를 선호하는 또 다른 이유다. 가정교회는 전사 문화와 평화 문화 모두에서 효과적으로 기능한다.

4. 상호의존성의 정도

셀이 개 교회의 중요한 부분으로 기능하는 곳에서는, 예를 들어 서울의 여의도순복음교회나 싱가포르의 FCBC(Faith Community Baptist Church)에 '속해 있다.' 한편 가정교회는 조직적인 면에서 이런 의미에서의 보다 더 큰 단위에 '속해 있지' 않다. 가정교회는 보통 유사한 가정교회들 간의 상호의존적인 네트워크의 한 부분을 이루거나 기독교에 대해 엄격한 통제가 행해지는 경우에 종종 그 자체만으로도 완전하게 기능을 한다. 가정교회는 더 큰 '실제' 교회나 교단 교회의 한 부분이 아니다. 가정교회는 그 자체만으로도 온전한 교회이다.

5. '이드로' 시스템이냐 다섯 가지 사역이냐

많은 셀교회들은 소위 '이드로'의 원리, 곧 권위를 몇 가지 단계의 리더십에게 위임하는 행정 체계를 선호한다. 이드로는 모세의 장인으로 모세에게 천부장과 오십부장과 십부장을 백성 위에 세워 그들에게 이스라엘 백성을 재판하도록 위임할 것을 충고했다(출 18장). 그렇게 하지 않으면 모세가 과도한 일에 치이게 될 것이기 때문이었다. 그러나 우리는 이드로의 원리가 기본적으로 법과 질서를 세우는 경찰 구조이지 신약의 은혜와 진리의 교제 공동체를 세우고 준비시키기 위해 고안된 것이 아니라는 점을 주목해야 한다. 모세는 이스라엘 백성과 하나님 사이의 중보자였다. 그리고 이와 같은 구조는 예수님이 단번에 중보자가 되사 어린양의 피로 씻음 받은 사람들이 은혜의 보좌 앞에 나아갈 길을 여실 때 폐하신 바로 그것이다. 어쩌면 우리는 옛 능력으로 새 일을 행하려고 애쓰고 있지는 않은가? 셀교회의 경우 확고한 권위를 가진 리더는 통상적으로 모세 타입인데, '참모 군단'을 거느리고 책임 수준과 리더십의 피라미드에 따라 막강한 행정력과 통제력을 통해 자신의 권위를 위임하는 '담임목사'가 바로 이에 해당된다.

내가 보기에 이것은 개신교판 가톨릭주의, 다시 말해 가톨릭의 감독 시스템과 상하계급적 구조를 개신교가 모방한 것이라고 생각된다. 『Church Growth and the Home Cell System』(교회 성장과 구역 시스템, Seoul, p.122)이라는 책에서 "매주 새로운 영혼들이 중앙 컴퓨터에 입력되고 있다"라고 말한 것은 하나의 프로이트식 실언(Freudian slip)이 아닐까? 자신이 교회 전산 시스템 속에서 5432라는 번호로 관리되고 있음을 알게 된다면 그 사람은 어떤 반응을 보일까? 타인에 의해 추적을 당하거나 모든 움직임이 '빅 브라더'(조지 오웰의 소설 『동물농장』에 등장하는 최고의 감시자 - 역자 주)의 경계의 눈초리 하에서 통제되고 감시당하는 곳에서 살고 싶어하는 사람은 없다. 어떤 교회는 마치 지성소라도 되는 양 자랑스럽게 커다란 중앙컴퓨터실로 나를 안내했다. 이런 교회를 떠나오면서 나는 누군가 자신의 일을 감당하지 못하거나 경계선을 벗어나면 어쩌나, 담임목사가 질병에 걸리거나 죽게 되면 어쩌나, 전기가 나가거나 컴퓨터 바이러스가 침투해서 교회 전체가 한꺼번에 마비가 되면 어쩌나 하는 것이 이 교회가 가장 두려워하는 일이겠구나 하는 씁쓸한 기분을 느끼게 된다.

로렌스 콩(Lawrence Khong)은 "셀교회의 성장은 우리의 기름 부음과 비전에 의해서만 제한되어야 한다"고 말한다. 그리고 스위스 취리히에 있는 셀교회인 부헤그 중앙 교회(Christliches Zentrum Buchegg)와 함께 사역하고 있는 마르쿠스 코흐(Markus Koch)는 "교회는 한 명의 목사가 인도해야 한다"고 제안한다. 이 전통적인 1인 목회 사고는 회중 교회 모델과 그다지 다르지 않다. 많은 교회의 생명과 질이 담임목사의 질과 비전, 에너지에 따라 크게 좌우되고 있다. 나는 나 자신을 포함해 많은 그리스도인 리더들에 대해 잘 알고 있기 때문에, 우리 중 누구라도 그릇된 길로 빠질 수 있으며 따라서 단 한 사람의 카리스마에 지나치게 의존해서는 안 된다고 제안하고 싶다.

오늘날 가능한 담임목사들의 '재고'(stock) 또한 매우 제한되어 있다. 어느 나라를 막론하고 로렌스 콩이나 랄프 네이버, 크리엔자크 카레온본자크(Kriensak Chareonwonsak), 윌리엄 쿠무위(Wiliam Kumuyi), 제럴드 코츠, 막스 슐랩퍼(Max Schlapfer), 모한(D. Mohan), 빌 하이벨스, 세사르 카스텔라노스(Cesar Castellanos)처럼 충분한 자격을 갖춘 사람들의 수는 제한되어 있다. 이들은 단순한 '담임목사'가 아니라 사도적 은사와 자신들이 현재 속한 조직보다 더 넓은 곳을 섬기는 소명을 받은 사람들일지 모른다. 그리고 이들은 앞으로 혹은 심지어 현재에도 자신들을 자기 교회에만 가두어두어서는 안 되며 아마도 그렇게 하지 않을 것이라 본다.

이 모든 것과 상반되게 가정교회는 전기 공급이 끊어진다고 해서 그것을 큰 위협으로 느끼지 않는다. 왜냐하면 잃어버릴 정보가 별로 없기 때문이다. 가정교회의 장로들은 다섯 가지 사역을 감당하는 사람들과 관계를 가지고 있다. 하나님은 이들을 통해 다른 사람들이 섬김의 사역을 하도록 훈련하시고 기름 부으시고 격려하신다. 또한 이 다섯 가지 사역은 우리 눈에 잘 보이지도 않는다. 가정교회는 상의하달 방식의 권위 구조를 통해 하늘에 닿도록 끝없이 높아지는 피라미드를 세우기보다는 서로를 훈련시켜서 할 수만 있다면 카펫 아래로 눈에 보이지 않게 번져갈 수 있는 그런 운동을 일으킨다.

6. 프로그램이 있는가 아니면 우리 자신이 프로그램인가

전형적인 셀교회에는 수행해야 할 일정이 있고 각각의 셀을 위한 고정된 패턴이 있다. 이 일정은 담임목사나 책임자로부터 셀 리더에게 지침 형태로 전달되거나 목요일 셀 모임을 준비하기 위해 수요일 셀 리더들이 모인 자리에서 토론될 수 있다. 혹은 그런 모임을 위해 합의된 패턴 속에 일정이 포함되어 있을 수도 있다. 조용기 목사는 다른 목사들에게 "가르침의 교훈을 제시하고 구역장들과 함께 세미나를 갖는 책임을 절대 다른 사람들에게 위임하지 말라"고 충고한다.

이와 대조적으로 가정교회는 그 자체가 일정이 된다. 가정교회는 보통 다섯 가지 사역이 작동하는 사도적 네트워크의 한 부분이다. 그렇기 때문에 프로그램에 의해서가 아니라 한 가정교회가 다른 가정교회와 관계하고 기능하는 방식에 의해 경건 클럽이나 폐쇄적인 친목 모임, 또는 '코이노니티스'(koinonitis : 내향적이고 폐쇄적인 그리스도인 그룹의 '친교 과잉증' [fellowship-infection]의 한 형태)를 가진 교제 모임이 되지 않는다.

성경을 읽고 토론하지만, 가정교회는 성경 공부 모임이 아니다. 모여서 기도하지만, 가정교회는 기도 모임이 아니다. 인격이신 예수님과의 만남을 아주 오래된 똑같은 패턴에다 맞춘다는 생각은 장차 자기 신부가 될 여자에게 매일 똑같은 꽃을 선물하고, 똑같은 노래를 불러 주고, 똑같은 시를 인용해서 자기의 뜨거운 사랑을 고백하는 신랑만큼이나 독창성이 없는 것과 같다. 얼마 못 가 그 여자는 그의 사랑을 받아들이고 그의 프로그램에 귀 기울이는 것에 신경을 쏟지 않을 것이다.

많은 경우, 전통적인 교회가 프로그램 지향적이 되는 것은 '평신도'가 은사를 사용함으로써 '종교적인 전문가'를 당황하게 만드는 것과 같은 뜻밖의 (달갑지 않은) 일이 일어나지 않도록 준비하는 데에서 기인한다. 일이 잘못될 것을 두려워한 나머지 많은 전통적인 교회들은 민주주의적인 형태의 행정 체계를 발전시켰다. 민주주의는 언뜻 보기에는 교회 정치의 가장 안전한 형태인 것 같지만, 사실은 영적인 망각과 획일성으로 흐르기 쉽다는 것이 증명되었다. 왜냐하면 민주주의는 다수라는 이름으로 선지자적인 방향을 가로막을 수 있기 때문이다. 보통 민주주의는 가장 비인간적이고 율법주의적인 형태의 행정 시스템인 관료주의를 끌어들인다. 민주주의에서는 "예" 혹은 "아니오"만 있다. 우리는 에덴 동산의 생명 나무 아래 앉는 대신 선악을 알게 하는 나무 아래 앉아 논쟁만 하다 끝나게 된다. 여기서는 우리가 그리스도 안에서 어떤 사람이냐보다는 누가 옳으냐가 더 중요한 것이다. 교회 프로그램들은 실패의 염려가 없는 합의된 패턴을 따르게 된다(기타와 복음성가집을 꺼내 찬송하고 기도하고 성경 공부를 하거나 설교를 듣고 다시 기도하고 모임을 마무리한다). 이런 패턴의 모임에서는 아무것도 잘못되지 않지만 또한 잘될 일도 별로 없을 것이다.

찬송하고 기도하고 성경 공부를 하는 그 자체는 잘못된 것이 아니다. 그러나 이런 것들이 그리스도인들이 모일 때마다 지배적인 프로그램이 될 경우, 그것들은 곧 전통이 될 것이다. 이것은 성경 공부나 기도를 할 때 가지는 선입견이 쉽게 건강한 공동체를 죽일 수 있는 이유가 되기도 한다. 왜냐하면 이러한 선입견은 한 가지 일정을 다른 일정보다 더 중요하게 여기고 강조하기 때문이다. 궁극적으로 이것은 사람들로 하여금 어떤 프로그램에 빠르게 매료되고 참여하게 만든다. 처음 몇 개월 동안은 그러기가 쉬울 것이다. 그러나 후에는 지난번 후속 프로그램을 이을 또 다른 후속 프로그램을 개발해야 할 뿐 아니라 사람들을 지치게 만들고 탈진하게 만들기 시작할 것이다. 인도의 마드라스에 있는 1만 2,000명이 모이는 하나님의성회교회의 모한(D. Mohan) 목사는 "이 충격적인 사실을 깨닫고 나서 우리는 모든 기도 모임을 폐지했다"고 말한다.

가정교회에서는 예수님의 임재 안에 함께 있기 위해 모인다. 예수님은 구하기만 하면 그날그날의 일정을 성령을 통해, 그리고 선지자 사역을 하는 누군가를 통해 계시해 주실 것이다. "너희가 모일 때에 …예언하는 자는 둘이나 셋이나 말하고"(고전 14 : 26~29). 그리스도인들이 모이는 가장 중요한 이유는 삶을 나누는 데 있다. 삶은 예측이 불가능하므로, 그들의 모임 역시 예측이 불가능하다. 이 예측불가능성은 적어도 십대들에게는 가정교회를 매력적으로 느끼게 만들 수 있다. 이것은 사실 하나의 기분 좋은 부수 효과일 것이다.

정해진 일정은 공동체와 교제에 해를 입히거나 방해가 될 수 있다. 왜냐하면 그것은 공동체에 우선적인 강조점을 몇 가지 소개하고 그것을 미리 정해진 방향대로 기계적으로 주입하기 때문이다. 셀교회의 일정 지향성은 하나의 조건을 설정하고, 이러한 조건적인 교제는 그 성격상 제한적이 될 수밖에 없다. 이와 같은 프로그램이나 일정들이 많이 개발되는 것은 그리스도인들이 자신들이 모이는 이유가 전도에 있다고 듣기 때문이다. 이러한 구조는 전도에 대한 부담을 가져온다. 이것은 왜 셀교회에서 탈진하는 사람들이 그토록 많은지를 잘 설명해 준다.

프로그램은 사고방식이나 행동 유형을 몸에 배게 하는 일시적인 방법은 될 수 있다. 그러나 이와 같은 소기의 목적을 어느 정도 달성한 후에는 지속적으로 삶을 나누기 위해 프로그램을 폐기할 수 있어야 한다. 영국의 슬라우(Slough)에 있는 셀 중심의 킹즈 교회(Kings Church)를 섬기는 내 친구 스티브 딕슨(Steve Dixon)은 내가 들어 본 셀을 위한 프로그램들 중 가장 멋진 것에 대해 이야기해 주었다. 사람들은 이 프로그램을 L.I.F.E.(삶)라고 부른다. L은 삶(Life)의 이슈들을 다루는 것을 의미한다. I는 중보기도(Intercession)이다. F는 재미(Fun)와 교제

(Fellowship)와 음식(Food)을 의미한다. E는 전도(Evangelism)를 의미한다.

가정교회는 교회나 셀그룹을 매주 한 번 저녁 7시 30분에 모이는 프로그램 지향적인 주중 모임으로 보지 않는다. 그 대신 가정교회는 삶을 나누는 것을 셀그룹 모임의 핵심으로 본다. 가정교회는 신약 시대 때처럼 매일 모이거나 형편에 따라 매주 가장 적당하다고 생각하는 횟수만큼 모일 수 있을 것이다. 여기서는 사람들이 자료이고, 예수님이 프로그램이다. 교제는 모임의 주 이유이고, 배가는 그 결과다. 그리고 이웃을 제자 삼는 것이 그 목표다.

7. 피라미드 구조냐 아니면 단층 구조냐

인간이 만지는 거의 모든 것들(건물, 기업, 정치 등)은 많은 단계들이 있고, 계단들이 있고, 피라미드 형태를 가진 보다 크고 높은 구조로 발전한다. 성막 이후로 하나님이 설계하신 건물은 성전밖에 없다(사실 성막도 건물은 아니었다). 그런데 이 성전은 단층이지, 여러 층으로 된 것이 아니었다. 셀교회는 보통 담임목사가 제일 꼭대기에 있고, 그 아래로 차례로 부목사들과 목양팀장들과 교구 목사들과 지구 목사들과 섹션 리더와 맨 아래에 가정 셀 리더들과 부 리더들 그리고 영적 부모들이 층별로 있는 피라미드 구조로 급속하게 발전한다. 피라미드 혹은 권력 중심적 구조는 정치적 부패의 위험성이 있다. 당신이 꼭대기에 있는 사람에게 더 가까울수록 당신의 권력이나 영향력은 그만큼 더 커질 것이다. 그러한 구조에서는 영적 권위가 권력의 핵심 곧 어느 누구의 도전도 받지 않는 리더로 대체될 위험이 있다.

이에 비해 가정교회는 단층 구조를 가지고 있다. 다양한 과업들은 계층 구조 안에 있는 사람들에 의해 수행되기보다 특별한 사역을 위해 특별하게 은사를 받고, 구원받은 자들로서 서로 관계를 맺고 서로에게 복종하는 그런 사람들에 의해 수행된다. 신약 성경은 교회 멤버들 사이의 어떤 열등함이나 우월함도 인정하지 않는다. 오직 평등만 있을 뿐이다. 어느 누구도 다른 사람보다 더 중요하지 않다(고전 12 : 21~25). 모든 사람이 그 몸 안에서 서로 다른 기능을 수행할 따름이다. 그러므로 사역은 위에서 아래로 위임되지 않고 겸손한 섬김의 정신을 통해 이루어진다. 이미 4장에서도 언급한 바 있지만, 가정교회에는 다음과 같이 세 가지 주요한 책임 영역이 있다.

a. 가정교회는 장로가 지도한다.
b. 장로들은 하나님이 다섯 가지 사역, 곧 사도와 선지자, 전도자, 목사, 교사로 부르신 사람들에 의해 지속적으로 준비되고 훈련받는다.
c. 다섯 가지 사역의 영적 훈련자들은 내가 '사도적인 지도자들'이라고 부르는 세 번째 그룹과도 관계된다. 사도적 지도자들은 사도적, 선지자적 은사를 가지고 있을 뿐 아니라 한 도시나 지역 혹은 국가를 위해 하나님이 특별히 주신 소명과 은사를 가지고 있다. 그들은 보통 한 지역이나 도시, 국가 혹은 민족에 대해 그들이 느끼는 엄청난 고뇌와 영적인 고통으로 판별될 수 있다(갈 2 : 7~9). 그렇기 때문에 그들은 그 지역이나 국가 혹은 민족의 척추, 즉 '믿음의 기둥'이 된다. 그들은 가정교회 운동 전체를 지역 내에 정착시키고 대집회와 장차 태동할 도시 교회를 책임진다.

가정교회는 서로 밀접한 관계의 요소들 또는 요소의 묶음들의 진정한 자기 통제 시스템인 상호의존적 네트워크의 한 부분이 된다. 크리스티안 슈바르츠는 이렇게 말한다. "상호의존이라는 생체적 원리는 개별적인 부분이 전체 시스템 안으로 통합되는 방식이 개별적인 부분들 자체보다 더 중요하다. 이것은 자연의 청사진으로, 구조화된 상호의존(structured interdependence)이다."

가정교회의 구조는 단층 구조다. 왜냐하면 여기서는 다른 사람보다 더 '높은' 사람도 없고 더 중요한 사람도 없기 때문이다. 이것은 교회 안의 돈과 권력으로 인한 잠재적 부패에까지 영향을 미친다. 전통적인 교회는 이 부패로부터 온전히 자유롭지 못했고 면역력도 없었다. 그러나 가정교회의 경우 이런 부패 가능성에서 자유로운데, 이는 13명을 섬기는 겸손한 장로가 되거나 교사나 목사나 전도자로 여러 가정교회들을 섬기는 것이 그다지 큰 감명을 주지 않기 때문이다.

8. 지도자 역할이냐 부모 역할이냐

우리 인간들은 지도자를 좋아한다. 그리고 "인도하든가 따르든가 아니면 길을 비켜라"라는 슬로건을 적은 머그잔을 들고 커피를 마실 때 우리는 짐짓 만족스러운 미소를 짓는다. 사울 시대에 하나님은 그 자신이 이스라엘 백성의 왕이 되시기를 원했다. 그러나 그들은 다른 나라의 방식을 따라 자신들도 위세당당한 왕을 가지기를 원했다. 오늘날 우리도 똑같은 위험에 처해 있다. 세상 사람들은 모두 종이 아니라 리더를 원한다. 이것은 전통적인 교회 역시 마찬가지다. 아마도 우리는 하나님이 그다지 주시기를 내켜하지 않는 것을 원하고 있는지도 모른다. 우리는 우리가 어리석다는 사실도 모른 채 영속적이라고 믿는 그것에 집착한다. 인간의 몸과 마찬가지로 그리스도의 몸 된 교회에는 많은 리더들이 있는 것이 아니라 서로 다른 기능을 하는 많은 지체들이 있다. 이런 지체들이 그 머리에 대해 공동으로 복종하는 가운데 함께 기능할 때 온

몸은 말 그대로 머리의 지도를 받는다. 분명히 '머리'가 있음에도 불구하고 한 지체를 다른 지체 위에 군림하는 리더로 내세우는 것은 정말 잘못된 것이다. 예수님은 교회의 머리가 되신다. 그리고 교회가 진정 필요로 하는 것은 이 리더십밖에 없다. 교회는 그 지체들이 '머리'에 순종할 때 지도를 받을 수 있다. 교회는 모든 지체들이 공동으로 머리 되신 예수님께 순종하고 하나 되어 기능할 때 리더십을 경험하게 된다.

우리가 정치적, 경영학적 리더십이 아니라 성경적 리더십을 보기 원한다면, 교회의 리더십을 누군가에게 맹목적으로 부여하고 또 불법으로 그것을 자기 것으로 취하기를 그만두어야 한다. 인간은 자기가 접하는 모든 것에는 반드시 리더십이 있어야 한다고 생각한다. 이것은 인간이 고안한 생각일 뿐이다. 교회는 예외다. 왜냐하면 교회는 인간의 고안물이나 소유물이 아니기 때문이다. 교회는 하나님의 창조물이다. 이것은 우리 인간이 생각하는 것과는 너무나 상반된 것이다. 우리가 하나님의 교회의 진실하고 충성된 청지기가 되기 위해서는 모든 게 끝나버린 것 같은 그런 때에도 모든 것을 주관하고 계시는 하나님에 대한 초자연적인 믿음을 가져야 한다. 이것은 하나님이 주로 더 많은 믿음의 은사를 가진 사도적이고 선지자적인 사람들을 통해 교회를 다스리시는 이유이기도 하다. 새들백 커뮤니티 교회의 담임목사인 릭 워렌은 이렇게 말한다. "교회가 성장하기 위해서는 목사와 성도들 모두 누구를 통제하겠다는 생각을 포기해야 한다."

각 사역의 위치와 기능을 규정하고 감독하는 최종적인 책임을 진다거나 다른 누군가로부터 위임받은 권위를 자기 것으로 취하는 정치적 의미의 리더십은 교회에 적절하지 않다. 이런 리더십은 사울이 이스라엘의 목을 옥죄었듯이 교회의 발전을 옥죌 것이다. 작은 왕처럼 행세했던 지난날의 주교들은 교회의 발전을 저해했고, 교회를 무의미하고 종교적인, 지도자 중심적인 부족(chiefdom)으로 만들었다. 그리스도의 몸이 필요로 하는 것은 자신의 인격이나 개인적인 은사를 중심으로 작은 왕국을 세우는 아주 전문적이고 위대한 '지도자들'이 아니라 그리스도께 복종하고 서로를 사랑하고 존경하고 서로에게 복종하는 가운데 기능하는 겸손하고 충성된 청지기들이다. 교회는 하나님의 가족(oikonomia) 또는 권속을 잘 관리하는, 그리스도를 닮은 청지기들을 필요로 한다. 그들은 자신들이 그리스도의 지도 아래 있다는 것을 알고 있다. 그리스도는 군림하거나 명령하거나 조수를 두고 일하시기보다 아버지 하나님에 대한 절대적인 믿음을 가지고 계셨으며, '바로 이런 이유 때문에' 하나님은 그에게 온 세상을 맡기셨다.

셀교회는 리더 중심적 성향이 강하다. 셀교회는 많은 단계의 리더십을 요구한다. 이와는 달리 가정교회는 기본적으로 어떤 리더의 지도를 받기보다는 영적 부모들로부터 양육을 받는다. 셀그룹은 보통 리더와 부리더를 각각 한 명씩 가지고 있다. 이 점에서 셀교회와 가정교회는 엄청난 차이가 있다. 나는 한 작은 가족의 아버지이자 남편이다. 우리 가족들 중에 나를 리더라고 부르는 사람은 아무도 없다.

지도하는 것은 아버지가 할 일일 수 있지만, 아버지가 되는 것이 반드시 리더가 해야 할 일은 아니다. 가정교회는 그 속성상 영적 확대가족, 곧 하늘에 계신 아버지의 마음을 확장시키는 센터이다. 하나님은 하나님 자신의 열정적 리듬을 따라 그 심장이 박동하는 특별한 사람들을 통해 자기 자녀들에 대한 불타는 마음을 표현하신다. 신약 성경을 보면 목사나 다른 지도자들이 '지도하는' 교회는 하나도 언급되어 있지 않다. 그러나 교회를 위한 특별한 책임을 감당하도록 하나님이 임명한 청지기들, 곧 장로와 사도와 선지자는 수도 없이 많이 언급된다. 그러나 재차 강조하는 바지만, 청지기는 지도자가 아니다. 청지기에게 명함을 달라고 요구하는 사람은 없다. 교회의 청지기들은 한마디로 종이다. 이들은 세상이 기대하는 것과는 정반대로, 더 많이 섬길수록 궁극적으로 더 많은 리더십을 가지게 된다(눅 22 : 26). 순종적이고 겸손한 종만이 리더십을 가질 수 있다. 왜냐하면 그 자신이 리더십에 순종하고 있기 때문이다. 그러므로 리더십이란 것이 존재한다면 그것은 순종하는 기능이다. 전 세계의 많은 가정교회 운동들 안에는 정치적인 의미의 지도자들이 없다. 가정교회는 하나님의 기름 부음 받은 종들이 섬기는 곳이지 리더십을 행사하는 곳이 아니다. 이들 기름 부음 받은 종들은 중국 가정교회 운동의 '아버지'인 북경의 위안 알렌(Yuan Allen)의 경우와 같이 영적인 아버지와 어머니의 역할을 한다.

피라미드 구조와 단계를 따라 훈련받은 '리더들'을 세운 셀교회의 경우 새로운 형태의 전문화와 성직권주의(clericalism)가 뒷문을 통해 들어올 가능성이 농후하다. 더욱이 많은 셀교회들은 '리더들의 사다리'(leaders' ladder)를 가지고 있다. 이러한 사다리 구조에서는 한 사람이 셀의 부리더에서 담임목사의 부사역자로 '올라갈' 수 있다. 이러한 '경력 구조'에서 있을 수 있는 경쟁의 위험은 차치하고라도, 이런 구조 속에서는 보통 한 사람이 사역을 짧은 시간 동안만 수행한다. 그리고 그 이후에는 계속 위로 자리 이동을 한다. 그러나 하나님이 그를 장로가 되도록 부르셨을 뿐 담임목사를 보좌하는 부목사로 부르신 것이 아니라면 어떻게 하겠는가?

9. 본부의 문제

셀교회는 보통 담임목사와 그의 측근에 있는 사역자들의 독특한 사역의 한 표현이라고 할 수 있는 강력한 본부를 두고 있다. 가정교회는 보통 필요한 경우 언제든지 변화가 가능한, 많은 다양한 센터들(즉, 가정들!)을 가진 분산된 시스템이다. 나는 최근에 북경의 위안 알렌의 가정교회에서 강연하는 동안 이 사실에 대해 새삼 깨달았다. 그의 가정교회는 보이지 않게 '카펫 아래로' 다른 많은 가정교회들과 네트워크로 연결되어 있다. 이 모든 것이 사람들로 북적대는 시장 바로 뒤에, 너무 좁아서 자동차 하나 지나갈 수 없는 좁은 골목길 옆에 위치한, 의자 몇 개와 자그마한 베란다가 있는 침실에서 이루어진다.

가정교회는 청교도적 사고방식을 보다 유연한 모습으로 나타내 보여주는 것 같다. 가정교회는 하나님의 성령이 계속 움직이고 계시는 것과 마찬가지로 계속 움직이고 있다. 셀교회는 가정교회에 비해 더 고정되어 있다. 셀교회는 고도로 발달한 뿌리를 내리고 다소 거대한 행정 구조를 발전시켰으며, 일반적으로 "여기가 좋사오니…"하는 메시지를 전달한다. 본부가 가진 부정적인 측면들 중 하나는 본부가 조직과 행정에 대한 필요를 많이 만들어낸다는 것이다.

교회를 조직화하는 것의 가장 큰 문제는 이러한 조직화가 관료주의를 끌어들인다는 것이다. 관료주의는 가장 위험하고 잔인하고 비인간적인 형태의 행정 시스템일 수 있다. 왜냐하면 "예" 또는 "아니오"라는 대답만을 취하기 때문이다. "서류 양식에 제대로 기입했는가? 예인가, 아니오인가?" 관료주의적 행정 시스템은 교회를 수치화하고, 조직화하고, 관리하고, 경영하고, 판매하고, 운영하고, 그리하여 마침내는 교회를 통제하는, 그래서 결과적으로 교회를 죽일 수 있는 그런 사람들에게 문을 활짝 열어 준다. 하워드 애스틴(Howard Astin)은 그의 책 『*Body and Cell*』(몸과 세포)에서 어떤 셀교회들은 자신들이 '지나치게 조직화되고 통제 당하고 있다'고 느낀다고 지적한다. 이러한 문제는 가정교회에서는 아주 쉽게 피할 수 있다. 왜냐하면 가정교회에서는 모든 것이 관계적이고, 따라서 보다 인간적이기 때문이다. 확대가족의 경우 조직화나 통제에 대한 필요성이 그다지 크지 않다. 우리는 교회가 발전의 가능성이 배제된 채 최고의 품질과 소비자의 최고 만족을 위해, 그리고 그 결과물인 최고의 수익을 위해 '모든 것을 철저하게 통제하는' 통합품질관리(TQM : Total Quality Management)라는 오늘날의 기업 철학을 필요로 하는 기업체라도 되는 양, 교회에 대한 통제권을 행사하려고 해서는 안 된다. 하나님이 교회를 주관하고 계시다는 사실을 안다면 우리는 교회에 대해 좀더 겸손하게 접근할 수 있다. 우리는 머리 되신 그리스도께서 계시기 때문에, 그리고 당연히 하늘에 우리의 본부가 있기 때문에 지상에서 편안하게 살 수 있으며, 교회라는 하늘나라 체인점들을 최대한 많이 가질 수 있다. 왜냐하면 하나님은 교회가 어디에 어떤 모양으로 있는지를 모두 감찰하고 계시기 때문이다. 하나님은 최종적인 감독권을 가지고 계신다. 하나님의 사업을 돕겠다는 의도에서 보기에만 그럴 듯하고 웅장한 교회당과 본부를 지상에 세움으로써 우리는 자신도 모르는 사이에 하나님의 사업을 방해했는지도 모른다. 왜냐하면 이러한 구조들이 지상에 있는 사람들에게 너무 큰 영광을 돌린 결과 그 과정에서 어린양의 영광이 가려졌을 수 있기 때문이다.

10. 대그룹의 역할

셀교회가 제대로 기능하기 위해서는 일반적으로 셀과 대집회라는 두 가지 사회학적 크기가 다 필요하다. 빌 베컴이 설명하는 것처럼, 이 두 가지는 '두 날개를 가진 교회'의 두 날개에 해당된다. 특별히 교회에 대해 적대적인 환경에서는 대그룹 사역 없이도 가정교회 혼자 독립적으로 존재하면서 또한 확산될 수 있다. 가정교회들은 다른 가정교회들과 상호의존적인 구조를 통해 하나로 연결되는 방식으로 축제할 수 있다. 반면 예배 찬양팀과 담임목사의 설교로 이루어지는 셀교회의 대그룹 모임은 셀교회가 떨쳐버리려고 했던 바로 그 회중 구조로 회귀하는 결과를 낳기 쉽다. 셀교회의 대그룹 사역은 종종 교단적인 특성(우리 브랜드를 가진 셀그룹들이 우리 대그룹 안에서 만난다)을 갖는다. 반면 가정교회는 지역이나 도시 차원의 대그룹 사역을 선호하고 지지한다. 한 지역에 있는 모든 그리스도인들이 연합하여 그 지역 교회 전체가 함께 모인다. 셀교회는 새로운 교단을 만들지만, 가정교회는 하나님 나라를 세운다. 어느 것이 더 성경적인가?

11. 높은 가시성과 낮은 가시성

가정교회는 대집회와 교회를 운영하는 행정 본부가 있고 없음에 상관없이 정상적으로 기능을 할 수 있기 때문에 쉽게 드러나지 않는다. 많은 나라들에서 가정교회는 오랫동안 대중의 눈에 띄지 않은 채 기능할 수 있다. 가정교회 운동의 상호의존적 네트워크 구조는 '카펫 아래로' 보이지 않는 단층 구조를 통해 교회들을 연결시킨다. 그래서 심지어 대집회조차도 다섯 가지 사역을 감당하는 사람들이 가정교회를 두루 순회하면서 복음을 제시하고, 안부를 확인하고, 은사들과 비전을 가져다 주는 그 때만 모인다. 이것은 또한 파리가 꿀에 이끌리듯 권력에 굶주린 사람들을 통해 가정교회 안에 부패가 들어올 가능성이 보다 적다는 것을 의미한다. 이러한 형태의 기독교는 훨씬 더 겸손한 자화상을 그려낸다. 이러한 자화상은 종교 운동들이 거룩한 건물에 부속된 첨탑을 누가 가장 높게 세울 수 있는지 경쟁함으로써 다른 운동들을 능가하려고 애쓰는, 편협한 종교적 신앙이 투철한 사람들이 많은 지역일수록 특별히 필요하다. 인간이 만든 구조들이 눈에 덜 보인다는 것은 곧 이 모든 것에서 하나님의 손이 그만큼 더 분명하게 보인다는 것을 의미한다. 결국, 가시성이 낮은 구조는 박해에 대해 훨씬 더 큰 저항력을 가지며, 취약한 담임목사와 중심축을 가진 대형 셀교회보다 돌발적인 박해에 대해 더 잘 준비되어 있다.

12. 전도자적 토대냐 아니면 사도적-선지자적 토대냐?

셀교회는 전도자적 교회 모델이다. 많은 사람들이 '전도는 시대의 요청'이라고 느끼기 때문에 우리는 이와 같은 조류를 따라 교회를 전도 중심으로 세우고 싶은 충동을 느낄지도 모른다. 그러나 앞서 지적한 바와 같이 장기적으로 교회를 이끄는 힘은 전도자적 비전이 아니라 탄탄한 사도적, 선지자적 토대이다(엡 2 : 20). 이와 같은 방식으로, 사도적인 외향적 초점과 과거와 현재와 미래에 대한 선지자적 비전이 완전히 교회 안에 내재화된다. 나는 가정교회는 그 성격에 있어 '사도적, 선지자적'이라고 믿는다. 왜냐하면 가정교회는 신약의 사도들과 선지자들이 교회를 세웠던 바로 그 방식이기 때문이다. 전도자들이 교회를 배가시키는 데 주된 역할을 한 적은 결코 없었다. 언제나 선지자적 사역과 사도적 은사를 받은 사람들이 그와 같은 역할을 했다. 새로운 '삶의 도'로서의 사도적, 선지자적 교회는 그 자체가 복음이다. 따라서 건전하지 못한 부담감을 동반하며, 교회를 움직이기 위한 활동으로서의 전도를 필요로 하지 않는다.

아르헨티나가 좋은 예다. 아르헨티나는 대영제국과의 전쟁에서 패전하여 기함(flagship : 함대의 사령관이 타고 있는 배) 헤네랄 벨그라노(*General Belgrano*) 호와 함께 민족적 자존심이 침몰된 1982년 이후로 부흥을 경험하고 있다. 카를로스 아나콘디아(Carlos Annacondia)와 헥터 지메네즈(Hector Gimenez)와 오마르 카브레라(Omar Cabrera)와 같은 탁월한 전도자들이 일어나서 수많은 지역에서 전도 집회를 열었으며 이 때 '그리스도를 믿기로 결신한 자들'의 수가 수천 아니 수만에 이른다.

그러나 나는 카를로스 아나콘디아와 다른 이들이 스스로 솔직하게 이런 질문을 던졌다는 말을 들었다. "우리가 그리스도께 인도한 그 모든 사람들이 지금은 어디에 있는가?" 오마르 카브레라는 1998년 11월에 마이애미에서 열린 DAWN과 관련된 한 콘퍼런스에서 자신을 포함한 아르헨티나의 많은 목사들이 '그리스도를 믿기로 결신한' 많은 사람들을 기존의 혹은 새로 개척된 교회 안에 정착시키기가 어렵다는 사실을 알게 되었다고 지적했다.

1996년 9월에 행해진 한 연구에 의하면, 아르헨티나는 라틴 아메리카에서 교회 개척률이 가장 저조한 나라들 중 하나다. 개인적이며 입으로 고백하는 '그리스도를 위한 결신'을 통해 개인들을 그들의 가족들에게서 분리시키려고 하는 '적출식 전도'(Extraction Evangelism)는 기존의 사회 구조를 깨뜨리고, 따라서 전 세계에서 기독교 신앙으로 개종한 자녀를 둔 부모들에게 미움을 받는 전도 전략이다. 그뿐 아니라 이러한 전도는 교회 성장에도 별로 기여하지 못했다. 어딘가 고리가 빠진 것이 분명하다. 앨런 티펫(Alan Tippet)은 이렇게 말한다. "개인들을 그들의 가족이라는 고리에서 끄집어낸 후에 그들에게 새로운 환경을 제공하지 않는 전도는 요리를 반쯤 하다 만 것에 불과하며, 득이 되기보다 오히려 해가 될지도 모른다."

아르헨티나의 알베르토 데 루카(Alberto de Luca)를 비롯한 많은 목사들이 교회 개척과 배가가 장차 선지자적인 방향으로 나아가야 할 것이라고 본다. 그들은 이제 국가적 차원의 교회 배가 전략을 개발하고 있다. 다시 말해 자신들의 조국이 제자화되는 것을 보기 위해 전도 중심에서 사도적, 선지자적 방식 중심으로 교회를 개척하는 쪽으로 방향을 전환하고 있는 것이다. 바람직한 전도는 결코 다섯 가지 사역과 무관하게 잃어버린 영혼들이나 교회의 복음 증거를 듣지 못한 사람들을 위한 만병통치약으로 기능하는 것이 아니라, 이 다섯 가지 사역들을 지원하고 함께 연합하여 기능한다.

위에서 나는 셀교회가 도시적 산물, 곧 도시나 대도시의 토양에서 성장한 교회 모델 같다고 말한 바 있다. 도시는 마을과는 아주 다른 독특한 문화를 발전시킨다. 마을에서는 각자가 자신의 행동에 대해 직접적으로 책임을 진다. 사회적인 통제가 엄격하게 이루어지는 분위기에서 그는 책임을 회피할 수 없다. 왜냐하면 모든 사람이 서로를 다 잘 알기 때문이다. 그러나 도시에서는 개인이 익명의 군중 속으로 급속하게 잠겨든다. 그리고 자신의 행동의 결과에 대해 책임을 질 필요가 없다고 느낀다. 왜냐하면 그는 언제나 익명의 군중 속으로 사라질 수 있기 때문이다. 도시는 '치고 빠지기' 접근법이라는 나름의 철학을 만들어낸다. 세일즈맨이면 누구나 가능한 가장 많은 사람들에게 신속하게 자기 상품을 소개할 필요가 있다는 점을 잘 알고 있다. 왜냐하면 그 다음 순간에 그들은 모두 사라질 것이기 때문이다. 이러한 철학은 오늘날의 전도자적 사고방식의 많은 부분을 형성했다. 그리고 이러한 사고방식의 많은 부분이 셀교회 접근법 안으로 흘러 들어갔다. 그러나 교회가 전도자들을 선지자와 구분하지 않는 한, 진정한 선지자들은 입을 열지 않을 것이다.

13. 얼마나 커야 큰 것인가?

빌 베컴은 한 가지 탁월한 교회 그림을 소개한다. 그는 교회를 '두 날개를 가진 새'에 비유한다. 한 날개는 셀 구조, 곧 신자들의 소그룹 모임이다. 다른 한 날개는 커다란 예배, 곧 대집회이다. 셀 시스템을 교회사의 모래 속에 묻어놓고 대집회라는 날개 하나만을 가지고 있는 교회는 불완전한 피조물로서 다만 원을 그리며 날 뿐 더 이상 독수리처럼 비상할 수 없다. 따라서 이 교회는 두 번째 날개가 필요하다. 나는 전적으로 이에 동감한다.

그러나 이와 관련하여 가정교회와 셀교회의 핵심적인 차이는, 셀교회는 통상적으로 하나의 '브랜드를 가진' 다시 말해 'FCBC 대집회'와 같은 교단 형태의 대집회를 발전시킨다는 것이다. 가정교회의 두 번째 날개는 도시 교회, 곧 한 도시나 한 지역에 있는 그리스도의 몸 된 교회 전체를 일컫는다. 이들은 교단적 이름표를 달지 않고 마치 도시의 그리스도인들이 함께 모여 하나의 몸으로서 행동하는 것처럼 정기적, 비정기적으로 모일 수 있는 최대한의 그리스도인들이 함께 모여 대축제 예배를 드린다. 셀교회는 교회 레벨 1(가정 혹은 셀)과 레벨 3(도시 혹은 지역)에 초점을 맞추는 대신 레벨 1과 한 지역 내의 '브랜드를 가진' 셀들의 군집이라 할 레벨 2(회중)에 초점을 맞춘다.

끊임없이 변화하는가?

셀교회의 가장 충격적인 측면 중 하나는 그들이 끊임없이 '변화한다'는 것이다. 변화는 셀교회 운동의 두드러진 불변수(constant)가 되기 쉽다. 싱가포르 FCBC의 로렌스 콩 목사는 아주 열정적이고 비전이 넘치는 하나님의 사람으로 1998년에 출판한 한 소책자에서 셀교회가 이제 '변화를 거듭한 지 10년'이 되었다고 말했다. 내가 보기에 셀교회는 패러다임 전환을 50%만 이룬 상태이다. 셀교회는 아직 원을 완성하지 못했으며, '제2의 종교개혁'을 끝내지 못했다. 그러나 전 세계의 교회들 중 아주 많은 수가 회중 교회 모델을 따라 지어졌다는 사실을 감안할 때 셀교회는 방향을 올바르게 잡고 멋지게 출발했다고 볼 수 있다.

나는 하나님이 신약 성경에서 제시하신, 우리의 토양과 시간과 사람들과 문화 안에 성육신된 가정교회 모델로 우리가 돌아감으로써 그 원을 완성하기를 원하신다고 믿는다. 왜냐하면 하나님은 온 세상을 다시한 번 뒤집어놓기 원하시기 때문이다.

어린양인가 사자인가?

성경의 계시에서 우리는 예수님을 여러 가지 이미지로 만난다. 하나님의 어린양과 유다의 사자는 그러한 이미지들 중 대표적인 두 가지다. 내가 보기에는 가정교회는 종종 사자, 곧 제왕적 구조를 떠올리게 하는 셀교회보다 그 속성상 훨씬 더 부서지기 쉽고 약점에 쉽게 노출될 수 있는 '어린양'에 가깝다. 우리 모두는 예수님이 온 세상의 통치자로 재림하셔서 그의 나라를 모든 사람들이 똑똑히 볼 수 있도록 굳게 세우실 때가 올 것임을 분명히 알고 있다. 그러나 그때는 아직 우리에게 오지 않았다. 지금 그리고 여기에서 우리는 메시아의 나라를 경험하고 있다. 그러나 여러 가지 면에서 우리는 아직도 그 나라를 완전히 경험하고 있지는 못하다. 우리가 연약할 때 우리는 강할 수 있다. 온유한 자가 땅을 차지할 것이다. 하나님 나라를 위한 마지막 과업들은 '힘이나 능'으로가 아니라 '하나님의 영'으로 말미암아 성취된다.

가정교회에서는 아주 많은 것들이 잘못될 수 있고 또 아마도 잘못된 것이 있을 것이다. 이 점에 대해서는 앞서 분명하게 언급했다고 믿는다. 만일 어떤 긍정적인 일이 가정교회를 통해 일어나고 성취된다면, 궁극적으로 하나의 정교한 시스템이나 인간(목사)이 아니라 어린양께 그 영광이 돌려지게 될 것이다. 하나님의 어린양은 우리 인간으로는 불가능한 일을 친히 이루셨으며, 그의 양들을 완성될 하나님 나라로 안전하게 인도하신다. 어린양과 마찬가지로 이 양들은 매를 맞았으며, 조롱을 당하고 저주의 말을 들었으며, 해를 입었고 십자가에 못 박혔다. 그러나 이들은 장차 올 하나님의 나라에서 영원토록 다스릴 것이다.

예수님이 지상에 세우신 몸으로서의 교회는 세상과 갈등하도록 내몰리게 될 것이다. 그러므로 박해는 교회가 감당해야 할 지극히 정상적인 것이다. 박해는 교회로 하여금 그 자신이 친히 박해받으셨고 교회의 설립자이신 예수 그리스도의 형상을 회복하게 만든다. 박해는 잠자는 교회에게 하나님이 마지막으로 주시는 말씀인지도 모른다.

제6장 박해에도 흔들리지 않는 구조 만들기

"핍박을 받은 자는 복이 있나니": 박해에도 요동치 않는 정신을 개발하고 압박 아래서 번성하는 법

예수님은 사람들에게 많은 사랑을 받으셨지만 그만큼 생명의 위협도 많이 받으셨다. 예수님은 종교 지도자들과 정치 지도자들에게는 눈엣가시와 같은 존재였다. 그리고 예수님은 돈버는 데 혈안이 되어 있는 세상을 뒤집어놓으셨고 책망하셨다. 결과적으로 예수님은 악의적인 질문 공세를 받으셨고, 협박을 받으셨고, 유혹을 당하셨으며, 핍박을 받으셨고, 마침내 배반을 당하여 체포되고 죽임을 당하셨다. 그러나 기적적으로 예수님은 이 모든 박해 가운데서도 살아남으셨다. 예수님은 이 모든 고통들에도 전혀 '끄떡하지 않으셨다.' 심지어 죽음까지도 이기고 살아나셨다.

예수님의 제자들은 잔인하고 무자비한 종교적 박해가 행해지던 세상에서 살았다. 그들은 감옥을 드나들었으며, 정식 교육을 거의 받지 못했다. 그들에게는 커다란 교회 건물이나 선교 본부도 없었다. 사람들에게

호의적인 반응을 얻을 때도 있었지만, 대부분은 지독한 박해를 당했으며, 재정적인 압박을 당할 때 기댈 언덕이나 보조를 호소할 후원자들도 없었다. 그럼에도 예수님은 그들에게 "가서 모든 족속으로 제자를 삼으라"고 말씀하셨다.

예수님은 우리가 종종 간과하는 위험을 이미 알고 계셨음이 분명하다. 모든 박해를 이기고 살아남는 그분의 능력과, 모든 방해를 딛고 자기의 목적을 이루시는 힘과, 그의 복원력(resilience)은 지상에 있는 그의 몸 된 교회 안에 그대로 내재화되어야 했다. 아마도 예수님은 자신의 몸 된 교회가 하나님이 주신 놀라운 능력들을 가지게 될 것을 미리 내다보셨을 것이다. 교회는 어지러운 세상에서도 융성하고, 어둠 속에서도 꽃을 피우고, 가난 속에서도 부하고, 사막에서도 성장하고, 박해를 받는 가운데도 번성하고, 감옥에 갇혀서도 찬송할 수 있게 되리라는 것을…

어디서 영감을 얻을 것인가?

오늘날 교회 성장이나 교회 개척을 위한 메시지와 교훈과 조언들은 많은 경우 박해를 당하는 교회가 전하는 것이기보다는 박해를 당하지 않는 교회들에서 전하는 것이다. 평화적으로 잘 정착된 교회들에서는 배울 것이 아무것도 없다는 말이 절대 아니다. 그러나 데이비드 배렛(David Barret)과 그의 동료들이 선교사들을 대상으로 행한 한 연구 조사에 의하면, 교회는 과거는 물론 현재에도 박해와 고통을 받을 때 가장 많이 성장한다고 한다.

마오쩌둥이 1949년에 중국에서 모든 서방 선교사들을 추방한 이후로 중국 교회는 박해를 받기 시작했다. 그러나 동시에 중국 교회는 그 어느 때보다 더 폭발적으로 성장하기 시작했다. 어떤 연구자들에 의하면, 중국은 인구의 10%가 복음화되었고, 전 세계에서 그리스도인이 가장 많은 나라가 되었다고 한다. 이와 비슷한 현상이 에티오피아와 러시아, 베트남, 수단, 쿠바 등지에서도 발견된다. 그러나 교회는 종종 세상이 주목하는 곳을 함께 주목하는 우를 범한다. 예컨대 증시나 정치적, 경제적 권력의 중심에 눈을 고정하는 것이다. 많은 사람들은 권력 있는 자들에게서 어떻게 세계를 '지배할' 것인지를 배우기 원한다. 온유한 자에게서 어떻게 땅을 '기업으로 얻을' 것인지를 배우기 원하는 사람은 극소수에 불과하다.

지부티(Djibouti)에서 가져온 교회 성장과 교회 개척을 위한 교훈들은 별로 주목받지 못한다. 왜냐하면 대부분의 그리스도인들은 지부티라는 나라가 어디에 있는지조차 모르기 때문이다. 그들은 위튼(Wheaton)과 패서디나(Pasadena)와 콜로라도스프링스(Colorado Springs)와 브라운스빌(Brownsville)과 토론토(Toronto)와 오슬로(Oslo)와 로마와 슈투트가르트(Stuttgart)와 런던과 베른(Bern)에 대해서는 잘 알고 있으며, 그래서 그들은 자기들이 우러러보는 교사들에게서 교훈들을 배운다.

1998년에 독일의 전도자 울리히 파르차니(Ulrich Parzany)는 독일의 청년 사역에서 이룬 놀라운 업적들로 인해 메달을 받았다. 이 메달을 수상하는 자리에서 그는 이렇게 말했다. "사람들은 나의 주님이신 예수 그리스도를 십자가에 못 박았습니다. 그런데 나는 지금 사람들의 영광을 받고 있습니다. 내가 뭘 잘못한 거지요?" 예수님은 우리를 양들 사이의 이리들이 아니라 이리들 사이의 양들로 보내셨다. 이것은 또한 권력의 자리에서 구원의 메시지를 설교하는 것이 불가능하지는 않을지 몰라도 그러기가 어렵다는 것을 의미한다. 오늘날 점점 더 많은 그리스도인들이 '연약함 가운데 능력이 있으며 겸손 가운데 힘이 있다는 사실'

과 '강력한 사역 능력'은 그 표현 자체에서 벌써 모순이 된다는 것을 깨닫고 있다.

박해로 인해 하나님께 감사하라

우리는 "무릇 그리스도 예수 안에서 경건하게 살고자 하는 자는 핍박을 받으리라."(딤후 3 : 12)는 사도 바울의 말씀이 다른 장소와 다른 때를 위해, 아마도 다른 세상을 위해 기록된 것이 분명하다고 생각하도록 유혹을 받는다. 그러나 예수님은 마태복음 5장 10~12절에서 이렇게 말씀하신다. "의를 위하여 핍박을 받은 자는 복이 있나니 천국이 저희 것임이라 나를 인하여 너희를 욕하고 핍박하고 거짓으로 너희를 거슬러 모든 악한 말을 할 때에는 너희에게 복이 있나니 기뻐하고 즐거워하라 하늘에서 너희의 상이 큼이라 너희 전에 있던 선지자들을 이같이 핍박하였느니라."

오늘날 우리는 이러한 말씀들과는 반대로, 세상의 가치를 완전히 뒤집어놓은 하나님 나라의 가치가 아니라 세상의 패턴을 따라 축복과 저주를 정의하는 위험에 빠진다. 우리는 우리가 성공적이고, 후한 보수를 받고, 영광을 누리고, 우리가 한 말이 주목을 받고, 귀빈석에 초대받을 때, 그리고 찬사를 받고, 문제 없는 평안하고 안전한 삶을 통해 무리 없이 순항할 때 축복을 받았다고 느낀다. 우리는 마치 종교적인 자유가 축복의 증거이고 박해는 당연히 저주인 것처럼 행동한다. 우리는 심지어 박해를 보내신 바로 그 하나님께 '그러한 박해를 당하지 않도록 지켜달라고' 기도하는지도 모른다.

세 종류의 박해

박해에는 다음과 같은 세 가지 종류가 있다.

- **외적인 박해**: 국가나 지방 정부 혹은 다른 종교 집단에 의한 박해를 말한다.
- **내적인 박해**: 그리스도인들이 서로 싸우고, 서로를 축복하는 대신 핍박하고, "서로에게 분노하는 형제들"(마 5 : 22~4)로 나라를 가득 채우는 박해를 말한다.
- **무박해**: 이것은 아마도 최악의 박해일 것이다. 왜냐하면 교회가 박해를 받을 가치조차 인정받지 못하고 있는 것이기 때문이다. 교회의 가치와 생활방식이 하나님을 모르는 세상과 혼합되고, 소금은 그 맛을 잃고 세상 사람들의 눈에 띄지 못한 채 그 발에 밟히는 신세가 된다.

이와 관련하여 박해와 고통이 교회에 끼치는 영향에 대해 다시 점검하는 것이 유익할 것이다. 우리는 성경에서 다음과 같은 중요한 통찰 몇 가지를 살펴볼 수 있다.

1. 예수님은 종교적인 율법을 지키지 않으셨기 때문에 박해를 받으셨다
   요한복음 5 : 16 – "그러므로 안식일에 이러한 일을 행하신다 하여 유대인들이 예수를 핍박하게 된지라."

2. 그리스도인들은 원수를 사랑하기 위해 자기를 핍박하는 원수가 있어야 한다

마태복음 5 : 44 - "나는 너희에게 이르노니 너희 원수를 사랑하며 너희를 핍박하는 자를 위하여 기도하라."

로마서 12 : 14 - "너희를 핍박하는 자를 축복하라 축복하고 저주하지 말라."

3. 예수님은 박해를 예고하셨다

마태복음 10 : 23 - "이 동네에서 너희를 핍박하거든 저 동네로 피하라 내가 진실로 너희에게 이르노니 이스라엘의 모든 동네를 다 다니지 못하여서 인자가 오리라."

마태복음 13 : 21 - "그 속에 뿌리가 없어 잠시 견디다가 말씀을 인하여 환난이나 핍박이 일어나는 때에는 곧 넘어지는 자요"

누가복음 21 : 12 - "이 모든 일 전에 내 이름을 인하여 너희에게 손을 대어 핍박하며 회당과 옥에 넘겨주며 임금들과 관장들 앞에 끌어가려니와."

요한복음 15 : 20 - "내가 너희더러 종이 주인보다 더 크지 못하다 한 말을 기억하라 사람들이 나를 핍박하였은즉 너희도 핍박할 터이요 내 말을 지켰은즉 너희 말도 지킬 터이라."

4. 박해는 '경건하게 살고자 하는 모든 그리스도인'이 정상적으로 경험하는 것이며, 결코 이상한 일이 아니다

로마서 8 : 35 - "누가 우리를 그리스도의 사랑에서 끊으리요 환난이나 곤고나 핍박이나 기근이나 적신이나 위험이나 칼이랴."

고린도전서 4 : 12 - "또 수고하여 친히 손으로 일을 하며 후욕을 당한즉 축복하고 핍박을 당한즉 참고"

데살로니가후서 1 : 4 - "그리고 너희의 참는 모든 핍박과 환난 중에서

너희 인내와 믿음을 인하여 하나님의 여러 교회에서 우리가 친히 자랑함이라."

디모데후서 3 : 11, 12 - "핍박과 고난과 또한 안디옥과 이고니온과 루스드라에서 당한 일과 어떠한 핍박 받은 것을 네가 과연 보고 알았거니와 주께서 이 모든 것 가운데서 나를 건지셨느니라 무릇 그리스도 예수 안에서 경건하게 살고자 하는 자는 핍박을 받으리라."

5. 박해는 축복이지 저주가 아니다

마가복음 10 : 29, 30 - "예수께서 가라사대 내가 진실로 너희에게 이르노니 나와 및 복음을 위하여 집이나 형제나 자매나 어미나 아비나 자식이나 전토를 버린 자는 금세에 있어 집과 형제와 자매와 모친과 자식과 전토를 백 배나 받되 핍박을 겸하여 받고 내세에 영생을 받지 못할 자가 없느니라."

고린도후서 12 : 10 - "그러므로 내가 그리스도를 위하여 약한 것들과 능욕과 궁핍과 핍박과 곤란을 기뻐하노니 이는 내가 약할 그 때에 곧 강함이니라."

6. 예수님은 박해받는 교회와 자기 자신을 동일시하셨다

사도행전 9 : 4, 5 - "땅에 엎드러져 들으매 소리 있어 가라사대 사울아 사울아 네가 어찌하여 나를 핍박하느냐 하시거늘 대답하되 주여 뉘시오니이까 가라사대 나는 네가 핍박하는 예수라."

사도행전 22 : 7, 8 - "내가 땅에 엎드러져 들으니 소리 있어 가라사대 사울아 사울아 네가 왜 나를 핍박하느냐 하시거늘 내가 대답하되 주여 뉘시니이까 하니 가라사대 나는 네가 핍박하는 나사렛 예수라 하시더라."

사도행전 26 : 14, 15 – "우리가 다 땅에 엎드러지매 내가 소리를 들으니 히브리 방언으로 이르되 사울아 사울아 네가 어찌하여 나를 핍박하느냐 가시채를 뒷발질하기가 네게 고생이니라 내가 대답하되 주여 뉘시니이까 주께서 가라사대 나는 네가 핍박하는 예수라."

7. 박해는 긴 역사를 가지고 있다

출애굽기 1 : 12 – "그러나 학대를 받을수록 더욱 번식하고 창성하니 애굽 사람이 이스라엘 자손을 인하여 근심하여."

사도행전 7 : 52 – "너희 조상들은 선지자 중에 누구를 핍박지 아니하였느냐 의인이 오시리라 예고한 자들을 저희가 죽였고 이제 너희는 그 의인을 잡아준 자요 살인한 자가 되나니."

8. 복음은 박해로 인해 확장된다

사도행전 11 : 19 – "때에 스데반의 일로 일어난 환난을 인하여 흩어진 자들이 베니게와 구브로와 안디옥까지 이르러 도를 유대인에게만 전하는데."

9. 박해를 피하는 것은 십자가를 피하는 것이다

갈라디아서 5 : 11 – "형제들아 내가 지금까지 할례를 전하면 어찌하여 지금까지 핍박을 받으리요 그리하였으면 십자가의 거치는 것이 그쳤으리니."

갈라디아서 6 : 12 – "무릇 육체의 모양을 내려 하는 자들이 억지로 너희로 할례 받게 함은 저희가 그리스도의 십자가를 인하여 핍박을 면하려 함뿐이라."

순교자의 피는 교회의 씨앗이 된다

많은 사람들이 박해로 인해 교회가 순수하고 거룩해지고, 복음의 대가를 치르고, 세상의 가치에 관심을 덜 갖게 된다는 점과 또한 순교자의 피는 언제나 교회의 씨앗이 되었고 이것은 지금도 마찬가지라는 점을 수없이 지적했다. 우리는 위에서 언급한 여러 가지 성경적인 통찰로부터 가정교회와 관련하여 적어도 다음과 같은 세 가지 중요한 결론을 이끌어낼 수 있다.

1. 박해는 정상적인 것이고, 평화는 예외적인 것이다

만일 하나님 나라가 본질상 이 세상 나라와 갈등하고 있다면, 방해와 갈등, 혹은 전쟁조차도 필연적인 결과로 볼 수 있다. 역사의 현 시점에서는 하나님 나라와 '악한 자의 권세 아래 놓인 세상'은 화합할 수 없다. 이 두 나라는 물과 불처럼 조화가 불가능하다. 예수님은 악한 자의 일을 멸하려 오셨다. 그리고 이것은 외교적인 평화회담 형태로 진행되지 않을 것이다. 예수님이 지상에 세우신 몸으로서의 교회는 세상과 갈등하도록 내몰리게 될 것이다. 그러므로 박해는 교회가 감당해야 할 지극히 정상적인 것이다. 평화와 조화야말로 예외적인 것이다.

2. 박해는 기독교의 내부적 특성과 구조를 개혁하고 사도적 교회 패턴을 회복시킨다

예수님은 "네 원수를 사랑하라"고 말씀하신다. 많은 목회자들은 몇 시간 동안 성경 공부를 하고 또 도전적인 설교를 들음에도 불구하고, 비우호적인 이웃은 차치하고라도 우호적인 이웃에게조차도 실제로 사랑을 실천하는 사람이 드물다는 것을 안다. 박해는 현실에 편안히 안주하려는 그리스도인들을 순례자들로 만듦으로써 이 모든 것을 바꾸어놓는다. 박해는 자기만족을 근절하고, 개척자 정신을 회복시킨다. 박해는 그리스도인들을 큰 건물에 대한 병적인 집착에서 해방시키고 그들로 운동(movement)에 참여하게 만든다. 예수님으로부터 "예루살렘과 온 유대와 사마리아와 땅 끝까지 이르러 내 증인이 되라."(행 1 : 8)는 명령을 받은 제자들이 예루살렘을 벗어난 지역으로 뻗어나가기 시작한 것은 하나님이 그들에게 박해를 허용하신 직후부터였다(행 8 : 1~4). 박해는 교회로 하여금 그 자신이 친히 박해받으셨고 교회의 설립자이신 예수 그리스도의 형상을 회복하게 만든다. 예수님은 "박해를 받은 자는 복이 있다"고 말씀하셨다. 그러므로 박해는 교회가 그 엄청난 '복'을 다시 찾게 만든다. 이 복은 그 자체가 하나님이 교회에 선물로 주시는 특성이다.

이것은 또한 구조에도 영향을 준다. 왜냐하면 박해를 받는 동안 교회는 '언제든 짐 쌀 준비가 되어 있어야' 하며 '이동이 가능한 구조'이어야 한다. 영원히 안주하도록 만들어진 견고하고 이동이 불가능한 구조물보다는 언제든지 접었다 폈다 할 수 있는 텐트 속에서 생활하고 성장할 필요가 있다. 교회는 어떠한 변화에도 쉽게 적응할 수 있는 역동적인 형태들을 가질 필요가 있다. 가정교회는 바로 이와 같은 필요에 완벽하게 맞아떨어진다.

박해는 잠자는 교회에게 하나님이 마지막으로 주시는 말씀인지도 모른다. 사도와 선지자들은 과거에 수도 없이 잠자는 교회를 흔들어 깨우려했지만 교회는 그에 아랑곳 않고 잠을 자는 사치를 부릴 수 있었다. 그러나 박해는 누구나 들을 수 있는, 아침 잠을 깨우는 전화벨 소리다. 하나님은 이와 같은 방식으로 긴급성과 선교에 대한 의식을 환기시키고 교회에 사도적인 성격을 회복시키고 계신지도 모른다. 교회가 흩어질 때,

그들은 아마도 다시 가서 "두루 다니며 복음의 말씀을 전할"(행 8 : 4) 것이다. 사실 가서 말씀을 전하는 것은 그들이 가장 우선적으로 했어야 할 바로 그 일이었다.

3. 박해는 교회의 관심사를 정화시킨다

자신의 문화 속에 깊이 빠져 있는 안정되고 현대적인 교회는 곧 여러 가치와 우선순위, 관습과 일정들을 개발하게 될 것이다. 이런 것들은 하나님 나라를 통해 이 세상의 굳은 관습을 깨뜨리시려는 하나님의 뜻에 전혀 어울리지 않는 것들이다. 초대 교회에는 오늘날 교회가 적극적으로 참여하고 있는 사회적, 정치적, 생태학적, 복음주의적 혹은 전인적 프로젝트 같은 것을 찾아보기 힘들었다. 그럼에도 초대 교회는 지속적으로 성장했고 번성했다. 박해의 시기에 교회는 비로소 하나님 나라의 절대적이고 본질적인 요소들에 집중하게 된다. 마치 반죽을 발효시키는 누룩처럼 그 자신을 퍼트리고, 모든 민족을 제자 삼는 일에 쉼 없이 집중한다. 박해는 또한 교회 내의 부패를 막는 데도 도움이 된다. 왜냐하면 볼품없는 작은 그룹들로 이루어진, 법적으로도 어중간한 비밀 모임에서 왕이나 스타가 되기를 원하는 사람은 없기 때문이다.

예수님과 같은 편에 서라

우리는 한편으로 "로마에서 짐승들 앞에 던져지기를 갈망했다"고 전해지는 초대 교회 교부 이레나이우스처럼 박해를 지나치게 치켜세우는 것과 다른 한편으로 세계복음주의협의회(World Evangelical Fellowship)나 지역 신문처럼 모든 차별에 대해 UN의 인권위원회에 호소하는 것

사이에서 바른 방법을 찾아야 한다. 우리는 박해와 박해의 목적을 하나님의 관점에서 생각해 볼 필요가 있다. 하나님의 관점은 박해에 대해 우리가 가지는 느낌이나 바람과는 다를지도 모른다. 우리는 정죄당하고 박해당하신 예수 그리스도와 같은 자리에 기꺼이 설 준비가 되어 있어야 한다. 만일 오늘날 종교적으로나 정치적으로 혹은 경제적으로 권력을 가진 어떤 사람이 예수님의 가르침들을 진정으로 이해하고도 그것들을 따르기를 거부한다면, 그는 자연히 2천 년 전에 "우리는 이 사람이 우리의 왕 됨을 원치 아니하노이다! 저를 십자가에 못 박게 하소서! 십자가에 못 박게 하소서!"(눅 19 : 14; 23 : 21 참조)라고 외치던 무리들과 같은 편에 서게 될 것이다. 그러나 그리스도의 이름을 가진 사람들은 누구나 예수님과 같은 편에 설 것이다.

4천만 순교자들의 메시지

플로터(F. L. Plotter)가 그의 책 『*Martyrs in All Ages*』(역사 속의 순교자들)에서 말한 바에 의하면, 스데반이 순교를 당했던 그 무렵(행 7장) 예루살렘에서는 약 2천 명의 그리스도인들이 순교를 당했다고 한다.

- 빌립은 브리기아에서 부흥이 일어난 이후 투옥되어 형틀에 매어 있다가 교수형을 당했다.
- 마태는 에티오피아에서 순교를 했다고 전해진다.
- 예수의 형제 야고보는 96세가 되던 때 성전 꼭대기에서 아래로 던져지고 돌에 맞았으며, 그 후 곤봉으로 맞아서 두개골이 산산이 깨어졌다고 요세푸스는 전한다.
- 맛디아는 돌에 맞았고 참수형을 당해 죽었으며 그의 시신은 십자

가에 달렸다.

- 안드레는 아시아에서 전도하다가 아가야 총독 알게나스의 명령으로 십자가에 달려 순교했다.
- 마가는 이집트로 가서 알렉산드리아에 교회를 세웠고 거기서 순교를 당했다고 유세비우스는 전한다.
- 베드로는 로마에서 십자가에 거꾸로 달려 순교했다고 전해진다.
- 바울은 아마도 로마에서 순교했을 것이다.
- 유다는 예루살렘에서 십자가에 달려 순교했다고 초대 교회 저자들이 전한다.
- 바돌로매는 채찍에 맞고 십자가에 달려 순교했다.
- 도마는 인도에서 창에 찔려 순교한 것으로 추정된다.
- 누가는 그리스의 한 올리브 나무에서 교수형을 당해 순교했다고 전해진다.
- 열심당원 시몬은 아프리카에서 선교하다가 나중에 영국에서 십자가형을 당했다.
- 요한은 예외적으로 98세의 나이에 밧모 섬에서 자연사했다.
- 에베소의 감독 디모데는 순교를 당했다.
- 바나바는 수리아의 유대인들에게 죽임을 당했다.

이후로도 이그나티우스, 시므온, 클레멘트, 제논(Zenon), 파우스티우스(Faustius), 조비타(Jobita), 저스틴(Justin), 폴리갑(Polycarp)을 비롯한 수많은 순교자들이 기독교 역사를 통해 이어진다.

세계복음주의운동(Global Evangelical Movement)의 데이비드 배렛(David Barret)은 그리스도께서 죽으신 이후 순교한 그리스도인들의 수가, "예수를 믿는다는 이유로 괴롭힘을 당하고 집에서 쫓겨나거나 사회적인 지위를 박탈당한 사람들을 **뺀다** 하더라도" 약 4천만 정도라고 말한다. 매년 평균 16만 정도 순교를 당한 셈이다. 배럿은 2025년이 되면 매년 순교를 당하는 수가 평균 30만 명에 이를 것으로 추산했다.

교회는 불에 타지 않는다

예수 그리스도의 참된 교회는 불에 타지 않는다. 그 교회는 나무나 짚이나 돌로 만들어진 것이 아니다. 그 교회는 하나님의 구원받은 백성들로 만들어진다. 교회 건물과 같이 눈에 드러나는 것은 파괴될 수 있다. 그러나 일반 가정들은 그렇지 않다. 대부분의 문화에서 가정은 안전한 보호 지대다. 멧 카스틸로(Met Castillo) 박사는 "개인의 가정을 공격하는 것은 가장 어리석은 짓이다"라고 말한다. 내가 말하고자 하는 것은 교회가 가정에 닥치는 박해에 대해서는 면역력이 있다는 것이 아니다. 가정은 교회를 위한 가장 자연스럽고도 가장 안전한 장소라는 말이다.

유연한 구조

많은 나라들에서, 심지어 러시아와 중국 및 중동의 몇몇 나라들처럼 교회에 대해 극심한 박해를 가하고 엄격하게 통제하는 그런 나라들에서도 가정교회는 오랫동안 기독교 운동의 영적인 척추였고, 또 지금도 마찬가지다. 가정교회는 한 나라의 건물들이 어떤 구조를 가지고 있느냐에 상관없이 사람들의 눈에 띄지 않고도 그 건물들에 잘 들어맞기 때문에 어떤 압력이나 새로운 상황에도 유연하게 반응할 수 있다. 가정교회는 종교적인 예배를 드리는 것보다 삶을 서로 나누는 것에 초점을 두고 있기 때문에, 시끄러운 음악 소리를 내거나 박수를 치고, 춤을 추고 큰 소리로 기도하고 설교함으로써 이웃들이나 비밀경찰의 경계심을 불러일으키지 않은 채 쉽게 존재할 수 있다.

어떤 가정교회들은 매번 모이는 장소를 달리한다. 다음 모임 장소는 멤버들만 알고 있다. 모임 장소는 호텔 방이 될 수도 있고, 야외 소풍을 위해 빌린 버스 안이 될 수도 있고, 나무 아래나 멤버들의 집이 될 수도 있다. 어떤 나라에서는 의심을 받지 않기 위해 성도들이 아침 일찍부터 한 명 두 명 시간 간격을 두고 모여들기 시작한다. 혹시라도 누군가 모임에 대해 자꾸만 꼬치꼬치 캐묻는다면, 생일과 결혼식, 기념일과 가족 재회 모임 등 가족들이 흔히 가질 수 있는 수많은 모임들을 이용할 수 있다.

일부러 '박해'를 조장하지 말라

어떤 교회에서 한 젊은이가 일어나 자기가 어떻게 비그리스도인들만 오가는 마을의 시장에 용감하게 들어갔다가 왔는지에 대해 말했다. 그는 자랑스럽게 설교하기 시작했다. "사람들은 곧 나를 괴롭히기 시작했습니다. 나를 마구 구타하고는 나를 마을 밖으로 몰아냈습니다. 그러나 나는 예수님 편에서 박해를 받은 것이 너무 자랑스럽습니다." 나는 그에게 물었다. "누가 당신에게 그들을 분노하게 만들라고 했습니까? 예수님이시라면 그 마을에서 어떻게 하셨을까요? 아마 예수님은 공개적으로 그들의 마음을 상하게 하시지 않았을 것입니다. 예수님은 그들에게 폭탄을 던지기보다는 그들의 마음을 얻기를 원하셨을 것입니다. 아마 예수님은 그 마을에 있는 평안의 사람과 저녁 식사를 함께 나누셨을 것입니다. 그들로부터 마을 밖으로 내몰림 당하시지는 않았을 겁니다."

인도의 한 도시에서 일어난 한 복음 전도 운동이 비그리스도인 행동주의자들로부터 집단적인 적대감을 사게 되었다. 어떤 그리스도인들은 소수 집단으로서의 자신들의 지위에 대해 위협을 느낀 나머지 흥분하여 경찰과 맞서 싸우기 시작했다. 이 싸움은 결국 법적 소송과 수많은 논쟁들, 차별 대우, 그리고 그리스도인 몇 명이 투옥되는 것으로 끝나고 말았다.

나는 남인도의 타밀나두에 있는 한 작은 시골 교회에서 설교해 달라는 초청을 받은 적이 있다. 교인이 35명 정도 되는 이 교회는 주요 거리에 있는 한 건물을 임대하여 모이고 있었다. 그들의 예배와 찬양에 대해 한 마디로 말하라고 한다면 너무 시끄럽다는 것이었다. 이 교회는 마이크 시스템과 커다란 스피커를 하나 가지고 있었다. 그 소리는 아마도 500m 밖에서도 들렸을 것이다. 5분마다 누군가 교회에 찾아와서 정중하게 좀 조용히 해 달라고 요청했다. 그 교회의 지도자들은 입에 침을 튀겨 가며 내게 말했다. "보세요 우리는 방해받지 않고 예배드릴 수가 없습니다. 우리는 독립적인 교회 건물을 짓기 위해 서방 교회의 재정 후원이 필요합니다." 나는 말했다. "훨씬 더 간단하고 저렴한 해결책이 있을 수도 있어요. 마이크 시스템의 플러그를 빼버리세요. 이런 작은 가족 같은 모임에서 그런 시끄러운 스피커는 정말 필요 없거든요."

우리는 잘못된 의미의 경쟁과 종교적인 자부심, 그리고 우리의 '인권'이나 '소수 집단의 지위'를 위해 싸우려는 욕심을 버려야 한다. 우리는 또한 복음 전도 집회를 가리켜 '십자군 운동'(crusades)이라고 표현하는 것이 적절한지 자문해야 할 것이다. 진정한 박해는 우리 자신의 지혜가 부족하기 때문이 아니라 "십자가의 거치는 것"(갈 5:11) 때문에 일어나는 것이다.

평화는 없다

예수님은 우리가 아름다운 푸른 언덕에 둘러싸인 낭만적인 마을 교회 주변에서 살게 될 것이라는 식으로 평화롭고 조화로운 미래를 예언하신 적이 결코 없다. 예수님은 오히려 교회에 대한 박해와 환난이 점점 더 심해질 것이라고 예언하셨다. "이 동네에서 너희를 핍박하거든 저 동네로 피하라"(마 10 : 23). "그때에 사람들이 너희를 환난에 넘겨주겠으며 너희를 죽이리니"(마 24 : 9). 예수님이 마태복음 24장을 비롯한 여러 곳에서 그리신 미래에 대한 시나리오는 다툼이 없이 서로가 조화롭게 공존하는, 그리고 멋진 성탄카드와 예쁘게 수놓은 식탁보를 주고받는 그런 세상이 결코 아니다. 예수님은 이 나라가 저 나라에 대항하여 싸우고, 끊이지 않는 전쟁으로 인해 점점 더 큰 고통 가운데 신음하는, 기근과 지진으로 인해 고통당하고 더 심하게는 사람들에게서 사랑이 식어지고 미움이 만연하게 되는 그런 세상에 대해 말씀하신다.

준비를 갖추라

세상의 정치적인, 종교적인, 경제적인 분위기가 이념적으로나 영적으로 점점 더 가열되고 있다. 노아는 비가 내리기를 기다렸다가 방주를 만들기 시작한 것이 아니다. 마찬가지 이유로 우리는 오늘날 장차 다가올 일들에 대해 준비하고 있어야 한다.

1. 우리는 박해에 요동치 않는 질적 특성이나 사고방식을 개발하고 하나님 나라의 패턴을 따름으로써 스스로가 박해를 받기에 합당한 존재가 되어 그것이 이 사회에서 우리의 체면이 깎이는 것을 의미한다 할지라도 하나님의 이름을 위해 일어날 준비를 갖추어야 한다. 이 준비는 오늘날 우리 모두 안에 신약 성경이 말하는 기독교의 질적 특성을 되살리고 우리 속에 있는 아무도 꺼트릴 수 없는 불을 다시금 타오르게 하는 데서부터 시작된다.

2. 우리는 바로 이러한 사고방식을 통해 교회 구조를 개혁해야 한다. 다시 말하면 신약적 가정교회를 다시금 채택할 필요가 있다는 말이다. 왜냐하면 가정교회는 교회의 생명을 지속시킬 뿐 아니라 또한 박해와 압력 하에서도 교회가 번성하고 성장하도록 만들 수 있기 때문이다.

이제 이러한 결정이 가져올 결과들을 생각하고 우리 자신부터 그리고 우리 가족, 친구, 교회, 단체 및 동역자들과 함께 기도하고, 하나님의 방향 지시에 귀를 기울이고, 적절한 방법들을 취하기 시작해야 한다. 바로 지금 말이다.

에티오피아의 메노나이트교회

미국 메노나이트교회(Mennonite Church of America)가 에티오피아에서 어떻게 전통적으로 선교 과업을 수행했는가 하는 것은 아주 잘 알려진 이야기다. 1982년 당시 메세렛교회(Meserete Kristos Church)에는 약 5천 명의 교인들이 있었다. 그러나 공산주의 정부가 들어서면서 정부는 모든 교회 건물과 재산을 몰수했으며, 대부분의 교회 지도자들을 투옥했다. 메노나이트교회는 정부의 법령에 따라 평신도 중심의 가정교회에 기반을 둔 운동이 되었다. 그러나 공산주의자들의 이 과감한 조치는 교회의 성장을 둔화시키는 대신 오히려 그와는 정반대의 효과를 냈다. 10년 후 이 메노나이트 운동은 5만 명 규모로 성장했다. 에티오피아의 메노나이트교회가 가장 폭발적인 성장을 하게 된 것은 바로 그들이 성장의 기둥이라고 여기던 교회 건물들과 목사들을 잃어버린 바로 그때부터였다.

세미나가 끝날 무렵 한 목사가 유머러스하게 이렇게 말했다. "이제 우리는 바람직한 2단계 교회 성장 계획을 터득했습니다. 첫째로 모든 교회 건물을 폐쇄하고, 둘째로 목사들에게 장기 휴가를 주는 것입니다."

언제 박해가 시작되었는가?

하나님의 택함 받은 자들과 하나님의 백성과 선지자들과 경건한 왕들이 늘 위협과 박해를 당했지만, 신약 교회에 대한 박해는 우발적으로 시작된 것이 아니었다. "사울이 그의 죽임 당함을 마땅히 여기더라 그 날에 예루살렘에 있는 교회에 큰 핍박이 나서 사도 외에는 다 유대와 사마리아 모든 땅으로 흩어지니라"(행 8:1).

사도행전 7장에서 스데반은 종교 지도자들 앞에서 설교를 했다. 그가 말한 것들은 그가 한 가지 주제에 대해 말하기 전까지, 한 가지 상처를 건드리기 전까지는 종교 지도자들이 동의할 만한 내용이었다. 그러나 '이 말'을 들었을 때 그들은 "마음에 찔려 저를 향하여 이를 갈거늘…

큰 소리를 지르며 귀를 막고 일심으로 그에게 달려들어 성 밖으로 내치고 돌로" 쳤다.

도대체 무슨 말을 들었기에 그들이 이런 식으로 이성을 잃게 되었는가? 스데반이 건드렸던 폭탄의 뇌관과도 같은 주제는 어떤 것이었는가? 그는 이렇게 말했다. "지극히 높으신 이는 손으로 지은 곳에 계시지 않으신다." 스데반은 그들의 믿음의 핵심인 성전 곧 종교적인 건물의 권위에 대해 문제를 제기했던 것이다.

구약적인 유대교의 경우 성막과 성전이 예배와 함께 그 핵심에 있었지만 신약 성경은 완전히 새로운 차원의 예배를 도입했다. 이 예배에서는 하나님의 영이 스스로를 성전의 벽돌들로부터 분리시키신다. 이제부터 하나님의 백성이 바로 하나님의 성전(고전 3 : 16; 6 : 19)이다. 이것이 옛 성전에 대해 무엇을 의미하는가? "성전보다 더 큰 이가 여기 있느니라"(마 12 : 6). 성전보다 더 큰 이는 옛 성전을 자기의 몸 된 성전으로 대체시키신다(요 2 : 19~21). 예수님은 돌로 만든 성전과 성전 중심의 예배라는 옛 장을 마무리 지으시고 새로운 장을 여신다. 예배는 더 이상 예루살렘이나 사마리아에 있는 어떤 특별한 '하나님의 집'이나 성막이나 성소나 어떤 거룩한 건물 안에서 드려지지 않는다. 돌 제단과 같은 거룩한 상징들을 중심으로 드려지는 것도 아니다. 하나님은 영이시고 진리이시기 때문에 예배는 "신령과 진정으로"(요 4 : 23, 24) 드려진다. 성전은 이제 영원히 폐하여졌다. 그러므로 다시 그런 성전으로 돌아가서는 안 된다. 심지어 장차 하늘에도 성전은 없을 것이다. "성 안에 성전을 내가 보지 못하였으니 이는 주 하나님 곧 전능하신 이와 및 어린 양이 그 성전이심이라"(계 21 : 22).

예수님과 말씀을 나눌 때 사마리아 여인은 곧 자기 마음 중심에 있었던 종교적인 예배라는 화제를 들고 나왔다. "우리는 이 산에서 예배

합니다만, 당신들 유대인들은 말하기를 예루살렘에서 예배해야 한다고 합니다. 누가 맞습니까?" 예수님께서 말씀하셨다. "둘 다 틀렸다. 이제 하나님을 진심으로 예배하는 자들이 하나님을 신령과 진정으로 예배할 때가 올 것이다. 아니 이미 벌써 그때가 왔다." 이제 다른 곳보다 더 거룩한 곳이란 없다는 말씀이다. 종교적인 거룩한 곳으로서의 성전이나 하나님이 자기 백성과 함께 거하시는 처소를 의미하는 '하나님의 집' 개념은 신약 성경에서 완전히 그 자취를 감추었다.

신약 성경에서 하나님은 결코 어느 누구에게도 자기를 위해 종교적인 집을 지으라고 명하시지 않았다. "주께서 가라사대 하늘은 나의 보좌요 땅은 나의 발등상이니 너희가 나를 위하여 무슨 집을 짓겠으며 나의 안식할 처소가 어디뇨"(행 7 : 49). 하나님은 오히려 우리 자신들을 영적인 집, 곧 교회로 지으시고 우리를 그의 가족으로 삼으시고, 하늘에서 장차 임할 예루살렘에 우리를 위해 집을 지으신다.

종교 : 문제의 핵심

스위스의 신학자 칼 바르트는 "종교는 불신자들을 위한 것이다. 종교는 경건을 가지고 장사하는 사업이다"라고 말한다. 종교는 인간이 하나님을 가지고 만드는 것이다. 그러나 기독교는 하나님이 인간을 가지고 만드시는 것이다. 그러므로 기독교는 종교가 아니다. 기독교는 살아 계신 하나님과의 살아 있는 관계다. 기독교가 종교가 되는 그 순간, 기독교는 그 생명이 끝난다. 영어의 '종교'(religion)라는 말은 라틴어 '렐리가레'(*religare*)에서 온 것으로, 문자적으로는 '자기 자신을 뒤로 단단히 묶다' 혹은 '삶의 조류에 휩쓸려 알지 못하는 위험한 곳으로 떠내려가지 않도록 안전한 곳에 든든한 닻을 내리다' 라는 의미다. 종교는 하나님께 도달하려고 애쓰며, 인간과 하나님, 성과 속 사이의 경계선 너머에 있는 안전지대에 닻을 던지려고 한다. 그래서 종교는 무슨 대가를 치르더라도 닻과 줄은 보호하려고 한다. 종교는 그리스도께서 이 모든 것을 우리를 위해 해 주셨다는 것을 알지 못할 뿐 아니라 그와 같은 사실을 알고 싶어 하지도 않는다.

종교적인 사람은 숲 속에서 나무를 잘라 그것을 조각하여 우상을 만들어놓고는 그 앞에 엎드려 절하며 "나를 구원하라"고 외친다(렘 10장). 종교적인 사람은 영적인 세계에 자기 마음대로 질서를 부여한다. 그리고 만일 그가 특별히 독창적이고 영향력 있는 사람이라면, 그는 심지어 새로운 종교를 창시할지도 모른다. 내면이 불안정할수록 종교적인 사람은 자신의 뿌리 깊은 의심이 드러나지 않게 하기 위해, 그리고 사람들 앞에서 자기 위신을 구기지 않기 위해 자신의 종교적 확신과 거룩한 제물을 고수하는 데 많은 시간과 에너지를 쏟아 부을 것이다. 종교적인 사람들은 자신이 확신하지 못하는 것들에 대해 날마다 새롭게 확신을 얻어야 하고, 자신이 다룰 수 있는 것이 아닌 줄 알면서도 다루어야 하고, 냄새 맡지 못하는 것을 냄새 맡아야 한다고 느낀다. 종교적인 사람들은 하나님을 느끼고, 하나님의 말씀을 듣고, 하나님을 마시고, 하나님을 먹고, 하나님을 내면화시키기를 원하며, 궁극적으로는 하나님을 자기 것으로 소유하거나 하나님, 아니면 적어도 하나님과 관계된 거룩한 것을 왕좌 위에 올려놓거나 금고 속에 넣고 튼튼한 철제문으로 잠그고 그 열쇠를 침대 밑에다 숨겨 두고 싶어한다. 그리고 그들은 돈을 벌기 위해 제사장이나 거룩한 사람을 고용하여 이 성스러운 성소를 지키게 할 것이다. 나중에 그들은 우상과 금고와 제사장을 중심으로 거룩한 집을 지을 것이다. 그리고 일주일에 한 번 그곳을 방문하여 돈을 바치고 축복을 구할 것이다. 종교적인 사람들은 이런 식으로 자신들을 위한 성전을 만들어낸다. 왜냐하면 그들은 그 성전을 만든 사람이기에 궁극적으로 그 왕좌에 자신들이 앉게 될 것임을 알기 때문이다. 그럼에도 그들은 예배와 하나님 사이를 이간시키고 싶어 안달하는 사탄에게 자신들이 속고 있다는 것을 결코 깨닫지 못한다.

종교적인 사람들은 촛불과 거룩한 음악과 냄새와 종 소리와 경외감을 자아내는 종교적인 의식에 뜨거운 열심을 가지고 참여할 때 느껴지는 전율을 즐긴다. 그들은 자신들의 종교적 전통과 실천을 극단적으로 변호하고, 비논리적으로 그것들에 대해 토론한다. 왜냐하면 그러한 토론은 궁극적으로 자기 자신들에 대한 것이기 때문이다.

근본적인 문제는 종교적인 사람들은 자신들이 하나님 없이 헤매고 있다는 것을 마음 깊숙이 알고 있지만 너무 교만하여 그렇다고 인정하지 못한다는 것이다. 친구들이나 가족, 사회로부터 오는 압력(peer pressure) 때문이다. 그들은 어느 누구에게서도 십자가가 그들의 교만과 죄를 해결할 수 있다는 것을 듣지 못한 사람들이다.

예를 들면, 이슬람에서는 성전(Holy War)에 나가서 죽는 것 말고는 구원의 확신이라는 개념이 없다. 모든 종교적인 법들을 다 지켰다 하더라도 낙원에 가도록 '알라'(Allah)가 허락할 것이라는 보장이 없다. 당신이 죽는 날에 알라가 생각을 바꿀지도 모르기 때문이다. 이것은 사람들을 매우 불안에 떨게 만든다. 그리고 이처럼 깊은 불안 가운데 있는 사람들은 보험업자들에게 더할 나위 없는 황금어장이 된다. 종교의 영역에서 깊은 불안에 떠는 사람들은 적어도 평안을 얻기 위해 종교 세일즈맨에게서 거의 어떤 것이라도(이것을, 저것을, 아니면 다른 것을 하라) 구매할 것이다. 그러나 이 패턴은 불안이 주는 공허한 고뇌를 잠재울 수 없다.

종교는 궁극적으로 '이 세상의 영'이 부추기고 지지하는 거짓된 예배이며, 거룩을 위장한 신념이며, 아무 소용이 없는 실천들이다. 많은 성경 교사들이 종교와 바벨론 음부 사이의 연관성을 지적했다. "이 여자가 성도들의 피와 예수의 증인들의 피에 취한지라… 그 음행의 진노의 포도주를 인하여 만국이 무너졌으며… 땅의 상고들도 그 사치의 세력을 인하여 치부하였도다"(계 17 : 6; 18 : 3).

모든 사람은 죄인으로 태어났기 때문에(시 51; 롬 3 : 23), 누구나 상처 입은 의식을 가지고 있다. 그들은 자신들이 하나님 앞에 죄인이라는 것을 안다. 이러한 고통을 누그러뜨리기 위한 쉬운 해결책이 바로 종교다. 종교는 지상에 있는 모든 사람들 속에 내재되어 있는 한 특성과도 같다. 심지어 불가지론이나 자유주의의 경우에도 그 추종자들은 열정적인 종교적 열심을 가지고 그 가르침들을 고수한다. 우리는 종교적으로 되기 위해 어떤 일을 할 필요가 없다. 종교적 열심은 우리에게 너무나 자연스러운 것이어서 우리가 알지 못하는 사이에라도 못된 영이 모든 사람들이 잠든 사이에 고개를 드는 것같이 우리 속에 기어든다. 종교적 열심은 우리가 한 걸음을 뗄 때마다 우리에게 달라붙는 카펫의 정전기와 같다. 우리가 종교적이지 않고, 깨어 있는 정신을 유지하기 위해서는 종교에서 해방되어 영과 진리로 하나님을 예배할 수 있기 위해서는, 성령의 능력과 변치 않는 선지자적, 사도적 사역과 성도들에 대한 지속적인 훈련이 필요하다. 만일 내가 사탄이고 그리스도인들이 그리스도의 효과적인 증인이 되지 못하도록 방해하기를 원한다고 한다면, 나는 예수의 제자들 사이에 이 지상에서 가장 치명적인 전염병을 풀어놓을 것이다. 종교가 바로 그 전염병이다. 나는 교회에서 가장 약한 멤버를 찾을 것이다. 이들은 종종 가장 강한 사람들인 것처럼 보이기도 한다. 나는 그들의 마음속에 아주 오래된, 그리고 그 효과가 입증된 말을 속삭일 것이다. "하나님이 정말 그렇게 말씀하시더냐"(창 3 : 1). 하나님의 말씀과 하나님에 대한 그들의 믿음을 무너뜨릴 것이다. 그리고 그들 속에 더 확실한 안전과 더 많은 권력과 영광과 명예에 대한 갈망을 부추길 것이다. 그러고 나서 그들에게 종교라는 독약을 줄 것이다. 사탄이 자신이 세운 궁극적인 계획을 그대로 이루어낸다면 사탄 입장에서는 이 얼마나 큰 승리이겠는가? 교회의 이름으로 교회를 핍박하고, 하나님의 이름으로 하나님의 백성을 핍박할 수 있는 것이다. 조직화된 종교 전문가들을 동원하여 그리스도의 유기적인 몸의 머리가 가능한 오랫동안 물속에 잠겨 있도록 붙드는 것이다.

그러므로 가정교회 운동을 전개함에 있어, 우리는 특별한 이름들과 효과적인 의식, 전통, 도덕법, 영적인 실천과 방법, 거룩을 가장한 예배 패턴과 규범이라고 생각되는 종교적 경험을 중심으로 생겨나는 종교적인 의식에 대한 경계를 게을리해서는 안 된다. 우리는 그리스도의 십자가 앞에 나아가 온 땅이 하나님의 향기로 가득 차기까지 우리를 개인적으로나 집단적으로 종교적인 영에서 자유롭게 해 주시고 우리에게 그의 성령을 거듭 채워 주시기를 구함으로써, 정전기처럼 정기적으로 생기는 종교적 에너지를 말 그대로 접지해 줄 필요가 있다. "신자들은 모든 사람이 읽는 편지이며 교회를 통해 알려지는 하나님의 크신 지혜이다"(엡 3 : 10 참조). 다시 말해 하나님의 백성은 하나님과 더불어 그리고 사람들과 함께 삶을 나누는 단순하고도 초자연적인 가정교회를 통해 세상에 알려진다. 가정교회는 말 그대로 온 지구를 변화시킬 것이다.

성전이 폐하여졌다는 스데반의 말에 사울과 그의 추종자들은 자극을 받아 피에 굶주린 열광주의에 빠지기도 했지만, 우리는 스데반의 말을 통해 성전뿐 아니라 지옥의 모든 문들도 부서졌다는 사실을 이해할 필요가 있다. 사람들을 맹목과 무지 가운데 가두는, 그리하여 영원히 잃어버린 바 되게 하는 종교적이고 사탄적인 시스템의 핵심이 직격탄을 맞은 것이다.

전례 없는 성장, 전례 없는 박해

하나님의 성령이 예수 그리스도의 몸으로 하여금 다시 유기적인 원래의 형태로 재성육신하게 하실 때, 그리고 교회의 머리 되신 예수님이 사도적, 선지자적 패턴을 교회에 회복시키실 때 많은 나라들에서 과거 그 어느 때에도 보지 못했던 폭발적인 가정교회의 성장을 경험하게 될 것이다. 가난한 자든 부자든, 농촌 사람이든 도시 사람이든 간에, 셀 수 없이 많은 사람들이 구원을 얻고 교회 안으로 들어올 것이다. 그러나 우리는 이와 같은 마지막 추수 운동과 아울러 예수님께서 예언하신 일이 이루어질 것이라는 사실을 한시라도 잊어서는 안 된다. 다시 말해 이전에 결코 경험하지 못했던 박해가 일어날 것이라는 말이다. 왜냐하면 사탄은 이제 교회가 정말로 장난이 아니라는 것을 알게 될 것이기 때문이다. 교회는 이제 사탄이 가장 두려워하는, 그래서 자신이 지난 2천 년 동안 이 지구상에서 없애버리려고 했던 바로 그 추수 도구를 갖게 되었기 때문이다. 단순하고도 종교적이지 않은 가정교회 형태의 하나님의 가족이 바로 그것이다.

역사와 종교적 전통의 음지에서 출현하는 이 전 세계적인 운동은 '지옥의 문들'과 예방적 메커니즘들, 영적인 걸림돌과 종교적인 사고방식을 파하였고, 아담과 하와가 동산에 다시 돌아가지 못하도록 하나님이 동산 앞에 세우신 그룹들과 같은 타입의 악의 영들마저도 파하였다.

이러한 문들은(마 16 : 18) 사탄의 입장에서 베드로와 요한이 기도하여 절름발이를 고친 성전 '미문'(행 3장)에 상응하는 것으로 해석할 수 있다. 성전의 바깥뜰은 성소가 아니었다. 바깥뜰은 성전으로 들어가는 첫 단계였다. 마찬가지로 '지옥의 문'은 지옥 안으로 들어가기 직전의 대기실이라고 할 수 있다. 그리고 사탄은 사람들이 이 지옥의 대기실에서 나오지 못하도록 외부로의 통로를 겹겹이 지키고 있는지도 모른다. 이제 수억의 사람들이 죽어 하나님이 없는 지옥으로 미끄러져 들어갈 것이다. 미국의 중보기도 운동 지도자인 신디 제이콥스(Cindy Jacobs)가 말했듯이, "교회는 대적의 문을 취해야만 할 것이다." 예수님이 분명히 예언하셨듯이 그 문들은 포로들을 영원토록 잡아둘 수 없을 것이다.

우리는 그와 같은 일이 일어날 때를 대비해야 한다. 비전과 대비, 유연한 구조들을 통해 하나님이 자기 교회에 더하시기로 선택하실 사람들을 위해 준비되어 있어야 한다. 엘리사 시대처럼(왕하 3, 4장) 우리는 "이 골짜기에 개천을 많이 파라. 모든 이웃에게 그릇을 빌라"고 요구할 필요가 있다. 그럴 때 하나님은 우리의 믿음을 보시고 이 개천들에 하나님의 물을 채우시고 그 빈 그릇들을 그의 기름으로 채우실 것이다.

>>>제7장 변화 없이는 진보도 없다

변화는 사람들에게서 시작된다. 그리고 당신은 이러한 변화를 위한 바로 그 사람일지도 모른다. 나는 당신이 그 크기가 얼마가 되든 상관없이 이 일을 시작할 것을 권한다. 당장 손에 잡히는 것부터 시작하라.

제7장 변화 없이는 진보도 없다

변화의 기술:옛 능력으로 새 일을 하지 말아야 함

한 무리의 낙타 행렬이 사막을 빠른 걸음으로 지나고 있었다. 그런데 도중에 갑자기 한 사람이 없어진 것이 발견되었다. 사람들이 마침내 그를 찾아냈는데, 그는 조금 전에 지나온 오아시스 나무 아래 앉아 있었다. 사람들이 그에게 왜 그곳에 남았느냐고 묻자 그는 이렇게 말했다. "여행을 하는 동안 내 몸이 너무 빨리 움직였습니다. 나는 내 정신이 다시 내 몸을 따라잡을 수 있도록 기다려야 합니다."

이와 비슷하게, 많은 그리스도인들은 종종 자신들의 정신이 눈앞의 현실보다 훨씬 앞서가는 것을 발견한다. 그들은 환상이나 꿈에서처럼 갑자기 친숙한 삶에서 들림을 받아 지금 자신들이 서 있는 평원과 사막 위로 날아올라가 성령에 의해 미지의 땅으로 인도되어 가는 것을 느낀다. 환상이나 꿈에서 깨어날 때 그들은 전에 가보지 못한 곳을 가 보아야겠다는 강한 도전을 느낀다. 미래의 비전과 그들이 당면한 현실 사이에서 긴장을 경험한다.

교회의 성격과 관련해서도 많은 그리스도인들은 이와 같은 긴장을 경험하는 것 같다. 많은 사람들은 자신들의 몸이 정신을 다시 따라잡을 필요가 있으며, 또한 교회의 구조가 자신들이 꿈꾸는 교회의 새로운 특성에 맞게 변해야 한다고 느낀다. 위에서 이야기한 실종된 여행자 이야기를 빗대어 말하자면, 그들의 정신은 미래로 저 멀리 가버린 데 반해 그들의 몸은 아직도 사막의 뜨거운 태양 볕 아래서 고통하고 있으며 정신을 따라잡기를 원하고 있다.

세미나가 끝난 후에 한 교단의 지도자가 내게 이렇게 질문한 적이 있다. "저는 가정교회에 대해 100% 확신합니다. 그러나 제가 이끄는 교단은 전통적인 교회 모델에 기초하고 있습니다. 저는 이제 어떻게 해야 하지요?" 그는 교회에 대한 새로운 비전을 보았지만, 한 사람의 책임 있는 지도자로서 자신의 현실을 또한 보았고 그 비전을 따라가기 위해서는 어떤 식으로든 구조를 손봐야 한다는 것을 깨달은 것이다.

관계적이고 유기적이고 가정에 기반을 둔 교회 운동에 관련된 거의 모든 세미나나 콘퍼런스에서 부득이하게 이와 비슷한 질문이 제기된다. "당신이 말씀하시는 것을 잘 알겠습니다. 그리고 저도 전적으로 동감합니다. 그러나 저는 이 교회가 편안합니다. 이 교회는 전통적인 패턴을 따라 운영되고 있습니다. 그렇다면 이 교회를 손상시키지 않으면서 시스템을 바꿀 수 있는 방법은 없습니까?" 나는 이것을 "어떻게 발을 적시지 않고 강을 건널까?" 식의 질문이라 말하고 싶다. 변화 없는 진보가 정말 가능할까? 나는 그렇게 생각하지 않는다. 고통스럽게도, 모든 변화는 개인으로부터 시작된다. 변화는 일상적인 일들과 전통을 뒤집어 엎는다. 그러나 만일 우리가 교회 안에 그리고 교회를 통해 새로운 일이 일어나기를 바란다면 먼저 개인이 변화되고, 다음으로는 가정에 변화를 일으키고, 세 번째로 우리 사역을 변화시킬 준비를 해야 한다.

아시아의 어떤 국가에서 있었던 일이다. 세미나가 끝난 후 한 교단 지도자가 내게 다가와 똑같은 질문을 던졌다. "저는 개인적으로 한 교회를 맡아 목회하고 있습니다. 이제 제가 어떻게 해야 하겠습니까?" 그때가 밤 10시, 나는 그날 하루 종일 목사들과 이야기를 했던 터였다. 우리는 숙소를 향해 수풀이 우거진 곳을 걸어가고 있었다. 나는 다소 분위기를 가볍게 만들면서 그에게 말했다. "글쎄요. 저는 전통적인 의미에서의 목회는 그만둘 겁니다. 만약 제가 당신이라면 목회보다 사도적 역할이 더 잘 어울린다는 것을 깨달을 때, 목사 일을 과감하게 내려놓고 새로운 세대의 가정교회 개척자들을 양육하고 훈련시키는 일을 시작할 겁니다." 그는 흥분해서 말했다. "맞아요! 그게 바로 지난 7년 동안 제가 찾아왔던 대답이었습니다!"

새로운 것이라고 다 좋은 것은 아니다. 그리고 변화라고 해서 다 유익한 것은 아니다. 이번에 소개하려는 편지는 이미 다들 잘 아는 이야기지만 내가 아직도 참 좋아하는 편지다. 이 편지는 신학적인 확신에 대한 것은 아니지만, 현상을 유지하기 원하기 때문에 필요한 변화를 일으킬 수 없는 사람의 철학을 잘 보여 주기 때문이다.

잭슨 대통령 각하께.

이 나라의 운하 시스템은 지금 '철도'라고 부르는 새로운 형태의 교통수단의 확장에 의해 위협받고 있습니다. 연방 정부는 아래와 같은 이유 때문에 수로들을 보존해야 합니다.

1. 만일 수운 선박들이 '기차'로 대체될 경우 심각한 실업이 야기될 것입니다. 말에게 줄 건초를 기르는 데 고용된 수많은 농부

들은 말할 것도 없고 선장들과 요리사들과 운전자들과 마부들과 수리공들과 수문 관리인들이 생계수단을 잃게 될 것입니다.

2. 선박 제조업자들 역시 큰 어려움에 처하게 되고, 선박 견인용 밧줄이나 채찍, 재갈을 만드는 제조업자들 역시 가난에 내몰리게 될 것입니다.

3. 수운 선박들은 미국을 지키기 위해 절대적으로 필요합니다. 혹시라도 앞으로 영국과의 갈등이 있을 경우 에리 수로(Erie Canal)는 우리가 전쟁을 치르는 데 필수적인 물자를 옮길 수 있는 유일한 수단입니다.

대통령 각하께서도 잘 아시겠지만 '철도' 객차들은 '기관차'에 달려 시속 15마일이라는 엄청난 속도로 달립니다. '기관차'는 승객들의 생명과 안전을 위협하는 것은 물론 시골을 시끄럽게 만들고, 곡식에 불이 붙게 하고, 가축들을 겁에 질리게 하고, 여자와 아이들을 놀라게 만듭니다. 하나님은 절대 사람들이 목을 부러뜨릴 만큼 빠른 속도로 여행하도록 의도하지 않으셨을 것입니다.

1829년 1월 31일

마틴 밴 뷰런(Martin Van Buren)

뉴욕 주지사

'Dynamic Preaching,' *Net Results Magazine*, March 1991.

패러다임 전환의 네 단계

실제적인 변화를 원한다면 패러다임부터 바뀌어야 한다. 패러다임은 우리가 나름의 세계관에 따라 세상을 보고 해석하는, 다시 말해 특정한 안경을 끼고 사물을 보는 방식이다. 패러다임 전환은 보통 다음과 같은 네 단계로 진행된다.

1. **"찾으라!"** - 패러다임 전환은 보통 우리의 옛 세계관의 위기에서부터 시작된다. 이러한 세계관의 위기는 개인적인 위기로 이어질 수도 있다. 위기는 창조성을 낳는다. 적절하고도 정곡을 찌르는 질문들을 던지지 않고는, 그 질문들에 대해 새로운 대답들을 열심히 찾지 않고는, 새로운 패러다임은 고사하고 새로운 통찰조차 받아들여질 여지가 없을 것이다. 거짓된 만족은 변화의 가장 큰 적이다. 보통 패러다임 전환은 우리의 안전하고 견고한 세계와 사물을 설명하는 우리의 전통적인 방식이 산산조각 나는 그런 위기에서부터 시작된다. 이 위기는 하나의 사건이나 계시 혹은 우리의 세계와 부합하지 않는 것에 대한 부정적 혹은 긍정적 경험에 의해 야기될 수 있다. 중국말로 위기는 '우-웨이'(*wu -wei*)인데, 이 말은 새로운 것을 시작하는 기회와 변화를 뜻한다.

2. **"전하라."** - 두 번째 단계에서 우리는 우리가 찾던 바를 발견하게 된다. 나는 이것을 '유레카의 단계'라고 부른다. 왜냐하면 이 단계는 '그것을 발견한' 사람에게 스릴과 흥분을 주기 때문이다. 우리는 너무 흥분하여 하늘로 손을 높이 뻗고는 그 새로운 발견에 대해 입에 침이 마르도록 자랑을 하고 마치 전도자나 변증가처럼 만나는 모든 사람들에게 그 발견에 대해 말하고 싶어한다. 사실 우리는 보통 진리의 한 부분만을, 그것도 보다 큰 부분의 아주 작은 단편만을 발견한다. 그러나 우리의 결사적인 탐색은 일시적으로 더

큰 그림을 보지 못하게 만든다. 우리는 너무 오랫동안 목말랐다가 이제 우물을 발견했으므로 오로지 마시고 마시고 또 마시고 싶어 한다. 이것은 패러다임 전환에서 가장 위험한 단계다. 왜냐하면 흥분으로 인해 자칫 나중에 다시 바로잡기 어려운 미성숙하고 정제되지 않은 말이나 행동을 하게 될 수도 있기 때문이다.

3. **"사랑하라."** – 이 세 번째 단계에서 우리는 자리에 앉아 우리 입술에 묻은 감정의 거품을 닦아내고 새롭게 발견한 패러다임의 한 부분이 되기 시작한다. 우리는 우리의 발견에 대해 자랑하고 변호하기를 그만두고 그 새로운 발견대로 살아간다.

4. **"가르치라."** – 이 마지막 단계에서 우리는 우리 자신이 발견한 패러다임을 다른 사람들이 발견하도록 돕고 그들 역시 필요한 변화를 만들어낼 수 있도록 돕는 변화의 중개인이 된다.

변화에 대한 세 가지 선택

사람이 경험할 수 있는 가장 파괴적인 좌절 중 하나는 옛 능력을 가지고 새 일을 하려고 할 때 찾아온다. 이것은 마치 식민국가의 전함에서 확성기로 민주주의를 설교하는 것과 같다. 예수님은 새 술을 낡은 가죽 부대에 붓는 것이나 새 천을 헌 옷에 오려 붙이는 것에 대해 경고하셨다. 예수님은 새 술과 낡은 가죽 부대는 극단적으로 다른 시스템이라서 술과 가죽 부대 둘 다를 망가뜨리지 않고는 함께 결부될 수 없다고 말씀하셨다. 똑같은 원리가 낡은 옷에 붙인 새 천 조각에 대해서도 적용된다(마 9 : 16, 17). 이것은 우리에게 변화에 대한 세 가지 선택 사항을 제시해 준다.

1. **아무것도 바꾸지 말라.** - 현 상태로 계속 나가라. 당신의 구조 안에 머물러 그것을 유지하고, 확장하고, 그 속에서 일하라. 왜냐하면 당신도 아는 바와 같이 변화는 너무 비용이 많이 들거나 너무 고통스럽거나 너무 두려움에 떨게 하고, 매우 불안정할 것이기 때문이다. 하나님은 당신을 축복하실 것이다. 모든 사람이 다 '까다로운' 사람들과 일하고 변화를 두려워하지 않는 사도적 사역이나 선지자적 사역을 하는 것은 아니다. 가능한 최선을 다해 당신의 구조를 선용하라. 그러나 다른 사람들과 친밀하고도 개인적인 관계들을 유지하라. 그들에게 대화의 문과 다리를 열어놓으라. 앞으로 서로를 필요로 하게 될지도 모른다. 아마도 하나님은 당신이나 당신 교회 혹은 단체, 교단이 변화를 준비하도록 도울 사람들에게 앞으로의 협력을 위한 문을 열어 두실 것이다. 이제 그날을 위해 당신 자신을 준비하라.

2. **절충을 시도하라.** - '동시에 두 곳의 결혼식에 가서 춤추기'를 시도하라. 새 술을 낡은 가죽 부대에 부어 넣거나 묵은 술을 새 가죽 부대에 붓고, 두 세계에서 살기를 시도해 보라. 내 경험으로 볼 때 이것은 재앙에 이르는 확실한 지름길이다. 일단 과도기 단계로 들어가서는 절대 그 단계를 벗어나지 못할 것이다.

3. **변화를 위해 당신 자신을 준비하라.** - 당신의 정신이 너무 앞질러 가버렸다. 이제 구조들이 그 정신을 따라잡아야 한다.

타이타닉 모델을 넘어서

가장 바람직하고 급진적인 변화는 아마도 모든 것을 다시 시작하는 것일 것이다. 세미나 때 어떤 목사가 일어나 말했다. "그 말씀은 모든 교회가 문을 닫아야 한다는 말씀인가요?" 그는 아주 진지했다. 그러나 출석 교인이 1만 명 이상 되는 교회에서는 이렇게 하기가 절대 쉽지 않다. 하나의 구조에서 다른 구조로 전환하는 것은 이 캠프에서 저 캠프로 옮기는 것을 의미한다. 이와 같은 급진적인 변화는 여러 가지 방법들을 통해 이루어질 수 있다. 그러나 이 모든 방법들은 위험하며 값비싼 대가를 요구한다. 또한 시간도 필요하다. 그리고 종종 이런 방법들이 제대로 안 먹힐 때도 있다. 기업들은 기업의 세계에서 살아남기 위해 변화하는 데 수백만 달러를 지출한다. 톰 피터스(Tom Peters)와 같은 경영 변화 컨설턴트들은 기업의 간부들을 위한 세미나를 하고 하루에 5만 달러를 받는다.

그러나 아무것도 변화시키지 못하는 변화도 있다. 이런 변화는 우리 마음과 감정을 진정시키고 우리가 뭔가를 하고 있다는 일시적인 환상에 빠지게 한다. 그러나 이러한 변화들은 그저 찻잔 속의 태풍처럼 별 영향력이 없다. 어떤 사람은 성전을 다른 색깔로 페인트칠하기로 결정할 수도 있고, 피아노를 왼쪽에서 오른쪽으로 옮기기로 결정할 수도 있고, 아니면 비슷한 규모의 다른 교회와 합병하기로 결정할 수도 있다. 나는 이러한 타입의 변화를 '타이타닉 모델'이라고 부른다. 타이타닉 호가 빙산에 부딪쳤을 때, 가구를 바꾼다거나 배를 다시 페인트칠한다거나 심지어 객실을 완전히 뜯어고치는 것은 아무런 유익이 없을 것이다. 이런 것들은 미장 효과만 있을 뿐이지 배가 바다 밑에 가라앉아 망각 속으로 묻혀버리고 나면 쓸데없는 짓이 되고 만다.

어제의 혁명가가 오늘의 교회 지도자가 된다

역사상 대부분의 변화들은 안전하고 민주적인 과정을 통해서보다는 아주 급진적이고 균형 감각이 다소 떨어지는 사람들을 통해서 이루어져 왔다. 참되고 급진적인 변화나 혁신이 위원회나 이사회에서 시작된 경우는 별로 없다. 대부분은 아무도 보지 못한 비전을 보고, 다른 어느 누구도 말하지 못한 것을 말하고, 당대에 '금지되고' 금기시되는 일을 행하는 사람들에게서 왔다. 루터나 부스, 웨슬리, 허드슨 테일러와 같은 많은 어제의 혁명가들이 오늘날에는 교회들이 신뢰하는 기둥이 되었다. 이들이 시작한 교회나 운동은 오늘날 너무 거대하고 행정적으로 복잡해져서, 어떤 일에 대한 결정권을 이렇듯 비전을 가진 한 사람의 손에 맡길 가능성이 희박하게 되었다.

그러나 변화는 사람들에게서 시작된다. 그리고 당신은 이러한 변화를 위한 바로 그 사람일지도 모른다. 나는 당신이 그 크기가 얼마가 되든 상관없이 당신의 개인적인 영역이나 법인 단체의 영역에서 이 일을 시작할 것을 권한다. 당장 손에 잡히는 것부터 시작하라. 조지 버나드 쇼가 한번은 이런 말을 했다. "합리적인 사람은 자기 스스로를 세상에 적응시킨다. 불합리한 사람은 세상을 자기 자신에게 맞추기를 고집한다. 그렇기 때문에 모든 변화들은 이 불합리한 사람들 손에서 나온다." 이런 의미에서, 어떻게 우리가 그런 '불합리한' 사람이 될 것인가?

변화의 다섯 가지 모델

모든 것을 다시 시작하는 가장 급진적인 변화의 모델을 제외하면, 변화를 주는 데는 다음과 같이 다섯 가지 다른 방법들이 가능하다.

1. '윈도우95'

마이크로소프트의 '윈도우95'라는 유명한 컴퓨터 프로그램은 컴퓨터가 스스로를 이해하고 궁극적으로 당신의 프로그램들을 가동하는 방식을 결정하는 환경 설정을 당신이 바꿀 수 있다. 환경 설정을 바꾸는 것은 당신의 입장권에 쓰여 있는 내용을 바꾸는 것과 같다. 당신이 환경을 새롭게 설정하면, 컴퓨터 모니터에 이런 메시지가 뜰 것이다. "이 변화가 제대로 작동하기 위해서는 컴퓨터를 재시동해야 합니다." 일단 컴퓨터를 재시동하고 나면, 새로운 환경 설정대로 제대로 작동하기 시작할 것이고, 당신의 컴퓨터가 구동하는 방식이 완전히 달라질 것이다. 교회 모델에 변화를 주고 다른 모델로 전환해 갈 때 당신은 작업하던 일을 끝내고, 새로운 '환경 설정'에 따라, 다시 말해 새로운 가치 체계를 따라 운영될 수 있도록 컴퓨터를 재시동해야 할 것이다. 이러한 접근은 당신이 한 단계를 적절하게 마무리하고 새로운 기초와 새로운 특성을 확립하고, 그 위에 다른 방식으로 다른 구조를 세울 수 있게 해 줄 것이다.

2. 선지자적인 20%의 '교두보 원리'

이 접근을 통해 당신은 당신이 보기에 당신의 교회나 단체 혹은 교단을 새로운 미래로 이끌 능력과 은사를 가진 20% 정도의 사람들을 기도하는 가운데 선택할 수 있다. 이들은 '선지자적 교두보'가 되어 나중에 보다 많은 사람들이 따를 때 당신이 변화의 범위를 더욱 넓혀 갈 수 있는 하나의 전초기지가 될 것이다.

그들로 하나의 혹은 여러 개의 가정교회를 만들게 하라. 당신의 기존 구조를 건드리거나 그 구조를 이루는 어떤 것도 바꾸지 말고 그들을 위해 그리고 그들과 더불어 생활하면서 새로운 패턴을 모델로 보여 주라. 6개월, 12개월 혹은 18개월 정도의 기간 동안 당신은 옛 모델과 새 모델을 함께 가동하게 될 것이다. 일단 새로운 행동 패턴이 확립되고, 당신이 선발한 20%가 새로운 패러다임에 잘 적응하고 제대로 방향을 잡아간다는 확신이 들면, 그들로 하여금 다른 사람들을 새로운 패러다임으로 인도함으로써 그 패턴을 배가시키도록 훈련하라. 그들은 건너가기를 원하는 사람이 더 없을 때까지 사람들을 '배에 가득하게 싣고' 새로운 교두보로 인도할 것이고, 그곳에서 그들에게 새로운 교회 패턴을 소개할 것이다. 그때 당신은 새로운 장이 열렸음을 선언하고 새로운 방향을 향해 나아가도록 명령할 수 있을 것이다. 이제 이쪽 교두보로 건너오기를 원치 않고 건너편에 그대로 남아 있는 사람들을 돌아보지 않도록 하라. 당신은 계속 앞으로 움직여야 할 것임을 알기 때문에 그들을 뒤에 남겨두고 떠나야만 할 것이다.

어떤 변화 과정에서든지 간에 네 가지 다른 그룹이 있기 마련이다. 먼저는 소수의 '개척자' 그룹이다. 이들은 돛대 꼭대기의 망대 위에서 살면서 다른 사람들은 별로 보고 싶어 하지도 않는 것을 본다. 둘째는 첫 번째 그룹보다는 약간 더 큰 '초기 수용자' 그룹이다. 이들은 새로운 비전을 믿을 만한 사람들이 보증할 경우 그것을 초기에 수용한다. 세 번째는 '후기 수용자들' 이라는 큰 그룹이다. 이들은 새로운 법에 의해 확증된 경우에만 새로운 것들을 받아들인다. 넷째는 '느림보들' 이라는 비교적 큰 그룹이다. 이들은 골수 전통주의자들로 항상 '애굽의 고기 가마' 를 그리워하고 어떤 일에 대해서도 변화를 기피할 것이다. 그들이 변화를 수용하기를 기다리는 것은 소용없는 일이다. 그들은 절대 변화를 수용하지 않을 것이기 때문이다. 그들은 앨빈 토플러가 말하는 것처럼

'미래의 충격' 아래 있다. 다시 말해 그들은 새로운 발전에 추월당할지 모른다는 두려움으로 인해 마비되었다.

거의 모든 교회나 단체에서 당신은 과거의 전통적인 가치들을 사도적인 것보다, 선지자적인 것보다, 기꺼이 변화를 가져오는 것보다 훨씬 더 중요하게 여기는 사람들을 발견할 것이다. 아시아와 아프리카에 있는 많은 나라들의 경우 조상 숭배 사상이 매우 강하다. 심지어 기독교 전통주의자들조차도 영적인 조상 숭배에 빠질 수 있다. 그러나 조상 숭배는 곧 우상숭배다. 왜냐하면 조상 숭배를 고수하는 사람들은 모든 것을 새롭게 하시는 예수님 자신보다 자신들이 물려받은 관습들과 신앙과 신념을 더 존중하기 때문이다. 당신은 당신 자신이나 당신의 교회가 궁극적으로 이러한 전통적인 관습이나 신념들을 내려놓게 되기를 원할지도 모른다. 그러나 이런 관습이나 신념들은 하나님 나라의 영향을 받기보다 도리어 또 다른 그룹이나 교회를 찾든지 아니면 만들어낼 것이다.

3. 변이 : 봉합선이 없는 변화

'변이'(morphing)는 하나의 그림에서 다른 그림으로 변하는 거의 감지할 수 없을 정도의 변화, 그 정도가 너무 미세하여 이음새가 발견되지 않는 그런 변화를 주는 것을 말한다. 교회와 관련하여 이러한 변화는 하나의 패턴에서 다른 패턴으로 전환하는 과정에서 어느 한 사람이라도 잃지 않도록 가능한 부드럽고 목회적으로 민감하게 대응하는 데 초점을 둔다. 이러한 변화는 새로운 패턴을 도입하되 점진적인 단계들을 거친다. 그러나 이러한 변화는 여전히 까다로운 과제다. 왜냐하면 이것은 마치 말을 타고 빠른 속도로 질주하면서 그 말을 토끼로 변형시키는 것과 같기 때문이다. 옛 패턴이 더 이상 전적인 타당성을 가지지 못하고 새로운 패턴도 아직 분명하게 자리를 잡지 못한 그런 때가 가장 문제다. 덧붙여 말하자면 이러한 변화는 전통주의자들을 설득하기 위한 끝없는 토론과 시도를 의미하며, 따라서 초자연적인 유머 감각과 목회적인 인내심과 선지자적 지혜를 가진 그런 사람들에게나 추천할 만하다. 당신은 먼저 새로운 가치들을 도입하고 가르치고, 점진적으로 새로운 행동 패턴을 소개하고, 새로운 패턴에 따라 리더들을 변화시키고, 새로운 토대를 다시 세우고 그 위에 집을 짓기 시작하는 여러 단계들을 밟을 수 있다. 100명 이하의 작은 교회나 단체의 경우 이러한 과정을 위해 1~3년 정도의 시간이 걸릴 수도 있다. 중간 정도 규모의 교회나 단체(100~500명)의 경우 3~5년 정도가 걸릴 수 있다. 큰 교회나 단체(500명 이상)의 경우 5~8년 혹은 그 이상이 걸릴 수도 있다.

4. 배후에서 은밀히 일어나는 변화

이 모델은 결사적이고 모험적인 사람들을 위한 것이다. 이 변화는 미처 완성되기도 전에 도난당하거나 복제되는 것을 두려워하여 철저하게 보안을 유지하는 가운데 이루어진 많은 발명품들과 같이 은밀하게 진행된다. 이 접근에서 당신은 당신의 교회나 단체가 이 새로운 도전에 전혀 연루되지 않게 하는 데서부터 시작한다. 당신은 당신의 마을을 지나 다른 곳에 가서, 쉽게 말해 당신 그룹의 배후에서 은밀하게 변화를 도입하는 일을 시작한다. 이것은 영적인 유전자나 구조들을 이리저리 뒤섞지 않고도 새로운 실험을 하고 새로운 패턴을 살펴볼 수 있게 해 준다. 당신은 더 많은 시간을 확보하기 위해 당신이 전통적인 구조 안에서 해 왔던 어떤 일을 다른 사람들에게 위임할 수도 있다. 이 새로운 모델이 어느 정도 수준까지 성장하게 되면 당신은 이 새로운 모델을 당신의 교회에 소개할 수 있을 것이다.

5. 홍콩 스타일 : 다중 구조를 가진 교회나 단체

복음은 역동적이고 놀라우며, 어떤 측면으로 보나 결코 평범하거나 '평균적이지' 않으신 하나님을 반영하고 있기 때문에, 우리는 나쁜 것과 좋은 것의 '균형 잡힌 혼합'으로서의 제도화된 평범함을 피할 필요가 있다. 그러므로 섞일 수 없는 것들을 혼합하지 않기 위해 두 가지 다른 가치 패턴을 서로 분리시킨 채 동시에 이 두 가지 패턴을 따라 일하는 것이 마지막 방법이 될 것이다. 많은 회중 교회들은 서로가 분명한 차이를 보이지만 여전히 똑같은 교회에 의해 조직된 여러 가지 다양한 예배 경험들을 도입했다. 런던에 있는 영국 성공회교회인 홀리 트리니티(Holy Trinity, Brompton)와 같은 교회들은 다양한 청중들을 위해 1부 예배 때는 전통적인 예배를, 2부 예배 때는 보다 가족적인 형태의 예배를 제공한다. 영국의 리딩(Reading)에 있는 틸러허스트 자유교회(Free Church : 국교와 달리 정부의 간섭을 받지 않는 비국교파 교회) 같은 교회들은 원하는 사람들에게는 셀그룹을 제공하고 전통적인 패턴을 선호하는 사람들에게는 회중 교회 예배를 제공한다. 나는 이것을 홍콩식 접근이라 부른다. 왜냐하면 이것은 중국과 홍콩이 하나의 정부 아래 있지만 여전히 각기 다른 행정 시스템을 가지고 있는 '1국가 2체제' 패턴과 유사하기 때문이다. 중국은 사회주의적 가치에 기초하고 있는 반면 홍콩은 자본주의적 가치에 기초하고 있다. 이것은 하나의 일시적 타협안일 수 있다. 그러나 어떤 단계에서는 타협이 분리보다 나을 수 있다.

경영계에서 얻을 수 있는 통찰들

끊임없이 변하는 시장과 신상품들, 자고 나면 새롭게 업그레이드되는 기술로 인해 빠르게 움직이는 기업의 세계에서 변화는 유일한 불변수라고 할 수 있다. 경영 전문가들과 기업 컨설턴트들은 기업이 변화에 적응하고 경쟁에서 이기지 못하면, 결국 기업의 세계에서 밀려나 문을 닫게 된다는 사실을 잘 안다.

나는 교회를 기업과 비교하려는 순진한 시도들에 대해서는 반대한다. 왜냐하면 교회와 기업은 사과와 오렌지 같기 때문이다. 기업의 성공 전략들과 최대 이윤을 얻고자 하는 전략들은 하나님의 어린양을 따르고 우리에게 맡겨진 십자가를 지는 것과는 사뭇 다르다. 교회와 기업은 아주 다른 기초 위에 세워져 있으며, 맘몬과 하나님이라는 각기 다른 목표 과제를 추구한다. 그러나 특별히 교회의 가시적인 부분을 조직하는 영역에서는 둘 사이에 중복되는 부분들이 있다. 그러므로 우리는 예수님이 말씀하시는 것처럼, '이 세상의 아들들' 이 어떻게 하는지를 울타리 너머로 슬쩍 엿보는 모험은 감행할 수 있을 것이다. 기업이 전환이나 변화에 대해 사용하는 표현은 매우 단정적이다. 톰 피터스는 그의 저서 『The Circle of Innovation』(혁신의 순환)에서 이렇게 말한다. "과거에 당신을 성공시켜 준 것이 미래에도 그렇게 해 주진 않을 것이다. 미래는 우리가 아는 세상의 종말을 의미한다." 그는 주장하기를, 이것이 바로 우리가 '진화가 아니라 혁명에 대해 생각해야만 하는' 이유라고 말한다. "증식주의(incrementalism)는 혁신의 최악의 적이다."

기업과 교회에서 미친 듯이 돌아가는 과도한 활동들은 종종 마음속 깊이 자리한 불안을 은닉하는 수단일 수 있다. 짐 어터백(Jim Utterback)은 그의 저서 『Mastering the Dynamics of Innovation』(혁신의 역동성을 마스터하기)에서 새로운 기술적 진보들 때문에 변화를 꺼리는 사람들에 대해 이렇게 말한다. "그들은 혁신을 이해하려는 노력을 거부하고는 옛 상품들로 자신들의 지위를 굳히려고 한다. 이것은 생산성과 업무수행 능력의 폭발적인 신장을 가져온다. 그리고 이러한 생산성 향상이 옛 기술을 전례 없는 최고의 수준으로 끌어올릴지도 모른다. 그러나 대부분의 경우 이것은 임박한 종말을 경고하는 징조이다." 피터는 세미나에 '새로운 통찰들'을 가지고 참석하는 것보다 더 중요한 것은 지우개를 사서 새로운 발전을 가로막는 잘못된 생각과 가르침들을 지우는 것이라고 말한다. 그는 우리가 심지어 '전략적인 망각'을 개발할 필요가 있다고 주장한다. 비자(VISA)의 창립자인 디 학(Dee Hock)은 이렇게 말한다. "문제는 어떻게 새롭고 혁신적인 생각들을 당신 마음속에 주입하느냐가 아니라 어떻게 옛 생각들을 마음속에서 지우느냐 하는 것이다." 피터스에 의하면, 많은 기업들은 CDO(Chief Destructive Officer)를 필요로 한다. CDO는 쓸모없는 구조나 절차를 정기적으로 허물어뜨리고, 한 개인에 대한 우상숭배를 방지하고, 풀을 뜯으려고 가만히 기어 들어온 신성한 소들(holy cows)을 정기적으로 잡고, 불완전한 계획들이 세워지는 것을 피하게 한다. 왜냐하면 기업의 우두머리는 종종 다른 어느 누구도 원치 않는 제품과 사랑에 빠지기 때문이다.

쓰레기더미를 축복하라

당신이 탁월함과 신상품 그리고 새로운 돌파구를 찾을 때, "당신의 비전의 크기는 당신이 종이에 아이디어를 끼적이다가 그것을 마구 구겨서 던져버리는 쓰레기통의 크기에 비례한다." 기업의 비전가들은 엄청난 생산력을 가지고 있다. 그러나 그들은 세계 역사를 바꾸어놓을 통찰이나 혁신이라는 보석을 만들어내기까지 많은 시간을 쓰레기를 만드는 데 허비한다. 이것이 바로 우리가 혁신자들과 상품 개발자들과 비전가와 불가능한 것을 찾아다니는 사람들, 곧 마이크로소프트사의 빌 게이츠처럼 작은 연구실에 틀어박혀서 연구에 몰두하는, 안경 끼고 사교성이라고는 찾아 볼 수 없는 천재들 아니 '얼간이들'을 북돋아주기 위해 '쓰레기더미를 축복해야 할' 이유다. 빌 게이츠는 결국 세계에서 가장 영향력 있는 기업 중 하나의 지도자가 되었다. 톰 피터스는 아주 심각한 어려움에 처한 기업의 경영 컨설팅을 의뢰받았을 때 이렇게 말했다. "1분 안에 제가 해결책을 말씀드리겠습니다. 150명의 임원들 중에 144명이 48세에서 59세 사이에 있습니다. 저는 이 사람들을 OWM, 다시 말해 노년의 백인 남성(Old White Male)이라고 부릅니다. 그들은 똑같이 말하고, 똑같이 냄새 맡고, 똑같은 옷을 입고, 똑같은 음식을 먹고, 똑같은 생각을 합니다." 그는 이와 같은 획일적인 분위기에서는 창조성이나 비전을 위한 여지가 전혀 없다고 결론 내린다. 왜냐하면 모든 사람들이 서로를 엄격하게 감시하고 통제하기 때문이다.

〉〉〉제8장 모든 변화는 실천적이다

전통적인 회중 교회들이 제자화 사역을 그 핵심에 두지 않는다면, 이 교회들은 모든 족속을 제

자로 삼는 것은 고사하고 교인들을 제자로 삼고 능력을 위임하는 구조조차 개발하지 못할 것

이다. 질이 구조를 결정하고, 그 구조는 양을 결정한다. 만일 전통적인 구조가 사람들에게 능

력을 위임하지 못하고 그들을 제자로 삼지 못한다면, 도대체 그 구조는 무슨 일을 하는가?

제8장 모든 변화는 실천적이다

어떤 단계를 마지막으로 취하고자 하느냐가
다음 단계를 결정한다

인도에 있는 한 유명한 선교 지도자가 가정교회에 대해 듣고 이렇게 말했다. "우리가 하는 모든 일을 변화시켜야 한다는 말씀이시군요!" 그러나 우리가 가정교회 운동을 시작할 때 모든 것이 변하지는 않을 것이다. 영원한 복음과 그 내용과 살아 있는 영성과 과거의 교회가 발견하고 우리에게 가르쳐 준 많은 통찰들은 여전히 그대로 남아 있을 것이고 또 그래야만 한다.

그러나 우리가 만일 가정교회에 대해 심각하게 생각한다면, 이것은 교회와 교회 성장에 대해, 교회 개척과 선교에 대해 아주 심각한 신학적, 실천적 결과를 가져올 것이다. 마하트마 간디는 "진리는 정의의 대의에 대해 결코 해가 되지 않을 것이다"라고 말했다. 그러나 이 책은 어떤 특정한 교회를 비판하고자 씌어진 것이 아니다. 우리는 그런 것을 넘어서야 한다. 우리 모두는 문제의 일부로 남기보다 서로에 대해 진정으로 사랑하고 감사하는 가운데 해결책의 한 부분이 되도록 부름 받았다.

많은 그리스도인 리더들은, 조금만 냉정하게 생각해 보아도 그리고 선교에 관한 통계 수치를 분석해 보더라도, 오늘날 우리가 행하는 업무의 양을 10배로 늘린다 해도 이것이 모든 족속을 제자로 삼는 과업에 있어서는 큰 차이를 가져오지 못하리라는 데 동의한다. 종종 나는 아무리 많은 경험적인 연구와 진리로도 우리의 사고를 결코 변화시킬 수 없을 것 같은 이슈나 사역 영역을 보고 충격을 받는다. 전도서는 "사실을 알기도 전에 행하는 것이 얼마나 어리석은가!"라고 말한다. 많은 나라들에서 인구 증가율이 교회 성장률을 앞지르고 있다. 우리의 전도는 프라이팬 속의 온기에 불과한지도 모른다. 교회들은 점점 더 노령화되어 가고 있다. 교회의 구조 역시 바뀔 필요가 있다. 대다수의 사람들은 우리가 선호하는 타입의 교회에 대해 별로 반응하지 않는다. 심지어 대규모의 전도 프로젝트들과 프로그램들도, 그 결과를 오늘날의 거대한 인구 수와 비교해 볼 때, 겨우 겉만 살짝 건드리는 것에 불과한지 모른다.

신성한 소들이 어린양의 길을 방해하고 있는가?

하나님의 백성이 하나님의 참된 의도에 대해서는 귀머거리가 된 채 금송아지 주변에서 춤을 춘 것은 그때가 처음도 아니었고 마지막도 아니었다. 대부분의 지도자들은 오늘날 하나님 나라의 확장을 방해하는 것은 외적인 것이라기보다는 우리 자신의 사고방식과 같은 내적인 것이라는 데 의견을 같이한다. 많은 사람들은 주장하기를, 오늘날 교회와 선교의 핵심 문제는 돈이나 당대의 이즘(ism)이 아니라 '우리 자신의 경직된 사고방식'에 있다고 말한다. 이러한 사고방식은 당연시되는 개념들과 공리들과 오랜 확신과 우리 눈에 매우 사랑스럽고 성스러워 보여서 많은 사람들이 그것에 감히 손을 대는 것조차 '이단적 행위'로 간주하는 인간적 전통 속에 숨겨져 있다.

이것이 바로 '신성한 소 신드롬'(holy cow syndrome)이다. 이 신드롬은 신성시되는 동물들이 길에서 잠을 자서 사람들을 우회하게 하거나 아무 일 없다는 듯 길 중간에 서서 교통체증을 일으킴으로써 어린양의 길을 가로막는 것을 말한다. 우리는 이런 소들을 볼 때 수동적으로 '그 신성한 소를 받아들이기'보다 종종 경적을 울릴 필요가 있다. 그럴 때 그 소는 길에서 비켜나고 삶은 계속 진행될 것이다.

대가를 지불하라

가정교회가 치러야 할 대가 중 하나는 그리스도에 대한 공동체적인 순종보다 개인적인 자유를 앞세워서는 안 된다는 것이다. 만일 우리가 그리스도께서 원하시는 것을 원한다면, 우리는 더 이상 공동체에서 떨어져 나와 어떤 일을 하기를 원치 않을 것이다. 우리는 더 이상 우리 집을 '우리 개인의' 집으로 부르거나, 우리 차를 단지 '우리 개인의' 차로 간주할 수 없다. 서양의 경우 많은 그리스도인들의 생활방식은 여전히 직업과 텔레비전, 취미, 사생활 및 애완동물을 중심으로 이루어진다. 그리고 그들의 삶은 교회 예배에 출석하고 식사 전에 기도하고, 기독교 음악을 듣는 것과 같은 그리스도인의 모습으로 보기 좋게 꾸며져 있다. 이것은 서양에 사는 평균적인 사람의 생활방식과 다르지 않다. 개인주의에 빠져 있는 서양에서는 거의 모든 것들이 개인의 안전과 성공과 재미와 심지어는 개인의 영적 성장의 추구를 위해 설계되고 구조화된다.

한편, 가정이 중요시되고 부족이나 종족에 대한 충성을 하나님에 대한 충성보다 앞세우는 비서구 사회의 경우 잘못된 우선순위에 대한 중독을 극복할 필요가 있다. 비서구 사회에서는 수치 중심적인 문화가 강해서 서로에게 진리를 말하고 죄를 고백하기가 힘들다. 그리고 대화와 삶 전체가 예의를 차리고, 종교적인 겉모양을 내는 데 머문다. 다시 말해 회개를 통해 우리 스스로가 변화되지 않고서는, 자아와 문화적 가치와 관습들을 십자가에 못 박지 않고서는, 자기중심적 생활방식을 포기하지 않고서는, 그리고 이 세상의 패턴에 아무런 고민이나 갈등 없이 순응하기를 그치지 않고서는 복음으로 우리 사회를 만지고 변화시키는 강력한 구원의 능력을 기대하기 어려울 것이다. 기독교는 값싼 종교였던 적이 결코 없다. 기독교는 항상 우리 자신의 생명을 대가로 요구했다.

거의 2천 년 동안 사람들은 하나님 나라의 요구들과 이 세상의 정신 사이에서 '승-승'(win-win) 곧 '다행스런 타협'을 이루려고 부단히 노력했다. 유행에 뒤지지 않고 현대적이기 위해 우리 자신을 세상에다 맞춘 결과 우리는 우리가 생각하는 방식과 '교회 생활을 하는'(do church) 방식이 제도화되게 만들었다. 이렇게 제도화된 부분은 우리의 유산과 우리가 그토록 소중히 간직해 온 전통의 한 부분이 되었다. 그 결과 이러한 전통을 재고한다는 것 자체가 고통스럽고 어려운 일이 되었는지 모른다. 그러나 이 주제에 대해 바울은 짧고도 간단한 메시지를 전해 준다. "내가 그리스도의 제자가 되었기 때문에 나의 옛 자아는 더 이상 존재하지 않고 오직 내 안에 그리스도만이 살아 계신다."

이중적 표준을 포기하기

전통적인 교회에서 목회하는 목사라면 누구나 아는 바와 같이, 주일 아침 예배와 수요 저녁 성경 공부를 하는 기독교에서는 그리스도인들이 이중적인 표준을 가지고 살기가 쉽다. 다시 말해 수년 동안 회중이나 목사에게 숨기는 이중적 삶을 살거나, 아무도 모르는 자질구레한 죄들에 빠지기가 매우 쉽다. 실제로 많은 사람들이 이와 같이 이중적인 삶을 살고 있다. 이것은 또한 일주일 168시간 중에서 전통적인, 모임 중심의 그리스도인들이 다른 그리스도인들과 함께 보내는 시간이 보통 일주일에 서너 시간밖에 안 된다는 사실에서 기인하기도 한다. 이 정도 시간만으로는 우리 삶 속에 하나님 나라의 가치를 효과적으로 가져오고, 서로 간에 깊은 관계를 발전시키고, 서로가 제자가 되게 하고, 서로를 위해 자신의 삶을 내려놓기에 결코 충분치가 않다.

가정교회는 이와 같이 두 세계 모두에 최대한 충실하려고 애쓰는 타협적인 생활방식을 크게 줄여 줄 것이다. 왜냐하면 가정교회는 우리를 일상적인 공동체와 서로에 대한 건전하고, 지속적인 책임 관계에 깊이 연관시키기 때문이다. 이를 위해서는 상당한 대가가 지불되어야 한다. 그러나 우리의 생활방식이 실제의 사람들을 실제의 지옥에서 구원하는 것과 어떤 식으로든 관계가 있다면, 이러한 대가는 분명 가치가 있다.

* * *

몇 가지 실천적인 결과들

여기서는 가정교회 구조의 가장 중요한 결과들과 우리가 가정교회 운동을 시작할 때 생각해야 할 몇 가지 중요한 이슈들을 간략하게 정리하고자 한다.

우리는 교회 생활을 하기(doing church)보다 교회가 되기(becoming church) 시작할 것이다

우리는 일주일에 한두 번 예배 드리러 교회에 가는 대신 일주일 내내 교회가 되기 시작할 것이다. 교회는 하나의 잘 짜여진 주일 아침 활동이 아니라 그리스도인들의 집합적이며, 유기적이고, 지역적인 생활방식이 된다.

교회는 삶의 모든 부분을 터치하게 될 것이며, 이런 의미에서 '전인적인' 것이 될 것이다

교회가 다시금 일상의 부분이 될 때, 삶의 모든 부분은 하나님의 만지심을 받아 변화하기 시작할 것이다. 하나님 나라의 복음은 성부, 성자, 성령의 삼위일체 하나님을 반영하는 '말씀과 사역과 기사'(words, works and wonders)로 표현될 것이다.

돈 문제가 사라질 것이다

많은 전통적인 교회 개척 활동들과 선교 운동들은 하나의 중요한 제한 요소를 안고 있다. 그것은 바로 '돈'이다. 그들은 아웃리치 활동을 위해, 그리고 부지를 매입하거나 건물을 빌리거나 짓기 위해, 그리고 목사의 사례를 지불하고 멋진 사택을 짓기 위해 돈이 필요하다. 그리고 그들은 의자와 오디오시스템과 오버헤드프로젝터를 살 돈이 필요하다.

가정교회는 그렇지 않다. 가정교회는 돈이 들지 않을 것이다. 가정교회는 도리어 돈을 만들어낼 것이다. 그리고 이 돈은 다섯 가지 사역을 재정적으로 후원하게 될 것이고, 이 사역들은 거꾸로 그들을 영적으로 지원할 것이다. 가정교회는 풀타임 전문 목회자를 필요로 하지 않는다. 장로의 자격을 갖춘 사람이라면 누구나 가정교회의 리더가 될 수 있다.

리더 문제가 없어질 것이다

전통적인 회중 교회에서 돈 다음으로 가장 케케묵은 아우성이 있다면 그것은 "리더가 부족하다"는 것이다. 전형적인 회중 교회 운동을 위해서는 설교하는 것에서부터 결혼 예배와 장례 예배를 인도하고, 오르간을 연주하고, 기금을 조성하고, 크고 작은 모임들을 진행하고, 성경공부 모임을 인도하는 것에 이르기까지 수많은 다양한 프로그램들을 다룰 수 있는 많은 작은 천재들이 필요하다.

그러나 우리가 교회 구조를 가정교회 구조로 바꾸게 되면, 세상은 즉시로 가정교회의 리더 후보자들로 가득하게 될 것이다. 왜냐하면 우리는 전문적인 혹은 어느 정도 전문성을 갖춘 리더들을 요구하는 회중 교회 구조가 아니라 모든 사람들을 위해 고안된 교회 구조를 가지게 될 것이기 때문이다. 이것은 또한 전 세계에 퍼져 있는 영적인 실업 문제를 해결할 것이다. 오늘날 그리스도인들의 약 70%가 영적으로 실업 상태에 있다. 다시 말해 그들은 교회 시스템에 참여할 방도가 전혀 없다. 그럼에도 이 똑같은 시스템의 리더들은 여전히 더 많은 리더들이 필요하다고 아우성을 치고 있다. 가정교회 구조에서는 모든 사람이 참여하고 영적인 과업을 갖게 될 것이다.

건물 문제가 없어질 것이다

가정교회는 새로운 건물을 사거나 짓거나 빌리는 문제로 고민할 필요가 없다. 왜냐하면 이미 존재하는 것, 곧 다양한 종류와 형태의, 있는 그대로의 가정들을 이용할 수 있기 때문이다. 우리는 자기 배가를 위해 이미 존재하는 가정과 그 시설들을 사용할 수 있다.

회심의 질이 달라질 것이다

대부분의 전통적인 교회들은 더 많은 사람들이 교회에 출석하도록 아웃리치 프로그램들과 전도 프로그램들을 만든다. 통계적으로 전도 집회를 통해 '그리스도를 믿기로 결신하는' 사람들 중에 실제로 교회에 출석하기 시작하는 사람은 100명당 1명에 불과하다고 한다. 이것은 그리스도인들이 100명이라는 새로운 '회심자들' 중 99명을 놓치고 있다는 것을 의미한다. 이것은 돈과 인력이라는 측면에서 낭비일 뿐 아니라 그러한 활동들을 통해 얻어진 회심의 질적 수준 역시 매우 낮다는 사실을 말해 준다. 영적인 구도자들에게 앵무새처럼 영접 기도를 따라 하게 하는 대신에 가정교회는 종종 전체 가족과 식구들의 회심과 같은 '관계적인 회심'이 더 많이 일어나도록 할 것이다. 가족들은 이후로도 서로가 '회심한 상태에 머물게' 도울 것이다.

데이비드 포슨(David Pawson)은 그의 저서 『*The Normal Christian Birth*』(그리스도인이 되는 정상적인 과정)에서, 질적 수준이 높은 회심을 얻기 위해서는 개인적인 회개와 개인적인 믿음과 개인적인 성령 충만과 세례가 필요하다고 주장한다. 전도 집회와 후속 양육 모임이 회심을 강요하는 듯한 분위기인 것과는 달리 가정교회는 회심을 위한 자연스러운 구조를 제공함으로써 회심의 질을 높이고, 굽다가 만 빵과 같은 회심으로 인해 교회 안에 야기되는 문제들을 줄이고 한 지역 안에 있는 교회의 전체적인 질을 향상시킬 수 있을 것이다.

이 집에서 저 집으로?

예수님은 "이 집에서 저 집으로 옮기지 말라"(눅 10 : 7)고 말씀하셨다. 그러나 우리의 전도 활동들은 많은 경우 '이 집에서 저 집으로'를 방법론과 전략의 기초로 삼는다. 이것은 아주 심각한 결과를 초래한다. 누가복음 10장에서 예수님은 제자들을 돈도 없이 '둘 씩 짝지어' 보내시면서 그들에게 어떤 마을에 들어가면 '평안의 사람'을 찾으라고 명하신다. 그들은 그의 집에 들어가서 거기서 그 '세 번째 멤버'와 함께 즉시로 하나의 핵 교회(nucleus church)를 만들어야 한다. 그리고 그들은 '그가 무엇을 주든지' 그것을 먹고 마셔야 한다.

먹는 것과 마시는 것은 새로운 그룹과의 동화를 위한 아주 중요한 수단이다. 만일 우리가 그들이 먹는 음식을 진심으로 감사하며 받는다면 그들 역시 우리가 전하는 말을 감사함으로 받을 것이다. 오늘날 많은 그리스도인들은 소위 말하는 시골 전도를 위해 점심 도시락을 싸 가지고 간다. 마을 사람들이 자신들에게 깨끗하고 위생적인 음식을 제공해 줄 것이라고 믿지 못하는 것이다. 그러나 어떻게 마을 사람들이 그런 방문자들과 그들이 말하는 영원한 생명을 믿을 수 있겠는가? 관대함은 하나님이 주신 과업이다. 만일 낯선 사람이 마을 안에 들어와 문을 두드린다면, 그를 손님으로 맞아들이고 대접하는 것이 그 가정의 과제다. 그러나 만일 이런 낯선 사람들이 첫 번째 집을 떠나 두 번째 집으로 가서 문을 두드리는 것을 본다면, 그 마을 사람들이 내릴 수 있는 결론은 두 가지밖에 없다. 첫 번째 집에 뭔가 문제가 있어서 그들을 손님으로 맞아들일 수 없거나 아니면 그 낯선 사람들이 사실은 손님이 아니라 세일 즈맨이나 범죄자 혹은 신비 종교의 신자들 중 하나일 것이다. 이 세 가지 중 어느 경우든지, 그 세일즈맨은 얼마 동안 몇 사람을 설득시킬 수 있을지 몰라도 궁극적으로는 그 시골 마을 전체를 잃게 될지도 모른다.

'축호 방문 전도'는 보통 '적출 지향적'(extraction‐oriented)이다. 이 전도는 수많은 현관문을 두드리지만 결국 아주 적은 수의, '후속 양육'이 절대 필요한 그런 사람들을 얻는 것으로 끝나고 만다. 사도적‐선지자적 교회 개척은 보통 이와는 다른 방식으로 접근한다. 가정교회는 '침투 지향적'(penetration‐oriented)이다. 적은 수의 사람들에서부터 시작해서 많은 수로 발전해 나간다. 많은 현관문들을 두드리는 것보다 적절한 집 하나를 찾아서(이것은 선지자가 들어가는 곳들 중 하나다) 그곳에 머무는 것이 더 중요하다. 먼저 양질의 가정교회 하나를 세우고 이 평안의 집을 마을이나 도시 전체를 제자로 삼는 과업을 위한 하나의 발판과 교두보로 만들어야 하는 것이다.

선교에 대해 새롭게 정의하게 될 것이다

전통적으로 선교의 중심에는 교회에 대한 회중적인 이해가 자리하고 있다. 이러한 정적인 중심으로부터 우리는 '교회' 인근에 있는 다른 사람들을 '교회에 나오게 하기 위해' 그들에게 '아웃리치'한다. 우리는 이것을 전도(evangelism)라고 부른다. 우리가 바다 건너 있는 사람들을 위해, 사회적, 종족적, 언어적인 장벽들을 넘어 이와 같은 일을 할 경우 우리는 이것을 선교(mission)라고 부른다. 그러나 가정교회가 선교에 대한 우리의 이해에서 중심이 되면 정적인 교회는 기동성 있는 전문가들, 곧 '선교사들'을 선발하고 파송하기를 그만두고 교회 전체가 사도적으로 행동함으로써 교회 자체를 파송하기 시작할 수 있다. 교회는 다시금 선교가 될 것이고, 파송하는 주체일 뿐 아니라 동시에 파송되는 대상이 될 것이다.

우리는 자기 배가가 가능한 교회의 단위들을 '파송할' 것이다. 이 단위들은 교회의 영적인 DNA를 가지고 그들이 건드리는 모든 것을 변화시키고 교회의 영적인 메시지를 모든 문화와 모든 언어권의 사람들 속에 저장시킬 수 있을 것이다. 바이러스가 자신의 유전자 코드를 다른 세포들 속에 주입하여 그 세포들을 자기와 똑같은 모양으로 만드는 것과 같은 방식으로 교회는 일하게 될 것이다. 선교는 누룩이 가진 역동성을 다시금 회복하게 될 것이다. 누룩은 대리인을 보내지 않고 자신을 내보낸다. 우리는 더 많은 사람들을 교회로 데리고 오는 대신 교회를 사람들에게로 가지고 갈 것이다.

배우가 아니라 행동가가 되게 할 것이다

회중적인 형태의 교회는 모든 것이 무대 공연을 목표로 움직인다. 모든 강조점이 모임을 '연출하고', 메시지를 '전달하고', 역할을 '연기하고', 의식들을 '기념하는' 데 놓여 있다. 중요한 것은 많은 관중들과 함께하는 이러한 교회 형태는 제자화를 위한 구조가 아니라는 것이다. 이와 같은 형태의 교회는 연기하고(acting), 감정도 없이 어떤 모션을 취하고, 내용도 없이 외적인 형태들을 가지기가 쉽다. 그러는 동안 관중들은 고개를 끄떡이고 할렐루야와 아멘을 연발하지만 가면 뒤로 공허함을 느끼고 있을 것이다. '유능한 배우인가 아니면 강력한 행동가인가' 하는 문제는 인위적으로 연출하는 모임에서부터 보통의 삶 속으로 교회를 되돌림으로써 해결할 수 있다. 그 결과, 교회는 지역과 이웃에서 신뢰와 권위를 회복할 수 있게 될 것이다. 가정교회는 우리로 하여금 연기를 더 적게 하고 의미 있는 행동들을 더 많이 할 수 있게 만들 것이다.

지역적 역동성과 영적인 LAN과 WAN 연결 하기

컴퓨터를 케이블이나 전화선을 통해 하나로 연결할 때, 네트워크 방식은 크게 LAN(Local Area Network : 근거리통신망)과 WAN(Wider Area Network : 원거리통신망)으로 나눌 수 있다. LAN은 WAN의 한 부분이라 할 수 있다. 가정교회 역시 이와 같은 방식으로 발전할 것이다. 상호의존적인 가정교회들의 지역적 네트워크(LAN)는 한 도시나 보다 넓은 지역의 보다 광범위한 가정교회 네트워크(WAN)와 연결될 것이다. 가정교회들은 사역을 서로 교환할 수 있으며, 침투적 교회 개척이라는 목표를 위한 전략적 협력을 이루어 동역할 수 있다.

이슬람교도, 힌두교도, 불교도에게 접근하는 새로운 시대

현재의 교회 구조에서는 주변으로 내몰린 낮은 신분의 타종교 신봉자들이 교회 안에 들어오기 힘들다는 사실은 이제 비밀이 아니다. 이 점에 있어서는 안타깝게도 거의 예외가 없다. 점점 더 많은 그리스도인들이 교회 구조야말로 가장 큰 문제라는 사실을 인식하고 있다. 많은 이슬람교도들, 힌두교도들, 불교도들에게는 교회 건물에 들어가는 것 그 자체가 영적이고, 문화적이고, 사회적이고, 철학적인 문제가 된다. 관계적이고 가족적인 가정교회들은 위에서 언급한 세 종교의 확대가족적 사고방식을 따라 스스로를 발전시키기 때문에, 이슬람교나 힌두교, 불교 사회에서 성장한 사람들이 예수 그리스도를 올바르게 따르도록 돕는 데 있어서 전적으로 새로운 관점을 열어 줄 것이다. 오늘날 우리는 모든 가능한 교회 구조들 중에 가정교회가 이슬람교도와 힌두교도와 불교도 그룹들 가운데서 성장할 수 있는 가장 큰 잠재력을 가지고 있다는 사실을 이미 눈으로 확인하고 있다. 많은 그리스도인들은 이슬람교도들을 교회로 데려오려고 시도했다. 그러나 가정교회들은 우리가 교회를 이슬람교도들에게로 가져가게 해 줄 것이다.

사회주의적인, 공산주의적인 문화 속에서 번성한다

전통적인 교회는 특별히 지적인 학생들과 무신론자들, 사회주의자들과 공산주의자들의 관심을 끄는 데 그다지 성공적이지 못했다. 그들이 내세웠던 공통적인 슬로건은 무엇이었는가? 그것은 부의 재분배와 물질의 공유와 모든 사람을 위한 정의였다. 이 모두가 신약 성경의 가치들로서, 회중 교회가 설교는 했으나 늘 그대로 살지는 못했던 바로 그 가치들이었다.

하나의 이데올로기로서의 공산주의는 오늘날도 여전히 강한 매력을 지니고 있다. 왜냐하면 공산주의는 불공평과 가난한 자들의 인권, 그리고 필요하다면 강제로라도 부를 재분배하는 것 등에 초점을 맞추기 때문이다. 레닌의 공산주의는 '인민의 힘'에 대해 말했다. 그러나 공산주의는 그 힘을 권력 피라미드의 꼭대기에 서기 위해 '자신들을 낮추었던' 소수의 엘리트주의자들에게 빼앗기는 것으로 귀결되고 말았다.

그리스도인으로서 우리는 낭만주의적인 형태의 '초기 공산주의'와 그 허황된 구호들과 감정들을 피할 필요가 있다. 왜냐하면 기독교 역시 사람들에게 주어진 힘(power)에 대해 말하지만, 그것은 하나님이 그 힘을 분배하고 또 책임을 담당하는 시스템으로 정하신 바 '교회'를 제공한다. 이 교회 안에서 하나님의 능력은 십자가에 달린 장로들과 다섯 가지 사역을 감당하는 사역자들의 겸손한 섬김을 통해 더욱 고무된다.

공산주의의 문제는 부패의 뿌리 곧 사람들의 죄성을 다루지 않는다는 것이다. '부를 재분배하는' 사람들 역시 그 부를 그들에게서 분배받는 사람들과 마찬가지로 타락하였고 죄악으로 가득 차 있다. 보통은 공산주의를 통해 더 큰 부패와 독재가 야기된다. 가정교회는 물질적, 영적 자원들을 함께 나누는 것을 강조하며 독재자 타입의 리더가 없다. 그래서 가정교회는 오늘날 러시아와 쿠바, 중국, 베트남, 에티오피아 같은 사회주의나 공산주의 사회들에서 특별히 효과적이다. 여러 가지 면에서 공산주의는 원래 그렇게 의도된 것은 아니지만 결과적으로는 사람들의 마음을 거대한 가정교회 운동에 대해 준비시키는 전략적인 동지가 된다. 만일 사회주의 혹은 공산주의 정권이 '공산주의 낙원'을 건설하는 데 계속 실패한다면, 가정교회는 그렇게 많이 선전하지 않고도 상품을 배달할 수 있을 것이다. 가정교회는 정권이 국가적으로 할 수 없는 일을 지역적으로 해낼 수 있다. 가정교회는 사회주의자들이 제기하는 문제들에 대해 해답을 가지고 있다. 그리고 제대로 작동하는 삶의 모델을 위한 바른 구조를 제공한다. 왜냐하면 가정교회는 문제의 뿌리라고 할 수 있는 죄에 대해 해결책을 가지고 있기 때문이다.

흥분의 수준이 올라갈 것이다

전통적인 회중 교회에 있는 사람들 중 실제 사역을 위해 동원되는 사람들은 작은 가정교회보다 그 수가 훨씬 적다. 크리스티안 슈바르츠의 연구에 의하면, 심지어 출석 교인 100명 미만의 전통적인 교회에서도 단지 31%만이 자신들의 영적인 은사를 따라 교회 사역에 참여한다. 보다 큰 교회에서는 그 수치가 단지 17%에 그친다. 사역에 참여하는 사람들은 흥분을 느끼는 반면 참여하지 않는 사람들은 금방 싫증을 느끼게 된다는 것은 이미 주지의 사실이다. 참여적인 생활방식을 가진 가정교회는 거의 모든 사람들을 곧바로 사역에 참여시킬 수 있다. 결과적으로 더 많은 사람들이 흥분을 느끼게 되는 것이다. 흥분을 느끼는 사람들은 탁월해지며, 탁월한 사람들은 다른 사람들을 끄는 매력을 가진다.

* * *

짚고 넘어가야 할 몇 가지 실천적 문제들

새로운 발전을 보기 원한다면 아마도 새로운 일들을 해야 할 것이다. 가정교회들을 새롭게 세울 때 우리는 다음과 같은 몇 가지 실천적 문제들을 분명히 짚고 넘어갈 필요가 있다.

가족을 교회의 중심으로 회복하라

서양의 기독교와 세속주의는 가족을 희생시킨 채 개인에게 과도하게 초점을 맞추었다. 안정적이고 확고한 전통적인 가족들은(심지어 편부나 편모가 가족을 책임지고 자녀들을 양육하는 경우라 할지라도) 아이도 갖지 않고 맞벌이를 하고, 그리스도인들을 비웃고 전통에 대해 냉소적이며, 잠시 잠깐의 화려한 삶을 위해 자신들의 결혼생활을 파탄으로 몰고 가는 그런 부부들보다는 훨씬 더 안정된 사회적 단위이다. 현대의 이러한 부부들이 아이를 갖게 되면 그 아이들은 불안정하고 비뚤어지고 폭력적이 되기 쉽다. 부모들이 직업적 성공이나 사회적 의미를 추구하는 동안 거의 고아처럼 자란 자녀들은 안정이나 쉼을 모르고 자란 탓에 자기밖에 모른다. 가족은 경제적, 사회적 성공의 제단에서 희생 제물이 되었다. 이 악순환을 끊을 수 있는 것은 오로지 교회밖에 없다. 왜냐하면 교회는 맘몬이 아니라 하나님을 위해 사는 보다 나은, 보다 인도적인 방법을 찾았기 때문이다. 가족의 중심으로서의 남녀 사이의 올바른 관계는 가정교회의 중심에 놓여 있다. 핀란드에서 가정사역(Whole Marriage Ministries)을 하는 내 친구 카리 퇴르매(Kari Törmä)는 이렇게 말한다. "교회와 가정의 건강한 기초를 세우기 위해 우리는 세상에서 가장 큰 노력이 필요한 관계인 남편과 아내의 관계에 초점을 맞출 필요가 있다. 자신의 배우자와 그 자녀들을 돌볼 수 있는 사람이라면 교회 역시 돌볼 수 있다." 예를 들어 아버지가 자기 자녀들에게 해줄 수 있는 최선의 일들 중 하나는 그들의 어머니를 사랑하는 것이다. 가족적인 가정교회 환경 안에서는 참 아버지들과 어머니들이 나올 수 있고, 건강한 가족들이 회복될 수 있다. 자녀들은 있는 모습 그대로를 가지고 각기 나름대로 가정교회에 기여할 수 있다. 예를 들면 아이들은 어른들의 연약한 면들을 드러낼 수도 있고, 그들을 낭떠러지 끝으로 몰아세울 수도 있고, 그들을 울고 웃게 만들기도 하고, 그들을 부끄럽게 하기도 하고 그들을 경탄하게 만들기도 한다. 그러므로 가정교회의 개척은 남편과 아내의 관계와 가족의 회복에서부터 시작될 수 있다.

능력을 위임하는 구조를 개발하라

예수님은 초기 제자들에게 능력과 열쇠들을 주셨다. 그리고 이들은 그 능력과 열쇠들을 가지고 세상을 뒤집어놓았다(행 17 : 6). 그리스도인들로서 우리는 서로에게서 그 능력을 끌어오기보다 하나님에게서 그 능력을 끌어온다. 그러나 이 지상에서 우리의 일은 서로 최선의 것이 꽃 피도록 돕는 것이다. 지상명령의 핵심은 제자화다. 그리고 제자화는 기본적으로 하나님이 우리에게 능력을 부여해 주신 것처럼 그 능력을 다른 사람들에게 위임하는 것이다.

나는 뜻하지 않게 한 젊고 역동적인 목사를 만난 적이 있다. 그는 한 '능력 많은 주의 종' 밑에서 섬기고 있었다. 그는 신실하게 예배를 인도했고, 지시받는 바를 다 그대로 행했으며, 겸손하게 그 선배 종을 섬겼다. 그러나 선배 목사는 한번도 실제로 책임을 져야 하는 일을 그에게 위임해 주지 않았다. 6년 후 사역을 끝내고 떠나려고 할 때 그는 자신이 아무런 능력도 없는 조개껍데기 같다고 생각했다. 그는 사역지를 바꾸었고, 마침내 다른 교회 네트워크 안에 들어가게 되었다. 새 사역지의 담임목사는 곧 이 젊은이의 잠재력, 곧 그가 자신의 비전과 전략에 얼마나 잘 들어맞는 사람인지를 보았다. 그 젊은이는 프라이팬에서 빠져나와 불 속으로 떨어진 셈이었다. 그는 제자로 훈련받지도 못했고, 능력을 위임받지도 못했다. 그는 다만 담임목사에게 이용되었던 것이다. 만일 우리가 예수님처럼 다른 사람들을 제자로 삼고 그들에게 능력을 위임하지 않는다면, 아무리 영적인 용어들로 치장하려 해도 결국에는 다른 사람들을 착취하는 것으로, 그들을 우리의 목적을 위해 이용하는 것으로 끝나고 말 것이다.

만일 전통적인 회중 교회들이 제자화 사역을 그 핵심에 두지 않는다면, 이 교회들은 모든 족속을 제자로 삼는 것은 고사하고 교인들을 제자로 삼고 능력을 위임하는 구조조차 개발하지 못할 것이다. 질이 구조를 결정하고, 그 구조는 양을 결정한다. 결과적으로 사람들은 조직적으로 제자화되지 못한 채, 능력을 위임받지 못한 채 머물 것이다. 만일 전통적인 구조가 사람들에게 능력을 위임하지 못하고 그들을 제자로 삼지 못한다면, 도대체 그 구조는 무슨 일을 하는가?

다른 사람들에게 능력을 위임하는 법	다른 사람들을 착취하는 법
그들이 자기 역할을 할 수 있게 하라.	그들에게 역할을 주라.
그들을 믿으라.	그들로 당신을 믿게 하라.
권위를 위임하라.	복종을 요구하라.
그들로 하여금 자신들을 위한 하나님의 계획을 발견하도록 격려하라.	그들이 당신 계획의 일부가 되게 하라.
그들에게 투자하라.	그들을 이용하라.
그들을 사랑하고 또 사랑한다고 말하라.	사람들보다 일을 더 사랑하라.
그들에게 당신이 가진 것을 주라.	그들이 가진 것을 당신이 취하라.
그들과 상의하라.	그들에게 설교하라.
그들과 자유롭게 교제하는 시간을 가지라.	당신을 만나려면 사전에 시간 약속을 하도록 요구하라.

열쇠를 지금 그들에게 맡기라.	은퇴하기까지 열쇠를 놓지 말라
그들을 섬기라.	그들로 당신을 섬기게 하라.
그들을 칭찬하라.	은혜를 베푸는 양 그들이 하는 칭찬을 받아 주라.
지도권을 그들에게 넘겨주라.	그들에게 지도권을 보여 주라.

우리는 제자화를 지상명령의 핵심으로 다시 회복하고 이것을 우리의 사역과 교회 생활을 통해 실천할 필요가 있다. 가정교회와 다섯 가지 사역은 하나님이 서로를, 그리고 궁극적으로는 모든 족속을 제자로 삼도록, 그리고 서로에게 능력을 부여하도록 정해 주신 방식이다. '우연히, 되는 대로'가 아니라 원리에 따라 이 일을 행해야 한다. 그리고 우리는 지역적이고, 국가적인, 더 나아가 국제적인 차원에서 다른 사람들을 제자화하고 능력을 위임하는 것을 돕는 구조와 전략을 개발하기로 굳게 결심해야 한다.

장애인들과 노인들을 계발하라

다른 사람들에게 능력을 위임하는 한 가지 방법은 전략적으로 우리 눈을 성공지향적인 젊은이 중심의 사회에서 약자로 간주되는 사람들에게 돌리는 것이다. 세상의 10% 정도의 사람들은 상처와 장애로 고통당하고 있다. 기존 교회를 이들 장애인들이 보다 쉽게 접근할 수 있는 곳으로, 그들에게 열린 곳으로 만드는 대신, 즉 장애인들을 우리 교회로 인도하는 대신 우리는 방향을 바꾸어 교회를 장애인들의 가정으로 가져가야 한다. 우리는 집 안에 묶여 있는 장애인들로 하여금 자신들의 집을 가정교회로 개발시키도록 격려하고 훈련할 필요가 있다. 이를 통해 가정교회의 개척자들과 장로들이 될 만한 사람들이 더 많아질 것이다. 더욱이 당신은 가정교회 아이디어를 이들보다 더 열정적으로 선전할 수 있는 사람들을 쉽게 발견하지 못할 것이다.

마찬가지로 우리는 BYM, 곧 이미 사회의 주목을 한 몸에 받고 있는 18세에서 30세 사이의 똑똑한 젊은이들(Bright Young Men)뿐만 아니라 노인들에게도 능력을 위임할 필요가 있다. 전통적인 교회는 종종 너무 프로그램 중심적이어서 노인들을 그다지 필요로 하지 않는다. 그러나 우리가 노인들을 가정교회의 장로들이 되도록 훈련하고 준비시키기만 하면, 그들의 가정에서 가정교회가 번성하듯이 그들 역시도 왕성하게 사역하게 될 것이다. 우리는 지혜가 충만한 백발노인들에게 지역 교회의 사역들을 위임함으로써 그들을 정말 제대로 대우할 수 있을 것이다. 그들은 비전을 보는 노인들이 될 것이다!

상황화가 아니라 성육신화를 시작하라

예수님은 원래 유럽인이 아니라 아시아인이었다. 그리스도인들과 아직 그리스도인이 되지 않은 사람들 중 대부분이 동의하는 것은, 아시아나 아프리카나 라틴 아메리카에, 상황화되었으나 여전히 기본적으로는 서구적인 교회가 사실 필요 없다는 것이다. 각 나라는 그리스도께서 자신의 시간과 문화 및 토양 위에 성육신하시도록 함으로써 자신들만의 교회 모델을 개발할 필요가 있다. 상황화는 과거에 서구적인 형태의 교회가 문화와 언어의 지역적인 상황에 맞게 잘 적응하게 하는 유용한 선교 방법이었다. 그러나 이제 교회가 말 그대로 세계의 거의 모든 문화들 속에 존재하고 있고 또 성장하고 있기 때문에 우리는 교회가 스스로를 표현하고 도시적인 혹은 농촌적인 형태들을 갖추도록, 그래서 그 교회의 문화적 패턴들에 대해 강력하게 말할 수 있도록 해야 한다.

전통적인 예배 패턴을 바꾸라

선교가 존재하는 것은 예배가 없기 때문이다. 성령의 강림이 구약 성경의 성전 중심의 예배 의식과 패턴을 대신함으로써, 그리스도인들은 이제 '신령과 진리로' 하나님을 예배하도록 부름 받는다. 그러나 우리는 참된 신약 성경의 예배가 음악이나 '예배' 찬송보다 성령 충만을 통한 순종과 더 깊은 연관이 있다는 사실(롬 12 : 1, 2)을 간과하는 위험에 빠진다. 우리의 예배는 하나님의 영광을 아는 지식이 물이 바다를 덮음같이 온 세상에 가득할 때까지 자기 생명과 몸과 소유, 가족과 집과 친구들과 체면, 그 모든 것들을 다 기꺼이 아무런 이의 없이 내려놓으려는 마음에서 이루어져야 한다. 신약 성경의 예배 형태 중에서 말로 표현할 수 없는 찬송을 표현하고 하나님을 찬송하기 위해 바닥에 납작 엎드린다거나(마 28 : 9; 계 4 : 10), 우리가 하나님의 부르심에 순종하여 우리 삶을 내려놓을 준비가 되어 있다는 것을 하나님께 표현하는 것(동시에, 찬송을 부르기를 잊지 않으면서)과 같은 예배 형태는 회복되어야 한다. 그러나 우리 모두가 그 자리에서 일어서서 어떤 찬송을 불러야 한다는 의미로 사용되는 "이제 예배 시간이 되었습니다" 혹은 "이제 예배를 시작하겠습니다"라는 상투적인 예배 어구들은 좋지 않다. 왜냐하면 이러한 표현은 잘못된 것이기 때문이다. 마드라스의 크리스천 펠로십(Christian Fellowship)의 피터 이그나티우스(Peter Ignatius)는 이렇게 말한다. "신약 성경이 예배를 그리스도인들이 함께 모여야 하는 이유로 언급하지 않는다는 점을 주목하는 것이 중요하다. 그들은 서로를 격려하고 세워 주기 위해 모였다(고전 14 : 26; 히 10 : 24, 25). 신약 성경은 언제, 어디서 예배하느냐보다 어떻게 예배하느냐에 더 많은 초점을 둔다." 신약 성경은 단 한 번도 예배 모임으로서의 교회의 모임에 대해 언급하지 않는다. 간단하게 말해 예배는 우리가 무엇을 하느냐의 문제가 아니라 어떻게 하느냐의 문제다. 우리가 무엇을 말하고 무엇을 노래하느냐의 문제라기보다는 어떻게 우리가 산 제사를 드리는가의 문제다.

새로운 헌신 수준을 도입하라

비밀 결사(secret societies)는 사람들이 미지의 것 혹은 신비에 대해 갖는 호기심으로 인해 번성해 왔고 아직도 번성하고 있다. 사람들은 특별한 것에 소속되기를 원한다. 가정교회 형태의 기독교는 비밀 결사였고, 지금도 여전히 그러하며, 아마 앞으로도 비밀 결사로 남을 것이다. 이것은 새 신자들이 교회에 들어오는 가입 과정에 대해 더 많은 주의를 요하며, 우리가 지역 교회의 한 일원이 되기를 원하는 사람에게서 더 높은 수준의 헌신을 요구해야 한다는 것을 의미한다. 결국 영적인 가족의 일원이 되어 자신의 삶을 다른 사람들과 나누는 것은 하나의 헌신이라 할 수 있다. 이는 단순히 어쩌다 한 번 참석하면 되는 자의적인 클럽의 멤버십에 요구되는 것보다 훨씬 더 높은 수준의 헌신이다. 흥미로운 사실은, 어떤 그룹에 관심을 가지는 사람들의 수는 그 그룹이 요구하는 헌신의 수준과 관련 있다는 것이다.

독일에 있는 한 목사는 다음과 같은 광고를 냈다. "우리 교회의 설교는 높은 지적 수준을 요하기 때문에 모든 사람이 설교의 의미를 제대로 이해할 수는 없을 겁니다." 많은 사람들이 그 말이 맞는지 틀리는지를 알고자 하는 단순한 호기심에서 그 교회에 나갔다. 문이 좁으면 좁을수록 사람들은 더욱더 억지로 그 문으로 비집고 들어가는 데 관심을 가지는 것 같다. 그리고 가정교회에 소속되고자 하는 사람에게 더 높은 수준의 헌신을 요구하면 할수록 가정교회의 질적 수준 역시 올라간다.

교회의 부족적 패턴을 회복하라

에덴동산에서 쫓겨난 후 하나님이 아담과 하와를 위해 만드신 가정 곧 인류는 기본적으로 '집 없는' 신세가 되었다. 인간과 창조주 하나님이 만나도록 의도된 곳에서 쫓겨난 것이다. 이것은 인간의 마음속 깊숙한 곳에 '가정이라는 빈자리'를 남겼다. 그리고 이것은 왜 우리 모두가 가정과 은신처, 가족과 부족, 피난처 등 우리가 안전하게 보호받고, 또한 정체성을 갖는 곳, 그리고 하나님이 우리 모두를 그의 임재 앞에서 쫓아내셨다는 사실을 잠시 잊을 수 있는 그런 곳을 갈망하는지를 잘 설명해 준다. 피터 마시(Peter Marsh)는 그의 저서 『Tribes』(부족들)에서 인간을 '부족을 이루는 동물'이라고 표현한다.

지구의 초창기 주민들은 기본적으로 사냥꾼이었다. 이들은 생존의 한 가지 효과적인 방책으로 사냥꾼 집단을 형성했다. 6~8명의 남성으로 이루어진 사냥꾼 집단은 보통 여자와 아이들을 포함한 20~25명 정도 규모의 그룹을 만들었다. 이 규모는 사냥을 위해서는 적절했지만, 결혼과 같은 사회적 목적을 위해서는 그렇지 못했다. 이런 이유 때문에 보다 큰 사회 단위가 요구되었다. 이와 같은 마을 단위들의 이상적인 인구는 500명 정도의 남자와 여자와 아이들이었는데, 보통 여섯 개의 가족으로 구성된 사냥꾼 집단 20개 정도가 연합하여 하나의 부족이 탄생하게 되었다.

사회적 정체성은 다른 사람들과의 관계 속에서 우리가 누구인가를 아는 것을 말한다. 많은 과학자들은 텃세와 결혼, 친족, 금기, 사회적 상호작용 등의 영역에서 인간의 기본적인 행동 패턴들은 모든 인간들 속에 깊이 자리하고 있는 부족적 패턴에서 그 뿌리를 찾을 수 있다고 말한다. 바로 이런 이유로 우리는 부족적 패턴을 억제할 수도 없고 또 억제해서도 안 된다. 이 패턴은 인간들에게 너무나 기본적인 것이다. 우리가 전통적인 부족을 보든, 현대의 부족을 보든, 여우 사냥꾼들을 보든, 광적인 스포츠팬들을 보든, 특공대를 보든, 아니면 죄수를 보든, 노조원들을 보든 테러리스트들을 보든, 보이스카우트를 보든 아니면 '지옥의 사자들'(Hell's Angels)을 보든 간에, 이러한 부족적인 패턴은 자동적으로 드러난다. 모든 사람들은 기본적으로 똑같은 규칙을 따른다. 현대의 부족적 경향은 위원회, 배심원단, 팀, 분과, 정부, 이사회, 클럽, 비밀 결사, 시위 집단, 부족, 연구소, 비행 청소년 집단, 동창회, 가수 팬클럽 등 우리 사회 모든 곳에서 발견된다.

지도자가 있는 부족과 '지도자가 없는' 부족

인류학자들은 '부족'을 언어 패턴과 기본적인 문화 특성과 전통적으로는 공통의 영토를 공유하는 사람들의 집합으로 정의한다. 부족은 두 가지 다른 형태로 나타난다. 지도자가 없는 부족들은 지도자나 중심적인 권위를 가지고 있지 않다. 모든 성인 구성원들은 의사결정 과정의 일부분을 이루며, 거의 동등한 지위를 가진다. 반면 지도자가 있는 부족들은 추장과 같은 분명한 집중적인 권위를 가지고 있으며, 권위의 피라미드 구조를 발전시킨다.

입문 의식

입문, 곧 삶의 한 단계에서 다른 단계로 전환하거나 한 부족의 일원이 되는 과정은 보통 네 단계로 나눌 수 있다. 첫째는, 참여하지 않는 아웃사이더 단계다. 아웃사이더는 물론 부족의 일원이 아니다. 그는 부족에 대해 의심을 품고 있다. 그리고 부족 역시 아웃사이더들에 대해 의심하고 경계하도록 가르침 받는다. 둘째는, 초보자 단계다. 이 단계에서 입문자는 견습 혹은 훈련 기간에 들어간다. 입문자는 보통 할례나 분리 등과 같은 상징적인 죽음의 의식들을 거치게 된다. 고통과 과감한 행동을 통해 그는 부족에 대한 자신의 헌신을 선언하고 용기를 보여 준다. 셋째는, 입문자가 한 부족의 정식 멤버로 받아들여지는 단계다. 넷째는, 그 부족의 정식 멤버가 된 사람이 다른 사람들을 그 부족 안으로 입문시키고, 그 부족의 생활사(life-cycle)를 넘겨 주는 단계다. 우리는 전통적인 부족 구조와 현대적인 부족 구조 속에서 동일하게 이런 기본적인 단계들을 발견할 수 있다.

입문 테스트

학교에 신입생이 들어오거나 군대에 신병이 들어오면, 이들은 보통 모멸스러운 신고식이나 이들의 됨됨이를 드러내는 괴로운 체험을 거치게 된다. 그 후에야 그들은 그 학교의 '부족'으로 받아들여지거나 군대의 진짜 멤버가 된다. 청소년 갱들은 새로운 멤버를 자기 부족으로 받아들이기 전에 그 자신이 어떤 인간인지를 보여 달라고 요구한다. 청소년들은 종종 그 입문 테스트에 통과하기 위해 사과나 자동차를 훔치는 등의 범행을 저질러야만 한다. 새로운 멤버는 이처럼 불법적인 행동을 저지르는 공범이 됨으로써 갱의 정식 멤버가 된다. 설혹 아무도 그에게 그렇게 말하는 사람이 없다 해도 그는 자기 머리 위에 이러한 위협이 드리워지는 것을 느낀다. "네가 이 부족을 떠난다 해도 세상은 너의 범죄에 대해 알 것이다." 현대의 많은 부족들은 비밀 결사들과 마찬가지로 입문자들에게 그들이 부족의 비밀을 누설할 경우 어떤 일을 당하는지를 상징적으로 보여 주기 위해 목에 로프를 감거나 문신을 새기는 등 아주 힘든 입문 의식을 거치게 한다. 1717년에 만들어진 프리메이슨 (Freemason)의 경우 영국에서만도 매달 50만 명 정도가 모인다. 프리메이슨이 이처럼 많은 사람들을 끄는 것은 그들의 케케묵은 입문 의식들에도 '불구하고'가 아니라 바로 이러한 의식들 '때문'이다.

가정교회는 부족의 역동성이 좋은 방향으로 전개되도록 돕는다

교인이 80~150명 정도 되는 표준적인 규모의 회중 교회는 부족적 사고방식을 깨뜨리고 인간의 마음속 깊이 자리한 감정과 전통적인 관습을 거스르는 유일한 구조 중 하나다. 회중 교회 형태는 내재적인 부족적 패턴에 순응하지 않으며, 사회적 정체성과 관계의 형성이라는 자연적 흐름을 막는다. 회중 교회는 유기적 역동성을 가지기에는 너무 크든가, 아니면 멤버들에게 '하나의 마을'을 제공하기에는 너무 작다. 회중 교회는 전통적으로 이 문제를 비대한 조직과 강력하고 권위 있는 리더십, 정교하게 짜여진 예배 모형 등으로 극복하려고 했다. 그러나 한 그리스도인 공동체의 규모가 사냥꾼 집단의 부족 패턴 또는 마을의 부족 패턴의 분기점이 되는 숫자인 20명 또는 500명에 접근하게 될 때는, 다른 규모에서라면 묶여 있었을 특별한 사회적, 부족적 역동성이 풀어지게 된다.

가정교회와 더불어 큰 규모의 대집회는 20명 정도의 '작은 사냥꾼 집단'의 사회적, 부족적 역동성을 즉각적으로 회복시키고, 그들의 다른 필요를 채워 줄 것이다. 기독교 역시 세례나 재산 공유 등과 같은 입문 의식들을 가지고 있다. 기독교에도 현대의 청소년 갱들이 새로운 멤버가 '부족'에 가입할 때 요구하는 작은 범죄들에 상응하는 것이 있다. 죄 고백이 바로 그것이다. 만일 누군가 자신의 죄를 가정교회에 고백하면, 그는 사람들 앞에서 체면을 구기게 될 것이고, 더 이상 이중적인 표준으로 살지 못하게 될 것이다. 그러나 그는 은혜 안에서 용납받고, 새로운 영적 부족 안에서 용서와 사랑을 경험한다.

가정교회들을 서로 연결하는 측면에서 볼 때, 셀교회는 지도자가 있는 부족의 구조를 반영하고, 가정교회와 그 단층적인 구조는 상호의존적인 방식으로 연결되어 지도자가 없는 부족의 패턴을 반영하는 경향이 있다. 이것은 셀교회가 지도자 중심적인 부족의 문화에 보다 적절한 반면 가정교회는 사회적 평등을 존중하는 문화에 더 적절할 수 있는 이유들 중 하나다.

가르침의 구조를 바꾸라

한번은 내가 아프리카의 한 나라에서 200명 정도의 목사들과 전도자들에게 강의를 시작하려 할 때 갑자기 전기가 나가버린 적이 있다. 나는 영어를 가장 잘하는 6명을 선택하고 다른 모든 사람들은 서로를 위해 기도하게 했다. 그리고 이 6명의 '제자들'에게 한 가지 간단한 교훈을 설명했다. 이렇게 하는 데 15분 정도의 시간이 소요되었다. 그리고 나서 나는 그들에게 각자 제자를 6명씩 택하여 내가 그들에게 말해 준대로 말하게 했다. 그리고 내 제자들이 '제자'로 삼은 36명으로 하여금 각자가 6명씩 제자들을 선택하고 다시금 똑같은 교훈을 그들에게 설명하게 했다. 그런 후에 나는 2세대를 거쳐 교훈을 듣게 된 마지막 세대의 제자들 중 한 사람에게 앞에 서서 큰 소리로 자신이 들은 교훈을 전부 반복하게 했다. 그리고 나머지 사람들에게 그의 가르침이 맞을 경우 엄지손가락을 치켜세우게 하고, 그가 틀린 것을 가르침 받았거나 혹은 제대로 들었음에도 잘못 전달하거나 아니면 원래 교훈에 없는 어떤 것을 덧붙일 경우에는 엄지손가락을 아래로 향하게 했다. 결과적으로 이 시간은 재미있었고 전기도 절약되었을 뿐 아니라 43명이 실제로 가르침에 참여하게 되었다. 그리고 우리는 그들 중 누가 가르침의 은사를 받았고 또 누가 더 많은 기도가 필요한지를 발견할 수 있었다.

선생이 어떤 주제에 대해 설명하고 학생들은 시험에 낙제하지 않기 위해 의무감에서 필기를 하는 강의실 스타일의 가르침을 학생들이 실제로 어느 정도나 기억할 것이라고 생각하는가? 이것은 인간이 접할 수 있는 가장 비효율적인 학습 형식임에 거의 틀림없다. 그러나 우리는 이러한 가르침에 너무 익숙해져서 어디를 가든지, 심지어 교회 안에서도 이런 형태의 가르침을 반복한다. 만일 우리가 가르침과 배움의 질을 바꾸고자 한다면, 우리의 구조를 그에 걸맞게 바꾸고 정적인 배움에서 동적인 배움으로 나아갈 필요가 있다. 신약 성경에 나오는 가르침의 모델과 방법들은 가치를 변화시켜 생활방식의 변화를 가져오는 것을 그 목표로 한다. 가정교회는 제자화를 핵심에 두는 구조이므로 우리는 주제 하나하나를 숟가락으로 떠먹이기보다 어떻게 살고 어떻게 가르칠 것인지를 피차 가르칠 수 있다. 히브리 전통에는 소위 랍비적 사고를 가르치는 학교들이 있다. 이 학교들은 어떻게 사고하고, 하나님이 주신 지적인 능력을 어떻게 다루고 사용할지를 먼저 배우게 하고, 그 다음에 그러한 배움을 다른 주제들에 적용하도록 하는 데 그 목적을 둔다. 통상, 먼저 사고하는 법을 배운 다음에 다른 주제들을 조망하는 과정을 거친 학생들은 고급 과정도 쉽게 다룰 수 있다.

역동적인 가르침은 강의실을 벗어나 장황한 설교나 성경 공부를 버리고 지상에서 가장 자연스러운 곳인 가정에서 다시 일상생활의 한 부분이 된다. 가정에서 우리는 모범을 통해, 그리고 질문과 대답을 통해 모든 사람들을 가르침과 배움의 과정에 끌어들이고, 각 개인의 머릿속에 지식을 쌓기보다 합의와 집단적인 이해, 그리고 그에 따르는 영적인 추진력을 든든하게 세워 줌으로써 피차 가르칠 수 있다.

〉〉〉제9장 QSQ(질-구조-양)

질, 구조, 양을 의미하는 QSQ의 메시지는 간단하다. 개혁과 부흥, 교회 성장과 교회 개척은 질-구조-양이라는 3단계를, 각 단계의 긴밀한 연관성을 유지하면서 순서대로 밟아 나간다는 것이다. 각 단계는 다른 단계가 없이는 불완전하며, 심지어는 위험할 수 있다. 이 단계들은 논리적이고 자연스럽게 이어진다.

제9장 QSQ(질-구조-양)

어떻게 질-구조-양 사고를 할 것인가?

QSQ : 질-구조-양

양질의 거친 밀가루와 고기와 야채로 만들어진 쿠스쿠스(couscous)라는 맛있는 북아프리카 요리가 있다. 이 요리는 보통 천막 안에서 커다란 국그릇 주변에 양반다리를 하고 앉아서 쿠스쿠스를 손으로 작은 알처럼 만들어 입안으로 던져 넣으면서 먹는다. 수단에 있는 내 친구들과 함께 있을 때 식사 시간이 되면 우리는 보통 식사를 위해 한 줄로 늘어선다. 그런 다음 두 사람당 접시 하나씩을 가지고 밥과 소스를 담아서 둘이 함께, 그것도 젓가락 중에서도 가장 유연성이 있는 젓가락이라 할 수 있는 손가락을 가지고 먹는다. 이따금씩 누군가가 입이 찢어질 듯 함박웃음을 머금고 당신의 어깨를 두드릴 것이다. 그는 우정과 감사의 표시로 자기 접시에 남은 음식을 당신의 접시에다 옮겨놓을 것이다. 서로의 땀과 침이 함께 섞일 때 서로의 교제와 결속의 질이 더욱 단단해진다. 아직도 많은 나라에서는 서로가 동의한다는 표시로 함께 식사를 함으로써 계약을 확증한다.

질, 구조, 양을 의미하는 QSQ의 메시지는 간단하다. 개혁과 부흥, 교회 성장과 교회 개척은 질－구조－양이라는 3단계를, 각 단계의 긴밀한 연관성을 유지하면서 순서대로 밟아 나간다는 것이다. 각 단계는 다른 단계가 없이는 불완전하며, 심지어는 위험할 수 있다. 이 단계들은 논리적이고 자연스럽게 이어진다.

더 많은, 더 나은, 더 작은 교회들

우리 중 많은 이들이 목도하는 바 지금 하나님이 세계 도처에서 하고 계시는 일의 핵심은 이것이다. 하나님이 Q, 곧 사도적－선지자적 질(Quality)을 자기 몸 된 교회 안에 회복시키고 계신다는 것이다. 이 새로운 질은 S, 곧 자기 나름대로의 구조들(Structures)을 만든다. 이 구조는 외부로부터의 노력을 통해서가 아니라 내부로부터 저절로 생겨난다. 이러한 새로운 구조들은 다시금 두 번째 Q, 곧 빠른 성장과 배가라는 양(Quantity)의 측면을 가능하게 할 것이다. 이것은 더 많은 수, 질적으로 '나은' 교회, 우리가 알고 있는 보통 교회보다 훨씬 더 작은 교회들을 의미한다고 해도 무방하다.

질

질, 더 이상 침묵하는 희생자로 만들지 말라

언제나 교회는 질-구조-양의 순서를 뒤집어 질보다는 양과 방법에 서부터 시작하려고 하는 위험에 처해 있다. 여기에는 두 가지 주된 이유가 있다. 먼저는, 교회가 영적인 스타들과 성공이 확실해 보이는, 강한 인상을 주는 사람들의 말에 너무 쉽게 귀 기울이는 유혹에 빠지기 때문이다. 그들은 이런 메시지를 전한다. "우리는 누르기만 하면 즉각적인 성공과 승리를 보장하는 마술 버튼을 발견했다." 그들은 건전하지 못하게 오로지 양에만 초점을 맞춤으로써 다소 침체되어 있는 교회에 강한 영향을 미친다. 그리고 종종 그 교회에게 '가능한 가장 빠르게 많은 사람들을 접하는 것'을 추구하는 복음 전도를 위한 대형 프로젝트들을 시작하라고 부추긴다. 신약 성경에서는 찾아볼 수 없는 이와 같은 사고방식은 과도하게 숫자와 목표에 끌려 다닌다. 그리고 이러한 사고방식은 기본적으로 교회에게 지금 당장 행동하고 생각은 나중에 하라고 말한다. 지금 총을 쏘고 조준은 나중에 하라고 말한다. 지금 전도하고 후속 양육은 나중에 하라고 말한다. 지금 번듯하게 성공하고 필요할 경우 보수 작업은 나중에 하라고 말한다. 오늘 성공 스토리를 만들고, 개혁이나 다른 사람들을 위한 질적인 통제는 나중으로 미루라고 말한다. 지금 다른 나라나 도시를 구원하기 위해 달려가고 교회가 그 지역이나 나라에서 불완전한 후속 양육을 하는 것에 대해 비난을 듣도록 내버려두라는 것이다.

그리고 '후원금'이 그 두 번째 이유가 된다. 선교나 복음 전도를 위해 드려진 헌금은 보통 그 돈을 후원한 자의 목표 과제(agenda)를 수행하는데 쓰여지게 된다는 것이다. "황금을 가진 자가 규칙을 만든다"라는 이상한 '황금률'이 오늘날 존재하는 것 같다. 모든 후원자들이 다 그런 것은 아니지만 오늘날 많은 재정 후원자들은 종종 그 돈이 자신들에게 숫자나 결과로 측정될 수 있는 큰 보상을 가져다 줄 것으로 기대한다.

1930년대-물량(volume)이 새로운 하나님이 되다

스티브 스미스(Steve Smith)는 그의 경영학 저서 『The Quality Revolution』(질의 혁명)에서 이렇게 말한다. "과거에는 질이 일상적인 상거래에서 하나의 자연스러운 사실이었다. 그러나 1930년대에 대량적 사고(mass thinking)가 질을 대신하기 시작했다. 먼저는 대량 생산이 왔고, 그 다음에는 대량 판매가 왔다. '물건을 높이 쌓아놓고 빨리 팔라.' 대량이 새로운 하나님이 된 것이다." 20세기 초반의 몇십 년은 또한 많은 현대적인 복음 전도 기관들과 선교회들이 태동한 때였다. 이들의 일반적인 철학은 그들의 시대정신에 잘 부합되는 것이었다. 양(quantity)과 대량 사역(mass-ministry)에 대한 강박관념은 질적인 영역에 대해 눈을 감게 만들었으며, 이것은 오늘날에도 분명한 사실인 것 같다. 스미스는 또한 이렇게 말한다. "많은 기업들은 너무 행복감에 도취되어 질의 차이 곧 소비자의 기대와 기업의 성취 사이의 차이에 대해 의식하지 못한다. 이것은 부분적으로는 기업들이 실제로는 자기 자신만을 바라보기 때문이며(그들이 가진 내부적인 기준에 따르면 그들은 여전히 만족스럽게 개선되어 가고 있는 것처럼 보일지도 모른다), 또한 그들이 이 사실을 알기를 원치 않기 때문이다."

프랜시스 쉐퍼(Francis Schaeffer)는 "'빨리빨리', 즉 '지금 행동하고 나중에 생각하라!'는 지옥에서 곧바로 가져온 말이다"라고 말한다. 그러나 우리는 종종 이 말을 하늘로부터 온 계시로 환영한다. 만일 양에 대한 초점이 질에 대한 초점을 대신하게 된다면 우리는 단지 양적인 목표를 얻기 위해서 구조 곧 수단, 방법, 계획, 기술, 프로젝트 등을 활용하려는 유혹을 받을 것이다. 보통 질은 이러한 행동 지향적, 성공 지향적 과정에서 아무 말도 못하고 희생된다. 그러나 그리스도의 몸 된 우리는 지금 당장이든 아니면 나중이든 간에 어떤 식으로든 대가를 치르고 질적 수준이 높은 교회를 세우는 일을 회피할 수 없을 것이다.

마드라스의 거리

이 책을 쓰고 있는 지금 나는 남인도의 마드라스에 살고 있다. 마드라스에는 매년 몬순(monsoon : 인도의 계절풍)으로 인해 비가 엄청나게 내린다. 이 억수같이 쏟아지는 빗물은 긴급한 복구가 필요할 만큼 수많은 도로들을 휩쓸고 간다. 적절한 하수처리 시스템이 없어서 도시의 절반 정도(보통 내 사무실도)가 이 비로 인해 물에 잠긴다. 비가 그치고 건설 인부들이 몇몇씩 그룹을 지어 온 도시를 다니면서 흙과 모래, 돌, 조약돌, 비닐 종이, 나무 조각 등 생각할 수 있는 모든 재료들을 가지고 도로의 움푹 파인 곳을 채운다. 그리고는 아스팔트로 그 위를 덮어 땜질을 한다. 그 후 많은 차량이 그 위를 오가고, 태양이 뜨겁게 내리쬐고 빗물이 그 위에 쏟아질 때, 땜질했던 아스팔트는 급속도로 약화되고 도로 곳곳에 다시금 구멍이 생긴다. 이러다 보면 곧 그 다음 몬순이 불어와서 또 똑같은 일이 반복된다. 마드라스 사람들이 가장 먼저 취한 것은 양의 단계(가능한 많은 구멍들을 땜질하는 것)라 할 수 있다. 그리고 구조의 단계(도로를 겉만 번지르르하게 만들 수 있는, 작업 속도가 빠른 일꾼들을 사용하는 것)가 오고 이런 과정에서 질은 늘 희생된다.

이것은 인도가 바로 이와 같은 목적을 위해, 다시 말해 도로를 만들고 재건하기 위해 서구로부터 많은 개발 보조비를 받는 데 도움이 된다. 돈이 계속 쏟아져 들어오는 한, 이러한 과정은 아마도 바뀌지 않을 것이다. 어찌되었든 간에 서구의 지원은 앞으로도 계속될 것이고, 도로는 여전히 보수가 될 것이기 때문이다. 서구의 후원으로 질을 희생시킨 대가가 무엇인가? 그들은 현상을 유지하는 것 말고는 어떠한 실제적인 발전도 경험하지 못하게 되었다.

좋은 기초들

대부분의 유비들이 그 목적에 못 미치는 부분들이 있는 것이 사실이지만, 내가 생각하기에 교회의 질은 어떤 의미에서는 집(house)의 질에 견줄 만하다고 본다. 집의 질은 다음과 같은 여섯 가지 요소들에 달려 있다.

- 설계자의 성격과 지혜와 비전
- 건물 부지의 물리적인 입지 조건
- 기초의 질
- 건축 자재들
- 건축가의 질
- 일꾼들의 질과 열심

예수님은 하나님이 교회의 설계자이시며, 교회에 대한 비전을 품으신 분이요, 아버지시라는 사실을 분명히 가르치셨다. 예수님 자신은 그 교회의 기초가 되신다(마 7:24~6; 고전 3:11). 그리고 예수님은 단순히 아무 사람이나 교회를 세울 부지로 보시지 않고 베드로와 같은 '의의 사람들'(마 16:18)이나 '평안의 사람'(눅 10:6)을 교회를 위한 하나의 출발점 혹은 건물 부지로 보신다. 다른 사역들을 훈련시키고 일을 맡기는 사람을 통해, 교회를 위한 기초를 놓는(엡 2 : 20) 사도적, 선지자적 사역들이 갖추어진다. 구원받은 자들의 모임은 그리스도 안에서 함께 지어져 가는 '산 돌들'(벧전 2 : 5)이다. 그리고 예수님은 다시금 자신이 건축가가 되셔서(마 16 : 18), 사도들을 자기의 대목수(master-craftsmen)나 건축전문가로 삼는다(고전 3 : 10).

누가 무엇을 세우는가?

교회를 세우는 것과 집을 세우는 기계적인 과정 사이에는 여전히 큰 차이가 있다. 우리는 단순하게 교회를 세우는 '여섯 가지 확실한 원리들'을 취할 수 없다. 그리고 교회의 설계자이신 하나님과 상관없이 하나님의 집을 지을 수도 없다. 하나님은 지혜롭게 모든 과정을 자기 자신과 연결시키셨다. 하나님은 자신이 원하는 방식대로 교회가 성장하고, 자신이 기뻐하는 때에 기뻐하는 장소에서 그 교회가 성장할 수 있게 하실 권리가 있다. 지상에 오신 하나님이신 예수님은 이것을 그의 유명한 말씀 한마디로 요약하셨다. "내가 내 교회를 세우리라."

이 말씀은 다음과 같이 네 가지 방식으로 해석될 수 있을 것이다. 그러나 나는 네 번째 해석이 가장 적절하다고 본다.

1. **"우리가 우리 교회를 세울 것이다."** 우리가 우리 자신의 힘과 전통적인 방법들로 우리 자신의 왕국을 세울 것이라는 뜻이다. 그 결과 우리는 인간 중심의 종교를 만들 것이다. 육신은 육신을 세우게 마련이다.

2. "우리가 그의 교회를 세울 것이다." 이 해석은 첫 번째 것보다 훨씬 더 위험한 것이다. 왜냐하면 이것은 행동가들에게 호소하며, 우리 인간들이 하나님의 집을 세울 수 있다는 것을, 육신이 영을 세울 수 있다는 것을, 인간적인 전략과 프로젝트들이 우리를 하나님 나라로 안내할 것이라고 암시하기 때문이다. 이 해석은 첫 번째 해석과 비슷한 결과를 낳는다. 그러나 영적으로 훨씬 더 미혹적(deceptive)이다. 그리고 종종 승리주의(triumphalist)의 어조를 띤다. 어떤 사람들은 이 접근을 '현대판 마녀와 마술'이라 불렀다. 왜냐하면 이 접근은 영적인 목적을 위해 성령이 아닌 다른 수단을 사용하려고 하기 때문이다. 이러한 해석은 종종 조작과 영적 과대망상증(megalomania)이라는 결과를 초래한다.

3. "예수님이 우리 교회를 세우실 것이다." 요컨대, 예수님이 자신의 재료들을 가지고 우리의 목적을 위해 사용하신다는 말이다. 다시 말해 영이 육신을 세운다는 것이다. 예수님이 우리 교회를 세우시기로 선택하신 것은 우리가 하나님의 택하신 소수 곧 정통 교단이나 그룹이며, 거룩하게(아마 유일한) 남은 자들이기 때문이라는 것이다. 이러한 해석에서는 인간이 인간 자신의 목적을 위해 하나님을 이용한다. 하나님의 전 우주적인 교회가 아니라 하나의 교단이나 단체를 세운다는 명분에 의해 모든 다른 것들은 부차적인 것이 된다. 은유적으로 표현하자면, 예수님이 자신의 기름을 우리의 불에다 부으신다는 말이다. 그러나 이렇게 해서 우리가 세우게 되는 것은 일시적인 인간의 종교 왕국에 지나지 않는다. 이러한 사고가 가진 또 다른 문제점은, 교회가 성장하지 않을 경우 그것을 하나님의 뜻으로 돌리고 우리 자신이 잘못되어 그런 것은 아니라고 생

각한다는 것이다.

4. **"예수님이 그의 교회를 세우실 것이다."** 이 말은 탁월한 건축가이
신 예수님께서 자기 교회를 자신의 방식대로 세우는 일을 도우라
고 우리를 자신의 동역자들로 부르신다는(골 4 : 11) 뜻이다. 이 해
석은 다소 우리의 자존심을 상하게 만든다. 왜냐하면 이 해석은 우
리의 인간적인 노력을 그다지 강조하지 않고 도리어 예수님과 그
의 영을 선배 동역자로 모시는 영적인 동역을 강조하기 때문이다.
그러나 하나님은 우리가 이 같은 사고방식을 가지고 예수님의 동
역자가 되어 예수님의 교회를 세울 때 잘했다 인정해 주실 것이다.
왜냐하면 하나님 자신이 바로 우리에게 교회를 세우라 명하셨고,
그 자신의 영적인 유전자들을 교회 안에 심어 주셨기 때문이다. 영
이 영을 세운다. 우리는 이것이 교회 성장과 교회 개척을 위한 모
든 노력에 '하나님의 어린양표' 라는 꼬리표를 다는 유일한 방법이
라는 사실에 감사할 수 있게 될 것이다.

갱신과 개혁을 초월해야 한다

근 2천 년 동안 기독교 안에 존재해 온 대분열은 사실 교단 간의 분
열이나 가톨릭과 개신교 간의 분열이나 은사주의와 반은사주의 사이의
분열이 아니라 언제나 영과 육 사이의 분열이었고, 삶의 호흡과 죽음의
냄새 사이의 분열이었고, 인간이 만든 종교와 하나님의 영의 운동들 사
이의 분열이었다. 오늘날까지 여러 나라에서 일어났던 많은 부흥 운동
들은 몇 세기 동안 교회를 하나님의 말씀이나 하나님의 영, 또는 특정

교회나 교단이 가진 본래의 신앙고백으로 돌아가게 함으로써 전통적인 구조를 새롭게 하려고 분투해 왔다. 우리가 탁월한 개혁자들에 대해 읽거나 오늘날 부흥 운동들을 이끄는 탁월한 리더들에게 질문해 보면, 이와 같은 세 가지 부흥의 방법 중 그 어떤 것도 참여하는 모든 이들이 만족할 만큼 오랫동안 제대로 작동하지는 않는 것 같다.

이에 대한 해결책은 이러한 방법들보다 훨씬 급진적일지도 모른다. 기존의 구조를 개혁하고 새롭게 하는 것만으로는 충분치 못할 수 있다. 우리는 다른 교회 운동과 조류에 비할 때 훨씬 더 뛰어나다고 할 수 있는 영적 유전자 코드라는 방법론적 패턴을 사용하고 따를 수도 있을 것이다. 그러나 그것만으로는 아직 하나님께서 옳다고 인정하시는 그 수준에는 미치지 못할지도 모른다. 간단히 말해서, 만일 우리가 질을 희생시킨다면, 그 양이 어느 정도가 되든 간에, 그것은 결코 만족스러울 수 없다는 것이다.

"나의 교회를 내게 돌려다오!"

하나님은 선하시다. 그러므로 그분은 자신의 교회를 위해 선한 표준을 세우신다. 따라서 하나님이 세우신 표준은 교회에 대한 이해가 우리의 전통 속에 어떻게 자리매김하든지 얼마나 많은 사람들이 과거에 그것에 대해 동의를 했든지 상관없이 유일한 표준이 된다. 하나님의 나라는 민주주의가 아니다. 오늘날 많은 그리스도인들은 하나님이 교회를 건전한 사도적, 선지자적 토대로, 그리고 신약 성경의 표준으로 돌아오라고 부르고 계신다고 강하게 느낀다.

온유한 자가 땅을 기업으로 얻는 때

이것은 실제적으로 하나님이 우리 모두를 자기만족의 정신에서 부흥의 정신으로, 피상성에서 깊이로, 미지근함에서 뜨거움으로, 평범함에서 영적인 탁월함으로, 쾌락을 추구하는 삶에서 열정의 삶으로, 세상과 거짓된 평화를 이루며 사는 것에서 하나님의 군기 아래 세상과 전쟁을 벌이는 삶으로, 이 세상을 본받는 것에서 그리스도의 형상을 닮는 것으로, 시행착오의 어리석고 비싼 대가를 치르는 행동 패턴에서 선지자적 모드로, 안주하는 사고방식에서 순례자의 사고방식으로, 나 중심에서 우리 중심으로, 개인적인 사고에서 공동체적인 사고로, 자기의 죄를 숨기고 사는 삶에서 빛 가운데 거하는 삶으로, 예수님의 말씀처럼 온유한 자가 땅을 기업으로 차지할 것임을 깨달음으로써 교만한 자기 자랑을 늘어놓는 삶에서 약할 때 오는 참 능력에 대해 자랑하는 삶으로 나아가도록 부르고 계심을 의미한다.

존재를 행동보다 앞세우라

사랑, 소망, 믿음, 진리, 빛, 은혜는 하나님의 본질적인 질적 특성들이다. 하나님의 본질, 곧 참된 질적 특성들은 하나님의 행위와 연관된다기보다는 하나님의 존재와 연관이 된다. 하나님은 위대하신 '스스로 계신 분', 곧 '태초에 계시던 분'으로 자기 일을 '행하시되' 자신의 인격의 발로에서 그 일을 행하셨다. 따라서 우리 역시 먼저 존재가 되고 그런 다음에 행동하도록 부름을 받는다.

하나님이 우리를 사랑하시는 것은 그분이 사랑이시기 때문이다. 하나님이 하시는 일은 우리에게 하나님이 어떤 분이신지를 보여 준다. 그리고 하나님은 선하시기 때문에 하나님의 행위 또한 선하고 초자연적인 질적 특성을 가진다. 이것이 바로 하나님에 대한 소식(gospel)이 '좋은 소식'(Good News)이 되는 이유다. 복음(gospel)이란, 자기 아들을 희생시킴으로 인간을 그 끔찍한 죄에서 구원하신, 도무지 그 자신의 힘으로는 헤어나올 수가 없는 그런 엄청난 속박에서 사람들을 해방시키고 지옥의 거짓 시스템에 포로된 자들을 자유롭게 하사 그들에게 그리스도 안에서의 새로운 삶을 살아가는 새로운 시스템 곧 모든 지옥의 문들을 부수는 교회라는 이름의 구조를 제공해 주신 선하신 하나님에 대한 믿을 만한 소식인 것이다. 예수님은 지옥의 문들이 결코 교회를 이기지 못할 것이라고 말씀하신다.

구조

옥스퍼드 사전(Oxford English Dictionary)에 따르면, '구조'는 '사물들이 결합되어 있는 방식' 곧 사물들이 조직되어 있는 방식을 의미한다. 성경은 지역 교회를 그리스도의 몸으로 묘사한다. 그렇기 때문에 하나님의 본질과 질적 특성들은 거룩하고 완전한 개인 안에서가 아니라 지역 교회 안에서 나타나야 마땅할 것이다. 하나님이 보시기에 선(good)은 결코 양적인 성공과 동의어가 아니다. 하나님의 질적 특성 중 다수는 관계적이고, 상호의존적인 것이다. 이런 특성들은 결코 개별적으로, 진공상태 속에서 존재할 수 없다. 사랑하기 위해서는 적어도 두 사람이 필요하다. 이것은 또한 하나님의 질적 특성들과 그의 영적인 유전자들이 오직 공동체적 형태로만 존재할 수 있다는 것을 의미한다. 이와 같은 사실은 우리의 생활방식, 곧 우리가 예수님을 따르는 방식에서도 분명하게 드러날 것이다. 이 모든 것은 구조, 곧 우리가 일을 행하는 조직적인 방식을 요구한다. 나는 완벽한 사람도, 완벽주의자도, 어떤 종류의 율법주의적 구조도 별로 좋아하지 않는다. 성경은 우리에게 따뜻함과 감사의 마음을 가지고 서로에게 자비와 용서와 사랑과 진리로('오직 진리로만' 이 아님에 유의하라!) 대할 것을 권면한다. 동시에 우리는 단순히 교제를 위한 웃고 즐기는 클럽이 아니라 하나님의 숙명을 지닌 공동체로서 하나님의 교회가 가진 초자연적 패턴과 목적을 무시해서는 안 된다.

구조와 문화

예수님은 육신을 입고 우리 가운데 오셨다. 시간과 공간의 한 지점을 택하사 2천 년 전에 베들레헴에 오셨다. 이 땅에서 생활하시며, 먹고, 말하고, 동시대 사람들과 특별한 방식으로 관계를 맺으셨다. 이러한 방식은 우리 중 어느 누구도 그대로 따르기가 어려울 것이다. 왜냐하면 우리는 예수님과는 다른 시간과 다른 문화에서 살고 있기 때문이다. 예수님의 성육신은 영원하신 하나님이 우리 중 하나가 되셨고 우리가 예수 안에서 처음으로 하나님을 볼 수 있게 되었음을 의미했다. 예수님은 "나를 보는 자는 아버지를 본 것이라"고 말씀하셨다. 예를 들어 만일 예수님이 오늘날 남부 프랑스에 성육신하신다면, 그는 아마도 팔레스타인에서 살았던 것과 매우 유사한 방식으로 행동하시면서도 동시에 약간 다른 모습으로 사실 것이다. 그렇지만 그의 삶의 질이나 삶의 원리들, 그리고 그의 운명은 같았을 것이다. 그러나 그가 말하고 행동하는 방식은 아주 다를 수도 있다. 마찬가지로 그리스도의 몸 된 교회 역시 내적인 질에 있어서는 문화와 시간을 초월하여 동일할 수 있지만, 그 스타일이나 구조적인 외형에 있어서는 아주 다를 수 있다.

교회를 전할 것인가 예수를 전할 것인가?

마사이족의 선교사 빈센트 도노반(Vincent Donovan)은 그의 책 『Christianity Rediscovered』(기독교의 회복)에서 과거에 이 아프리카 사람들에 대한 기독교 선교는 거의가 농촌적이고 사회적이어서 학교를 세우는 데 초점을 두었다고 설명한다. 그러나 이러한 선교는 마사이족에게 그다지 큰 효과가 없었다. 도노반은 스스로 이렇게 자문했다. '내가 다른 선교사들이 하는 그 모든 일들을 다 내려놓고, 마사이족에게 예수님의 메시지만 전할 수 있을까?' 그들에게 예수님을 전했을 때, 그는 결과적으로 '모든 마을들이 예수님께로 돌아오는 놀라운 일'을 경험하게 되었다. 그는 자신의 경험을 두 가지 교훈으로 요약했다. 첫째는, 만일 당신이 교회에 대해 설교하면 그들은 당신을 파송한 교회와 비슷하게 반응할 것이지만, 예수님에 대해 설교하면 아주 다른 반응을 보일 것이라는 것이다. 둘째는, 아직 교회가 없는 문화 속에 다시금 '교회가 성육신되고' 예수님에 대한 메시지를 전하기 시작하는 그 과정에서 도노반 자신이 복음을 재발견하게 되었다는 것이다.

문화와 영적인 현실을 혼동하지 말라

미국에서 온 젊은 그리스도인들이 아시아의 한 교회에서 자신들이 캘

커타에서 진행하고 있는 아웃리치 프로그램에 대해 보고하고 있었다. 그들은 신전에 있는 죽은 우상들을 섬기는 사람들에 대해 말할 때 정말 눈에 안타까움의 눈물을 잔뜩 머금었다. 그러나 이 젊은이들은 자신들의 조국에 있는 수많은 사람들이 쉴 새 없이 텔레비전에 눈을 고정시키고 있는 것이 곧 스포츠나 음악이나 영화라는 살아 있는 우상들을 섬기는 것임을 깨닫지 못했다.

그들은 캘커타의 비천한 물질적 빈곤에 대해 안타까워했다. 그러나 그들은 자신들의 조국에서 고독과 삶의 무의미로 인해 고통당하고 있는 수백만의 사람들의 영적인, 정서적인 빈곤은 보지 못했다. 그들은 사람들이 어떻게 오늘날과 같은 문명 시대에 꽃과 심지어 동물들을 자기 신들에게 희생 제물로 바칠 수 있는지 믿을 수 없다고 말했다. 그러나 그들은 자신들의 조국에서는 '성공'이라는 거룩한 제단에 심지어 자녀들과 모든 가족들을 희생시키는 것이 아주 정상적인 일로 행해지고 있다는 사실을 간과하고 있었다. 그들은 '이들 이교도들이 그들의 신들에게 드리는' 연기와 향 제사에 대해 개탄을 했다. 그러나 그들은 너도나도 차를 몰고 나와 교통체증을 일으키는 사람들과 대기를 오염시키는 공장과 담배로 실내를 오염시키는 흡연자들이 만들어내는 연기에 대해서는 한 순간도 주목하지 못했다. 그들은 말했다. "이곳의 아이들은 너무나 더럽습니다!" 그러나 그들은 자신들 나라의 대부분의 아이들이 부모들에게 순종하지 않고 도저히 믿어지지 않을 만큼 더러운 말을 입에 담고, 아시아나 중동의 대부분의 아이들이라면 질색을 하고 도망갈 온갖 환각제들에 빠져 있다는 것을 깨닫지 못하고 있었다.

간단히 말해서, 그들은 바깥만 보고 판단했지, 그 속을 들여다보지 못했다. 그들은 문화에 충격을 받았지만 그 배후에 있는 영은 보지 못했다. 그들은 자신들의 조국이 아시아보다 나을 것이 없다는 사실을 깨닫지 못했다. 타락성과 죄성은 그 겉모습은 다르게 보일 수 있지만, 질은 본질적으로 어디나 똑같다.

국가적 죄악과 축복

각 개인과 마찬가지로, 역사상 주어진 시점의 각 나라와 부족은 그 나름대로의 행동방식, 가치, 언어, 행동 양식, 의사소통 체계, 해야 할 것과 하지 말아야 할 것에 대한 규칙, 특별한 장단점, 축복, 죄 등을 가지고 있다. 사람들 중에도 거짓말쟁이들, 변호사들, 살인자들, 기술자들, 술주정뱅이들, 사람을 자동차로 치는 사람들이 있듯이, 당신은 국가 역시 장점과 단점을 가진, 특별한 죄악과 축복을 가진, 은사와 저주를 가진 그 나름의 인격이 있다는 것을 발견하게 될 것이다. 대부분의 나라와 부족들은 인간 개개인과 마찬가지로 보통 자신의 연약함과 죄는 못 본 채, 장점은 과장하고 약점은 축소시키는 경향이 있다. 완벽주의와 공포, 수치, 불안, 과대망상증, 게으름, 두려움, 교만, 피상성, 호전성, 정욕, 탐식, 인색함, 부패, 고독, 중립성 등과 같은 국가적 특성들을 생각할 때 어떤 나라가 당신 마음속에 떠오르는가?

세상의 패턴 VS 하나님의 패턴

신약 성경에서 내가 가장 매력을 느끼는 단어들 중 하나는 '스토이케이아' (stoicheia)라는 헬라어 단어다(골 2:8, 20; 갈 4:3). 이것은 로마서 12장 1, 2절의 '아이온' (aion)이라는 말과 비슷한 의미로 사용되는데

'패턴, 생명력, 원리'를 뜻한다. 바울은 "이 세상의 원리들을 본받지 말라"고 말한다. 원래 '스토이케이아'라는 단어는 흙, 물, 불, 공기와 같은 우주의 가장 기초적인 요소들을 의미했다. 그러나 바울은 '세상의 패턴'에 훨씬 더 큰 영적 의미를 부여한다. 바울은 이러한 패턴들을 타락한 세상의 영적인 자연법칙들로, 곧 그 관할권 아래 태어나는 모든 사람들을 '자동적으로' 통제하는 세상의 전통과 제도와 문화를 만들어낸, 사탄의 권세 아래 놓인 원리들로 간주하는 것 같다. 독일의 정신분석학자 칼 융(Carl G. Jung)은 이렇게 말했다. "당신은 사탄을 고려하지 않고는 유럽을 이해하지 못할 것이다."

두 개의 자석

스토이케이아의 효력은 거대한 자기장에 비유될 수 있다. 학교에서 실험을 통해 경험한 바 있듯이, 자기장에 쇳가루를 뿌리면 그 쇳가루들은 자기장의 패턴에 따라 '자동적으로' 배열된다. 만일 인간 '쇳가루들'이 그런 패턴으로 주어진 자기장에 뿌려지면, 다시 말해 태어나면, 그들은 즉시로 어떤 영적인 '동류 집단의 압력'(peer pressure)에 힘입어 배열되기 시작하고 그런 배열을 유지한다. 이것은 어떤 마술적인 원리가 아니라 이 세상이 '죄로 타락했다'는 사실의 한 부분이다. 죄가 땅을 부패시키고 오염시킬 수 있다고 성경은 가르친다(신 24 : 4; 렘 16 : 18; 민 35 : 33; 대하 7 : 14; 스 9 : 11; 창 6 : 11).

아담과 하와 때로부터 줄곧 우리는 죄가 확장되는 경향이 있다는 것을 안다. 그러므로 우리는 개인의 죄악이 사탄에 의해 확장되고 더욱 힘을 얻고 적극적으로 조장되어, 어떤 집단의 관습, 그리고 보다 큰 공동체의 전통으로까지 확대되고, 국가적인 제도에까지 확장되어서, 궁극적으로는 그 사회의 문화를 형성하고, 결국은 거의 '자동적으로' 수백만 명의 정신과 사고방식을 형성하는 지경에 이르는 것을 본다. 이것은 각 문화에서, 특별히 일과 음식, 돈, 명예, 수치, 자녀, 행동방식, 사고방식 등과 같은 삶의 가장 기초적인 측면들에서 인간 사고에 영향을 미친다. 한 사람이 태어나서 어떤 특정 문화에서 자랄 때, 그는 어머니의 젖과 함께 이러한 영적인 패러다임과 패턴도 빨아먹게 되는 셈이다. 그럼으로써 그들은 부모들의 죄를 통해, 궁극적으로는 그 자신들의 죄를 통해 들어온 '스토이케이아'와 '아이온'의 강력한 영적 시스템의 일원이 되는 것이다. 그러나 이러한 사람들은 자기들 시각으로 볼 때는 스스로에 대해 지극히 '정상적'이라고 생각할 것이다.

이런 그림에 비추어 볼 때, 하나님 나라는 이런 구조에 완전히 다른 차원을 가지고 들어온다. 다시 말해 새로운 초강력 자석이 하늘로부터 땅으로 내려와 자기장을 만들고 영향력을 미치며, 사람들이 사고하고 행동하는 방식을 변화시킨다. 궁극적으로는, 인간 쇳가루조각들은 충성의 대상을 바꾸어 하나님 나라라는 이 새로운 자기장을 따라 스스로를 배열한다. 이것은 어떤 작은 혼동도 초래하지 않는다. 왜냐하면 '이 세상의 패턴'과 하나님 나라라는 두 가지 자석 시스템은 결코 같지 않으며, 사람들을 서로 판이한 패턴으로 배열시키면서 반대 방향으로 끌기 때문이다. 심지어 사람들의 삶의 패턴조차 그 자체에 내장된 메시지를 가지고 있는데, 이는 당신이 어느 시스템에 속한 사람인지를 간단명료하게 말해 준다. 따라서 그리스도인들의 생활방식은 곧 전쟁 때 지르는 함성이며, 이 지상에서 '영적 전쟁'의 실제적인 싸움터인지도 모른다.

교회 개척의 세 가지 방식

하나님 나라의 복음은 죄악되고 타락한, 하나님을 모르는 세상과 나라와 민족과 문화의 핵심, 곧 그 신념과 가치들에 대해 도전하고 그것들을 변화시킨다. 이 복음은 죄악된 패턴을 십자가에 못 박고 하나님의 축복들을 반영하는 한편 제도화하는 문화의 측면을 회복하고 더욱 강화한다.

각 문화 안에서 교회를 개척하고 세우는 데는 본질적으로 다음과 같은 세 가지 방식이 있을 수 있다.

1. 우리는 주어진 문화나 나라에서 '이 세상의 패턴들'에 잘 맞추고, 교회를 가능한 일반적인 문화적 패턴을 따라 배열하려고 시도할 수 있다. 소위 '절실한 필요에 의한 전도'나 '국교적 기독교'(state-church Christianity)와 같은 접근법은 겉으로 보기에는 빠른 성공처럼 보일지 모르지만, 보통 죄악된 패턴과 문화적으로 인정되는 관습을 지탱하는 영적인 뿌리들까지 깊이 파고들어 근절하는 데는 실패한다. 처음에는 경이적인 성장률을 보이지만 나중에는 오랫동안 침체에 빠지는 '개조된 교회'(adapted church)이다. 이러한 침체로 인해 교회는 점점 세상에 흡수되어 가고 그 힘을 상실해버리고 마침내는 그 정체성까지도 잃어버려서 결국 이 세상의 패턴들과 동화되어버린다.

2. 또 다른 극단은 이 세상과 지역 문화의 패턴과 그 지역의 '행동방식'을 무시하고, 하나의 '거룩한 섬'을 만들어 그 안에 거하는 것이다. 교회가 스스로를 이 세상과 분리시킴으로 인해 교회와 세상

사이의 의미 있는 의사소통과 상호작용이 무너진다. 이러한 접근법은 보통 '섬 신드롬'을 만든다. 세상 사람들에게 교회는 아주 이질적인 집단으로 인식되고 뭔가 의혹의 눈초리를 받게 되며 정말 이방인과 같이 되어서, 사람들을 변화시키고 한 나라를 제자로 삼고 완전히 바꾸어놓는 능력을 상실하고 만다.

3. 내가 주장하는 세 번째 방법은 중도적인 타협안이 아니다. 주어진 문화를 되살리는 것과 십자가에 못 박는 것을 하나님의 관점에서 서로 조화시키는 방법이다. 우리는 인간적인 지혜와 인류학적 통찰에만 의지할 것이 아니라 하나님의 계시와 예언과 건전한 사도적인 사고들 역시 믿고 따를 수 있어야 한다.

이것은 전 세계가 파트너십을 이루어 교회 개척을 하는 것이 왜 그렇게 중요한가 하는 이유들 중 하나이기도 하다. 하나님은 우리가 어머니의 젖을 빨면서 같이 마셨던, 문화적으로 또한 국가적으로 드러난 영적인 장애물들과 맹점들과 견고한 진들을 서로가 인식하도록 돕는 데 우리를 사용하실 수도 있다. 우리는 영적인 상호 교류를 통해 각 문화와 나라들에서 좋은, 하나님께 합당한 부분들을 버리지 않으면서도 '스토이케이아'라는 세상의 패턴을 깨트릴 수 있도록 서로가 돕고 협력하여 각 문화와 나라 안에 최선의 것이 나타나도록 만들 필요가 있다.

여피족이나 미개인이나 다 똑같은 신들 앞에서 춤을 춘다

미개인들은 자연과 더불어 평화를 누리며 행복하게 살고 있으며 이들은 인류학자들과 인종학자들의 보호를 받을 필요가 있다는, 정부 관료들이 부추기는 이와 같은 사고는, 전형적인 미개인의 삶은 미개와 야만에 불과하다는 엄연한 사실을 간과하는 것이다. 미개인들은 저항하기 어려운 영적 환경에서 살도록 강요받는다. 즉, 그들은 보통 그들의 생명력을 빨아먹으면서 그들로 하여금 멀리 있는 성난 신들을 기쁘게 하고 그 노여움을 푸는 끝없는 악순환으로 몰아넣는 전통과 관습과 악한 영들의 비현실적인 요구에 대해 힘 한번 제대로 써 보지 못한 채 그 잔인한 법들에 순종하도록 강요받는다. 이 점에 있어서는 직업적 출세라는 장단에 춤을 추는, 패션이라는 이름의 잔인하고 비싼 희생을 요구하는 신을 기쁘게 하려고 하는, 자살이라는 단 한 번의 도피를 통해 모든 문제를 잊어버리려고 하는 현대 서구의 여피족 역시 다를 바 없다. 여피족이나 미개인들이나 둘 다 똑같은 거짓말에 속으며 살고 있다. 그들은 똑같은 영적인 자석 패턴에 따라 배열되었고, 그 형태는 다를지 몰라도 그 본질에 있어서는 똑같이 구원이 필요한 사람들이다.

한 나라의 교회 그리고 열방을 구원한다는 목표

각 나라와 민족들은 나름대로 자기 정체성과 특성을 가지고 있다. 이 사실에서부터, 그리고 하나님이 모든 민족들의 하나님이시라는 사실로부터 우리는 각 나라와 민족들은 그 나름의 집단적 정체성을 가지고 있으며 따라서 고유한 구조와 조직 방식을 가진 그 나름의 교회 형태를 발전시킬 필요가 있다고 결론 내릴 수 있다. 예수님은 각 나라와 토양 속에 다시금 성육신하셔야 한다. 그럴 때 그리스도의 몸 된 교회는 각 부족이나 나라마다 그 질은 동일하면서도 그 구조는 다를 수 있을 것이다. 그리고 한 나라 안에 있는 하나의 집단적인 그리스도의 몸으로서의 교회는 그 나름대로 자기 나라의 복음화를 위한 목표를 발견하여 그것을 이루고, 하나님이 주신 초자연적인 은사를 가지고 기능하고, 하나님이 세계 복음화라는 계획을 위해 특별히 그들에게 지정하신 전략적인 장소를 채우도록 부름을 받는다. 그러므로 각 나라에서의 선교는 세 가지 목표를 가지고 있다.

1. 국가 교회론(national ecclesiology) : 한 나라에 맞는, 외래적이지 않은 교회론을 개발하는 것.
2. 이러한 형태의 교회를 배가시킴으로써 한 나라를 제자화하는 것.
3. 세계 복음화라는 계획을 위해 하나님이 그 나라에 지정하신 목적을 따라 어떻게 기여할 것인지를 정의하는 것.

북이라크에 남침례교회를 더 많이 세울 것인가?

예를 들어 강력한 통치자가 오랫동안 그 사회를 통치해 왔으며, 백성은 여전히 불안감에 빠져 강력한 장군과 리더의 그늘에 있어야 한다는 절대적인 필요를 느끼고 깃발 든 사람 주변에 모여 있고 싶어하는 호전적이고 도시적인 문화 속에 성육신된 교회는 어떤 모양일까? 그 교회는 군대 냄새를 풍길 것이며, 군대의 계급을 따라 조직될 것이다. 이 교회에서는 모든 사람들이 자신의 지위를 보이려고 배지를 달 것이며, 틀림없이 담임목사의 역할이 가장 중요하게 여겨질 것이다.

그러나 농촌적인, 여성이 결정권을 가지는 여성 가부장(matriarchal) 사회의 경우 교회는 어떤 형태일까? 그리고 개인의 자유를 다른 무엇보다 앞세우는, 강력한 지도자에 대해서는 상당한 의심을 품고 있는, 군사 문화의 상징으로 간주되는 깃발은 가능하면 잊어버리고 싶어하는 민주주의적인 나라의 경우 교회는 어떤 형태일까? 교회가 어떤 문화와 어떤 사회에 성육신되느냐에 따라 그 교회의 모습은 판이하게 달라질 것이다.

내가 속한 남침례교 형제들 중 많은 이들이 비전에 대해 생각하고, 자비롭고 겸손한 마음을 가지고 있다는 것을 알기 때문에, 나는 내가 이 원리를 설명하기 위해 그들을 예로 드는 것에 대해 양해해 주리라 믿는다. 내가 앞서 말한 것과 같은 의미에서 우리는 북이라크에 더 많은 남침례교 교회들을 세울 것이 아니라 북이라크 식의 교회들을 더 많이 세워야 한다.

같은 질에 다른 구조

종합하자면, 다른 문화에 성육신된 교회들은 본질적으로 똑같은 영적인 질을 가지면서도 서로 다른 구조를 가질 수 있다는 것이다. 서구 사회는 유대-기독교적 가치 패턴을 따라 성장했고, 헬라와 로마의 논리 시스템과 결혼하여 지난 수세기를 지내 왔다. 그러나 이러한 서구식의 교회는 '요단강 동편'에서는 그다지 잘 기능하지 않는다. 우리는 하나님이 주신 질적 측면은 결코 양보해서는 안 되지만, 구조의 영역에서 교회 안에 어떤 것들을 배열하는 방식에 있어서는 유연성을 가져야 하고 진정 선지자적일 수 있어야 한다. 우리는 인류학자들이 '역동적인 상당어구'(dynamic equivalent)라고 부르는 것, 곧 원래 전하고자 하는 메시지의 핵심을 살리면서도 듣는 사람이 이해할 수 있는 형태로 바꿈으로써 마치 에스키모인들에게 포도를 설명한다거나 수단 사람들에게 눈에 대해 설명한다거나, 영국 사람들에게 햇살에 대해 설명할 때처럼 설명이 불가능한 것을 설명하기 위한 창조적인 방법을 찾아야 한다. 질은 하나님이 동일하게 주신 것이지만, 구조는 다를 수 있다. 왜냐하면 구조는 지역적이고 유기적인 형태의 교회로 성육신되는 그리스도의 몸의 융통성 있는 표현 방법이기 때문이다.

이것은 교회 '모델들'을 다른 환경으로 이식하거나 번역하거나 상황화하기가 매우 어려운 이유 중 하나이기도 하다. 우리는 각 교회의 저변에 깔려 있는 원리들로부터 배울 수 있다. 그러나 그 모델을 통째로 옮겨놓으려는 시도는 아마도 실패로 끝나고 말 것이며, 그리스도께서 있는 그대로의 자연스러운 토양 속에 뿌리내리시는 과정을 지연시킬 것이다.

모방하지 말고 창조하라

내가 만나는 많은 목사들이 내게 "나도 그대로 해보았지만 잘 안 되더군요!"라고 말한다. 추측컨대 내가 '조용기 좌절감'(Yonggi-Cho depression)이라고 부르는 증상으로 고통받고 있는 목사들이 전 세계적으로 20만 명은 족히 될 것이다. 조용기 목사는 사람들을 지도하고 교회 운동을 일으키는 데 있어 특별한 은사와 능력을 가지고 있다. 그러나 대부분의 사람들은 그의 메시지가 "나를 모방하십시오. 그러면 당신도 똑같은 결과를 얻게 될 것입니다"가 아니라 "하나님이 내게 보여 주신 원리들을 보고 배우십시오. 그러면 아마도 하나님은 당신에게도 똑같은 축복을 주실 것입니다!"라는 사실을 이해하지 못했다. 목사가 똑같은 것을 가르침에도 사람들이 듣는 것은 매우 다를 수 있다. 이것은 많은 사람들이 조용기 목사의 성공에 그럴 만한 충분한 이유 두 가지가 있었다는 것을 이해하지 못한 이유기도 하다. 그 중 하나는 하나님께 순종하는 조용기 목사 자신이고 또 다른 하나는 그가 그 과정에서 발견한 교회 성장 원리들이다. 결과적으로 많은 이들은 그의 모범을 따랐고, 의식적으로 혹은 무의식적으로 그를 모방하려고 했다. 개중에 큰 은사를 받은 소수의 사람들은 어느 정도 성공을 거두었다. 그러나 대부분의 사람들은 실패했다. 실패한 그룹들은 이전보다 더 큰 죄책감과 좌절감을 느낀다. 왜냐하면 그들은 정말로 '그대로 해보았지만 잘 안 되었어' 하는 기분을 느끼게 되기 때문이다. 이것은 '모방주의' 라는 병리학적 패턴이 보이는 분명한 증상의 하나로서, 오늘날 전 세계의 수많은 교회들이 이 위험스럽고, 치명적인 질병을 앓고 있다.

얼마 전에, 스리랑카에서 가장 크고 역동적인 교회들 중 하나를 섬기고 있는 콜롬보의 콜튼 위크라마라트니(Colton Wickramaratne) 목사는 내게 이런 이야기를 들려주었다. 누군가 그에게 흥분해서 '전도폭발이라 불리는 굉장한 전도 모델'에 대해 이렇게 말했다. 그는 "플로리다의 포트 로더데일(Fort Lauderdale)에 있는 제임스 케네디(James Kennedy) 목사의 교회는 말 그대로 이 프로그램으로 폭발적인 성장을 이루었다"고 들었노라고 했다. 콜튼 목사는 냉담하게 이렇게 반문했다고 한다. "다른 사람이 폭발한다고 어떻게 내가 폭발할 수 있습니까? 이것은 하나님이 나에게, 그리고 우리 각자에게 주신 창조적인 잠재력을 부정함으로써 나 자신을 도매가격으로 처분하는 것이 아닐까요? 내가 다른 누군가를 모방하느라 분주하다면, 어떻게 내가 정말 나 자신일 수 있겠습니까? 다른 사람의 이야기와 모델을 모방함으로써 나는 하나님이 다른 누군가가 아니라 바로 나 자신만을 위해 설계하신 그 한 가지 길을 발견하고 발전시키는 데 실패하게 될지도 모릅니다!"

1986년과 1992년 사이에 유럽에서 많은 교회들이 존 윔버와 그의 빈야드교회 모델을 모방했다. 결과적으로 오늘날 수많은 교회들이 새로운 형태의 예배를 드리고 있다. 이 교회들은 빈야드 스타일로 1시간 예배를 드리는데 45분간 설교하고 20분간 사역의 시간을 가진다. 1994년 이후로 어떤 교회들은 존 윔버의 모델을 토론토에 있는 에어포트 빈야드교회(Airport Vineyard Church)의 존 아놋(John Arnott)의 모델로 바꾸고 있다. 그로부터 몇 년이 지난 오늘 많은 목사들은 우리에게 그들이 '포스트-토론토 좌절감'으로부터 회복되고 있다는 것을 말해 준다. 어떤 목사는 내게 말했다. "그러나 우리에게 윌로크릭이 있다는 것은 얼마나 놀라운 일입니까? 이제 정말 윌로크릭이 바로 그 교회입니다!" 나는 속으로 말했다. "놀랍다고?" 나는 그에게 이미 포스트-윌로크릭 좌절감이 많은 교회를 사로잡기 시작하는 것을 볼 수 있다고 말해 주고 싶었지만 꾹 참았다.

축복을 저주로 바꾸는 여섯 가지 쉬운 단계들

잠시 사탄의 입장이 되어 보자. '모방주의'야말로 완벽한 덫이 아닐까? 많은 교회들의 경우, 모든 일이 아주 멋지게 시작된다. 어떤 사람은 하나님의 말씀과 성령에 순종했기 때문에 하나님의 축복을 경험한다. 또다른 사람이 그 이야기를 하고, 이것은 하나의 간증처럼 들리게 된다. 세 번째 사람은 이러한 경험에서 하나의 모델을 만든다. 이것은 다시 네 번째 사람에 의해 모방되고 복제된다. 다섯 번째 사람은 마침내 이렇게 제안한다. "이 새로운 모델을 중심으로 하나의 기관(institution)을 만듭시다!" 그는 계속해서 세계 곳곳에 독점 판매망들을 세우기 시작한다. 여섯 번째 사람은 이 모든 것을 하나의 법으로 만든다. 그리고 이 법을 가지고 다른 방식으로 일하는 모든 사람들을 정죄한다. 이것이 바로 '축복을 저주로 바꾸는 여섯 가지 쉽고 확실한 단계들'이다. 만일 우리가 손으로 쟁기를 잡은 채 뒤를(또는 해외를?) 돌아본다면 어떻게 우리가 하나님 나라의 일에 합당한 자들이라고 생각할 수 있겠는가.

이제 우리는 하나님이 오래 전에 우리 안에 넣어 주셨지만 너무 많은 복제된 축복들로 인해 거의 질식할 지경에 이르렀던 선하고 창조적이고 강력한 잠재력이 그리스도의 몸 안에서 회복되고 강화될 수 있게 만들어야 한다. 이것은 하나님이 우리 세계와 우리 사회와 문화 속에서 사람들을 자기 자신과 자기 교회로 돌이키기 위해 어떤 방법을 사용하고 계시는지를 끊임없이 배우고 연구해야 한다는 것을 의미한다. 우리가 해외에서 수입한 모델들을 끝없이 수정하고 상황화하는 것이 실제로는 우리의 리더십 위기와 불안감을 드러내게 되지 않을까? 보다 위험하게는 이것이 성령이 우리 교회들에게 말씀하시고자 하는 것을 듣지 못하는, 회개하고 제거해야 할 심각한 질병을 드러내고 있지는 않은가?

그러나 현실적으로 생각해 보자. 통계에 따르면, 목사들의 80%는 앞으로도 계속 다른 모델과 프로그램들을 모방할 것이다. 15%는 다른 모델들을 받아들여 그것을 자신들에게 맞게 약간 변화시킬 것이다. 단지 5%만이 자기 자신의 방식과 모델을 개발할 것이다.

기독교의 핵심 진리는 구원받지 못한 지성에 도전하고, 사랑과 믿음과 소망과 마찬가지로 가장 논리적이지 못하며 어린아이와 같은 사람들에게 호소력이 있다. 그러므로 나는 가장 '비현실적인' 제안을 하나 하고자 한다. 예수 그리스도의 이름으로, 성령의 능력으로 모든 통계학자들을 혼동시키고 이 서글픈 수치들을 뒤집어놓자고 말이다. 목사이건 아니건 간에 모방하기를 그만두고 우리 모든 이들 가운데 살아 계신 창조주 하나님의 이름으로 창조를 시작하자는 것이다.

양(Quantity)

신약의 가정교회 운동이 '온 예루살렘을 예수님의 가르침으로 채우기까지'(행 5 : 28) 어느 정도의 시간이 걸렸을까? 아마 2, 3년 정도, 아니 그 이하로 걸렸을지도 모른다. 다시 말하지만, '양'은 '질' 곧 이 도시를 위해 우는 사람들의 눈에 흘러넘치던 그 뜨거운 눈물에서부터 시작되었다. 그리고 그리 오래 지나지 않아 그 도시는 그 눈에 도시를 위한 눈물이 가득했던 예수님의 가르침으로 가득 채워졌다. 예루살렘교회의 경험에서 두드러진 것은 교회의 성장이 누룩이나 효모와 같았으며, 전염성이 강한 바이러스처럼 번져가면서 건드리는 모든 것을 역동적인 힘으로 바꾸어놓았다는 점이다. 기독교는 임계질량(critical mass)에 이르자 자체적인 추진력을 갖춘 연쇄 반응이 되었고, 그 결과 하나님 말고는 그 어느 누구도 통제할 수 없게 되었다. 각각의 신자들은 누룩 부스러기가 되어, 모든 가정의 열린 문을 통해 핵심적인 유전자 코드를 집어넣고, 하나님 나라의 유전자 코드를 가진 각각의 세포들을 하나님 나라의 일부로, 가정교회로 만들었다.

영적 DNA

오스트리아의 수도사였던 그레고르 멘델(Gregor Mendel, 1822~84)

의 초기 저서를 보면, 1953년에 생명체의 기초가 되는 기본 원칙인 DNA(디옥시리보 핵산)의 화학적 구조를 발견한 것은 미국의 생물학자 프랜시스 크릭(Francis Crick)과 제임스 웟슨(James Watson)이었다. DNA는 일정한 형태의 당 분자들(디옥시리보)과 인산염 분자들을 포함하고 있는데, 이것들이 DNA 나선형 구조를 형성한다. 당 분자들에는 아데닌(adenine), 시토신(cytosine), 구아닌(guanine), 티민(thymine)이라는 네 개의 '베이스' 혹은 '유전자 암호들'(genetic letters)이 붙어 있다. A, C, G, T, 네 개의 암호들은 함께 조합을 이루어 이 정교한 패턴 속에다 정보를 내장시킨다. 이 유전자 암호 조합은 생명체의 염색체나 씨앗 구조를 형성한다. 그리고 이 조합은 유기체의 종과 크기와 모양과 질을 결정한다.

급속도로 번져 가는 바이러스 감염이 가지는 강력한 효과들은 사실 바이러스가 가진 DNA의 힘에 상당 부분 의존한다. 바이러스는 정상 세포를 감염시키고 자신의 DNA를 그 세포 안에 주입한다. 이런 과정을 통해 '숙주'(host) 세포는 바이러스의 모양으로 바뀌게 되고, 그 결과 병에 걸리게 된다.

마찬가지로 우리 모두는 영적인 하늘의 DNA, 곧 하나님 나라의 DNA를 가진 자들로서 우리 각자 안에는 교회의 패턴이 들어 있다. 따라서 우리가 어디로 가든지 우리가 만지는 모든 것 역시 이 막강한 DNA에 감염되거나 아니면 적어도 그 영향을 받게 될 것이며, 더 나아가 지상에서 그리스도의 형상으로 바뀌어서 말 그대로 이 유전자 코드를 따라 그리스도의 몸을 이루게 될 것이다. 교회의 성장은 이와 같은 감염의 결과로 자동적으로 주어진다. 이러한 성장은 밀가루 반죽 속에 든 누룩처럼 수적인 배가를 결코 멈출 수 없는 진정한 배가 시스템이라고 할 수 있다. 만일 DNA의 질이 좋다면, 우리는 적절한 구조를 세움으로써 임계질량에 다다르도록 작업하기만 하면 되고, 하나님이 어느 정도로까지 그 수를 높이실 것인지는 '수의 하나님' 께 맡기기만 하면 된다.

제대로 된 원본 제품은 창고마다 가득 쌓인 제품들보다 중요하다

이 모든 것은 고통스럽지만 반드시 하지 않으면 안 될 한 가지 질문을 제기한다. 만일 오늘날의 교회 구조를 가진 오늘날의 교회의 질이, 그리고 기존의 교회 형태들이나 그 방법들과 프로그램들이 반드시 질적으로나 양적으로 모든 족속을 제자로 삼게 만들어 주는 것은 아니라고 한다면, 도대체 어떤 교회 형태가 그 일을 할 수 있는가?

기업의 세계에서 R&D(연구와 개발)는 가장 중요한 두 가지 영역이라 할 수 있다. 기업의 관심과 돈은 대량생산으로 들어가기 전에 올바른 제품을 개발하고 검증된 원본 제품을 만드는 데 집중된다. 제대로 된 원본 제품은 창고를 가득 메운 질 낮은 제품들보다 훨씬 더 중요하다. 일단 조립 라인이 가동되기 시작하면, 원본 제품이 가지고 있을 수 있는 아주 조그마한 흠은 제품 회수(recall)라는 엄청난 손실을 포함한 비극적인 결과를 가져올 수 있다. 경영 컨설턴트들은 "문제점을 고치는 것보다 새로 시작하는 것이 50배 더 쉽다"고 말한다. 나는 우리가 각 나라와 민족에 딱 어울리는 양질의 교회 원본 제품을 개발하는 데 엄청난 시간을 쏟아 부어야 한다고 믿는다. 그런 후에 교회 배가를 위한 전략들을 개발해야 한다.

그러나 이런 사고방식은 완벽주의적인 사람들에게는 정말이지 덫이 될 수 있다. 가장 큰 약점이 가장 큰 장점의 그늘에 숨는 경우가 너무 많다. 우리는 아직 연구가 충분치 못한 것 같다는 이유로 영적인 연구소에서 영원토록 연구만 하면서 실험 단계를 벗어나 생산 단계로 나가지 못할 우려가 있다. 우리가 만든 원본 제품이 정말 좋은 것이라면 그것은 단연코 어떤 방식으로든 곧 우리 손을 벗어나게 된다. 산업스파이를 통해 도난을 당하든지, 아니면 부패한 과학자가 그것을 헐값에 관심 있는 투자가에게 팔아먹든지, 아니면 너무나 흥분한 나머지 과학자들의 손에서 곧장 판촉과로 넘겨지든지, 아니면 우리가 작업하는 그 원본 제품이 유기적인 것이라면 자기 힘으로 일어나서 우리에게로 걸어올 수도 있을 것이다.

얼마나 커야 큰 것이고, 얼마나 많아야 많은 것인가?

선지자 다니엘은 "우상을 친 돌은 태산을 이루어 온 세계에 가득하였다"(단 2:35, 44)고 말했다. 이는 교회를 통해 부분적으로 표현되는 하나님의 나라를 가리키는 것이 분명하다. 어느 시점이 되면 구원받은 자들의 수가 "아무라도 능히 셀 수 없는 큰 무리"(계 7:9)라고 요한이 계시 중에 말한 그 정도까지 이르게 될 것이 분명하다.

하나님은 모든 사람이 구원받기를 원하시며(딤전 2:4) 누룩이 온 덩이로 퍼지기를 원하신다(마 13:33). 하나님은 모든 민족들과 땅 끝을 예수님의 기업과 소유로 만드실 것이다(시 2:8). 그리고 "물이 바다를 덮음같이 여호와의 영광을 인정하는 것이 세상에 가득"하게 될 것이다(합 2:14). 에베소서 3장 10절에 의하면 하나님의 크신 지혜를 알게 하는 도구는 다름 아니라 말 그대로 온 지구를 뒤덮을 정도로 온 땅에 넓게 퍼진 교회다.

우리는 비교적 붐비는 지옥이나 비교적 한산한 천국에 만족하고 있는가?

오늘날 이 지구상에는 60억 이상의 사람들이 살고 있다. 유사 이래 이 지구에 태어난 사람들을 대충 총 200억 정도로 계산할 경우, 이 중 25% 이상이 오늘날 살아 있는 셈이다. 예수님은 이 세상을 심판하러 오신 것이 아니라 자신을 통해 세상이 구원을 얻도록 하기 위해 오셨다고 말씀하신다. 많은 그리스도인들과, 심지어 우리의 선교 전략들은 표면을 긁는 것으로, '세상을 구원하는 것'이 아니라 몇몇 회심자들을 얻는 것으로도 너무나 만족스러워하는 것 같다. 그러나 사실을 말하자면, 설혹 우리의 현대적인 전략들이 성공한다 해도 여전히 지옥은 비교적 붐비고 천국은 비교적 한산할 것이다. 우리는 정말 5%가 구원받는다면 그것으로 충분하다고 말할 수 있는가? 각 나라에서 소수의 사람들을 구원받게 하기만 하면, 우리의 사명은 정말 끝난 것인가?

적당히 효과적인 교회와 과거에 얻은 평범한 선교적 결과에 너무 익숙해지면, 우리는 미래 역시 과거와 같을 것이라는 잘못된 믿음을 가지게 될지도 모른다. 이것은 경험이라는 방향지시기를 가지고 우리의 기대를 제한할 것이고, 우리는 쟁기를 들고 뒤를 돌아보는, 하나님 나라의 일에 적합하지 못한 자들로 평가되고 말 것이다(눅 9 : 62). 우리는 우리의 방법과 경험으로 볼 때 충분히 가능할 수도 있겠다는 생각에서 세계 인구의 '10~20%를 구원하려는' 비전을 아주 '현실적인 것'으로 받아들일지도 모른다. 그러나 우리가 이와 같이 우리 비전의 수준을 낮추는 진짜 이유는 그 이상의 것을 상상할 수 없기 때문이다. 어떤 것이 보다 하나님의 뜻에 합한 것인지를 잘 알지 못하기 때문이다. 어떤 사람들은 이렇게 말할지도 모른다. "구원은 어차피 하나님의 선택에 달려 있는 것이 아닌가?" 누가 하나님의 선택을 받은 자인지 아닌지 나는 잘 모른다. 그리고 이것은 쉽게 대답할 수 있는 문제도 아닌 것 같다. 그러나 내가 분명하게 아는 한 가지는 하나님이 택함 받은 자들을 택하시는 것은 무엇보다 택함 받지 못한 자들을 위해서라는 사실이다.

하나님은 다른 사람들의 구원을 위해 탄원하기를 원하신다

창세기 18장에서 첫 족장인 아브라함은 소돔과 고모라의 운명을 놓고 당혹스럽게도 하나님과 흥정을 한다. 아브라함은 자신의 무모한 요구에 하나님이 화를 내실까 봐 노심초사하면서 말하지만, 하나님은 그에게 엄청난 자유와 영향력을 허락하신다. 에스겔 22장에서 하나님은 중간에 서서 말 그대로 열방에 대한 하나님의 심판을 피하게 할 중보자를 찾고 계신다. 그러나 아무도 찾지 못했기 때문에 하나님은 자신이 예고하신 심판을 내리신다. 이 경우에 하나님은 그와 같은 심판이 불가피했던 것은 아니었음을 암시하신다. 예수님은 강청하는 과부에 대해 가르치시는데, 그 여인은 다만 "안 된다"라는 대답을 받아들이기를 거부함으로써(눅 18 : 1~8) 결국 축복을 받았다. 모세와 바울은 둘 다 어떻게 해서든 하나님이 그들의 친족들을 구원해 주신다면 그들 자신이 개인적으로 저주를 받아 백성 가운데서 끊어지는 것까지도 기꺼이 당하겠다고 하나님 앞에서 공개적으로 말했다.

오늘날 아브라함과 모세가 했던 방식으로 전능자 하나님 앞에 서는 사람들은 거의 없다. 아브라함과 모세는 사실상 이렇게 말한 것과 다름없다. "그렇지 않습니다. 주님!" 그들은 하나님의 성품과 영광과 힘과 사랑에 대한 자신들의 인간적인 이해에 근거하여 하나님의 의도에 대해 이의를 제기하는 대담함이 있었다. 그들은 하나님이 약속하신 자비를 근거로, 하나님이 자기 백성을 멸절시키실 경우 열방을 통해 그분의 이름이 입게 될 수치를 근거로 하나님께 호소했다.

기도에 대해 우리가 분명히 말할 수 있는 한 가지 사실은, 우리가 기도할 때 우리는 '하나님의 뜻대로', 하나님의 가장 깊은 소원을 따라 기도해야 한다는 것이다. 우리는 모든 인간들의 창조자이신 하나님이 어느 누구도 멸망하지 않고 모두가 진리를 아는 데 이르기를, 모든 사람이 구원에 이르기를, 모든 사람이 구원받기를 원하신다는 것을 안다. "안된다"라는 대답을 거부할, 천국이 가득 차고 지옥이 (상대적으로) 비어야 비로소 만족할 1억의 예수 제자들이 아직껏 드린 적 없는 이와 같은 탄원 기도를 전 세계에서 드리기를, 그리고 이 기도에 응답하시기를 하나님은 진작부터 기다려 오신 것은 아닐까? 도대체 무엇이 우리가 이러한 기도를 드리지 못하게 막을 수 있겠는가?

우리 마음속에 있는 견고한 진을 파하기

이런 식의 중보기도는 지구와 그 안에 사는 사람들을 향하신 하나님의 계획에 대한 우리의 그릇된 생각의 견고한 진(stronghold)을 파할 것이다. 아르헨티나의 전도자 에드 실보소(Ed Silvoso)는 그의 저서 『아무도 멸망치 않기를』(That None Should Perish, 도서출판 서로사랑 역간)에서 영적인 견고한 진을 다음과 같이 정의했다. "영적인 견고한 진은 절망감에 사로잡힌 사고방식으로, 이와 같은 사고방식은 우리가 어떤 것이 하나님의 뜻에 반한다는 것을 분명히 알면서도 그것을 변화시킬 수 없다고 받아들이게 만든다."

만일 우리가 '아무도 멸망하지 않도록' 그리고 모든 사람들이 구원을 얻도록 기도하지 않는다면, 이러한 자세 자체가 우리 마음속의 '견고한 진'이요, 방해물이요, '굳어진 마음'이 아니겠는가? 교회 개척과 선교를 위한 전략을 개발하기 위해서는 세상을 구원하러 오신 예수님의 능력과 영 안에서 이 모든 절망적인 그리고 제한적인 사고와 논리들을 극복해야 하지 않겠는가?

사탄은 잠자는 교회들과 그들이 가진 제한된 비전과 그리스도의 길을 방해하는 접근법 때문에, 그리고 '지옥문을 공격하여 거기서 사람들을 빼내는' 대신 자기 자신을 변호하기에 급급한 그리스도인들 때문에, 지옥에 가지 않아도 될 모든 사람들을 붙들어놓고 승리의 개가를 부를 것이다. 그렇다면 예수님이 "지옥의 문들이 교회를 이기지 못할 것이다"라고 말씀하신 것은 무슨 뜻인가? 일반적인 생각이나 번역과는 달리, 헬라어로 볼 때 마태복음 16장 18절은 '지옥의 문들'(gates of hell)이 교회를 공격하는 것이 아니라 교회가 지옥의 문들을 공격하는 것에 대해 말씀하고 있다. 이 지옥의 문들이 무엇이든, 누구이든, 어디이든 간에 결코 교회의 공격을 당해내지 못할 것이라는 말이다.

지옥의 출입문을 부수고, 지옥에 들어가는 사람들의 수를 어떻게 해서든 줄어들게 만들 것인가에 대한 해답은 결국 교회에 있지 않겠는가? 왜냐하면 우리가 알기로 지옥은 처음부터 사람들을 위해 예비된 곳이 아니기 때문이다(마 25 : 41). 오늘날의 인구폭발의 현실을 생각할 때, 우리가 탄원하는 기도의 과감성과 우리 비전의 크기와 우리 전략의 대담성을 조금만 조정한다 해도 이것은 엄청난 결과를 가져올 수 있다. 지금이 바로 그때다!

하나님 나라를 기업으로 받는, 적은 무리

많은 사람들이 말하기를, 누가복음 12장에서 예수님이 '적은 무리' (little flock)라고 말씀하신 것에는 교회가 언제나 소수 집단이 될 것이라는 의미가 담겨 있다고 말한다. 그러나 예수님은 그렇게 말씀하신 적이 없다. 아마도 예수님은 말 그대로 '적은 무리' 곧 가정에서 모이는 10~15명 정도 되는, 그의 교회의 정상적인 작은 규모를 말씀하셨을 것이다. 그들은 비록 적은 무리지만 많은 기업을 얻을 자들이었다. "너희 아버지께서 그 나라를 너희에게 주시기를 기뻐하시느니라." 가정교회의 구조가 그다지 매력적이지 못하다는 이유로 가정교회가 가진 영적, 도덕적, 경제적, 그리고 심지어는 정치적인 잠재력을 보지 못하는 우를 범해서는 안 된다. 하나님은 세상의 표준을 뒤집으시고 예수님이 말씀하시는 것처럼 '온유한 구조'(meek structure)를 가진 온유한 자들에게 땅을 기업으로 주시기를 기뻐하신다.

하나님과 '적은 무리'가 할 수 있고 또 하게 될 일에 대해 하나님이 가지신 비전은 아마도 '하늘만큼이나 높을' 것이다. 그리고 우리가 전세계를 향한 하나님의 비전을 이해하려고 애쓸 때 하나님은 우리에게 가정교회로 전 세계를 뒤덮을 수 있는 능력을 주실 뿐 아니라 우리의 '부분적인 이해력'만으로도 하나님이 얼마나 놀랍게 역사하시는지를 보게 하시고 우리가 충격을 받아 완전히 할 말을 잃게 만드실 것이다.

교회가 작을수록 그 성장 잠재력은 커진다

전 세계적으로 행해진 한 연구 프로젝트에서 독일의 교회 성장 연구가인 크리스티안 슈바르츠는 5년 동안 지역 교회 안에서 교인수의 평균 증가율에 대해 연구했다.

교회 출석 교인수	5년간 증가한 수	전체 교회에서 차지하는 성장률(%)
1~100(평균 51)	32	63
100~200	32	23
200~300	39	17
300~400	25	7
1,000+(평균 2,856)	112	4

출석 교인수가 1~100명인 교회는(그의 연구에서 평균 규모는 51명이었다) 5년 동안 32명이 새롭게 들어와서 출석 교인수가 51명에서 84명으로 증가했다. 이것은 63% 정도의 성장률에 해당된다. 반면 출석 교인 1,000명 이상의 대형 교회 혹은 초대형 교회(그의 연구에서 평균 규모는 2,856명이었다)는 5년 동안 평균 112명이 늘어났는데, 이는 4%의 성장률에 해당된다.

100명 이하의 교회와 100명에서 200명 사이의 교회의 성장률만 비교해 봐도 그 차이는 이미 확연하게 드러난다. 전자가 후자보다 거의 세 배나 높은 성장률을 보이고 있는 것이다. 이러한 놀라운 연구는 또한 평균 출석 교인수 51명의 '작은 교회'보다 56배나 더 많은 평균 출석 교인수(2,856명)를 자랑하는 대형 교회가 작은 교회에 비해 겨우 3배 정도 많은 수가 증가했음을 보여 준다.

다시 말해 우리가 초대형 교회를 출석 교인 51명의 교회 51개로 나누면, 이 교회들은 초대형 교회로 남아 있을 때보다 무려 16배나 많은 평균 1,792명의 새신자들을 5년이라는 기간 동안 얻게 될 것이다. 다른 관점에서 말하자면, 평균적인 초대형 교회 구조는 매 5년마다 1,680명 (1,792명에서 112명을 뺀 수)이 새롭게 증가하는 것을 '막는다'는 말이다. 이 연구의 결론은 작은 교회들이 사람들을 끄는 데 보다 효과적이라는 것이다. 이러한 관계는 놀이터의 시소처럼 너무나 간단명료하다. 이 통계는 교인수가 증가할수록 성장 잠재력은 떨어진다는 것을 보여준다.

유기적인 교회에서의 양적인 도약

그러나 슈바르츠는 유기적인 가정교회의 성장 잠재력과 회중적 패턴에 따른 조직적이고, 전통적인 '작은 교회'의 성장잠재력을 비교할 경우 어떤 결과가 나오는지에 대해서는 보여 주지 못했다. 이것은 마치 겨자씨의 성장과 돌무더기를 쌓는 것을 비교하는 것과 같을 것이다. 성장하는 회중적 모델의 교회는 보통 증가(addition)를 통해 성장한다. 그러나 가정교회들은 보통 배가(multiplication)를 통해 성장한다. 회중 교회의 시스템은 일차함수적 성장을 가져오지만, 가정교회의 시스템은 기하급수적인 성장을 가져온다. 이 둘을 비교하는 어떤 경험적인 수치를 제시할 수는 없지만, 교회 규모가 작을수록 성장 잠재력이 지속적으로 증가한다는 것을 보여 주는 징표들은 매우 분명하다. 그리고 성장 잠재력은 10~15명 정도 규모의 교회에서 최대치에 이르는 것 같다. 우리 모두는 세상을 구원하기 위해 숫자 게임과 전략들을 극복해야 할 것이다. 물론 이런 유의 통계 자료들을 지나치게 문자적으로 받아들이면 안 된다는 데 나 역시 동의한다. 이러한 통계들은 유기적 가정교회의 폭발적인 성장 잠재력을 나타내는 것 정도로만 사용되어야 할 것이다.

더 작은 교회들이 보통 더 좋은 교회들이다

많은 사람들이 전부터 알고 있었거나 아니면 적어도 느끼고 있었던, 그리고 이제 크리스티안 슈바르츠의 연구의 경험적인 데이터를 통해 확증을 얻게 된 또 한 가지 사실은 교회의 규모가 커질수록 보통 그 질은 떨어지게 된다는 것이다. 전체 출석 교인들 중에 영적인 은사를 사용하는 사람들의 비율은 큰 교회가 작은 교회보다 훨씬 더 적다. 교회가 작을수록 교제의 질은 더 높아진다. 큰 교회들은 참여가 절대적으로 중요한 작은 가정교회들에 비해 출석 교인들을 자극적인 프로그램의 수동적인 소비자로 만드는 경향이 훨씬 강하다.

하나님을 보여 주는 가게 쇼윈도까지
누구나 다 걸어서 갈 수 있는 그날까지

만일 지상에 있는 모든 사람들이 복음을 듣고 읽을 뿐 아니라 '보고 이해해야'(롬 15 : 21) 한다면, 그리고 향후 몇십 년 동안 경제적 상황이 기본적으로 현재와 동일하다고 가정한다면, 다시 말해 수많은 사람들이 개인적인 교통수단을 가질 수 없는 그런 실정이라면, 이러한 병참학적인 문제에 대한 논리적인 해결책은 지상에 있는 누구나 걸어갈 수 있는 곳마다 교회가 존재하도록 온 힘과 노력을 합해야 한다는 것이다.

사람들이 '우리가 서로를 어떻게 사랑하는지를 보게' 하기 위해서는 우리는 그리스도의 몸이자 '하나님을 보여 주는 가게 쇼윈도'인 교회를 말 그대로 지상에 있는 모든 사람들이 걸어갈 수 있는 이웃마다 배치해야 할 것이다. 오늘날 점점 더 많은 사람들이 이러한 사도적인 목표를 자신과 자신의 운동과 도시와 민족과 나라와 지역을 위한 개인적인 비전으로 받아들이고 있다.

>>>제10장 다음 세대를 양육하기

그리스도인들이 하나님 나라 안에서 받은 소명과 기업을 붙들고 가서 모든 나라들과 민족들과 도시들과 지역들을 제자로 삼는 것을 보기 원한다면, 우리는 그들이 건강하게 그리고 영적인 고아들이 되는 고통을 겪지 않고 자랄 수 있는 분위기와 환경을 만들어 줄 필요가 있다. 우리는 하나님과 그의 성령이 오셔서 마음을 녹여 주시고, 벽을 헐어 주시고, 갭을 메워 주시고, 저주를 끊어 주시고, 예수님이 십자가에서 성취하신 구원이 우리의 삶 속에서 그리고 우리의 교회들과 단체들 안에 적용될 수 있도록 만들어 주시기를 구할 필요가 있다.

# 제10장 다음 세대를 양육하기

누가 이 모든 일을 할 것인가?

누가 이와 같이 필수적인 가정교회들을 시작할 것인가? 누가 다섯 가지 사역을 수행할 것인가? 누가 이 모든 일들을 할 것인가? 그리고 이 모든 사람들은 어디에서 올 것인가? 궁극적으로 하나님이 특별하게 만드신 보통 사람들 곧 2천 년 전으로 말하자면 생선 냄새, 역한 향유 냄새를 풍기고, 혁명을 노래하던 그런 사람들이 바로 이 일을 할 것이다. 만일 장로들이 영적인 아버지로서 가정교회를 양육해야 한다면, 우리는 장로가 될 수 있는 후보자들을 선발하고 계발시키기만 하면 될 것이다. 장로들은 지혜가 있고 현실을 잘 아는 사람들로, 보통은 한 가정의 아버지나 어머니이다. 오늘날 많은 '가정 사역들'이 이미 존재하고 있다. 우리가 건전하고 건강한 가정의 역할과 교회 개척 사이의 상관관계를 알지 못한다면, 장로들과 가정교회를 세우는 사람들을 훈련시키고 계발하는 것이 가능하겠는가?

제복을 입지 않은 경찰관?

전통적인 구조에서의 리더십 계발은 기존의 구조에 순응하고 그 구조를 유지하며 가능하면 그 구조를 확대시킬 목적으로 사람들을 준비시키고 훈련하는 것을 의미했다. 리더들은 종종 권위를 명령받음으로, 그리고 '안수를 받음으로' '만들어졌다.' 그러나 많은 나라들에서 이런 식의 권위는 그 신뢰성을 의심받고 있다. 정치 지도자들이나 종교 지도자들이 그들의 입술에는 꿀을 머금고 있으나 손에는 철 채찍이 들려 있는 것을 많은 사람들이 보았다. 이러한 그룹 중 하나가 바로 소위 말하는 'X세대'다. X세대는 오늘날 서구의 젊은 세대 전체를 가리킨다. X세대와 더불어, 공산주의 이후의 러시아 사람들과 같은 그룹들이 가장 받아들이기 힘들어하는 권위는 위로부터 지시된, 제도화된 권위다. 이런 권위는 타이틀과 배지와 메달과 제복을 가지고 자신의 권위를 정당화하려고 하며, 이를 위해 상부구조(superstructure)를 요구한다. 경찰관이 여가 시간에 제복을 입지 않고 사거리에 서서 교통의 흐름을 통제하고 있다고 상상해 보라. 그는 제복을 입고 있지 않기 때문에 조롱을 당하거나 무시당하거나 심지어 자동차에 치일 수도 있다. 많은 교회들은 자신들이 이 불행한 경찰관과 같다고 느낀다. 사람들이 종교적인 목걸이나 십자가나 색깔 있는 셔츠나 성의나 미사포를 그렇게 심각하게 받아들이지 않는다는 것을 인식하기 때문이다. 많은 사람들은 자신들이 경험하는 교회와 그리스도인들의 삶이 복음의 혁명적인 메시지와는 부합하지 않는다고 느낀다. 결과적으로 그들은 교회의 제복과 상부구조에서 하달되는 혹은 임명되는 권위를 무시한다. 다시 말해서, 그들이 정말 원하는 것은 일상 속에서 섬김의 은사를 통해서 증명된 리더십, 그들 가운데서 얻어진 그런 리더십이다.

우리의 리더십 훈련은 진실로 리더들을 만들어내는가?

우리는 그동안 하나님께 "추수할 일꾼들을 어서 보내 달라"고, 더 많은 사람들을 공급해 주시기를 기도했다. 열두 제자가 이와 같은 기도를 했을 때, 그들은 그 기도에 즉각적인 응답을 받았다. 그들 자신이 먼저 파송되었던 것이다(마 9, 10장). 만일 우리가 진정 더 많은 사람들이 하나님 나라의 사역에 참여하기를 원한다면, 우리 자신부터 그 과정에 참여해야 할 것이다. 이와 같은 목적을 위해 우리는 오늘날 젊은이들을 위한 선교사 훈련 콘퍼런스를 마련해 그들로 선교의 '제단'에 자기 몸을 헌신하게 만들기도 하고, 선교 동원 행사들을 마련하기도 하고, 선교 그룹이나 단체를 위해 북을 두들기기도 하고, 리더십 세미나와 훈련 세미나를 개최하기도 하고, 성경 학교들과 신학 교육 기관들을 세우기도 하고, 가르침을 위한 자료와 책을 집필하기도 한다. 이 모든 것은 그 자체로 놓고 볼 때 좋은 것들임에 분명하다. 그러나 과연 이런 것들만 가지고 충분한가? 신약 성경의 영적 리더십의 핵심은 머리로 아는 지식이나 특별한 지도력이나 소원이 아니라 하나님께 순종하는, 때 묻지 않은 능력(innocent capacity)이다. 세계리더십회의(World Leadership Council)에 있는 내 친구 그레그 그로(Greg Groh)가 내게 이렇게 말했다. "내가 오늘날의 그리스도인 리더십 훈련에 대해 느끼는 한 가지 문제점은 정작 리더들을 훈련시키지 못하고 있다는 것이다."

리더를 훈련시킬 것인가, 자녀로 양육할 것인가?

바나바와 바울, 바울과 디모데, 엘리야와 엘리사의 사역이 보여 주듯이 사도적, 선지자적 사역은 새로운 일꾼들을 배출하되 아버지가 자녀를 '낳는 것'과 같은 방식으로 한다. 바울은 갈라디아인들에게 이렇게 쓴다. "나의 자녀들아 너희 속에 그리스도의 형상이 이루기까지 다시 너희를 위하여 해산하는 수고를 하노니 내가 이제라도 너희와 함께 있어 내 음성을 변하려 함은 너희를 대하여 의심이 있음이라"(갈 4 : 19, 20). 바울은 그들에 대해 말하면서 자신의 학생이나 제자 혹은 훈련생으로 소개하지 않고 자기 자녀들로 소개한다. 이것은 아마도 신약 성경 시대와 현대의 사도적인 사람들의 참된 징표 중 하나일 것이다. 그들은 끊임없이 영적으로 해산의 고통을 감당한다. 남자가 자녀를 낳는 것은 자연스럽지 못한 일이다. 왜냐하면 그것은 여자에게 주신 은사이기 때문이다. 그러나 사람들은 성령으로 거듭나며, 또한 같은 성령으로 사역자로 거듭난다고 나는 믿는다. 성경 학교 학장이면 누구나 동의하겠지만, 학생들에게 배움의 단계들을 거치게 하고 그것을 머리로 아는 지식으로 바꾸어놓는 것만으로는 강력한 지도자들을 만들어낼 수 없다. 이를 위해서는 그 이상의 일, 곧 영적인 자녀들을 낳고 양육하는 것이 필요하다. 핵심적인 이슈는 이것이다. 우리는 많은 새로운 리더들을 훈련시키고 싶을지도 모르지만, 하나님 아버지께서는 우리가 영적인 자녀들을 잘 양육하기를 원하신다. 자녀를 양육하는 것은 그에게 단지 몇 가지 교훈이나 코스를 가르치는 것 이상의 일이다. 자녀를 가진 사람이라면 누구나 알겠지만, 고통이 따르지 않는 자녀 양육은 있을 수 없다. 자녀 양육은 또한 부모 된 자의 전적인 헌신을 요구하고, 당황하게 만들고, 거의 진을 빼놓는다. 자녀 양육은 당신으로 하여금 무릎을 꿇게 하기도 하고, 궁지에 몰리게 만들기도 하고, 울게도, 웃게도 한다. 그리고 바울처럼 당신은 마침내 자녀들에 대해, 그리고 너무나 자주 당신 자신에 대해 당혹감에 빠질 수 있다. 그러나 부모가 된다는 것은 내가 아는 한 가장 매력적인 일이며, 이러한 것들은 다가오는 영적인 세대들을 위해 우리가 지불할 필요가 있는 대가다. 우리는 이 대가를 치를 준비가 되어 있는가? 값싼 훈련들과 임시방편적인 집중 훈련들, 필요 없는 세미나들과 전적으로 학문적이기만 한 노력들은 주먹구구식으로 하는 자녀 양육이나 전혀 힘들이지 않고 펴내는 책만큼이나 효과적이지 못하다.

교회 개척은 아이들 방에서부터 시작된다

신약 성경이 말하는 장로의 자격 중 하나는 "자기 집을 잘 다스려 자녀들로 모든 단정함으로 복종케 하는 자라야"(딤전 3 : 4) 한다는 것이다. 어떤 사람의 인품과 성격의 신뢰성을 그의 자녀들을 보고 평가하는 이 첫 번째 리트머스 실험은 너무나 정교하고 자연스러운 것이어서 나는 종종 농담처럼 "교회 개척은 아이들 방에서부터 시작된다"고 말하곤 한다. 건강한 자녀들이라면 진정한 권위는 존중하지만, 공허한 권위주의적 행동이나 적절한 인격을 갖추지 못한 냉정한 독재는 피할 것이다. 만일 어떤 아버지가 자녀들이 순종할 만하게 살지 않으면서 그들에게 순종을 강요하는 실수를 범한다면, 그는 바로 그 자리에서 자녀들을 잃어버린 것이나 다름없다. 아무리 강하게 으름장을 놓고 엄한 벌을 주어도 잃어버린 신뢰를 되찾지는 못할 것이다. 다만 진실로 깨어진 마음과 겸손한 눈물로써, 그리고 자녀에게 용서를 구함으로써 잃어버린 신뢰를 다시 얻게 될 것이다.

나는 하나님이 어린아이들을 그의 목적을 위해 사용하실 수 있다고 분명히 믿는다. 왜냐하면 거듭난 아이들 가운데 거하시는 성령은 두 살이나 다섯 살이나 일곱 살이 아니시며, 따라서 성숙하고 나이 많은 제자들이 성령의 능력으로 할 수 있는 일이라면 아이들 역시 그 일을 행할 수 있기 때문이다. 그러나 차이는 있다. 어린아이들과 미혼의 젊은이들을 위한 단기 전도 프로그램이나 여름 선교 여행을 마련하는 것이 유행처럼 되었다. 아이들에게 이러한 선교 여행들은 대개 긍정적인 결과를 가져온다. 그러나 내가 이야기를 나누었던 대부분의 목사들은 미혼청년들의 단기 전도 사역들이 교회를 세우는 데는 미흡하다는 데 동의했다. 예수님 자신과 디모데 같은 사람들은 미혼이었지만, 하나님은 자기 교회를 개척하는 일을 아버지들과 어머니들의 삶과 연결시키기로 선택하셨다. 그들은 실제의 삶 속에서 아버지와 어머니로서의 자격이 검증되었고, 하늘 아버지의 넘치는 사랑과 열정을 반영할 수 있는 사람들이었다.

영적인 부모와 자녀들

하나님의 추수를 위해 새로운 세대의 영적인 자녀들을 양육하는 것은 삶을 전달하는 것(life transfer)과 관계된다. 영적인 스승이나 부모의 삶은 문자 그대로 호흡을 통해, 살갗을 비빔으로써 제자들이나 자녀들에게 전달된다. 삶이란 어느 정도의 기간 동안 부대끼는 가운데 다른 사람들의 삶 속으로 녹아들게 되는 것이지 단지 가르침을 통해 배울 수 있는 것이 아니다. 이와 같이 삶을 전달하는 성경적인 모델은 스승과 제자, 그리고 영적인 아버지와 아무런 부끄러움 없이 자연스럽게 그를 모방하는 영적인 자녀들 사이에서 평생토록 지속되는 관계를 통한 전달이다. 학생들을 탁월하게 잘 가르치기는 하지만 그들의 삶에 깊이 관여하지 않는 교수는 영적인 자녀들과 깊이 삶을 나누는 영적인 아버지의 능률을 따라가지 못한다. 영적인 아버지로서의 스승은 전문적인 의미에서의 제자를 훈련시키지 않는다. 그러나 그는 제자들을 낳고 양육하고 문자 그대로 예수님이 제자들과 그러하셨던 것처럼, 자신의 정신을 제자들 안에 주입하여 자신과 똑같은 사람들을 재생산해낸다.

나는 많은 훌륭한 교수들과 선생들 밑에 있어 보았다. 그러나 솔직히 말해 나는 그들이 한 말을 별로 기억하지 못한다. 그러나 그들의 인격이나 삶은 분명히 기억한다. 스승과 제자들이 매주 그 메마른 강의실에서 45분간만을 함께하는 것으로 끝나지 않고 자신들의 삶을 나눌 때, 그들은 서로를 사랑하고, 보여 주고, 지도하고, 고쳐 주고, 격려할 수 있다. 그들은 서로에게 자신의 약점을 그대로 노출시킨다. 이것이 바로 제자를 삼기 위해 필요한 것이다. 제자를 삼는 것은 예수님의 가장 핵심적인 명령들 가운데 하나다. 우리는 이 과업을 신문이나 프로그램에 위임하거나, 라디오를 통해 혹은 강단에 서서 혹은 감독의 의자에 앉아서 수행할 수 없다. 제자화는 사람들이 서로에게 관심을 가지고 관계를 맺는 것을 의미한다. 제자화는 스승과 제자, 영적인 부모와 영적인 자녀들이 서로를 발견하는 것이고, 그로 인해 서로를 격려하고, 그 잠재력을 풀어 주는 과정을 포함한다.

영적인 부모가 없는 영적인 자녀들

영적인 자녀들과 영적인 제자들은 사실 당신이 그렇게 경탄해 마지 않는 프로그램의 일부가 되기를 원치 않는다. 그들이 원하는 것은 바로 당신이다! 당신은 왜 오늘날 많은 교회 리더들이 '영적인 부모라서'가 아니라, '영적인 부모가 아닌데도 불구하고' 리더의 자리에 앉아 있는

지 의아하게 생각해 본 적이 있는가? 왜 많은 현대의 지도자들은 예수 님과 달리, 자신들의 부르심에 따라 살기 위해 기존의 교회나 교단이나 조직에서 갈라져 나오는 역사를 만들고, 더 나아가 자신의 영적인 자녀들로 하여금 다시금 자신에게서 갈라져 나가게 만드는 수많은 아픈 역사들을 남기는가? 이와 같은 갈라짐의 상처가 사역에 생각보다 훨씬 큰 해악(저주)을 끼치고 있다고 보아야 하지 않을까?

어떻게 물려받느냐는 무엇을 물려받느냐만큼 중요하다

이 세상의 230개 이상의 국가들을 제자화하는 과업을 위해서는 나이가 적든 많든 간에 대담하고 두려움 없고 신실한 리더들이 필요하리라는 점은 의심의 여지가 없다. 기성세대의 그리스도인들 대부분은 자신의 뒤를 이어 과업을 계승할 젊고 유능한 그리스도인들이 어디 있는가에 대해 고민한다. 어쩌면 이러한 걱정은 오늘날 신구 세대가 서로 관계를 맺는 방식에 기인한 것이 아닐까? 한 패턴이 등장해서, 그것이 젊은 리더들과 나이 든 리더들이 함께 효과적으로 사역할 수 있기도 전에 서로를 아주 효과적으로 분리시켜놓는 습관적인 죄에 얽혀버린 것일까? 아니면 더 나쁘게, 세대를 통해 전수되어 온 풀리지 않은 저주가 이 두 세대를 옭아매고서 지상에서 하나님의 일을 완수하는 일을 위해 한 세대가 다른 세대에게 효과적으로 그 패턴을 넘겨주지 못하게 방해하고 있는 것은 아닌가?

영적인 이니셔티브가 영적인 혹은 육신의 아버지가 걸어온 길을 그대로 이어가기보다 그 길에서 이탈하여 새롭게 시작할 필요가 있다고 느끼는 새로운 세대들에 의해 끊임없이 갱신되는 이유가 무엇인가? 어떻게 유산을 물려받느냐는 무엇을 유산으로 물려받느냐만큼 중요하지 않은가 생각해 본다. 나이 든 리더들은 많은 경우 젊은 리더들에게 일을 떠맡기기를 두려워하여 말 그대로 죽어서 고꾸라지기까지 운전대를 놓지 않는다. 만약 우리가 죽은 시신으로부터 유산을 물려받는다면, 혹은 마지못해서, 심각한 병 때문에 통제권을 포기하는 어떤 사람에게서 유산을 물려받는다면, 그것은 씁쓸하면서도 달콤한 경험이 될 것이다.

나는 자주 궁금해지곤 한다. 어떻게 예수님은 65세가 아니라 약 33세의 나이에 '은퇴를 하실' 수 있었을까? 십자가에서의 구속 사역을 다 이루신 후 예수님이 본향으로 가실 수 있었던 것은 그분이 이미 자기 제자들을 하늘에 계신 아버지의 유산을 물려받을 자로 세워놓으셨기 때문이다. 나는 이 책을 쓰기에는 자질이 부족하다는 것을 안다. 나는 자주 나 자신이 아버지 노릇을 제대로 못한다고 느끼기 때문이다. 그러나 나는 50세에 은퇴할 생각을 장난 삼아 해본다. 그리고 하나님이 그때 내게 남겨 두실 모든 에너지를 다음 세대를 위해 투자하고 그들의 영적인 아버지로서 할 수 있는 한 많은 사람들을 만나서 삶을 나누는 데 사용하겠다는 꿈을 꿔 본다.

"그에게 아버지가 돼라"

1996년 12월 어느 날 저녁 나는 프랑크푸르트 중앙 기독교(Christliches Zentrum Frankfurt)의 루디 핑케(Rudi Pinke)와 함께 앉아 있었다. 나는 전직 저널리스트인 루디를 무척 존경한다. 왜냐하면 나는 그가 '생각할 수 없는 길을 가고 생각할 수 없는 일을 행하는' 급진적인 교회 리더 중 한 사람이라고 감지하기 때문이다. 나는 가정교회의 회복과 셀교회의 배가와 기적과 전략적 연대 등을 비롯한, 성령이 전 세계적으로 행하고 계신다고 생각되는 일들에 대해 그와 이야기를 나누었다. 그는 갑자기 나를 바라보며 큰 소리로 말했다. "볼프강, 우리는 아직도 충분히 급진적이라고 할 수 없어!" 만일 내가 아는 다른 어떤 목사가 이런 말을 했더라면 나는 겉으로는 정중하게 미소를 짓겠지만 아마 속으로 이렇게 생각했을 것이다. '당신 말이 옳소!' 그러나 내게 이 말을 한 것은 루디 핑케였다. 이것은 정말 충격이 아닐 수 없었다. 급진적이 된다는 것이 요점이 아니다. 그것만으로는 결코 충분치가 않다. 그때 나는 최근에 일어났던 또 한 가지 일을 떠올리게 되었다.

한 청년이 내게서 약 1m 정도 떨어진 자리에 창백하고 굳어진 얼굴로, 거의 움직일 수 없는 것처럼 서 있었다. 나는 그때 독일에 있는 이 급진적인 교회에서 "가서 당신의 나라를 제자로 삼으라, 하나님을 위해 생각할 수 없는 것을 생각하라, 할 수 없는 일을 하라, 죽은 교회를 일으키라, 독일에 5만 교회를 개척하라"는 내용의 전형적인 선교 동원 설교를 막 마치고 강단에서 내려온 터였다. 그 교회 목사는 선교에 헌신할 사람들은 제단 앞으로 나오라고 초청했다. 나는 몇 가지 이유들 때문에 이런 식의 초청을 별로 좋아하지 않는다. 그래서 이런 때면 보통 옆으로 피해 있으려고 한다. 그러나 그 젊은이는 내가 기둥 뒤에 숨어 있었음에도 나를 찾아내고는 가까이 다가왔다. 나는 그가 이 교회의 청년 리더 중 한 사람이라는 것을 기억해냈다. 그는 자기가 해야 할 역할에 대해 잘 알고 있었고, 많은 사람들의 존경을 받고 있었다. 그리고 내가 확신하건대 그 교회의 많은 미혼 여성들이 그를 배우자감으로 점찍고 기도하고 있었을 것이다.

나는 어떻게 해야 할지 몰랐다. 그래서 하나님께 힌트를 달라고 기도했다. "그에게 아버지가 되어 주라." 나는 하나님의 성령이 내게 이렇게 말씀하시는 것을 들었다. 그래서 나는 이 젊은이를 껴안고는 아버지가 아들에게 축복기도를 해주듯이 그를 위해 기도했다. 나는 그의 반응에 깜짝 놀랐다. 그는 내 품에서 얼음처럼 녹아 내렸다. 그의 눈에서는 눈물이 강물처럼 흘러내렸고, 이내 주변에 있는, 눈물이 스며들 수 있는 것이라면 모조리 다 눈물로 적셔버렸다. 나중에 그의 어머니가 우리에게 다가와서 자신의 죄를 회개했다. 그녀는 자신의 아들을 하나님께 맡겨드리지 않고 아들을 위한 자신의 계획을 고집했던 것이다. 나는 이 사건을 결코 잊지 못할 것이다. 우리는 그저 그곳에 서 있었다. 그 젊은이도 울고, 그의 어머니도 울고, 나도 울었다. 그 순간, 이제껏 알지 못했던 새로운 깨달음이 막 밀려오는 것을 느꼈다.

처음에 나는 막연히 구약 성경의 가장 마지막 단어가 "저주"(curse)라는 사실이 의미가 있지 않을까 하는 생각이 들었다(NIV 참조). 말라기 4장 5, 6절은 이렇게 말씀한다. "보라 여호와의 크고 두려운 날이 이르기 전에 내가 선지 엘리야를 너희에게 보내리니 그가 아비의 마음을 자녀에게로 돌이키게 하고 자녀들의 마음을 그들의 아비에게로 돌이키게 하리라 돌이키지 아니하면 두렵건대 내가 와서 저주로 그 땅을 칠까 하노라 하시니라." 이스라엘 역사를 볼 때 말라기의 이 "저주"에 대한 말씀이 있은 후에 곧바로 반역과 정치적 분열, 전쟁과 긴장의 역사가 뒤따르고, 성경이 언급조차 피하는 '리더 없는 시대'가 뒤따른다. 오늘날의 아버지와 자녀들 간의 회복되지 않은 관계는 패션이나 머리 길이나 음악의 스타일처럼 계속 반복되는, 우리 모두가 아는 옛 세대의 문제이기도 하지만, 동시에 자녀들에게서 마음을 접음으로써 온 영적인 결과는 아닌가? 아버지들은 보통 하나님을 경외하지 않는 전통을 반복함으로써 이러한 결과를 만들어낸다. 왜냐하면 그들 자신의 아버지들도 그들에게 그렇게 했기 때문이다. 결과적으로 우리는 축복을 풀어놓는 대신 저주가 세대를 통해 이어지게 하고 있는지도 모른다.

저주를 끊는 눈물

당신이 당신에 대한 무조건적인 사랑을 표현하시는 영적인 아버지의 품속에 있는 영적인 아들이라고 상상해 보라. 그는 당신에게 당신이 자신의 인생의 보석이며, 당신이 정말 자랑스럽고, 자기 꿈의 성취라고 말한다. 당신이 떠날 때 그는 당신의 두 볼에 아버지의 사랑과 인정이 담긴 정겨운 눈물을 남긴다. 아니면 당신이 아들과 껴안고 따스한 포옹을 나누는 영적인 아버지라고 상상해 보라. 아들은 당신에게 자기가 당신을 얼마나 자랑스러워하는지, 또 당신이 있어 얼마나 든든한지에 대해 말한다. 그리고 많은 사람들 앞에서 당신의 지혜에 대해 경탄하는 말을 한다. 그리고 자기 마음을 은 쟁반에 담아 이렇게 말한다. "제가 어떻게 하면 당신처럼 될 수 있는지, 어떻게 살면 되는지 말씀해 주세요."

그 순간 당신과 아버지 혹은 당신과 아들 둘 다에게 아주 중요한 일이 일어난다. 당신이 가지지 못하도록 사탄이 방해하던 그 온전함이 회복된다. 아버지는 이웃들이 어떻게 생각하는지, 뭐라고 말하는지는 잊어버리고 급진적으로 담대하게 하나님 나라의 가치와 비전들을 위해 일어나는 능력을 입게 된다. 왜냐하면 뭔가가 그에게 감당할 수 없는 힘과 동기를 주기 때문이다. 아들이 그를 신뢰하고, 그에게 자기 마음을 주었기 때문이다. 동일한 방식으로 무엇인가가 아들의 마음을 두드린다. 그는 든든함과 목적의식을 부여받게 된다. 그는 닫힌 문을 담대하게 뚫고 갈 수 있으며, 죽은 자들을 일으키고, 전에 그 누구도 감히 엄두를 내지 못했던 일을 할 수 있다. 왜냐하면 자기를 사랑하고 자기를 믿어주고 그러한 사랑과 신뢰를 증명해 보여 주는 아버지가 있기 때문이다. 사실 이 두 사람 모두에게서 저주는 끊어지고, 그 대신 축복이 임하게 된다.

문을 부수기

1995년 노팅엄(Nottingham)에서 열렸던 DAWN 콘퍼런스 동안 일어난 한 가지 사건을 나는 결코 잊을 수 없다. 나는 청년 교회 개척에 대한 세미나를 진행하고 있었다. 20대 초반의 한 젊은이가 일어나서 자신의 세대에 대해 자기가 품고 있는 열정과 관심을 말했다. 그리고 그는 어떻게 그들이 청년 교회를 세우게 되었는지에 대한 이야기를 들려주었다. 그러다가 그는 갑자기 의자를 들고 기도하기 시작했고, 잠시 후에 그 의자를 바닥에 내동댕이쳤다.

이를 보는 사람들의 반응은 다양했다. 어떤 사람들은 이 영국인답지 못한 철없는 행동에 가슴을 쓸어내렸다. '의자가 부서질 텐데!' 다른 사람들은 무척 당황하는 눈치였다.

나도 그 자리에 앉아 있었는데, 나는 성령께서 내게 이렇게 말씀하시는 것을 느꼈다. "보렴. 저 젊은이는 온 힘을 다해 아버지의 마음 문을 두드리고 있는 거야. 그는 선생이나 감독, 코치, 설교자를 비롯해서 모든 종류의 사람들을 수많이 겪어 왔어. 영적인 아버지만 빼고 말이지."

반항자는 아버지의 마음이 없는 급진적인 사람이다

아버지들과 어머니들이 그들의 마음을 자녀들에게로 향하고, 자녀들이 그들의 마음을 아버지와 어머니에게로 향한다면(성경적인 패턴에 의하면 이러한 과정은 아버지들에게서부터 시작된다!) 새롭고 건전한 구조가 만들어지게 될 것이다. 이 구조 안에서 진실하고 대담하며 급진적인 기독교와 리더십이 자랄 수 있고 또 계속 자라게 될 것이다. 만일 이런 일이 일어나지 않는다면, 대담함은 곧 반항으로 바뀌어 그 힘을 교회를 세우고 과업을 완수하는 쪽으로 사용하기보다 부수고 무너뜨리는 쪽으로 사용하게 될 것이다. 오늘날 신구 세대 모두에 급진적인 사람들이 많이 있다. 그러나 이들 중 대부분은 단순한 반항자들로 끝나고 만다. 반항자는 아버지 혹은 아들의 마음이 없는 급진적인 사람이다. 반항자는 누구나 가질 수 있는 깊은 상처들 중 하나로 고통을 당한다. 그는 닻을 내리지 못하고 세대의 흐름 속에서 표류하며, 영적인 고아가 된다.

우리가 기억하는 바와 같이 예수님이 세례를 받으시고 물에서 올라오실 때 하늘이 열렸고 성령이 비둘기같이 그 위에 머물렀다. 그러나 하늘에 계신 아버지는 공개적으로 "이는 내 사랑하는 아들이라. 내가 저를 기뻐하노라."라고 선언을 하셨다. 이것이 하나님 아버지의 사랑받는 아들이신 예수님의 사역을 위한 실제적인 출발점이요 발사대가 된 것이 아닐까? 이것이 "나와 아버지는 하나이니라"라는 말씀 뒤에 숨어 있는, 예수님의 능력의 가장 큰 비결이 아니었을까?

영적 고아들

아버지의 마음을 받지 못하고 이 세상에 태어나게 된 사람들은 영적인 고아로 삶을 마친다고 말해도 무방할 것이다. 피에르 렌치닉(Pierre Rentchnick) 박사는 1975년에 「*Orphans Rule the World*」(세계를 지배하는 고아들)라는 제목의 한 연구서에서 역사상 아주 급진적인 변화를 가져온 사람들 중 많은 이들이 고아였다는 사실을 증명했다. 세계에서 가장 영향력 있는 정치가들 중에 거의 300명이 고아였다. 알렉산더 대왕도 고아였고, 율리우스 시저나 찰스 5세, 루이 14세, 조지 워싱턴, 나폴레옹도 고아였다. 레닌이나 히틀러, 스탈린, 카스트로, 이들 역시 고아였다. 종교 지도자들 역시 마찬가지다. 모세와 부처, 공자, 마호메트 모두 고아들이었다. 아버지 없이 자란 상처가 나중에 자신들의 존재를 세상에 증명하기 위해 사용했던 엄청난 에너지를 억눌러놓았던 것이다. 왜냐하면 그들은 아버지가 사랑스러운 목소리로 "아들아, 잘했다!" 하는 말을 한번도 듣지 못했으며, 그러한 관계와 따뜻함 속에서 기뻐하고 즐거워하거나 긴장을 풀어 본 적이 없다.

많은 교회, 교단, 단체들은 본의 아니게 수많은 영적인 고아들, 즉 자신들의 소명에 순종하기 위해 다른 길로 이탈해야 했던 아버지 없는 리더들을 낳았다. 유럽에 있는 많은 사람들은 두 차례의 세계대전이 우리의 아버지들을 죽였다고 한탄한다. 모든 세대들이 폭탄에 날아가버렸다.

영국의 리딩(Reading)에 있는 내 친구 보브 스마트(Bob Smart)는 영국식 유머로 이렇게 말한다. 전쟁이 시작되었을 때 "물불을 가리지 않는 사람들은 모두 전선으로 뛰쳐나갔고 거기서 죽었다. 그때 영리하게 후방에 남아있던 사람들은 누구였는가? 회계사들이다. 그리고 오늘날 우리는 그들의 유전 인자들을 물려받아 관료주의의 홍수 속에 익사하고 있다!"고 했다. 그는 농담으로 말했지만, 이 말에는 진리가 담겨 있다.

영적인 아버지야말로 오늘날의 X세대들이 가장 필요로 하는 것이다. 많은 X세대 젊은이들은 지상에 있는 자신들의 아버지 때문에 하늘에 계신 아버지의 변치 않는 사랑을 믿지 못한다. 그들에게 즐거움은 넘치지만, 아버지의 사랑과 양육은 부족하기 때문이다. 이런 의미에서 사실 그들은 영적인 고아들이다.

예수님을 위해 사람들을 준비시키기 위해 그들의 마음을 돌이키라

누가복음 1장 17절은 세례 요한에 대해 놀라운 말씀을 한다. "저가 또 엘리야의 심령과 능력으로 주 앞에 앞서 가서 아비의 마음을 자식에게, 거스르는 자를 의인의 슬기에 돌아오게 하고 주를 위하여 세운 백성을 예비하리라." 세례 요한은 구약 성경의 말라기에 언급된 '제2의 엘리야'에 대한 예언을 성취한 사람이다. 그의 사역은 왕 되신 예수님을 위해 붉은 카펫을 까는 일이었다. 그의 아버지 사가랴는 "내가 어떻게 이 일을 확신할 수 있습니까?" 하고 의심했다. 어쩌면 그는 장차 태어날 자기 아들에 대해 다른 큰 계획들을 가지고 있었을지도 모른다. 사가랴는 성령으로 충만하게 되어 그의 아들의 예언 사역에 동참할 수 있게 되기 전에(눅 1 : 76) 영적인 대수술을 받아야 했다. 세례 요한의 평생의 메시지는 "회개하라!"였다. 아버지들의 마음을 그들의 죄와 전통에서 돌이키고 그들의 눈을 장차 오시는 아들 예수에게로 돌리게 하기 위해서였다. "보라 세상 죄를 지고 가는 하나님의 어린양이로다 내가 전에 말하기를 내 뒤에 오는 사람이 있는데 나보다 앞선 것은 그가 나보다 먼저 계심이라 한 것이 이 사람을 가리킴이라"(요 1 : 29, 30). 하나님 아버지와 그 아들에게로 마음을 돌이키는 것은 '사람들을 주를 위해 준비시키는 일'과 분명 관계가 있다. 요한은 사람들을 예수님을 위해 준비시키기 위해 그들의 마음을 돌이키는 선지자 사역을 감당했다.

나라들을 진정으로 자유케 하라

영국의 중보기도 지도자이자 내게는 아버지와 같은 브라이언 밀스 (Brian Mills)는 부끄러움 없이 드러내놓고 울 수 있는 사람들 중 하나다. 그는 자녀들을 사랑한다. 그래서 그와 그의 아내는 많은 영적 자녀들을 두고 있다. 우리가 부모와 자녀에 대한 이 문제를 가지고 토론하는 중에 그는 내게 영국이 대영제국 시기에 어떤 식으로 44개의 국가들을 '낳았는지'에 대해 이야기했다. 그러나 대영제국은 낳은 자녀들에게 마음을 주기는커녕 오히려 그들의 가장 소중한 것, 곧 천연 자원과 인적 자원과 그들을 다스리는 정치적 명성을 탈취했다. 대영제국은 자녀들을 아버지로서 양육하기보다 그들의 것을 빼앗았다. 그러므로 이제 영국은 인도를 포함한 많은 나라들에게 그 영적인 빚을 갚아야 한다. 인도는 독립을 경축하지만 아직도 진정한 자유를 향해 가기 위해서는 도움이 필요하다. 육신적인 그리고 영적인 아버지들이 그 자녀들에게 마음을 향할 때, 교단들이 원치는 않았지만 낳게 된 그 많은 교파들에게 마음을 향할 때, 단체들이 그 이탈자들에게 마음을 향할 때, 식민지를 세운 나라들이 그저 상징적이거나 일시적인 정치적 외교 행위에 그치지 않고 진정으로 그 마음을 새롭게 하여 신생 독립국가들에게로 향할 때, 그것은 곧 저주를 깨뜨리고 자유케 하는 역사를 일으킬 것이다.

건강한 과격주의자들을 격려하라

모든 나라들이 가정교회로 가득 차기까지 가정교회를 확산시킴으로써 모든 민족을 제자로 삼는 것은 많은 사람들에게 하나의 과격한 생각으로 비쳐지며 따라서 특별한 믿음이 요구된다. 그러나 어제의 급진적인 사람들은 종종 오늘날에는 교회에서 신뢰받는 기둥들이다. 만일 수많은 그리스도인들이 하나님 나라 안에서 받은 소명과 기업을 붙들고 가서 모든 나라들과 민족들과 도시들과 지역들을 제자로 삼는 것을 보기 원한다면, 우리는 그들이 건강하게 그리고 영적인 고아들이 되는 고통을 겪지 않고 자랄 수 있는 분위기와 환경을 만들어 줄 필요가 있다. 과격해진다는 것은 보통 얇은 살얼음판 위를 걸을 준비를 하는 것을 의미한다. 설사 우리가 존경하는 그 어느 누구도 우리를 진정으로 믿어 주지 않는다 해도 우리는 그 일을 할 것이라는 각오를 하는 것을 의미한다.

나는 우리 모두가 장차 영적인 아버지들이 될 사람들로 하여금 이러한 과정을 시작하도록 격려하고 그들의 마음을 아들들에게로 향하게 하는 선지자적인, 일치된, 조직적인 노력을 하자고 초대하고 싶다. 이것은 다시 그 아들들 역시 그 마음을 아버지들에게로 향하게 만들 것이다.

내가 보기에 말라기의 이 마지막 예언은 모든 것 중에 가장 불가능하고 도전적이며, 사탄이 가장 집요하게 그것이 성취되지 못하게 방해하는 그런 일인 것 같다. 왜냐하면 사탄은 그 결과가 어떠할지를 알고 있고 또 두려워하기 때문이다. 그러므로 우리는 하나님과 그의 성령이 오셔서 마음을 녹여 주시고, 벽을 헐어 주시고, 갭을 메워 주시고, 저주를 끊어 주시고, 예수님이 십자가에서 성취하신 구원이 우리의 삶 속에서 그리고 우리의 교회들과 단체들 안에 적용될 수 있도록 만들어 주시기를 구할 필요가 있다. 그리고 하나님께 불을 내려 달라고, 폭탄을 던져 달라고, 하늘에서 천둥을 보내 달라고, 아니면 아버지들과 아들들이 서로가 부둥켜안기 위해 필요한 일이 무엇이든지 그 일을 이루어 주시기를 기도할 필요가 있다.

새로운 리더들을 따라가라

많은 선지자들은 하나님 나라에서 장차 지도자가 될 사람들은 유명하게 되지도 않을 것이며, 타이틀도 없을 것이라고 말한다. 그들은 세상이 생각하는 리더들과는 정반대의 사람들로서 명함에 인상적인 타이틀 하나 가지고 있지 않을 것이다. 그들은 강력하고 압도적인 카리스마를 가지기보다는 여리고 연약할 것이다. 그들은 분명 스타들은 아닐 것이다. 그들은 리더보다는 아버지로 알려지기를 더 원한다. 그리고 자신이 최근에 '사역에서 이룬 승리'와 하나님이 자신과 자신의 멋진 프로그램들을 통해 이루신 일에 대해 부끄럼 없이 자랑하기보다는 잃어버린 영혼들로 인해 그 마음이 고통으로 찢어진다.

이 새로운 리더들은 통제력이나 권력에 관심을 두지 않을 것이다. 그들은 자신들의 대중적인 이미지에 대한 모든 관심을 끊을 것이며, 또 다른 사울 왕을 선출하기 원하는 세속적인 그리스도인 팬들의 열광적인 감언이설에 대해서는 귀를 막을 것이다. 인간의 박수갈채에 놀아나다가는 영적인 망각상태에 빠져 하나님이 하늘에서 주기를 원하시는 상급을 이 땅 위에서 돈으로 바꾸는 지경에 이르게 될 것이기 때문이다. 그러나 누가 선지자들의 말에 귀를 기울이는가? 우리는 항상 그 좋은 전통이라는 이름으로 그들에게 돌을 던지고 있지는 않은가?

효과적인 제자가 되는 세 가지 단계

하나님은 항상 누구를 보낼까 하고 보낼 사람을 찾고 계신다. 일단 기꺼이 그 부름에 응할 사람들을 찾으면 하나님은 그들을 인도하시고,

그들에게 은사를 주시고, 그들로 하여금 올바른 사람들과 관계를 가지게 하신다. 나는 한 사람이 효과적인 제자가 되고, 더 나아가 효과적인 제자훈련가가 되기 위해 거치게 되는 세 가지 단계가 있다는 것을 발견하게 되었다.

1. 영적인 샘을 깨끗케 함

사람들은 죄인이다. 그들은 자신이 알고 있는 모든 죄에 대해 회개하고 깨끗한 과거를 가질 필요가 있다. 대부분의 사람들은 자신이 죄를 범할 뿐 아니라 잘못되고 부당한 대우나 증오, 분노, 질투 등을 통해 다른 사람들이 그들에게 저지르는 죄를 경험하고 있다. '당신에게 죄를 범한 사람들을 용서하고 당신을 저주한 사람들을 축복하기' 위해 당신은 아마도 내적 치유와 상담을 받아야 할지도 모른다. 내가 앞서 설명하려 애썼던 것처럼, 당신의 아버지나 당신 자녀들과의 관계를 회복하라. 당신이 어떻게, 언제, 그리고 어디서 태어났든지, 그것을 하나님이 주신 사실로 받아들이라. 당신이 뚱뚱하든 말랐든, 남자든 여자든, 머리가 좋든 나쁘든, 힌두교 배경에서 태어났든 기독교 배경에서 태어났든 이슬람 배경에서 태어났든 간에, 이 모든 것은 하나님의 계획 속에 들어 있다. 하나님이 지금까지 당신에게 투자하신 그 모든 것에 대해 하나도 빠짐없이 하나님께 감사하라. 그러면 당신은 분명 시편 기자처럼 "하나님이 나를 지으심이 신묘막측하나이다"라고 말할 수 있게 될 것이다. 당신이 천부적으로 받은 그리고 후천적으로 습득한 은사들과 능력들에 대해 하나님께 감사하라. 하나님은 당신이 물에서 익사하게 내버려두려고 당신에게 수영을 가르치신 것이 아니다. 기독교의 핵심적인 훈련(disciplines)에 대해 이성적으로 생각하고 그리스도인의 삶을 통해 기도, 기쁨, 평안, 인내와 같은 성령의 열매들을 나타내 보이라. 일단 죄에서 회복된 과거를 가지게 되면, 당신은 회복된 미래를 가지게 될 것이다. 상처나, 아픔이나 다른 영적인 저당물들을 당신 사역의 삶에 이끌어 들여 다른 사람들에게 상처를 줄 필요가 없을 것이다. 나는 이 단계를 '영적인 샘을 깨끗케 하는' 단계라고 부른다. 이는 예수님이 우리에게 주신 구원을 개인적으로 받아들이고 내 것으로 취하는 과정을 뜻하는데, 이런 과정은 최대한 우리를 죄와 죄의 결과들에서 깨끗하게 해 준다. 우리는 실생활에서 구원을 경험하게 된다. 이와 같이 목욕하고 새 옷을 입을 때, 우리는 사람들 앞에 나갈 수 있다.

2. 영적인 은사들을 발견하기: 장사 수단

그리스도인이면 누구나 예수님이 성령을 통해 그 안에 거하시기 시작할 때(롬 8장) 하나 이상의 영적 은사를 받는다(고전 12~14장; 롬 12장). 이 은사들은 하나님이 주시는 초자연적인 능력을 가지고 건축가이신 예수님과 같은 팀으로 일하는 그리스도인들에게 꼭 필요한 장사 수단이 된다. 어떤 그리스도인들은 특별한 방식으로 은사와 부르심을 받아 에베소서 4장 11절에 나온 성도를 훈련시키는 다섯 가지 사역들 중 하나를 계발한다. 그들은 단지 은사를 소유하는 것이 아니라 은사 그 자체가 된다. 우리가 영적인 은사를 발견하는 데는 다음과 같은 세 가지 방법이 있다.

a. **"열매로 알리라"**: 사역과 교회 생활에서 신자들은 서로의 열매들에 대해 이야기해 줌으로써 각자가 영적인 은사를 발견하도록 도울 수 있다.

b. **영적인 은사 분석**: 거의 모든 나라마다 '영적 은사 테스트'와 같은 적절한 도구와 테스트들이 있다.

c. 선지자적 사역 : 선지자적 사람들은 종종 사람들의 은사의 영역을 '분별할' 수 있다. 이런 경우 하나님이 당신에게 은사를 주신 그 사역 영역에서 이미 수년을 앞질러 가고 있는 사람들과 관계를 맺으라. 그들을 쫓아다니면서 배우라. 가능하면 그들과 함께 지내면서 궁금한 것을 계속해서 질문하고 가능한 많이 접촉하라. 그들의 제자가 돼라.

3. 영적인 견습 : 실제적인, 전문적인 훈련

당신보다 경험이 많은 사람과 관계를 맺고 그의 지도를 받으면서 며칠 혹은 몇 달 혹은 몇 년 동안 훈련을 받으라. 당신이 소명을 받은 그 영역에 있는 사람이 가장 좋을 것이다. 이와 같은 방식으로 선지자들은 후배 선지자들을 훈련시키고, 사도들은 후배 사도들을 훈련시키고, 선배 전도자들은 후배 전도자들을 훈련시킨다. 견습생들은 자기 스승의 가방을 들고 다니고, 그의 손에 물을 붓고(왕하 3 : 11 참조), 그와 함께 살면서 자기들이 앞으로 해야 할 역할을 보게 된다. 멀리 있는 '거룩한 사람'을 우상처럼 숭배하는 대신, 그들은 하나님의 사람을 가까이에서 알고, 실제의 삶을 통해 배우는 것이다. 영적인 슈퍼스타들과 '끼리끼리'를 이루어 접근이 불가능한 영적인 거인들은 다른 사람들이 그들의 은사와 소명을 발견하는 것을 아주 심각하게 방해했다. 자기와 똑같은 은사와 비슷한 소명을 가진 누군가로부터 배운다면, 그 배움은 놀라운 상승 곡선을 탈 것이다. 자기가 은사를 받은 바로 그 영역에서 배운다는 것은 참으로 흥분되는 일이다. 배움의 속도 또한 탁월한 질문들을 던지게 되는 것만큼이나 빨라질 것이다.

이 모든 것은 가정교회라는 자연적이고 건강한 배경에서 수행되어야 한다. 훈련이 반드시 '교회 밖에서 이루어지는 경험'일 필요는 없다. 가정교회 개척을 통해 가정 안에 새신자 그룹이 만들어지고 배가될 때, 이 일을 위해 훈련받는 가장 좋은 방법은 가정교회 안에서 그 가정교회가 어떻게 움직이는지를 보고 이 패턴의 영향을 받는 것이다. 그럴 때 우리는 어디를 가든지 그곳에서 가정교회를 재생산할 수 있다.

시간과 재정

많은 사람들은 아시아에서 흔히 말하는 것처럼, 언제 자신들이 '실제로 사역을 수행하는 자리로 나갈' 것이며, 또 누가 재정을 책임질 것인지 질문한다. 지면상 이에 대해서는 간략하게 답할 수밖에 없을 것 같다. 자신이 부름 받은 것을 알게 되면, 하나님이 명하시는 것을 행하면 된다. 그러면 하나님이 모든 재정을 책임지신다.

국가 전체의 교육 시스템이 종종 문제의 발단이 된다. 한 국가의 교육 시스템의 목적은 보통 한 사람을 세상의 경제적인 직업 구조 안에서 한 자리를 차지하도록 준비시키는 것이다. 그러나 하나님은 여러 방법들로 우리를 이 구조에서 해방시키기를 원하신다. 최근에 어떤 목회자가 이 점을 다음과 같이 표현했다. "청소년기의 가장 중요한 시간들이 교육의 제단 위에서 보내진다. 혹은 교육의 제단 위에서 희생제물이 된다고 말해도 무방할 것이다. 그리고 부모들은 그 제단 불에다 기름을 끼얹는다." 결과적으로 많은 사람들은 20대 후반에야 제자로 훈련받는 것에 대해 생각하고 별로 필요하지 않은 학위를 얻느라 잃어버린 그 많은 세월들을 회한에 잠겨 되돌아본다. 하나님은 전심으로 자기를 섬기는 사람들에게 물질이나 재정을 공급하실 수 있다. 하나님은 당신이 목회하는 사람들로 하여금 당신을 재정적으로나 기타 여러 가지로 뒷받침할 수 있도록 능력을 주실 것이다. 15명 정도의 가정교회 한두 개면 서구의 전임 사역자 한 사람의 재정을 족히 감당할 수 있을 것이다. 그리고 5~10개 정도의 가정교회는 외부 세계의 전임 선지자나 전도자, 사도 혹은 목사 한 명을 재정적으로 후원할 수 있다. 믿음으로 첫 발을 내딛으라. 마태복음 6장 33절에 기록된 약속을 직접 경험하게 될 것이다.

>>>제11장 교회 배가의 모델들

우리가 회개하고, 사랑하고, 제자를 삼는 것을 우리의 책임으로 받아들임으로써 우리 자신이

하나님의 계획의 일부분이 될 때, 하나님은 가정교회를 배가하는 일에 우리를 사용하실 것이

다. 이런 의미에서 진정한 교회 개척은 우리가 교회를 제조하려는 시도를 그만둘 때 비로소 시

작된다. 제자를 삼는 것은 하나님의 메시지의 핵심을 이룬다. 그리고 이것은 우리 자신들을 배

가하는 단순하고도 효과적인 방법이다. 우리가 스스로를 배가할 때, 예수님은 배가된 제자들로

이루어진 교회들을 배가하실 수 있다.

제11장 교회 배가의 모델들

어떻게 교회를 제조하지 않고 개척할 것인가?

교회들을 배가시키기 원한다면 '교회 개척'을 그만 두라!

예수님은 "가서 교회를 개척하라"는 명령을 명시적으로 하신 적이 없다. 많은 교회 개척 운동들은 신약 성경이 실제로 교회 개척을 명령하고 있다는 성경적 증거를 보여 주려 헛되이 애써 왔다. 예수님의 메시지의 핵심은 다음과 같은 세 가지 명령을 중심으로 이루어진다.

"네 죄를 회개하라."
"네 이웃을 사랑하라."
"가서 제자 삼으라."

이것은 우리 편에서 해야 할 일들이다. 하나님 편에서 하시는 일은

"내가 너를 용서하리라. 내가 네 이웃도 용서할 것이다. 내가 내 교회를 세울 것이다"이다.

만일 우리가 하나님의 일을 우리 일로 삼아 그의 교회를 세우려고 한다면, 이것은 어떤 면에서 우리가 '하나님의 성전'을 지을 수 있다고 생각함으로써, 하나님의 손에서 고삐를 빼앗아 쥐고 우리의 책임이 아닌 것을 우리 것으로 취하는 격이 될 것이다. 이것은 단지 근엄한 체하는 행동을 넘어서 하나님의 특권을 침해하는 것이며, 하나님의 책임 영역을 침범하는 것이다. 만일 우리가 이 일을 그만두지 않는다면, 우리는 여전히 교회를 제조하고, 교회의 조립라인을 만들고, 교회를 가지고 실험을 하고, 곳곳에 지점과 유사 교회들을 세우게 될 수도 있다. 그러나 어쩌면 우리는 자신의 사역이 아닌 것을 자기 것으로 취하여 오직 선지자만이 하도록 되어 있는, 제단에 희생 제사를 드리는 일을 행했던 사울처럼 될지도 모른다.

우리가 회개하고, 사랑하고, 제자를 삼는 것을 우리의 책임으로 받아들임으로써 우리 자신이 하나님의 계획의 일부분이 될 때, 하나님은 가정교회를 배가하는 일에 우리를 사용하실 것이다. 만일 우리가 마땅히 해야 할 일을 한다면, 하나님은 자기가 하시겠다고 약속하신 일 곧 그의 교회를 세우는 일을 하실 것이다. 이런 의미에서 진정한 교회 개척은 우리가 교회를 제조하려는 시도를 그만둘 때 비로소 시작된다. 제자를 삼는 것은 하나님의 메시지의 핵심을 이룬다. 그리고 이것은 우리 자신들을 배가하는 단순하고도 효과적인 방법이다. 우리가 스스로를 배가할 때, 예수님은 배가된 제자들로 이루어진 교회들을 배가하실 수 있다.

다섯 가지 유기적 단계들

교회는 사회 속에 하나님의 영광을 침투시키기 위해 사람들이 있는 곳에 있어야 한다(마 13 : 33; 롬 15 : 18~21). 그러므로 각 교회는 '하나님을 보여 주는 가게 쇼윈도'이어야 한다. 사람들은 이 쇼윈도를 통해 하나님을 보고 "저 사람들이 얼마나 서로를 사랑하는지 보라!" 하며 경탄할 것이다. 교회의 이웃들이 예수 그리스도의 제자가 되고 제자로 머물기 위해서는 이와 같은 일들이 반복적으로, 지역적으로, 설득력 있게 이루어져야 한다.

대부분의 교회들은 발전 과정과 그 수명에서 다섯 가지 유기적인 단계들을 거친다. 이것은 인체의 발달 과정과도 대비될 수 있다.

1. 잉태 : 새로운 교회의 영적인 씨앗은, 개인이든 집단이든 누군가에 의해 잉태된다. 그들은 이제 '보이지 않는 교회'를 잉태'한다. 이것은 하나님의 직접적인 말씀, 또는 비전이나 소명, 점점 더 강해지는 확신 등을 통해 이루어질 수 있다. 아니면 단순히 교회 개척 운동의 한 부분으로 이루어질 수도 있다.

2. 태아 단계 : 이 단계에서는 장차 세워질 미래의 교회에 대한 논의가 이루어진다(누가, 어디서, 언제, 어떻게, 왜). 그리고 모든 것들이 출생을 위해 준비된다. 이 시기는 마치 부모들이 곧 태어날 아기에 대해 이런 저런 꿈을 꾸는 것처럼, 미래의 교회에 대해 꿈꾸는 행복한 시간이다.

3. 출산 : 실제적으로 교회를 개척하는 시기로 교회는 이 때부터 하나의 유기체로 기능하기 시작한다.

4. 가시적인 성장 단계 : 교회는 증식에 의해 성장하고 성숙해 가고 성

인들이 그러하듯이 유기적 성장의 극대치에 이른다.

5. **배가**: 이 단계는 교회가 자체적으로 배가하는 시기다. 적절한 기간 동안 자기 배가를 하지 못할 경우 교회는 보통 영적인 폐경기에 접어들게 되고 죽어 가기 시작한다. 건강한 배가 과정에서 다섯 가지 사역이 발전하고, 질적 발전과 지속적인 배가를 확실하게 이루기 시작한다.

교회 개척의 실제적인 모델들

문화와 언어, 사역, 상황 등이 다양한 만큼, 교회를 개척하는 방법 역시 매우 다양할 것이다. 그러나 거듭 강조하건대 우리는 독창적이어야 한다. 하나님의 음성에 개인적으로 귀 기울이지 않은 채 성공을 위한 조리법을 찾아 다른 사람들의 모델을 맹목적으로 모방해서는 안 된다. 이것이 바로 하나님이 사도적, 선지자적 사역자들을 택하여 교회의 '토대를 놓고' 기초를 닦고 세우는 일을 시키시는 이유다. 그들은 하나님이 주신 교회를 시작하고 고안하는 능력을 가지고 있으며, 미리 내다보고 행동한다는 점에서 선지자적이라 할 수 있다.

그러나 나는 전 세계에 걸쳐 반복적으로 나타나는 교회 개척의 일반적인 혹은 발생적인 모델들 몇 가지를 살펴보고자 한다. 이러한 모델들은 시작 단계를 위한 가이드라인이 되며, 몇 가지 원리들에 대한 통찰을 가져다 줄 것이다. 그러나 이러한 모델들을 확실한 성공에 이르는 청사진으로 받아들이면 안 된다. 우리는 언제나 하나님의 독창성과 자기 교회를 특정한 곳에서, 특정한 때에 시작하시는 하나님의 독특한 방법에 대해 알 필요가 있다.

I. '평안의 집' 모델

이 모델은 한 지역에 자기 배가가 가능한 가정교회 운동을 세우는 데 그 목적이 있다. 이에 대한 신약 성경의 모델은 누가복음 10장에서 찾을 수 있다. 누가복음 10장에 보면 제자들은 둘씩 보냄을 받아 '평안의 사람'의 집에 머문다. 이 사람이 꼭 그리스도인일 필요는 없다. 그러나 그는 평화의 왕이신 예수님의 대사들이 머물면서 메시지를 전할 수 있도록 자기 집과 자기 가정을 개방할 준비가 되어 있는 사람이다.

이와 같은 가정교회 개척 과정은 통상 다음과 같은 일곱 가지 단계로 이루어진다.

a. 그리스도인들이 며칠 혹은 몇 주 동안 '평안의 사람'과 더불어 복음 메시지가 녹아든 삶을 나누기 시작한다. 평안의 사람은 그리스도인일 수도 있고 아니면 다만 하나님을 경외하는 사람일 수도 있다. 그리스도인들은 자기 집을 개방한 그 가정에서 말 그대로 함께 삶을 나눈다. 아직 그리스도인이 되지는 않았지만 이 집의 사람들은 치유나 축사 사역, 또는 어떤 사람의 회심을 본 이후에 복음에 관심을 가지게 될 수 있다. 아니면 그들은 자기 집이나 이웃 혹은 친구 집에 교회가 세워지기를 원하는 사람들일 수도 있다.

b. 음식을 먹고, 기도하고, 함께 나누고, 어떻게 하나님의 말씀에 따라 살 것인지를 피차 가르치면서 그들과 함께 그리고 그들을 위해 가정교회 모델을 만든다.

c. 장차 장로가 될 사람을 선발하고 상당 기간 제자훈련을 시킨다. 그런 다음에 그를 그 지역의 장로로 세운다. 이 단계에서는 예언이나 영분별의 은사가 매우 유익할 것이다. 그러나 우리는 또한

사람들이 '자연스럽게' 리더십을 부여하는 사람을 눈여겨볼 수도 있다.

d. 지역적이면서도 이질적이지 않은 교회 패턴(local and not foreign patterns)을 개발한다.

e. 교회가 그 유기적인 최적 조건, 곧 여전히 유기적이지만 조직화될 위험에 있는 경계선에 이를 때나 이르기 전에 가정교회를 유기적으로 세우고 배가시킨다. 이와 같은 경계선에 대한 인식은 가정교회 시작 초기부터 새로운 그리스도인들의 사고 속에 녹아들 필요가 있다.

f. 가능하다면 많은 가정교회들과 함께, 혹은 이미 존재했거나 새로 생긴 다섯 가지 사역을 통해 연결된 같은 지역의 다른 교회들과 함께 대집회(celebration)라는 지역적인 모델을 만든다.

g. 사도적, 선지자적 멘토링이 확립되고, 가정교회 패턴이 자기 재생산을 할 수 있도록 해야 한다.

앞서 말한 바와 같이, 오늘날 많은 가정교회들은 8~15명 정도의 멤버를 가지고 있으며, 보통 6~9개월마다 배가한다. 많은 가정교회들은 한 사람의 무급 장로로부터 양육을 받는다. 이들은 보통 다른 가정교회의 장로들과 연락을 주고받으며 함께 사역하고, 가르치고, 다른 가정교회를 세운다. 가정교회의 규모와 형태는 매우 다양하다. 과거에 공산국가였던 불가리아의 경우 어떤 가정교회들은 이웃의 주의를 끌지 않기 위해 250명이 모이는 대집회도 집 안에서 모였다. 중국의 어떤 가정교회들의 경우에는 이와 같이 집에서 모이는 대집회에서 1천 명 이상이 세례를 받는 일도 종종 있었다.

어떤 가정교회들은 매주 똑같은 집에서 모인다. 그러나 어떤 교회들은 지나치게 주목을 받지 않기 위해, 그리고 많은 사람들이 자기 집을 가정교회로 개방할 수 있도록 하기 위해 매주 대여섯 군데의 다른 장소에서 모인다. 경우에 따라서는 동굴에 모이거나, 방문자들을 위해 버스를 빌려 가정교회를 보여 주고 그 과정에서 즉석 토론회를 열거나 호텔이나 나무 아래서 모임을 가지거나, 밤에 사무실이나 식당의 가족 룸에서, 배 위에서, 혹은 집이 아닌 다른 여러 장소에서 모이는 가정교회들도 있다. 그러나 가정교회가 모이는 가장 핵심적인 장소는 바로 가정이다.

2. 교회 개척에 대한 가족적인 접근

이것은 단지 개인들만을 그리스도께로 인도하기보다 가족 전체를 그리스도께 인도함으로써 교회를 개척하는 방법이다. 즉, 새로 회심한 한 가족 전체가 하나의 새로운 가정교회를 시작하는 것이다. 이 가족은 다른 가족들과 하나로 연결되어 자기 배가를 하는 가정교회로 바뀌게 된다. 이것은 고넬료(행 10장)나 루디아(행 16장)의 경우에서와 같이 한 가족 전체를 구원하고, 이 회심한 가정에 가정교회를 세우는 것을 목표로 삼는다.

이 모델은 주로 모슬렘 권에서 개발된 것으로 세 단계로 이루어진다. 그러나 이 방법 역시 여러 방법들 중 하나로 간주되어야 할 것이다.

a. 당신이 문제를 가진 어떤 사람을 위해, 아무런 대가도 없이 예수님의 이름으로 기도해 줄 준비가 되어 있다는 말을 건네라.
b. 만일 누군가 당신의 사역을 요청해 오면, 아주 친절하게 다음과 같

이 두 가지 조건을 들어줄 것을 요청하라. "먼저 나는 당신 가족이 전부 모여야만 갈 것입니다. 왜냐하면 나는 그 어떤 것도 몰래 하고 싶지 않고, 당신이 당신 집에서 편안함을 느끼기를 원하기 때문입니다. 둘째로, 만일 내가 간다면, 내가 예수님의 이름으로 기도할 때 무슨 일을 하려고 하는지 설명할 수 있도록, 그래서 내가 속임수를 행하는 것이 아니라는 점을 분명하게 말할 수 있도록 허락해 달라는 것입니다." 만일 그 가족이 이러한 조건들을 수락하고 당신을 초대하면, 당신은 온 가족이 모인 자리에서 하나님 나라의 복음을 나눌 수 있다. 그리고 아무도 이것을 방해하지 않을 것이다. 왜냐하면 그들은 당신이 기도해 주기를 원하기 때문이다. 복음을 제시한 후에 당신은 가서 아픈 사람이나 귀신 들린 사람을 위해 기도할 수 있을 것이다. 큰 소리로 간절하게 기도한 후에 보통은 곧바로 그 집을 떠나는 것이 좋다. 기적이 일어나서 병든 사람이 고침을 받거나 귀신이 쫓겨나가는 일이 일어날 경우에라도, 그 가족의 체면을 존중해 주고, 그들로 하여금 가족끼리 모여서 자기들이 듣고 본 바에 대해 생각해 볼 시간을 갖게 하는 것이 훨씬 좋을 것이다. 그렇지 않으면, 그들은 다른 믿음을 가진 사람 앞에서 자신들이 '종교적인 패배자'가 되었다고 느낄 수도 있다.

c. 만일 어느 정도 반성의 시간을 가진 후에 그 가족이 그리스도에 대해 좀더 자세히 알기를 원할 경우, 그들은 보통 당신에게 다시 와 달라고 청할 것이다. 이번에는 지난번과 마찬가지로 온 가족이 다 참석해야 한다는 단 한 가지 조건만을 말한다. 만일 그들이 동의하면, 온 가족을 예수 그리스도에 대한 믿음으로 인도하고 가족 전체가 회심하도록, 그래서 바로 그날로 그 가정에서 교회가 시작되도록 하겠다는 확고한 의도를 가지고 그 집을 방문하라.

3. 라디오 교회 개척

이 전략은 라디오라는 기존 매체를 사도적인 방법으로 사용해서 교회를 개척한다. 이 전략은, 소수의 반응을 얻기 위해 다수의 사람들에게 복음을 전하고 후속 양육 프로그램들을 돌리기보다는 운동을 시작하는 것을 목적으로 한다. 이 방법은 지역적으로 멀리 떨어져 있는 나라들이나 그리스도인들이 함께 모이는 것에 대해 통제가 엄격한 곳에서 특별히 적절하다. 이 전략은 중국의 '극동방송'(FEBC) 모델이나 중동의 'IBRA 라디오' 모델과 유사하게 네 가지 단계로 이루어질 수 있다.

1단계

보통 이 단계는 이미 존재하고 있다. 이것은 SRC, 곧 라디오 방송을 듣고 그리스도를 따르기로 결정한 라디오 신자(Single Radio - Christian)를 만들어내는 전통적인 라디오 방송 프로그램이다. 그러나 300~500만 명으로 추정되는 중동의 라디오 신자들은 평생 다른 그리스도인들을 한 명도 만나지 못할 수도 있다. 그들은 기독교 공동체와 공동체적 교제를 경험하지 못한다. 그리고 종종 외로움과 연약함, 슬픔 가운데 머물러 있다. 성경통신학교와 같은 전통적인 후속 프로그램들은 라디오 신자들의 패턴에 그다지 큰 변화를 주지 못한다. 이 단계는 수백만의 청취자들에게 다가가지만 아주 제한된 잠재력만을 가진다.

2단계

이 단계에서는 '더 좋은 그리스도인이 되는 법', '꿈을 해석하는 법', '자녀 양육법' 등과 같은 전통적인 프로그램들이 도입된다. 이와 같은 프로그램들은 개별적 청취 패턴을 깨뜨리는 것을 목적으로 한다. 라디오 신자들은 믿을 만한 친구들이나 이웃들을 초청하여, 함께 토의하고 연구할 수 있도록 고안된 이와 같은 프로그램들을 함께 듣는다.

3단계

다음 단계는 '라디오 교회'나 '당신 집에 있는 교회' 혹은 '집에 계신 하나님'과 같은 문화적으로 적절한 제목을 가진 다른 프로그램을 도입하는 것이다. 이 단계는 사람들을 교회가 되도록 지도하는 데 그 목적이 있다. 보통 이 프로그램은 대상 집단의 언어와 방식으로 진행되는 가정교회 모임을 녹음한 것이다. 이 프로그램은 청취자들이 방송되는 가정교회 패턴에 따라 모이고 참여하도록 독려한다. 이 단계에서는 라디오가 당분간 사도나 장로의 자리를 대신한다. 방송되는 가정교회 패턴을 모범으로 삼아 가정교회를 만들고 난 후에는, 참가자들은 똑같은 라디오 방송에서 제공하는 단기 교육 프로그램들을 통해 (다른) 가정교회들을 세우는 것을 배우고 훈련받을 수 있다. 이러한 프로그램은 라디오 가정교회 모임 방송이 나간 직후 30분 내지 1시간 동안 제공될 수 있다. 그리고 가정교회 경험의 일부로 공동 식사 시간을 소개하고 가르칠 수도 있을 것이다. 몇 주나 몇 달 후에도 자신들이 듣고 배우고 직접 해본 새로운 가정교회 패턴을 계속 이어가기를 원하는 사람들은 하나의 '라디오 교회'를 만든다. 그러고 나서 그들은 라디오 방송국에 편지를 쓰고, 라디오 방송국은 다시 이 새로운 교회에 대해 후속 양육을 하고 지역 가정교회 네트워크에 그 교회의 정보를 전달해 준다.

4단계

곳곳에 생겨나는 가정교회들은 제대로 양육을 받고 더 나아가 사도들의 지도와 감독을 받기 위해 그 지역에 있는 기존의 네트워크로 연결

된다. 극동방송은 이와 같은 방식으로 수천 개의 교회가 세워지는 일을 경험한 바 있으며, 현재 백만 교회 개척을 목표로 '중국의 새벽'(China Dawn)이라는 이름의 프로그램을 운영하고 있다.

4. 십자군 전도와 교회 개척 간의 파트너십

'십자군 전도 + 후속 양육 + 지역 교회 안으로의 통합' 개념이 가진 가장 큰 손실 중 하나는 2단계 후속 양육과, 3단계 지역 교회 안으로의 통합에서 일어난다. 한 연구 조사에 의하면, 어떤 전도 집회에서 '예수님을 영접하겠다고' 영접기도를 한 '새로운 회심자들' 중 평균 1%만이 지역 교회의 멤버가 되어 2, 3단계로 나아간다고 한다. 나머지 99%는 잃어버린 자들이 될 뿐 아니라 종종 복음에 대해 내성을 가지게 된다. 왜냐하면 그들은 정말 진지하게 "나는 한번 시도해 보았지만 잘 안 됐다"고 말하기 때문이다.

현실적으로 볼 때 전도 집회를 통한 전도가 가까운 장래에 중단되는 일은 없을 것이다. 그렇다면 우리는 이러한 집회가 교회 개척에 기여할 수 있는 방법을 찾을 필요가 있다. 이를 위해서는 두 가지가 필요하다. 첫째는, 지역 교회 리더십, 즉 복음 전도자와 그 팀을 섬기고 그들을 도와 교회를 배가시킨다는 열린 마음을 가지는 것이다. 둘째는, 복음 전도 사역과 지역적 사도 사역을 하나로 결합시키고 교회 개척의 지역적 패턴을 기꺼이 발전시키고자 하는 마음을 가지는 것이다.

결과적으로, 구도자들을 기존 교회 안으로 통합시키려는 과정에서 구도자들 대부분을 잃어버리기보다는 복음 전도 행사를 하는 동시에 새로운 가정교회들을 개척하는 것을 목표로 삼아야 한다. 지역적인 사도들,

혹은 필요하다면 외부에서 영입된 사도들은 그 지역의 기존 그리스도인들을 훈련시켜서 실제 집회가 시작되기 전 수개월 동안 가정교회를 시작하도록 해야 할 것이다. 그리고 열 명 이하의 구도자들을 집회로 안내하고, 그들의 명단을 그 지역에 있는 가정교회 장로 한 명에게 전달한다. 그러면 이 장로는 24~48시간 내에 그들 집 근처에서 있는 첫 번째 가정교회 모임에 초청한다. 이 때 모임은 구도자들 중 한 사람의 집이나 가정교회 장로의 집에서 모일 수 있을 것이다. 여기서 이 첫 모임을 가정교회로 발전시키는 것은 가정교회 리더의 책임이다. 이 모임은 절대 후속 양육 모임이 아니며 하나의 실제적인 모임 곧 가정교회 자체라고 할 수 있다. 종교적인 후속 모임은 함께 식사를 나누는 가정교회 모임보다 훨씬 매력이 덜하다. 구도자들은 성경을 배우기보다 영적인 부모로부터 양육받기를 더욱 원하는 것이다. 그들은 교리를 배우기보다 그리스도인의 자연스러운 삶을 배울 필요가 있다.

한 집회에 1만 명의 구도자들이 참석한다고 하자. 전통적인 후속 양육과 통합 전략으로는 100명만 교회 안으로 통합되고 나머지 9,900명은 떨어져 나가지만, 가정교회를 통한 이와 같은 전략이 제대로 수행될 경우 구도자들이 가정교회에 소속되어 그 속에 머물 가능성이 훨씬 높아진다. 경험적으로 볼 때 10~15% 정도의 정착이 가능하며, 특별한 경우에는 25~30%까지도 가능하다. 그러나 기존의 전도-후속 양육 모델이 워낙 우리 사고와 전도 전통에 깊이 뿌리 내리고 있기 때문에 오늘날 교회 개척과 전도 사이의 연관성을 발견하는 전도자들은 극소수에 불과하다. 또한 자신들에게 설교 요청이 쇄도하는 현실 속에서 이런 전도 모델의 변화를 고려하는 전도자들조차 드문 형편이다.

전도라는 선포 형태를 통해 가정교회를 개척하는 비슷한 접근법이 〈예수〉(Jesus) 영화 상영에 사용될 수 있다. 이 접근법을 취할 경우 영화라는 전도 도구를 전통적인 후속 양육(교회 등록 전략)과 연결시키는 대신에 영화를 상영한 당일 혹은 바로 그 저녁에 새로운 구도자들로 새로운 교회를 세울 수 있다. 한 지역 혹은 인근 교회 소속의 교회 개척 팀이 영화 팀과 협력하여 영화 상영 후 2~3주 동안 머물면서 미래의 장로들을 발굴하고 훈련시키기 위해 기도하는 가운데 가정교회와 대집회들을 만들어낼 수 있다. 〈예수〉 영화를 본 사람들 중 20~50%가 예수님을 따르고 싶다고 말한다. 이것은 영화 팀들과의 긴밀한 협조 하에 그처럼 많은 구도자들을 중심으로 가정교회 운동을 시작할 수 있는, 결코 놓칠 수 없는 기회가 될 것이다.

5. 비전 제시를 통한 교회 개척

교회 개척은 성령의 일이다. 어떤 사람들, 특별히 사도적이고 선지자적인 사람들은 이 일을 위해 독특하게 은사를 받았다. 그들은 다른 사람들을 통해 성령의 일을 촉진하고 극대화한다. 그들은 사람들에게 영감을 불어넣고, 비전을 제시하며, 새로운 행동을 하게 만든다. 그들은, 조용기 목사가 말했듯이 "다른 사람들을 영적으로 잉태하게 만든다." 그리고 다른 사람들에게 영감을 주고 그렇게 행하도록 비전을 줌으로써 새로운 교회가 세워질 수 있게 한다. 이 세상에는 아직 눈에 띄지 않는, 영감을 받지 못한, 따라서 영적으로 일자리를 찾지 못한 교회 개척자들이 많이 있다. 그들은 받은 은사를 사용할 수 있도록 전략적으로 선발되고 훈련될 필요가 있다. 이 일은 보통 다음과 같은 세 부분으로 이루어진 전략을 따른다. 교회 개척을 위한 잠재력을 가진 사람들을 찾아서, 양육하고, 파송하라.

6. 성령의 역사와 합력하여 이루는 교회 개척

이 전략은 하나님의 교회들과 운동들로 하여금 성령의 특별한 역사에 반응하고 신속하게 그 역사에 동참하도록 선지자적 경고를 내보내고 동기를 부여하는 것으로 이루어진다. 이런 전략은 다음과 같은 것을 요구한다.

a. 하나님께 그 손을 뻗어 예수의 이름으로 전능한 일을 행하시기를 (행 4 : 28~32) 구하거나 혹은 하나님이 이미 그렇게 행하신 것을 인정하라.
b. 교회들이 자료와 인력을 재구조화해서 속히 많은 교회들을 세움으로써 '열린 문'과 '희어진 추수 밭'에 신속히 반응할 수 있도록 준비시키라.

초자연적으로 준비된 부흥이나 사람들 사이에 새로운 영적 기갈을 느끼게 만드는 국가적 혹은 지역적 위기들, 혹은 능력 대결, 치유, 축사(逐邪), 환상과 꿈을 가진 많은 사람들, 설명을 요하는 초자연적인 경험들을 통한 교회 개척의 예들은 수없이 많다. 1990년대 초반에는 많은 초자연적 치유와 귀신 쫓음의 역사로 인해 불가리아 남부에 있는 터키계 모슬렘들 가운데서 많은 교회들이 생겨났다. 이 시기에 더 많은 교회들이 세워질 수도 있었지만, 이 기회의 창을 위해 준비되어 있거나 유연성을 갖추고 있던 교회들이 많지 않았다.

〉〉〉제12장 국가적 추진력 가동하기

침투적 교회 개척은 한 국가 안에 있는 의미 있는 소수 또는 다수의 복음주의 교회들이 수행

할 경우, 중요한 동력을 만들어낸다. 이러한 교회 개척은 전략적 비전에 기초하여 목회 지향적

인 단일체를 만든다. 그리고 우리의 모든 에너지를 한 가지 방향으로 집중시킨다.

제12장 국가적 추진력 가동하기

어떻게 임계질량에 이르게 하고 결과를 하나님께 맡길 것인가?

교회사를 통해 볼 때 많은 운동들은 진정한 추진력을 얻는 데까지 이르지는 못했다. 우리에게 정말 필요한 것은 추진력이다. 그러면 운동은 자연히 따를 것이 확실하다. 큰 눈사태는 구르기 시작하는 작은 눈 뭉치 하나로부터 시작된다. 이 작은 눈 뭉치는 속력을 얻고, 다른 눈과 물질들을 하나로 모으면서 추진력을 얻으며, 마침내 임계질량에 이르면 그 어느 것도 멈출 수 없는 눈사태가 된다. 웹스터 사전은 '추진력'(momentum)을 '물체나 시스템의 운동을 표현하는 양으로 물체의 양과 그 속도의 산물과 같은 것'으로 정의한다.

가정교회는 추진력을 내포할 뿐 아니라 그 추진력을 만들어내는 혁명적이고 유연한 능력을 가지고 있다. 가정교회는 배가를 위한 엄청난 잠재력을 가지고 있다. 가정교회는 유연성이 있으며, 어떤 변화하는 환경에도 빨리 적응할 수 있다. 그러나 추진력을 만드는 데 있어 내가 운동보다 가정교회를 더 선호하는 주된 이유는 일단 추진력을 얻게 되면 오직 하나님만이 그 결과를 통제하실 수 있기 때문이다. 하나님이 세상 인구의 80~90%를 구원하시어 그들을 교회 안에 통합시키기를 원하신다고 할 때 운동은, 그것이 얼마나 비전이 있고 대담한 것이든 간에, 이와 같은 형태의 엄청난 비전을 수용할 공간이 없을 것이다. 나는 하나님이 그 일을 능히 행하실 수 있다는 생각을 별 어려움 없이 받아들인다. 그리고 우리가 우리 죄를 회개하고, 이웃을 사랑하고, 제자를 삼는 '우리의 일'을 행할 때 하나님은 '하나님의 일'을 행하시고 자기 교회를 세우실 것이다.

이것은 우리가 어떤 목표를 가지고 일해서는 안 된다는 말이 아니다. 목표는 우리의 비전의 표현이요 신앙의 고백이다. 목표는 오늘의 우리가 내일에 대해 믿고 있는 바를 표현하는 것이다. 그리고 이 목표는 우리에게 동기를 부여하고, 우리의 에너지를 하나로 집중시킨다. 목표는 중요한 동원 효과를 가지며, 우리가 수동적으로 현상에만 시선을 고정할 때 일어나는 문제들을 해결한다. 가장 멋진 발전은 한 지역이나 국가의 그리스도의 몸이 집합적인 어떤 목표, 곧 믿는 이들이 함께 하고자 하는 일들에 대한 집단적인 사명 선언을 채택할 때 일어난다.

활시위를 당겨 헛간 문에 화살을 쏘는 작은 소년을 상상해 보라. 그는 활을 쏘고 나서 문으로 가서 주머니에서 분필을 꺼내어 화살 주위에 과녁을 그린다. 그리고 나서 몇 발자국 뒤로 물러선 후 허리춤에 손을 얹으며 자랑스럽게 "대단한데. 내가 과녁의 한가운데를 맞췄잖아!"라고 말한다. 어린 소년이 그런 행동을 하는 것은 어떨지 몰라도 교회는 그렇게 해서는 안 된다. 히브리서 11장 1절은 미래지향적인 믿음에 대해, '보지 못하는 것을 확신하는 것'이라고 표현한다. 당신은 진짜 과녁을 겨냥하겠는가? 아니면 매년 연말이 되면 주머니에서 분필을 꺼내어 화살이 박혀 있는 그 자리에 과녁을 그려 넣겠는가?

누가 정말 열방을 다스리는가?

정치적, 종교적 이데올로기들과 개인 숭배, 도덕적 부패와 점점 증가하는 조직적인 범죄, 그리고 통제력을 상실한 듯한 생태학적, 경제적 발전 사이에 갇혀 있는 많은 나라들에서 회자되는 한 가지 질문이 있다. "누가 정말 열방을 다스리는가?" 그리고 이런 관점에서 오래된 예언이 많은 사람들에게 의미심장하게 다가온다. "내게 구하라 내가 열방을 유업으로 주리니 네 소유가 땅 끝까지 이르리로다 …그런즉 군왕들아 너희는 지혜를 얻으며 세상의 관원들아 교훈을 받을지어다 여호와를 경외함으로 섬기고 떨며 즐거워할지어다 그 아들에게 입맞추라…"(시 2:8~12). 주 예수 그리스도는 이 예언이 말씀하는 바로 그분이시다. "가서 모든 족속으로 제자를 삼으라"고 말씀하신 분도 바로 예수님이시다. 열방의 주가 되신 분만이 이런 말을 스스럼없이 하실 수 있다. 많은 국가 지도자와 대통령, 수상과 독재자와 왕과 장군과 그 참모들은 옛날의 빌라도처럼 "위에서 주지 아니하셨더면"(요 19:11) 어느 누구도 진정한 권세를 가지지 못한다는 것을 내면 깊숙이 알고 있다.

모세와 아론 이후로 하나님은 모든 세대에서 선지자들을 일으켜 그들로 열방의 삶과 환경에 대해 말씀하게 했다. 심지어 오늘날에도 하나님은 미국의 폴 케인(Paul Cain)이나 영국의 버나드 안코마(Bernard Ancoma)나 인도의 제레미 순더라즈(Jeremy Sunderraj)나 스위스의 에리히 레버(Erich Reber)와 같은 사람들을 일으키신다. 이들은 하나님을 대신하여 각 나라의 대통령이나 지도자에게 정기적으로 하나님의 말씀을 대언했으며, 앞으로도 그럴 것이다.

머잖은 장래에 많은 국가들의 정부는 예수님이 "온유한 자가 땅을 기업으로 얻으리라"고 하신 약속의 말씀을 이루실 때 아주 중요한 선택을 해야 할 것이다. 하나님이 주신 이 유업은 기도로 시작되고, 기도 중에 받으며, 기도로 그 성취를 맛보게 된다. 그리고 이 사실을 진심으로 믿을 만큼 충분히 겸손한 사람은 온유한 자들밖에 없다. 이것이 바로 그들이 '땅을 기업으로 얻는' 이유이다.

모든 족속으로 제자를 삼는 것

'모든 족속을 제자로 삼는 것'은 하나님이 지역 교회에 주신 과업의 한 부분이다. 우리 중 많은 이들에게 있어 한두 사람을 제자 삼는 것은 아주 친숙한 일이다. 그러나 당신은 한 마을이나 거리나 도시나 지역이나 민족이나 국가를 어떻게 제자로 삼을 것인가?

예수님은 어떻게 사람들을 제자로 삼으셨는가? 그는 모든 사람을 초청하셨지만, 몇 사람을 특별히 선택하여 그의 사도들이 되게 하셨다. 그리하고 나서 예수님은 자신의 삶을 그들과 나누셨고, 말 그대로 그들에게 어떻게 살고 어떻게 죽을지, 어떻게 '하나님의 일'을 할지 보여 주셨다. 그 결과 다양한 사람들이 뒤섞여 있는 복잡한 운동이 태동하게 되었다. 어떤 사람들은 예수님을 따랐지만, 어떤 사람들은 그를 거부했다. 그러나 모든 사람들이 예수님에 대해 알고 있었다.

예수님의 제자는 다른 제자들과 공동체를 이루어 스승이요 주이신 예수님을 따른다. 예수님은 결코 자신을 어떤 한 사람의 그리스도인과 동일시하지 않으셨고, 오히려 지상에 있는 그의 몸 된 '교회'와 동일시하셨다. 그러므로 한 사람의 그리스도인은 '온전한 복음'(the full gospel) 을 전달할 수 없다. 그러나 지역 교회는 이 일을 할 수 있다. 한 사람의 그리스도인은 '부분적으로 이 일을 할' 뿐이다. 그는 몸의 한 부분이지 전체를 대표하지는 못한다. 한 사람의 그리스도인은 특별한 사명이나 과업을 수행함에 있어 '그리스도의 대사'로서 예수님을 대신하여 그 일을 행할 수도 있을 것이다. 그러나 모든 신자들은 궁극적으로 '자기 자신에 대해서는 죽고 그리스도 안에서 산 자들'이다. 성령 안에서의 새로운 삶은 집단적인 것이지, 개인적인 것이 아니다. 이것이 중요한 것은 사람들을 제자로 삼는 것이 다름 아닌 지역 교회 안에서 이루어져야 한다는 것을 의미하기 때문이다.

이것은 더 나아가 한 가지 중대한 결론에 이른다. 즉, 모든 민족을 제자로 삼는 것은 충분한 수의 교회가 세워지기까지 교회를 배가시킴으로써 가능하다는 것이다. 전도나 성경 공부나 제자훈련 프로그램은, 그것이 얼마나 굉장하고 건전한 것이든 간에, 각 지역에 세워진 그리스도의 몸 된 교회만이 할 수 있는 일을 수행하지 못할 것이다. 다시 말해 실생활 속에서 서로, 그리고 이웃이 제자가 되게 하고, 성령과 진리대로 살도록 피차 가르치고, 서로 가치와 생활방식을 변화시키고, 서로 책임을 감당하고, 잘못을 바로잡고, 사랑하고, 은혜와 용서를 베풀고, 지속적으로 상호 격려하는 일은 오직 교회만이 할 수 있다. 우리가 이와 같은 일을 할 때만이 예수님이 우리 각 사람에게 그리고 우리 주변의 사람들에게 더욱 분명하게 드러나게 될 것이고, 사람들이 복음에 대해 듣고 읽을 뿐만 아니라 정말로 '보고 이해할 수 있게' 될 것이며(롬 15 : 21), 결과적으로는 모든 사람들이 예수님에 대해 반드시 보고 이해해야 할 것을 보고 이해할 수 있게 될 것이다.

모든 사람들이 걸어갈 수 있는 거리에 있는 교회

모든 사람들이 각 지역에 세워진 그리스도의 몸을 통해 표현되는 하나님 나라 복음을 '보고 이해하기' 위해서는 각 나라에 모든 사람들이 걸어갈 수 있는 거리에 하나님을 보여 주는 쇼윈도로서 활기 넘치는 친교공동체가 세워져 있어야 한다. 하나님 나라의 누룩은 '온 덩이에' 퍼져야 한다(마 13 : 3). 어느 누구도 지역 교회의 삶을 보고 듣지 못하는 거리에 있어서는 안 된다. 사람들이 예수님에 대해서 알지 못하는 '중립적인 지대'가 없어야 한다. 교회는 지상에 세워진 하나님의 출장소여야 한다. 그리고 모든 마을과 공동체와 원주민 부락과 이웃과 구획, 그리고 나라에 따라서는 고층 빌딩과 아파트 단지 모두에서 교회가 발견되어야 한다. 이러한 교회들은 완전할 필요가 없으며, 이것은 앞으로도 마찬가지일 것이다. 그러나 이 교회들은 한 나라에 충만할 뿐만 아니라 진정한 의미에서 한 나라를 '제자로 삼을' 것이다. 만일 우리가 우리 교회의 질(quality)을 가지고 무언가를 해야 한다면 바로 여기가 그 출발점이다. 우리나라 안에 교회가 충분하지 못하다는 것을 발견한다면, 우리는 그 수가 얼마든지 간에 필요한 수만큼 교회를 개척해야 한다. 간단히 말해 우리는 질적 수준이 높은 교회들을 모든 적절한 장소에, 적절한 구조로, 충분한 수만큼 세워야 한다. 대부분 인구는 사회 기본 단위인 가족이 배가하기 때문에 배가하는 것이다. 교회가 단순한 증식을 가져올 뿐인 방법과 전략에 의존한다면, 모든 족속을 제자 삼는다는 대사명을 결코 완수하지 못할 것이다.

방법 이전에 목표를 세우라

데이비드 배렛(David Barret)이 세계를 복음화하는 700가지 전 세계 차원의 계획에 대한 소책자를 출판한 이래, 궁극적으로 이런 저런 방법론을 통해 전 세계에 복음이 미치게 만들고자 하는 더 많은 계획들과 이니셔티브들이 등장을 했다. 윌로크릭 커뮤니티 교회의 빌 하이벨스 목사는 모든 그리스도인은 "무엇을? 왜? 어떻게?"라는 세 가지 기본적인 질문들에 대답해야 한다고 말한다.

1. 당신은 궁극적으로 무엇을 성취하기 원하는가?(그리고 어떻게 그 성공 여부를 평가하는가?)
2. 왜 당신은 다른 목표가 아니라 그 목표를 수행하기 원하는가?
3. 어떻게, 다시 말해 무슨 방법과 수단을 통해 당신은 당신의 목표를 성취하고자 하는가?

하이벨스는 많은 그리스도인들이 목표보다 방법을 먼저 앞세우는 잘못된 길을 가는 것이 문제라고 지적한다. 그들은 자기들이 하고 있는 일을 계속 해야 할 몇 가지 이유들을 내세운다. 그러나 그들은 원래 성취하고자 했던 그 일을 이루지 못하고 마는 경우가 허다하다. 방법이 목표가 되더니 이제는 방법 그 자체가 목적이 되어버렸다. 우리 모두는 방법과 사랑에 빠져 세계 복음화를 위해서는 이런 저런 방법을 전 세계에 확산시켜야 한다고 믿기 시작하는 위험에 처해 있다. 그러나 이것은 사실과는 전혀 거리가 멀다.

온전한 수프가 곁들여진 양념보다 낫다

　세계 선교를 위한 복음주의 로잔 운동이 내건 멋진 슬로건 중 하나
는 이렇다. "온 교회(whole church)가 온전한 복음(whole gospel)을 온
세상(whole world)으로 가져가자." 우리가 교회사를 통해 살펴본 바와
같이, 교회는 그 자체가 문제의 가장 큰 부분이 되어 왔다. 하나님이 교
회를 관계적이고, 유기적이고, 진정 전체론적인 삶으로 돌이키심으로써
다시금 '온전하게' 회복하실 때, 등식의 잃어버린 조각들 중 하나인 교
회의 온전성이 회복된다. 많은 나라들에서 그리스도인들은 하나님이 뭔
가 큰일을, 즉 피터 와그너(C. Peter Wagner)의 책 『Churchquake』(교회
의 지각변동)에 표현된 대로 '새로운 사도적 개혁'을 진행하고 계시다
는 것을 알고 있다. 하나님은 사도적, 선지자적 패턴을 따라, 모든 필수
요소들을 갖춘 원래 교회의 온전함을 새롭게 교회에 회복하시고 계신
것 같다. 만일 하나님이 수프를 끓이신다면, 하나님은 세상에 이 수프를
먹이기 전에 이런 저런 양념을 넣고, 재료들을 넣고, 수프가 맛의 균형
을 이루기까지, 완전히 요리가 될 때까지 인내하며 기다리실 것이다. 어
쩌면 우리 인간들은 하나님의 인내심이 없어서 수프 솥 곁에 서서 소금
한 숟가락을 덜어내고, 새로운 사역 감각이든 아니면 영적인 파도든 간
에, 이런 저런 재료를 손에 들고는 그 양념들을 중심으로 사역과 단체
를 만들고 그것들로 온 세상을 덮어버릴지도 모른다. 그러나 부분은 하
나의 조각일 뿐 전체가 아니다. 한 가지 재료는 온전한 수프가 아니다.
심지어 그 양념이 정말 꼭 필요한 것이라 해도 그것만 가지고는 만족스
러운 효과를 오래 지속시킬 수 없을 것이다. 하나님이 자기 수프를 요
리하는 일을 마치시게 하라! 하나님은 교회의 질적 특성을 먼저 다시 세
우시는 것 같다. 그리고 그 질이 어느 정도 적정 수준에 이르면 교회는

그 자체의 구조를 발견하고 개발하고 하나님의 수단에 힘입어 그 자체를 전 세계로 확산시킨다. 그리고 마치 천국 바이러스처럼 건드리는 모든 것을 다 감염시키고 임계질량의 법칙에 따라 하나님이 주신 영적인 DNA로 사회와 모든 민족들을 변화시킨다.

세상을 교회들로 채울 것이 아니라 열방을 제자로 삼아야 한다

나는 2만 명 이상의 주민들이 있는데도 복음주의 교회가 하나도 없는 도시들이 있는 독일에서 성장했기 때문에, 미국의 플로리다에 도착했을 때 마치 천국에 온 것처럼 느꼈다. 플로리다의 사라소타에서 내가 실시했던 한 피상적인 연구 조사에서 나는 그 마을에 복음주의 교회가 주민 650명 당 하나 꼴로 있다는 사실을 발견하고 깜짝 놀랐다. 이는 유럽의 어떤 지역들보다 30배나 높은 침투 수준에 해당되는 것이다. 그러나 나는 일상적인 삶에서 이 두 세계 사이에 별 차이를 느끼지 못했다는 사실을 싫지만 인정해야 했다. 제임스 엥겔(James Engel)은 이렇게 말한다. "어떤 사람들은 많은 나라들이 복음화되었지만 아직 제자화되지는 않은 채 머물러 있다고 주장한다. 권력 중심의, 위로부터 아래로 향하는 리더십 스타일은 큰 교회들을 세웠지만 슬프게도 사람들을 제자로 삼기에는 역부족이었다. 중앙아프리카의 한 그리스도인 지도자는 이렇게 말했다. '선교사들은 우리에게 구원을 가져다 주었지만, 우리가 어떻게 살아야 할지는 전혀 가르쳐 주지 않았다.'"

제자 삼는 일은 먼저 삶의 새로운 질(quality)을 도입하고, 그런 다음에 양(quantity)의 문제를 이야기하는 것이다. 많은 국가의 그리스도인들은 내게 이렇게 말했다. "만일 오늘날의 교회의 질이 획기적으로 나아지지 않는다면, 우리는 우리 나라 전체를 시대 조류를 따라 유행하는 교회들로 채울 수 있을지는 몰라도, 결코 이 나라를 제자 삼지는 못할 것이다."

DAWN의 짐 몽고메리(Jim Montgomery)는 우리가 각 나라에 500~1,000명당 교회 하나를 세우는 목표를 위해 일해야 한다고 주장한다. 그러나 이 수치는 평균 50~100명 사이의 전통적인 교회에 근거한 것이다. 사회학자들에 의하면, 각 사람은 자신의 생각과 가치를 가지고 제한된 수의 사람들에게만 효과적으로 영향을 줄 수 있다고 한다. 앞으로 각 나라에 더 많은 가정교회들이 세워지게 되면, 두 가지 일이 일어날 것이다. 먼저, 평균적인 교회 규모가 더 작아지고 출석 교인 50~100명의 전통적인 '작은 교회'에 비해 사회학적으로 더 적은 수의 사람들에게 다가갈 수 있게 될 것이다. 둘째로, 가정교회는 복음 증거가 더욱 강력해질 것이다. 왜냐하면 가정교회는 유기적 차원을 회복하고, 실생활 가운데 놓으며, 거대한 배가 능력을 드러내기 때문이다. 그러므로 나는 여전히 어떤 나라나 지역 혹은 도시에 있는 그리스도의 몸 된 교회가 500~1,000명당 교회 하나를 세우는 목표를 위해 일하는 것은 좋은 전략이라고 믿는다. 이런 과정은 자연적 한계에 도달하게 되는 어느 정도의 침투 수준을 목표할 것이기 때문에, 온 땅을 하나님의 임재로 가득 채울 만큼의 많은 교회를 세우는 침투적 교회 개척이라고 말할 수 있다.

침투적 교회 개척은 한 국가 안에 있는 의미 있는 소수 또는 다수의 복음주의 교회들이 수행할 경우, 중요한 동력을 만들어낸다. 이러한 교회 개척은 전략적 비전에 기초하여 목회 지향적인 단일체를 만든다. 그리고 우리의 모든 에너지를 한 가지 방향으로 집중시킨다. 우리는 이러한 동력을 다음과 같은 시각적인 예로써 표현할 수 있다.

코끼리를 먹는 방법

예수님이 우리에게 맡기신 모든 족속을 제자로 삼는 과업은 코끼리만큼 큰, 거대한 비중의 일인지라 그 규모만으로도 종종 우리는 기가 죽고 무력감을 느낀다. 아프리카에는 이런 경우에 알맞은 격언이 하나 있다. "어떻게 코끼리를 먹을까? 간단하다. 작게 잘라서 먹으면 된다!"

우리의 현 상황에서 모든 민족들 속에 복음을 갖고 침투하는 이 막중한 책임과 과업은 전 세계 수많은 일꾼들의 어깨 위에 골고루 분담되어야 한다. 각 개인과 교회, 그룹은 자기 지역에서 이 공동 목표를 위해 그들만이 할 수 있는 일을 해야 한다. 할당된 과업들은 각자가 주어진 시간 범위 내에서 성취하기에 가장 적절한 크기이다. 이 조각들은 우리를 죽이거나 좌절시킬 만큼 크지도 않지만 어떤 사람이 자기 혼자서도 충분히 해낼 수 있다고 생각할 만큼 작지도 않다.

이 과정은 느헤미야가 하나님의 백성에게 예루살렘 성벽을 힘을 합쳐서 재건하도록 동기를 부여하는 과정과 같다. 느헤미야는 먼저 백성들과 비전을 나눈 다음 공통 목표를 위해 각 가정이 해내기에 적절한 크기로 과업을 분할하여 분담시켰다. 결과적으로 그들은 단순히 꼴사나운 돌무더기를 쌓는 것이 아니라 정말로 성벽을 재건할 수 있었다.

토끼 사냥

전통적인 토끼 사냥을 할 때 사냥꾼들은 개를 가지고 토끼를 사냥한다. 사냥이 시작되기 전에 사냥꾼들은 개들과 함께 출발점에서 기다린다. 이 개들을 면밀히 살펴보면 한 가지 흥미로운 사실을 발견하게 된다. 사냥이 시작되기 전에 개들은 모두 신경이 곤두서서 서로 물어뜯고 싸우고, 자기 영역 표시를 해대고, 보통은 시끄럽게 짖어댄다. 그러나 나팔 소리가 울려퍼지고 토끼 사냥이 시작되면, 상황은 완전히 달라진다. 그 즉시로 이 개들은 완전히 다른 개들로 돌변한다. 이 개들은 갑자기 토끼를 잡아야 한다는 하나의 강력한 공통의 목표를 가지게 된다! 어깨에 어깨를 맞대고 토끼를 잡을 때까지 끝까지 추격한다. 만일 어떤 개가 다른 개를 물어뜯거나 나무에다 자기 영역을 표시하거나 그저 짖어대는 데 더 관심을 둔다면, 그 개는 토끼를 추격하는 대열에서 낙오할 것이다. 왜냐하면 그 개는 다른 데 우선순위를 두고 있기 때문이다.

오늘날의 많은 전도나 선교 프로젝트들은, 그리고 우리의 그룹과 운동들, 교회와 교제들 중 많은 것들은 위에서 예로 든 토끼 사냥을 시작하기 이전의 개들에 비유될 수 있다. 그들이 정말 필요한 것은 '토끼', 즉 그들이 함께 힘을 모아서 감당할 공통의 구체적인 목표이다. 모든 참여자들을 철저하게 도전하고 그들이 분명한 초점을 가지고 공통의 전략적 과정에 참여하도록 동기를 부여하는 목표가 필요한 것이다. 그런 목표가 없는 상태에 대해 바울은 이렇게 표현한다. "만일 나팔이 분명치 못한 소리를 내면 누가 전쟁을 예비하리요"(고전 14 : 8).

경쟁하는 개미들

개미 두 마리가 코끼리 앞에 서 있는 모습을 머릿속에 그려 보라. 이 개미들은 둘 중에 누가 그 코끼리를 먹을 것인지를 놓고 말다툼을 하고 있다. 오늘날의 평균적인 복음주의 교회에는 100명 내외의 교인들이 있다. 확정된 사회학적 요인들을 고려할 때, 지역 교회는 보통 10이라는 요인의 복음 전도적 잠재력을 가지고 있다. 다시 말해 교회는 실제 교인 수의 10배 정도의 사람들의 삶에 영향을 끼칠 수 있다. 교인 100명의 교회는 그들의 기본적인 문화적, 종교적, 사회적 단위에서 1천 명 안팎의 사람들에게 복음을 들고 '다가갈' 수 있다. 이것은 주민 1만 5천 명의 도시의 경우 주민 1천 명당 교회 하나가 있기 위해 현실적으로 15개의 교회가 필요하다는 의미다. 이것은 각 교회가 교인 1천 명의 교회로 성장해야 한다는 말이 아니라, 1천 명의 사람들의 삶에 다가갈 수 있는 과업, 즉 '코끼리의 한 부분'을 맡는다는 의미이다.

많은 교회들은 주민 1만 5천 명의 소도시에 두 번째 교회가 세워질 경우 아마도 경쟁의 관점에서 말하기가 쉽다. 그러나 이 두 교회 모두가 필요할 뿐 아니라 다른 13개 교회도 장차 그곳에 세워져야 할 것이다. 다시 말해 어느 개미가 코끼리를 먹을 것인가를 놓고 싸울 필요가 전혀 없다. 유일한 해결책은 더 많은 개미들을 부르는 것이다. 만일 목표가 얼마나 거창한 것인지를 그 지역의 모든 교회들이 현실적으로 분명히 인식하게 된다면, 경쟁은 줄어들고 옛날의 경쟁자들이 동지가 되고 아마도 바라건대 친구가 될 것이다.

PIPS(사람-정보-기도-전략)

그렇다면 어디서부터 어떻게 이러한 전 국가적인 과정에 도달할 수 있는가? 짐 몽고메리는 바로 이 주제에 대해 두 권의 책을 썼다. 따라서 나는 이 점에 관하여는 아주 간략하게 언급하고자 한다. 우리의 목적을 위해 나는 사람(people)과 정보(information), 기도(prayer), 전략(strategy) 등의 네 가지 전략적인 핵심 개념들을 강조하고자 한다.

- 사람이 먼저다

"하나님의 방법은 사람이다." 스코틀랜드의 존 녹스는 "오 하나님, 나에게 스코틀랜드를 주소서. 아니면 이 생명을 거두어 가소서"라고 기도했다. 그와 같이 다른 어느 누구보다 자기 나라나 도시, 지역, 민족을 위한 특별한 고뇌와 부담감을 느끼는 하나님의 사람들이 있다. 종종 이들은 사도적 혹은 선지자적 사람들로 그 어깨에 다른 사람들이 거의 이해하지 못하는 무거운 짐을 지고 있다. 그들의 눈은 종종 눈물로 젖어 있고 마음은 고통에 잠겨 있다. 본질적으로 그들은 오늘날의 사도적인 아버지들과 어머니들로서 하나님의 꿈을 품고 전 국가적 비전을 낳을 준비가 되어 있다. 우리는 종종 그들이 최종적인 책임을 지고, 땅 끝까지라도 가고, 자기 집과 자동차와 영적인 권리를 포기하고, 어떤 일이든 하고, 물 위를 걷고, 필요하다면 불속에 들어가더라도, 반드시 자기 나라를 구원하고 말겠다는 각오와 준비가 되어 있음을 보게 된다.

하나님의 역사적인 운동들은 결코 위원회로부터 시작된 적이 없다. 이 운동들은 언제나 비전을 가진 개인들로부터 시작되었다. 이것이 바로 비전의 사람들을 최우선순위에 놓아야 하는 이유이다. 그들은 리더십과 섬김을 위해 기름 부음 받은 자들로서 국가적인 운동은 이들을 중심으로 태동할 수 있다.

- 정보

"진리가 너희를 자유케 하리라." 사탄은 그리스도인들의 노력을 혼동의 안개 속에 빠뜨리기를 좋아한다. 이런 안개 속에 있으면 우리는 앞뒤를 분변할 수가 없다. 이곳에서는 우리의 현재 위치도, 어디로 가야 할지도 알지 못한다. 이것이 바로 우리에게 정보가 필요한 이유다. 정보를 얻는 방법은 두 가지, 기도와 질문이다. 기도는 하나님이 우리가 알기를 원하시는 것들을 초자연적으로 드러내 준다. 조직적으로 질문을 하는 것이 바로 '연구'(research)이다.

약속의 땅을 정탐한 여호수아와 갈렙처럼, 우리는 하나님의 성령의 인도하심을 받아 '추수할 일꾼'(교회)과 '추수할 밭'(세상)에 대해 연구할 필요가 있다. 우리는 모든 사람들이 걸어서 갈 수 있는 거리에 교회를 세우는 것과 오늘날의 현실 사이의 불일치에 대해 기도할 필요가 있다. 우리는 이 시대의 징조들을 관찰할 필요가 있다. 우리는 신문과 통계 자료, 경향 분석 및 우리가 한 나라 안에서 아직도 완수하지 못한 과업의 성격과 그 과업이 얼마나 거창한 것인지를 이해하는 데 도움이 된다면 그 어떤 것이든지 읽고 해석할 필요가 있다.

잘 알지 못하는 것을 진정으로 사랑할 수는 없다. 자기 나라를 더 잘 알게 될 때 더 많이 사랑할 수 있다. 사랑은 이 지구상에서 가장 강력한 동기 중 하나다. 예컨대 만일 어떤 사람이 자기 나라나 지역이나 도시에 1만 개의 교회가 더 필요하다는 사실과 오늘날 교회가 지금의 방식을 바꾸지 않으면 향후 200년 동안 그곳의 영적인 상황이 결코 눈에 띄게 달라지지 않으리라는 사실을 알면서도 아무런 마음의 동요 없이 신문을 읽어 갈 수 있다면, 그는 자기 나라를 바꾸는 데 필요한 영적인 리더십에서 스스로를 제외시키고 있는 것인지도 모른다. 물론 그들은 나중에 마음을 바꿀 수도 있을 것이다. 그러나 하나님이 진정으로 영적 소명과 책임을 주신, 열정 있는 사람들은 똑같은 수치들(figures)과 사실들을 놓고도 아주 다른 반응을 보일 것이다. 왜냐하면 그들은 실제로 이름과 얼굴과 주소를 가진, 실제적인 고통과 문제를 가진, 교회가 지금처럼 축제 기분에 젖어 지내는 한 그 영혼이 영원한 지옥에 갈 수밖에 없는 그런 사람들 편에서 볼 때 이러한 숫자들이 나타내는 문제의 심각성을 알기 때문이다. 그러한 동기 부여를 받은 사람들은 적절한 사람들을 동원하여 그들이 또 다른 사람들을 동원하게 만들 것이다.

- 기도

사람이 무릎 꿇을 때 하나님은 행동하신다. 기도는 한 나라를 위해 하나님께 탄원하고 비전과 열정에 기름을 붓는다. 기도는 산을 움직이고, 죽은 자들을 일으키고, 아픈 자들을 낫게 하고, 상처를 회복시키고, 저주하는 자를 축복하고, 죄에 대해 용서를 구함으로 땅을 고치고, 하나님 아버지의 마음을 움직인다. 우리의 능력은 종종 우리를 분열시킨다. 그러나 기도는 우리 모두를 다시금 겸손하게 하고 하나 되게 한다. 기도는 더 나은 영적인 일을 하는 수단인 동시에 그 자체가 영적인 일이다.

기도는 본질적으로 하나님과의 대화이며 좋은 대화는 쌍방적이다. 기도 역시 우리가 하나님께 아뢰는 것과 하나님이 우리에게 이런저런 식으로 말씀해 주시는 것을 다 포함한다. 우리가 가정교회를 통한 그리스도의 임재를 대량으로 배가시킴으로써 모든 족속을 제자로 삼기 위해 개인적으로 혹은 공동체로 모여서 함께 기도할 때 하나님은 우리에게 말씀하시기 시작하실 것이다. 우리가 소그룹에서 기도하든 아니면 두세 명이 기도하든, 가정교회로 모여 기도하든 아니면 전통적인 교회에서 기도하든, 24시간 내내 기도가 끊이지 않는 '열방을 위한 기도의 집'에서 기도하든 아니면 우리의 오두막이나 집, 승용차나 버스 안에서 기도하든, 대집회에서 기도하든 아니면 가정교회 네트워크에서 기도하든, 하나님은 우리에게 말씀하기 시작하실 것이다. 하나님은 보통 우리 가운데 있는 선지자들에게 경고하신다(암 3 : 7, 8). 그리고 나서 영적인 비전을 통해 교회를 하나로 통합시키고, 다섯 가지 사역들이 전략적인 시너지 효과를 낼 수 있도록 결합시키고, 우리가 너무 오랫동안 간과했던 말씀의 계시들을 보도록 우리를 자극하고, 더 많은 사람들의 잠을 깨워 밤새워 중보기도하게 하고, 꿈과 환상을 주고, 궁극적으로는 그의 성령을 모든 육체에 부어서 우리가 이 시대에 이 세상을 구원하고자 하는 하나님의 구원 계획에 대해 깨어 있도록 만드신다.

이런 식의 기도는 "하나님 제 이름은 홍길동인데요, 이것도 주시고 저것도 주세요" 하는 기도와는 차원이 다르다. 내 친구 빅터 쿠드리(Victor Choudhrie)는 이런 '주세요'(gimme - gimme - gimme) 기도를 '염소 기도'라고 부른다. 왜냐하면 멀리서 들으면 '미이, 미이, 미이'(meee, meee, meee) 하는 소리밖에 안 들리기 때문이다. 참된 기도는 민족의 운명을 놓고 하나님께 탄원한다. 이런 유의 기도를 시작하는 사람들은 불가불 그 자신이 기도 응답의 일부가 되도록 인도받을 것이다. 예수님은 제자들에게 "추수하는 주인에게 청하여 추수할 일꾼들을 보내어 주소서"라고 기도하라고 하셨다(눅 10 : 2). 그리고 그 다음 순간 제자들은 그 자신들이 바로 추수를 위한 일꾼들로 보냄 받은 것을 깨닫게 된다.

- 전략

전략이란 어떻게 우리의 제한된 자원들을 하나의 특정한 목표를 위해 가장 경제적이고 효과적인 방식으로 사용하는가 하는 것이다. 전략은 에너지를 집중시킨다. 하나님의 달란트를 받은 선한 청지기들로서 우리는 많은 이윤을 남기는 방식으로 일할 필요가 있다. 구제할 때와는 달리 이 때는 왼손이 하고 있는 일을 오른손도 알게 할 필요가 있다. 국가적 추진력을 만들고 이것을 점점 더 극대화하기 위해 우리는 하나님의 부르심을 받고 은사를 받은 사람들을 찾아야 한다. 우리는 그들이 자신의 특별한 영적인 과업을 위해 일하는 것을 인정하게 될 것이다. 그리고 나서 우리는 하나님의 기도 리더들을 발견하고 그들이 기도 추진력을 계발할 수 있게 준비시켜야 한다. 우리는 또한 우리의 현실을 제대로 이해하기 위해 연구하고 기도를 통한 현실 분석을 시작해야 한다. 우리가 이에 대해 기도할 때 하나님은 우리가 어떤 길로 나아가야 할지 말씀해 주실 것이다.

가정교회에서 이 선지자적 메시지가, 다시 말해 다른 그리스도인들의 마음속에 즉시 메아리치는 이 영적인 함성이 콘퍼런스나 대집회(celebration)를 통해, 혹은 이 가정에서 저 가정으로 입에서 입으로 전해질 때, 하나님의 백성은 하나의 목표를 위해 움직이게 될 것이다. 그때 하나님의 백성은 마치 강물이 올바른 방향으로 흘러가기 위해 골짜기나 댐을 필요로 하듯 하나의 전략적인 틀 구조를 필요로 할 것이다. 이러한 전략적 틀 구조 안에서 사도들과 선지자들이 자유롭게 제 역할을 다할 수 있을 것이다. 그리고 각 지역이나 도시 혹은 국가에 있는 교회들이 한 몸이 되어 움직일 수 있을 것이다. 마드라스에 있는 우리 집 건너편에 있는 전광판에는 이런 글귀가 적혀 있다. "목적을 발견하라. 그러면 수단은 따라올 것이다." 한 나라 안에 있는 그리스도의 몸이 교회를 통해 세상을 구원하시고자 하는 하나님의 구속적 목적을 발견하게 되면, 영적인 지도자들이나 훈련자들, 가정교회 장로, 돈, 계획, 방법 등의 수단들은 자연스럽게 따라오게 될 것이다.

카펫

하나님은 우리에게 이 모든 것을 완벽하게 이해하라고 요구하지 않으신다. 사실 그렇게 많이 알고 이해하는 것은 위험스럽고 부패의 소지가 클지도 모른다. 가정교회 개척이라고 부르는, 하나님과 인간들 사이의 이 초자연적인 협력에서 하나님이 궁극적으로 감독하시고 통제하신다는 것을 믿는 사람들만이 하나님이 그 다음 단계 역시 책임지신다는 것을 믿을 수 있다. 우리는 기쁨으로 우리가 맡은 과업의 부분들을 감당하고 하나님이 그것을 나머지 그림들과 맞추시도록 내어드릴 수 있다. 우리는 우리의 십자가를 지고, 명예와 영광은 하나님께 돌릴 수 있다.

하나님은 카펫을 짜고 계신지도 모른다. 최종적으로 카펫이라는 완제품이 만들어지기까지 하나의 실은 또 다른 실들과 이리저리 엮이게 된다. 우리가 전 세계에 있는 사람들, 운동들과 연결되고 종종 인간의 관점에서 전혀 이해가 안 되는 그런 일들을 하고 있는 동안 하나님은 사실 카펫을 짜고 계셨으며 그때 우리가 본 것은 카펫의 뒷면이었다는 사실을 깨닫게 되면 우리는 아마도 당혹감을 느낄 것이다. 역사의 어떤 특정한 순간이 되면, 하나님은 모든 사람들이 볼 수 있도록 그 카펫을 뒤집어서 앞면을 보이실 것이다. 그러면 우리는 카펫의 그 정교한 무늬에 할 말을 잃을 것이다. 그리고 이 모든 것이 메시아이신 예수 그리스도께서 자신이 창조하신 이 땅에 자신에게 속한 것을 취하시려고 다시 오시는 것을 환영하는 붉은 카펫의 한 부분이라는 사실을 깨달으면 더 큰 충격을 받을 것이다. 예수님이 우리 그룹과 우리 마을과 우리 도시와 우리 나라를 지나가시다 잠시 멈추시고 우리를 향해 미소 지으시며 "잘했다. 착하고 충성된 종아" 하고 말씀하시는 것보다 더 큰 기쁨이 어디 있겠는가!

추천자료

일반

Donald McGavran, *Founders of the Indian Church*, CGAI, POB 512, 13/2
    Aravamuthan Garden Street, Egmore, Chennai 600008, India
크리스티안 슈바르츠, 『자연적 교회 성장』, NCD.
Watchman Nee, *The Orthodoxy of the Church*, The Gospel Book Room, T.C.
    2/1444, Pattom, Trivandrum 4, Kerala, India
Barney Coombs, *Apostles Today*, Sovereign World Ltd, PO Box 77, Tonbridge,
    Kent TN11 9XT, England
Kari Törmä, *Whole Marriage Ministry*, Keinutie 8.i.54, 00940 Helsinki, Finland.
    E-mail : kari.trorma@ymca.inet.fi
Roger Ellis and Chris Seaton, *New Celts*, Kingsway Publications, PO Box
    827, Eastbourne, BN21 3YJ, England
래리 크랩, 『끊어진 관계 다시 잇기』, 요단출판사.

가정교회 관련 참고 문헌

Bob Fitts, *The Church in the House*, 5851 Kuakini Hwy. #107, Kaulua-Kona,
    HI96740, USA. Fax (+1) 808-334-9673. E-mail BobFitts @com-
    puserve.com
Dr Met Castillo, *The Church in Thy House*, Alliance Publishers, 13 West Capitol
    Drive, Pasig, Metro Manila, Philippines

DAWN 관련 참고 문헌

DAWN Fridayfax : 지상명령에 대한 이야기들로 볼프강 짐손이 하나님이 전 세
계에서 행하시는 일들을 전하기 위해 매주 발행하는 한 페이지 분량
의 최신 정보. 팩스나 우편, 이메일로 구독이 가능하다. Dawn
International Network, PF 212, 8212 Neuhausen 2, Switzerland.
Fax : (+49) 7745 - 919531, tel. (+49) 7745 - 919528. E - mail : 100337.
2106@compuserve.com

DAWN web pages : www.Dawn.ch; www.dawneurope.net;
www.dawnministries.org ; www.wolfgangsimson.de

Jim Montgomery, *DAWN 2000 : 7 Million Churches to Go*

Jim Montgomery, *then the End Will Come*[Sequel to *Dawn 2000*]

Roy Wingerd, *DAWN Research Handbook*

Brian Mills, *Developing a Prayer Strategy*

Cathy Schaller, *DAWN Intercession Handbook*

이 모든 자료들은 Dawn을 통해 구입 가능하다. : 5775 N. Union Blvd, Colorado
Springs, CO 85918, USA. Fax (+1) 719 - 548 - 7475; tel. 719 - 548 -
7460

셀교회 관련 참고 문헌

랄프 네이버, 『셀교회 지침서』, NCD.

Larry Kreider, *House to House*, House to House Publications, 1924 West Main
Street, Ephrata, PA 17522, USA

빌 베컴, 『제2의 종교개혁』, NCD.

William A. Beckham, *Church Growth and the Home Cell System*, Church Growth
International, Yoido PO Box 7, Seoul 150 - 600, S. Korea

Howard Astin, *Body and Cell. Making the Transition to Cell Church : A First -
Hand Account*, Monarch Books, Broadway House, The Broadway,
Crowborough, East Sussex, TB61HQ, England

Larry Stockstill, *The Cell Church*, Regal, USA